Deutsche Rechtschreibung

Cornelsen
VOLK UND WISSEN

Autoren:
Otto Bauerfeind, Konrad Rösel, Erich Schüchner, Lothar Tille

Dieses Buch ist eine stark bearbeitete und erweiterte Neuauflage des gleichnamigen Vorgängertitels. Es wurde bearbeitet von Helga Richter. Die Aktualisierung 2006 besorgte Dirk Blechschmidt.

Umschlaggestaltung: Herbert Lemme
Layoutkonzept: atelier vwv
Technische Umsetzung: L101 Mediengestaltung, Berlin

www.cornelsen.de

1. Auflage, 4. Druck 2010 / 06

Alle Drucke dieser Auflage sind inhaltlich unverändert und können im Unterricht nebeneinander verwendet werden.

Druck: CS-Druck CornelsenStürtz, Berlin

ISBN 978-3-06-060667-2

Inhalt gedruckt auf säurefreiem Papier aus nachhaltiger Forstwirtschaft.

Liebe Mädchen und Jungen,

sicher wisst ihr aus eigener Erfahrung, dass es häufig gar nicht so einfach ist, zu entscheiden, wie ein Wort geschrieben werden muss, ob beispielsweise mit *i* oder *ie*, ob mit *s* oder *ß*, ob getrennt oder zusammen. Mit diesem Rechtschreibwörterbuch könnt ihr euch schnell und sicher vergewissern.
Aus diesem Buch erfahrt ihr nicht nur die richtige Schreibung der Wörter, sondern bei vielen auch, was sie bedeuten, wie man sie beugt, wie man sie richtig ausspricht, wie man sie betont und wie man sie trennt.
Viele Wörter unserer Sprache weisen Gemeinsamkeiten in der Schreibung auf, die in Rechtschreibregeln erfasst werden können. Die wichtigsten davon stehen im Regelverzeichnis der „Deutschen Rechtschreibung“, wo ihr sie nachschlagen könnt. Wenn ihr sie kennt und anwenden lernt, wird euch auch das eine große Hilfe sein.
Damit ihr euch in dem Buch schnell zurechtfindet, solltet ihr zuerst die „Hinweise für den Benutzer“ lesen. Sie zeigen an zahlreichen Beispielen, wie man beim Nachschlagen vorgeht und wie man dem Buch alle zusätzlichen Angaben entnehmen kann.
Wir hoffen sehr, dass euch die „Deutsche Rechtschreibung“ bald ein guter Ratgeber sein wird und euch hilft, eure Rechtschreibleistungen zu verbessern.

Die Redaktion

INHALTSVERZEICHNIS

HINWEISE FÜR DEN BENUTZER

Aufsuchen von Wörtern

Alle Wörter des Wörterverzeichnisses sind alphabetisch geordnet. Beim Aufsuchen richtet man sich zunächst nach dem ersten Buchstaben des Wortes. So steht zum Beispiel das Wort **Datum** vor dem Wort **Einlass** (*d* kommt vor *e*).

Auch die Wörter mit gleichem Anfangsbuchstaben stehen nicht wahllos hintereinander, sondern sind nach der Reihenfolge, die die einzelnen Buchstaben im Alphabet einnehmen, geordnet. Es stehen also **Datum** vor **Deck** (*a* kommt vor *e*), **Dativ** vor **Daumen** (*t* kommt vor *u*), **Dativ** vor **Dattel** (*i* kommt vor *t*), **davon** vor **davor** (*n* kommt vor *r*) usw.

Die Umlaute *ä, ö, ü* und *äu* sind wie die entsprechenden einfachen Vokale eingeordnet, also wie *a, o, u* und *au*. Man findet also das Wort **Ächtung** zwischen den Wörtern **Achtung** und **achtzehn.** Ebenso ist es bei Wörtern mit *ö, ü* und *äu*.

ß ist wie *ss* eingeordnet:	**Fürwort**	**massig**
	Fuß	**mäßig**
	Füßchen	**massiv**
	Fussel	**maßlos**
	fußen usw.	**Mast** usw.

Nicht immer kann man im Deutschen von einem Laut auf den richtigen Buchstaben schließen, weil ein Laut oft durch verschiedene Buchstaben bezeichnet wird. So kann zum Beispiel der Laut *f* durch die Buchstaben *f, v* oder *ph* bezeichnet werden. Man schreibt *für, vor* und *Physik,* obwohl man überall einen *f*-Laut am Anfang des Wortes hört. Wenn man also ein Wort nicht unter *f* findet, muss man unter *ph* oder *v* nachschlagen. So verfährt man auch, wenn der entsprechende Laut bzw. die entsprechende Lautverbindung im Wortinnern auftritt. (Siehe auch die Übersicht auf Seite 203 ff.!)

Alle Stichwörter sind fett gedruckt. Sie sollen das Zurechtfinden im Wörterverzeichnis erleichtern.

Viele Stichwörter bilden einen *Wortblock*. Ihm gehören abgeleitete oder zusammengesetzte Wörter an. Sie werden durch senkrechte Striche voneinander getrennt.

Auch innerhalb eines Wortblocks sind die einzelnen Wörter alphabetisch geordnet.

Kind, das, -[e]s, -er | **kinderleicht** | **Kindheit,** die, - | **kindisch** | **kindlich**

Damit jedes Wort schnell aufgefunden werden kann, gibt es am oberen Rand einer jeden Seite des Wörterverzeichnisses so genannte *Seitenleitwörter.* Darunter versteht man das erste Wort und das letzte Wort einer jeden Seite. So heißen z. B. die Seitenleitwörter auf der Seite 18 **ächzen** und **Akademikerin.** Das Wort **Agent** muss zwischen diesen beiden Seitenleitwörtern stehen, denn *g* in *Agent* steht hinter *c* in *ächzen* und vor *k* in *Akademikerin.*

Damit die „Deutsche Rechtschreibung" übersichtlich bleibt und nicht zu umfangreich wird, wurden zusammengesetzte Wörter, deren Schreibung kaum Schwierigkeiten macht, nicht aufgenommen. So ist z. B. das Wort **Haustür** oder das Wort **Schreibmappe** nicht mit aufgeführt worden. Muss man dennoch ein solches Wort einmal nachschlagen, so sucht man die einzelnen Bestandteile auf, aus denen das Wort besteht, also **Haus** und **Tür** bzw. **schreiben** und **Mappe.**

Abgeleitete Wörter, also Wörter mit Vorsilben wie *ge-, ent-, be-, ver-,* z. B. *entsagen, versagen,* und zusammengesetzte Wörter, z. B. *aufsagen, nachsagen, vorsagen,* sind alphabetisch eingeordnet und stehen nicht unter *sagen.*

Zusätzliche Angaben zu Verben, Substantiven (Nomen) und Adjektiven

Verben

Bei stark gebeugten Verben und Verben mit unregelmäßiger Beugung (Konjugation) werden die wichtigsten Beugungsformen in der folgenden Reihenfolge angegeben:

Infinitiv	**essen;**
2. Person Singular Präsens	du isst;
2. Person Singular Präteritum	du aßest;
2. Person Singular Konjunktiv II	du äßest;
Partizip II	gegessen;
Imperativ Singular	iss!

fangen; du fängst; du fingst; du fingest; gefangen; fang[e]!

Bei zusammengesetzten und abgeleiteten Verben stehen keine Angaben zur Beugung; ihre Beugungsformen sind bei den einfachen Verben angegeben. So sucht man z. B. die Beugungsformen des abgeleiteten Verbs **entgleiten** unter dem Stichwort **gleiten.**

Bei schwach gebeugten Verben sind keine Beugungsformen angegeben.

Reflexive Verben stehen nicht unter **sich,** sondern unter dem Verb. So findet man z. B. **sich erkälten** zwischen den Stichwörtern **erinnerlich** und **erkennen:**

erinnerlich | **erinnern;** sich (Akk.) ~ | **Erinnerung**
erkälten, sich (Akk.) | **Erkältung**
erkennen | **erkenntlich** | **Erkenntnis**

Substantive (Nomen)

Beim Substantiv werden der Artikel und wichtige Beugungsformen (Deklinationsformen) angegeben:

Nominativ Singular	**Familie,**
Artikel (der – männlich, die – weiblich, das – sächlich)	die,
Genitiv Singular	- (Familie),
Nominativ Plural	-n (Familien)

Brot, das, -[e]s, -e
(lies: *Brot* [Nominativ Singular], *das* [also sächliches Geschlecht], *Brotes* oder *Brots* [Genitiv Singular], *Brote* [Nominativ Plural])

Bei Substantiven mit den Suffixen *-heit, -keit, -schaft, -ung, -ei, -er, -in, -tion, -ist* werden keine grammatischen Angaben gemacht. Sie sind der folgenden Tabelle zu entnehmen:

Einheit,	die,	-,	-en	**Schüler,**	der,	-s,	-
Neuigkeit,	die,	-,	-en	**Schülerin,**	die,	-,	-nen
Freundschaft,	die,	-,	-en	**Zeugnis,**	das,	-ses,	-se
Zeitung,	die,	-,	-en	**Nation,**	die,	-,	-en
Bäckerei,	die,	-,	-en	**Realist,**	der,	-en,	-en

Treten jedoch Abweichungen von der regelmäßigen Beugung auf, so erscheinen auch diese Substantive mit den entsprechenden grammatischen Angaben; haben sie nur keinen Plural, so entfällt der Hinweis auf die Pluralform:

Hilflosigkeit, die, - (also keine Pluralform!)

Adjektive

Bei Adjektiven werden nur dann der Komparativ und der Superlativ angegeben, wenn Abweichungen von der Normalform auftreten könnten:

Normalform:	aber:
voll (voller; vollste)	**grob;** gröber; gröbste
weise (weiser; weiseste)	**gut;** besser; beste
zahm (zahmer; zahmste)	**frisch;** frischer; frischeste

Besondere Wörter, Abkürzungen und Zeichen

Das Wörterverzeichnis enthält eine Reihe von Hinweisen, Abkürzungen und Zeichen, die man kennen muss, um sich zurechtzufinden.

aber:	bezeichnet einen rechtschreiblichen Gegensatz das Paar, aber: ein paar (einige)
auch:	schließt rechtschreibliche Nebenformen an das meiste, auch: Meiste
od.	oder Es steht zwischen zwei Wörtern, zwei Angaben oder zwei Beugungsformen, die beide richtig sind. **Fels,** der, -ens, -en od. **Felsen,** der, -s, -
Plur.	Plural (Mehrzahl)
Gen.	Genitiv (2. Fall)
Dat.	Dativ (3. Fall)
Akk.	Akkusativ (4. Fall)
jmdn., jmdm.	jemanden (Akkusativ), jemandem (Dativ) Das Verb, bei dem diese Abkürzung steht, verlangt stets ein Substantiv in dem Fall, in dem die Abkürzung steht. **begleiten;** jmdn. ~ = jemanden (das Kind, den Freund – Akkusativ) begleiten; **behilflich;** jmdm. ~ sein = jemandem (der Mutter, dem Fremden – Dativ) behilflich sein

^{1} Eine hochstehende Ziffer vor Doppelstichwörtern bedeutet, dass das Stichwort mehrfach angegeben wird. Es sind Wörter mit verschiedenen Bedeutungen und verschiedenen grammatischen Formen.

^{1}**Erde,** die, - (Planet)
^{2}**Erde,** die, -, -n (Erdart)

[ ] In eckiger Klammer steht ein Buchstabe oder eine Buchstabenverbindung, die sowohl geschrieben als auch weggelassen werden kann.

beinah[e]

and[e]re

In eckiger Klammer steht auch die Aussprachebezeichnung, die Lautschrift. (Siehe Seite 12 f.!)

\- Der waagerechte Strich steht für das unveränderte Stichwort und wird bei der Angabe von Beugungsformen verwendet. Sind Beugungsformen vorhanden, so werden sie an das unveränderte Stichwort angefügt. Fehlen sie, so steht nur der waagerechte Strich.

Ende, das, -s, -n
(lies: das Ende, des Endes, die Enden)
Ausdauer, die, -
(lies: die Ausdauer, der Ausdauer)

~ Die Tilde steht für das ausgelassene Stichwort.

bereichern; sich (Akk.) ~; sich an etwas ~
(lies: bereichern; sich bereichern; sich an etwas bereichern)
bequem; es sich ~ machen
(lies: es sich bequem machen)

·/– Der Punkt oder der Strich unter einem Vokalbuchstaben bedeutet, dass das Wort an dieser Stelle betont wird. Zusätzlich signalisiert der Punkt kurze Vokale, der Strich dagegen lange Vokale, zu denen auch die Zwielaute (Diphthonge) gehören:
Bạch, Buch, Baum, Biene

( ) In runden Klammern steht die Wortbedeutung.

Blende, die, -, -n (1. aufgesetzter Stoffstreifen – 2. lichtabschirmende Scheibe)

| Der senkrechte Strich trennt die einzelnen Stichwörter innerhalb eines Wortblocks voneinander.

bleich | **bleichen;** Wäsche ~

* Das Sternchen kennzeichnet zusammengesetzte Wörter, bei denen grundsätzlich Zusammenschreibung gilt, aber auch Schreibung mit Bindestrich zulässig ist.

Betttuch* auch: Bett-Tuch
Flusssand* Fluss-Sand
Ichlaut* Ich-Laut

/ Der Schrägstrich steht, wenn bei einer Ergänzung mehrere Formen oder Wörter möglich sind.

Abend, der, -s, -e; gestern/heute/morgen ~
(lies: gestern Abend, heute Abend, morgen Abend)

↑ Der Pfeil vor einem Wort steht dann, wenn auf ein anderes Wort bzw. auf den Regelteil verwiesen wird.

Cousine ↑ Kusine

Z Z vor einer Ziffer bedeutet die Kennzahl des Regelteils. Unter dieser Ziffer ist die Regel genannt, nach der sich die betreffende Schreibung richtet. Manchmal wird auch auf eine Seite im Regelteil verwiesen.

Olymp, der, -s (Berg in Griechenland) | **Olympiade,** die, -, -n (Olympische Spiele) | **olympisch;** das olympische Feuer, aber: die Olympischen Spiele ↑ Z 64

überlisten ↑ Z 115

Bibliografie od. **Bibliographie,** die, -, -n | **bibliografisch** od. **bibliographisch** ↑ S. 230, *Merke*

Aussprache von Fremdwörtern

Bei einer Reihe von Fremdwörtern wird die Aussprache in eckigen Klammern hinter dem Stichwort angegeben.

Clown [klau̯n], der, -s, -s

Da manche Buchstaben in fremden Sprachen zur Bezeichnung anderer Laute als in der Muttersprache verwendet werden, benutzt man, um Missverständnisse zu vermeiden, eine internationale Lautschrift, die auch für das Erlernen von Fremdsprachen sehr wichtig ist.
Durch welche Zeichen nun diese Laute bezeichnet werden, geht aus der folgenden Aufstellung hervor.

Übersicht über die verwendeten Aussprachebezeichnungen

Zeichen	Bedeutung	Beispiel	Aussprache
[˜]	Zeichen für den durch die Nase gesprochenen (nasalen) Laut in Fremdwörtern	*Bonbon* *Refrain*	[bɔ̃ˈbɔ̃:] [rəˈfrɛ̃:]
[:]	Der Doppelpunkt hinter dem Vokal bedeutet, dass der Vokal lang gesprochen wird.	*Bahn*	[ba:n]
[ˈ]	Das Tonzeichen gibt die Betonung der nachfolgenden Silbe an.	*Orchester*	[..ˈkɛs..]
[..]	Mitunter wird nur ein Teil des Wortes in Lautschrift wiedergegeben, für den übrigen Teil stehen zwei Punkte.	*Camping*	[ˈkɛm..]
[a:]	langes *a*	*Staat*	[ʃta:t]
[a]	kurzes *a*	*an*	[an]
[e:]	langes geschlossenes *e*	*Tee*	[te:]
[e]	kurzes geschlossenes *e*	*Methode*	[meˈto:də]
[ɛ]	kurzes offenes *e*	*ständig*	[ˈʃtɛndɪç]
[ɛ:]	langes offenes *e*	*spät*	[ʃpɛ:t]
[ə]	kurzes schwachtoniges (dumpfes) *e*, oft kaum oder gar nicht gesprochen	*beginnen*	[bəˈgɪnən]
[i:]	langes geschlossenes *i*	*Biene*	[ˈbi:nə]
[ɪ]	kurzes offenes *i*	*Fisch*	[fɪʃ]
[ĭ]	sehr kurzes *i*, das fast wie *j* gesprochen wird	*Petunie*	[peˈtu:nĭə]
[o:]	langes geschlossenes *o*	*Brot*	[bro:t]
[o]	kurzes geschlossenes *o*	*Tomate*	[toˈma:tə]
[ɔ]	kurzes offenes *o*	*voll*	[fɔl]
[ɔ:]	langes offenes *o*	*Shorts*	[ʃɔ:(r)ts]
[u:]	langes geschlossenes *u*	*Tuch*	[tu:x]
[ʊ]	kurzes offenes *u*	*Tusch*	[tʊʃ]
[ø:]	langes geschlossenes *ö*	*lösen*	[ˈlø:z(ə)n]
[œ]	kurzes offenes *ö*	*völlig*	[ˈfœlɪç]
[œ:]	langes offenes *ö*	*T-Shirt*	[ˈti:ʃœ:(r)t]
[y:]	langes geschlossenes *ü*	*früh*	[fry:]
[ʏ]	kurzes offenes *ü*	*Mütze*	[ˈmʏtsə]
[ai̯]	Zwielaut *ei*	*mein*	[mai̯n]
[au̯]	Zwielaut *au*	*braun*	[brau̯n]

[ɔy̯]	Zwielaut *eu*	*Scheune*	[ˈʃɔy̯nə]
[p]	Verschlusslaut *p*	*Pappe*	[ˈpapə]
[b]	Verschlusslaut *b*	*Ober*	[ˈoːbər]
[t]	Verschlusslaut *t*	*Tat*	[taːt]
[d]	Verschlusslaut *d*	*Rede*	[ˈreːdə]
[k]	Verschlusslaut *k*	*Kanne*	[ˈkanə]
[g]	Verschlusslaut *g*	*Gast*	[gast]
[f]	Engelaut *f*	*Fenster*	[ˈfɛnstər]
[v]	Engelaut *v*	*Visum*	[ˈviːzʊm]
		Watte	[ˈvatə]
[s]	Engelaut *s*, stimmlos	*Haus*	[hau̯s]
[z]	Engelaut *s*, stimmhaft	*Hase*	[ˈhaːzə]
[ʃ]	Engelaut *sch*, stimmlos	*Schuh*	[ʃuː]
[ʒ]	Engelaut *sch*, stimmhaft	*Journalist*	[ʒʊrnaˈlɪst]
[ç]	Ichlaut, stimmloser Engelaut	*Licht*	[lɪçt]
[j]	stimmhafter Engelaut *j*	*Jacke*	[ˈjakə]
[x]	Achlaut, stimmloser Engelaut	*Bach*	[bax]
[r]	*r*-Laut	*rot*	[roːt]
[m]	*m*-Laut	*Mehl*	[meːl]
[n]	*n*-Laut	*Name*	[ˈnaːmə]
[ŋ]	Anglaut	*Hang*	[haŋ]
[l]	Engelaut *l*	*Lamm*	[lam]
[h]	Hauchlaut *h*	*Hut*	[huːt]
[θ]	Lispellaut, stimmlos	*Thriller*	[ˈθrɪl..]

WÖRTERVERZEICHNIS

A

a, A, das, -, - (Buchstabe; Laut); das *a* in *Band*; ein großes A; das A und O (die Hauptsache); von A bis Z (vollständig)

Aal, der, -[e]s, -e | **aalen, sich** (Akk.) (sich behaglich ausruhen) | **aalglatt**

Aas, das, -es, -e

ab; ~ und zu

Abart (ähnliche Art) | **abartig**

Abbau, der, -[e]s, -e | **abbauen**

Abbild | **abbilden** | **Abbildung**

Abbitte; ~ tun/leisten

abblenden

abbrechen

abbringen; jmdn. von etwas ~

abbröckeln ↑ Z 116

Abc od. Abece, das, -, - | **Abc-Schütze** ↑ Z 106

Abdruck, der, -[e]s, Plur. Abdrücke (im Gestein u. a.)

Abend, der, -s, -e; gegen ~; eines Abends; am ~; zu ~ essen; es wird ~; gestern/heute/morgen ~; jmdm. Guten od. guten ~ sagen | **Abendmahl** | **abends;** von früh bis ~; um 8 Uhr ~; dienstagabends od. dienstags ~

Abenteuer, das, -s, - | **abenteuerlich** | **Abenteurer** | **Abenteu[r]erbuch**

aber; tausend und abertausend od. Tausend und Abertausend | **Aber,** das, -s, -; sein ständiges ~; das Wenn und ~

Aberglaube, der, -ns | **abergläubisch**

abermalig | **abermals**

abfasen; eine Kante ~

abfassen (einen Text in die richtige sprachliche Form bringen)

abfertigen | **Abfertigung**

abflauen (schwächer werden)

abfließen | **Abfluss**

Abgabe, die, -, -n

Abgang | **Abgänger** (aus der Schule Abgehender)

Abgas | **Abgastest**

abgebrüht (gefühllos)

abgeordnet | **Abgeordnete,** der u. die, -n, -n

Abgesandte, der u. die, -n, -n

abgeschieden (entlegen, einsam) | **Abgeschiedenheit,** die, -

abgespannt (müde); einen abgespannten Eindruck machen

abgestumpft (teilnahmslos)

abgetan; eine Sache ist ~

Abgrund | **abgrundtief**

abhacken; einen Ast ~ ↑ Z 116

abhaken; einen Namen/eine Zahl ~

abhandenkommen (verloren gehen) ↑ Z 84d

abhängen; von jmdm. ~ | **abhängig** | **Abhängigkeit**

abhärten; sich (Akk.) ~ | **Abhärtung**

abheben; das Flugzeug hebt ab; sich (Akk.) ~; sich von etwas ~

abholen

abholzen; den Wald ~

Abitur, das, -s, -e (Reifeprüfung) | **Abiturient,** der, -en, -en | **Abiturientin**

abkommen; von etwas ~ | **Abkommen,** das, -s, - (Vereinbarung)
abkürzen | **Abkürzung**
Ablage, die, -, -n | **ablagern**
Ablassbrief | **Ablasshandel**
Ablaut (gesetzmäßiger Wechsel des Stammvokals)
ablegen | **Ableger** (Senker, Steckling)
ablehnen; einen Antrag ~
ableiten | **Ableitung**
ablösen | **Ablösung**
abmühen, sich (Akk.)
Abnahme, die, -, -n | **abnehmen** | **Abnehmer**
abnorm od. **anormal** (regelwidrig, ungewöhnlich, krankhaft)
Abonnement [abɔnəˈmãː], das, -s, -s (Bezug von Zeitungen usw. auf best. Zeit; Anrecht) | **Abonnent,** der, -en, -en (Inhaber eines Abonnements) | **abonnieren** (im Abonnement beziehen)
abplatten
abprallen
abputzen
Abraum, der, -[e]s (abgetragene Deckschicht über Bodenschätzen) | **Abraumhalde**
Abreise | **abreisen**
abreißen (gewaltsam abtrennen; niederreißen) | **Abreißkalender**
abrichten (dressieren) | **Abrichtung**
abriegeln | **Abrieg[e]lung**
abrunden (rund machen; nach unten runden); einen Betrag ~
abrüsten | **Abrüstung** ↑ Z 115
absacken (1. wegsinken — 2. in Säcke schütten) ↑ Z 116
absagen; eine Verabredung ~
Abscheu, der, -[e]s | **abscheulich**
Abschied, der, -[e]s, -e
Abschlag | **abschlagen** | **abschlägig** (ablehnend); eine abschlägige Antwort

abschließen | **Abschluss**
Abschnitt | **abschnitt[s]weise**
abschnüren
abschrägen (etwas schräg machen)
abschreckend; ein abschreckendes/das abschreckendste Beispiel ↑ Z 116
abschürfen | **Abschürfung**
abschüssig (steil abfallend)
abschweifen
absehbar; in absehbarer Zeit | **absehen;** von etwas ~
abseits; ~ des Weges | **Abseits,** das, - | **abseitsstehen;** bei den Vorbereitungen wollen wir nicht ~, der Stürmer hat abseitsgestanden ↑ Z 84e
Absenker (Pflanzentrieb)
Absicht, die, -, -en | **absichtlich**
absolut (uneingeschränkt, unbedingt) | **Absolutismus,** der, - (Willkürherrschaft) | **absolutistisch** (willkürlich, unumschränkt)
Absolvent [..ˈvɛnt], der, -en, -en (Abgänger einer Lehranstalt) | **absolvieren** (durchlaufen, bestehen); eine Prüfung ~, eine Schule ~
absonderlich | **absondern** | **Absonderung**
absorbieren (etwas aufsaugen) ↑ aber: adsorbieren | **Absorption** ↑ aber: Adsorption
abspenstig; jmdm. etwas ~ machen ↑ Z 115
abstammen | **Abstammung**
abstatten; einen Besuch ~
Abstecher (kleiner Ausflug während einer Reise); einen ~ machen
abstimmen | **Abstimmung**
abstrahieren (verallgemeinern) | **abstrakt** (begrifflich) | **Abstraktion**
absurd (widersinnig, unvernünftig)
Abszess, der, -es, -e (eitrige Geschwulst)

Abszisse, die, -, -n (waagerechte Achse des Koordinatensystems)

Abt, der, -[e]s, Plur. Äbte

Abteil, das, -s, -e | **abteilen** | **Abteilung** (Abtrennung) | **Abteilung** (Teil eines Unternehmens)

abträglich (schädlich, nachteilig); der Gesundheit ~ sein

abtrennen | **Abtrennung**

abtreten | **Abtreter** (Fußmatte)

abtrünnig (untreu)

abwägen (sorgsam prüfen)

abwärts | **abwärtsgehen** (nach unten gehen; schlechter werden) ↑ Z 84e

Abwasser, das, -s, Plur. Abwässer (Schmutzwasser)

abwechseln | **abwechselnd** | **Abwechslung**

abwegig (fernliegend); eine abwegige Meinung vertreten

abwesend; ~ sein

abwimmeln (abweisen); jmdn. ~

abwracken (verschrotten); ein Schiff ~ ↑ Z 116

Abzeichen | **abzeichnen**

abziehen

abzielen; auf etwas ~

Abzug

abzweigen | **Abzweigung**

A-cappella-Chor (Chor ohne Instrumentalbegleitung) ↑ Z 104; a cappella singen

Acetylen od. **Azetylen,** das, -s (leicht entflammbares Kohlenwasserstoffgas) (fachsprachl.: *Ethin*)

ach!; ~ so! | **Ach,** das, -s; mit ~ und Krach, ~ und Weh schreien

Achlaut*

Achse, die, -, -n

Achsel, die, -, -n | **Achselhöhle**

acht; diese ~ Kinder waren dabei; wir sind zu acht[en]; die ersten ~; es ist ~ Uhr; es schlägt ~; es ist Punkt ~; es ist um ~; ein Viertel vor ~; halb ~; drei viertel ~; die Zahlen von eins bis ~; durch ~ teilen; achtfach od. 8-fach od. 8fach; das Achtfache od. 8-Fache od. 8fache ↑ Z 108; achtjährig od. 8-jährig; die Achtjährige od. 8-Jährige; acht- bis neunmal od. 8- bis 9-mal ↑ Z 108

[1]**Acht,** die, -, -en (Zahl); die Zahl ~; eine ~ fahren; mit der ~ fahren (Straßenbahn); eine römische ~

[2]**Acht,** die, - (Ausschließung vom Rechtsschutz); in ~ und Bann

[3]**Acht,** die, - (Aufmerksamkeit); ~ geben/haben od. ↑ achtgeben/ ↑ achthaben; außer ~ lassen, außer aller ~ lassen; sich in ~ nehmen; das Außer-Acht-Lassen

achte; der ~ Platz, aber: der Achte im Hochsprung; der achte Juni, aber: am Achten des Monats ↑ Z 55 | **Achteck,** das, -s, -e | **achteckig** | **acht[und]einhalb** | **Achtel,** das, -s, -; ein ~ des Weges; drei ~ des Ganzen, aber: ein achtel Liter (die Menge) od. ein Achtelliter (das Maß) | **achteln** (in acht gleiche Teile teilen)

achten; jmdn. ~; auf jmdn. ~

ächten (jmdn. aus der Gemeinschaft ausstoßen)

Achterdeck (Hinterdeck)

achtgeben od. **Acht geben;** du musst darauf achtgeben/Acht geben (aufpassen), aber nur: du musst sehr achtgeben ↑ [3]Acht | **achthaben** od. **Acht haben** ↑ [3]Acht

achthundert | **achtmal,** aber: acht mal zwei ist ...

Achtung

Ächtung

achtzehn | **Achtzehn,** die, -, -en (Zahl) | **achtzig;** er wird ~; mit ~; Mitte der ~; ein Mensch über ~; in die ~ kommen | **Achtzig,** die, -, -en (Zahl) | **Achtzigerjahre** od. **achtziger Jahre**; 80er-Jahre od. 80er Jahre

ächzen (seufzen, stöhnen); du ächzt
Acker, der, -s, Plur. Äcker | **ackern**
Acryl, das, -s (eine Chemiefaser)
Action [ˈɛkʃ(ə)n], die, - (spannende Handlung)
Adapter (Verbindungsstück)
addieren (zusammenzählen) | **Addition**
ade!; Ade od. ade sagen
Adel, der, -s | **ad[e]lig** | **adeln**
Ader, die, -, -n | **ad[e]rig** od. **äd[e]rig**
Adhäsion, die, - (durch Molekularkräfte bewirktes Aneinanderhaften zweier Körper od. Stoffe)
Ad-hoc-Entscheidung (Entscheidung aus dem Augenblick heraus)
Adjektiv, das, -s, -e (Eigenschaftswort) | **adjektivisch**
Adler
Admiral, der, -s, -e (Marineoffizier im Generalsrang)
adoptieren (an Kindes statt annehmen); jmdn. ~ | **Adoption** | **Adoptiveltern**
Adresse, die, -, -n | **adressieren**
adsorbieren (Gase od. gelöste Stoffe an der Oberfläche fester Körper anlagern) ↑ aber: absorbieren | **Adsorption** ↑ aber: Absorption
A-Dur, das, -s (Tonart) ↑ Z 106; ein Konzert in A-Dur ↑ aber: a-Moll
Advent[s]zeit
Adverb, das, -s, Plur. Adverbien [..ĭən] (Umstandswort) | **Adverbial,** das, -s, Plur. Adverbialien [..ĭən] | **Adverbialbestimmung**
Advokat, der, -en, -en (Rechtsanwalt)
Aerobic [ɛˈrɔbɪk], das, -s (ein Fitnesstraining)
Affäre, die, -, -n (Angelegenheit; unangenehmer Vorfall)
Affe, der, -n, -n | **affenartig**
Affinität, die, -, -en (chem. Verwandtschaft)
Afrika | **afrikanisch**
afroamerikanisch
Afrolook [..lʊk], der, -s (in stark gekrausten Locken nach allen Seiten abstehendes Haar)
Agent, der, -en, -en (Spion, Spitzel) | **Agentin**
Aggregat, das, -[e]s, -e (Gruppe zusammengehöriger Maschinen) | **Aggregatzustand** (Zustandsform eines Stoffes)
Aggression (Angriff; Überfall) | **aggressiv**
Agitation (polit. Aufklärungs- u. Werbetätigkeit) | **agitieren**
Agrarwirtschaft (Landwirtschaft) | **Agronom,** der, -en, -en (wissenschaftl. ausgebildeter Landwirt)
Ägypten | **ägyptisch**
ah!; aha! (Ausruf); ein vielstimmiges Ah
Ahle, die, -, -n (ein nadelartiges Werkzeug)
ahnden (strafen)
ähneln; jmdm. ~
ahnen
ähnlich; ein ähnliches Wort, aber: etwas Ähnliches; und Ähnliches | **Ähnlichkeit**
Ahnung | **ahnungslos**
ahoi! (seemänn. Anruf)
Ahorn, der, -[e]s, -e (ein Laubbaum)
Ähre, die, -, -n (Blütenstand bei Getreide)
Aids [e:ds], das, - (eine gefährliche Infektionskrankheit)
Airbag [ˈɛ:(r)bɛg], der, -s, -s (Luftsack im Auto zum Schutz der Mitfahrenden bei Unfällen)
Akademie, die, -, Plur. Akademien (Vereinigung von Gelehrten od. Künstlern; Hochschule) | **Akademiker** | **Akademikerin**

Akazie [..ĭə], die, -, -n (ein trop. Laubbaum)
Akkord, der, -[e]s, -e (1. Zusammenklang mehrerer Töne – 2. Bezahlung nach Stückzahl) | **Akkordarbeit** | **Akkordeon,** das, -s, -s
Akku, der, -s, -s (Kurzwort für *Akkumulator)* | **Akkumulator,** der, -s, Plur. Akkumulatoren (Speicher für elektr. Energie)
Akkusativ, der, -s, -e (4. Fall)
Akrobat, der, -en, -en (Artist) | **akrobatisch**
Akt, der, -[e]s, -e (Vorgang; Handlung; Aufzug in Theaterstücken; Darstellung des nackten menschl. Körpers)
Akte, die, -, -n (Schriftstück) | **Aktentasche**
Aktie [..ĭə], die, -, -n (Anteilschein)
Aktion (Maßnahme)
Aktionär, der, -s, -e (Besitzer von Aktien)
aktiv (zielstrebig, tätig, tatkräftig) | **Aktiv,** das, -s (Handlungsrichtung des Verbs; Tatform) | **Aktivität,** die, -, -en
Aktualität, die, -, -en | **aktuell** (zeitnahe, zeitgemäß)
Akustik, die, - (Lehre vom Schall) | **akustisch** (klanglich)
akut (plötzlich auftretend)
Akzent, der, -[e]s, -e (Betonung, Betonungszeichen)
akzeptabel (annehmbar) | **akzeptieren;** einen Vorschlag ~
Alarm, der, -[e]s, -e (Warnung; Notsignal); ~ schlagen | **alarmieren**
Alb, die, -; die Fränkische ~ ↑ Z 64
Albanien | **albanisch**
albern (kindisch)
Albtraum od. **Alptraum**
Album, das, -s, Plur. Alben
Alchemie, die, - (Bezeichnung für mittelalterl. Chemie)
Alge, die, -, -n (niedere Wasserpflanze)
Algebra, die, - (Lehre von den math. Gleichungen)
alkalisch (basisch, laugenhaft)
Alibi, das, -s, -s (Abwesenheitsnachweis)
Alkohol, der, -s, -e | **alkoholisch**
All, das, -s (Weltall)
all; ~ das Schöne; alle drei; alles in allem; euch alle
Allah (Name für Gott im Islam)
Allee, die, -, Plur. Alleen (von Bäumen eingefasste Straße)
allein; ~ erziehen, ~ stehen (einzeln) ↑ Z 86; ↑ aber: alleinstehen; ~ erziehend od. alleinerziehend ↑ Z 93; der/die ~ Erziehende, auch: Alleinerziehende | **alleinstehen** (ohne Partner leben) ↑ Z 84b | **alleinstehend** | **Alleinstehende** der od. die
allemal; ein für ~, aber: alle Male ↑ Z 96
allenfalls | **allenthalben**
allerbeste; es ist am allerbesten, wenn du ..., aber: es ist das Allerbeste, was/wenn/dass du ... ↑ Z 57, 115
allerdings
Allergie, die, -, Plur. Allergien (Überempfindlichkeit) | **allergisch**
allerhand
allerlei
allerletzt; zuallerletzt; der/die/das Allerletzte ↑ Z 57
allermeiste ↑ Z 115
allerorts
all[er]seits
allerwenigste; am allerwenigsten; das allerwenigste od. Allerwenigste ↑ Z 57
alles; ~ Gute/Mögliche/Übrige; ~ and[e]re, auch: And[e]re ↑ Z 77; mein Ein und Alles ↑ Z 56
allgemein; ~ bildend od. allgemeinbildend ↑ Z 93; ~ gültig od.

allgemeingültig ↑ Z 94; ~ verständlich od. allgemeinverständlich ↑ Z 94; eine ~ bildende od. allgemeinbildende Schule; ein ~ verständlicher od. allgemeinverständlicher Vortrag; im Allgemeinen gibt es … | **Allgemeinbildung** | **Allgemeinheit**

Allianz, die, -, -en (Bündnis; Vereinigung)

Alligator, der, -s, Plur. Alligatoren (ein Krokodil)

alljährlich

allmächtig

allmählich

allseitig

Alltag, der, -s, - | **alltäglich**

allzu; ~ bald/früh/gern/schwer/viel/weit

Alm, die, -, -en (Bergweide)

Almanach, der, -s, -e (Kalender mit Texten; bebildertes Jahrbuch)

Almosen, das, -s, - (kleine Gabe; meist abwertend gebraucht)

Alphabet, das, -[e]s, -e | **alphabetisch**

Alpinist (Bergsteiger)

Alptraum od. **Albtraum**

als | **alsbald** | **alsdann** | **also**

alt; älter; älteste; der/die/das Alte; Alte und Junge; Alt und Jung; aus Alt mach Neu; am Alten hängen; der Alte bleiben; beim Alten bleiben; aus Altem Neues machen; etwas Altes; das Alte Testament ↑ Z 56, 64

Alt, der, -s, -e (tiefe Frauenstimme)

Altar, der, -s, Plur. Altäre

altbacken; altbackenes Brot ↑ Z 116

Alter, das, -s, -, aber: von alters her | **altern** (alt werden) | **Altertum,** das, -[e]s | **Altertümer** (Plur.) (Überreste aus dem Altertum) | **altertümlich**

Alternative, die, -, -n (Wahlmöglichkeit)

Alu, das, -[s] (Kurzwort für *Aluminium*) | **Aluminium,** das, -s (ein chem. Element)

Amalgam, das, -s, -e (Legierung von Metall mit Quecksilber)

Amateur [..ˈtøːr], der, -s, -e (Nichtfachmann; jmd., der eine Tätigkeit als Hobby ausübt)

Amboss, der, -es, -e

ambulant; eine ambulante Behandlung (Behandlung ohne Krankenhausaufenthalt) | **Ambulanz,** die, -, -en od. **Ambulatorium,** das, -s, Plur. Ambulatorien [..ĭən] (Einrichtung für ambulante Behandlungen)

Ameise, die, -, -n

amen; zu allem ja und ~/Ja und Amen sagen | **Amen,** das, -s

Amerika | **amerikanisch**

Ammoniak, das, -s (stechend riechendes Gas)

Amnestie, die, -, Plur. Amnestien (Straferlass, Begnadigung) | **amnestieren** ↑ Z 115

Amöbe, die, -, -n (ein Einzeller)

a-Moll, das, - (Tonart) ↑ Z 106; ein Konzert in a-Moll ↑ aber: A-Dur

Ampel, die, -, -n

Ampere [amˈpɛːr], das, -[s], - (Einheit der elektr. Stromstärke u. der magnet. Spannung) | **Amperemeter,** das, -s, -

Amphibie [..ĭə], die, -, -n od. **Amphibium,** das, -s, Plur. Amphibien [..ĭən] (sowohl im Wasser als auch auf dem Land lebendes Tier)

Ampulle, die, -, -n (Glasröhrchen für Arzneistoffe)

Amputation (operative Abtrennung eines Körperteils) | **amputieren**

Amsel, die, -, -n

Amt, das, -[e]s, Plur. Ämter; von Amts wegen | **amtlich**

amüsieren; sich ~ (sich vergnügen)
an; ~ die Wand rücken; ~ der Wand stehen
analog (gleichartig, ähnlich) | **Analoganzeige** (Anzeige mit Zeiger u. Skala) ↑ digital
Analphabet, der, -en, -en (jmd., der weder lesen noch schreiben kann) | **Analphabetismus**
Analyse, die, -, -n (zergliedernde Untersuchung) | **analysieren** | **analytisch**
Ananas, die, -, Plur. - od. -se
Anarchie, die, -, Plur. Anarchien (Herrschaftslosigkeit; Gesetzlosigkeit) | **Anarchist**
Anatomie, die, - (Lehre vom menschl. Körperbau)
anbahnen
an[be]langen (etwas betreffen); was mich an[be]langt
anberaumen (festsetzen); einen Termin ~
anblicken
Andacht, die, -, -en | **andächtig**
and[e]re; der/die/das/eine/alles ~, auch: And[e]re; alle and[e]ren, auch: And[e]ren; kein and[e]rer, auch: And[e]rer; unter and[e]rem, auch: And[e]rem; etwas and[e]res, auch: And[e]res; nichts and[e]res, auch: And[e]res ↑ Z 77
and[e]renfalls, auch: andernfalls | **andermal;** ein ~, aber: ein and[e]res Mal ↑ Z 96
and[e]rerseits, auch: anderseits
ändern; ich änd[e]re
anders; jemand/niemand ~ od. anderes, auch: Anderes ↑ Z 77; irgendwo ~; ~ denken; ~ denkend/geartet/gesinnt od. andersdenkend, andersgeartet, andersgesinnt ↑ Z 93; der/die anders Denkende od. Andersdenkende | **andersartig** | **anderswo** | **anderswohin**
anderthalb; ~ Stunde[n] | **anderthalbfach** | **anderthalbmal**
anderweitig
Andrang
aneinander; ~ denken/vorbeireden | **aneinanderfügen** | **aneinandergrenzen** | **aneinanderlegen** | **aneinanderreihen;** aneinandergereihte Autos ↑ Z 84e
Anekdote, die, -, -n (kurze, oft witzige Geschichte, die jmdn. oder etwas treffend charakterisiert)
Anemone, die, -, -n (eine Blume)
anerkennenswert | **Anerkennung**
Anfang, der, -[e]s, Plur. Anfänge; zu ~; ~ Januar | **anfangen;** mit etwas ~ | **anfänglich** | **anfangs** | **Anfangsbuchstabe**
anfertigen | **Anfertigung**
anfeuchten
anfreunden, sich (Akk.); sich mit etwas od. jmdm. anfreunden
anführen | **Anführungszeichen**
angeben; einen Termin ~ | **Angeber** | **angeberisch**
angeblich (wie behauptet wird)
angeboren
angehören | **Angehörige,** der u. die, -n, -n
Angeklagte, der u. die, -n, -n
Angel, die, -, -n | **angeln;** ~ gehen
Angelegenheit
angemessen; eine angemessene Entschädigung
angenähert
angenehm
angesehen; am angesehensten
angesichts; ~ dieser Ereignisse
Angestellte, der u. die, -n, -n
Angina, die, - (Mandelentzündung)
angleichen
angloamerikanisch
Angorakaninchen | **Angorawolle**
angreifen | **Angriff;** in ~ nehmen
Angst, die, -, Plur. Ängste; ~ haben; in ~ sein; jmdm. ~ machen, aber:

mir ist/wird angst und bange ↑ Z 71 | **ängstigen;** sich ~ | **ängstlich** | **Ängstlichkeit**
anhand ↑ Z 96; ~ eines Beispiels erklären
Anhang | **anhänglich** | **Anhängsel,** das, -s, -
anhalten | **Anhalter**
anheimstellen; jmdm. etwas ~ (es ihm überlassen) ↑ Z 84d
Anion, das, -s, -en (negativ geladenes Ion) ↑ Kation
Anis od. **Anis,** der, -es, -e (eine Heil- u. Gewürzpflanze)
Anker | **ankern**
ankreiden (etwas übel vermerken); jmdm. etwas ~
ankündigen; jmdm. etwas ~
Ankunft, die, -
anlangen ↑ anbelangen
Anlass, der, -es, Plur. Anlässe | **Anlasser** | **anlässlich;** ~ meines Geburtstags
Anleihe, die, -, -n
Anliegen, das, -s, - (Wunsch)
anmaßen, sich; du maßt dir etwas an | **anmaßend** (überheblich); am anmaßendsten
Anmut | **anmutig**
Annahme, die, -, -n | **annehmbar** | **annehmen** | **Annehmlichkeit**
annektieren (sich etwas gewaltsam aneignen) | **Annexion** (gewaltsame Aneignung)
Annonce [a'nɔ̃:sə], die, -, -en (Zeitungsanzeige) | **annoncieren** [..'si:..]
Anode, die -, -n (positive Elektrode) ↑ Kathode
anomal (abweichend, unregelmäßig) | **Anomalie,** die, -, Plur. Anomalien
anonym (namenlos, ungenannt)
Anorak, der, -s, -s
anorganisch (nicht von Lebewesen stammend)
anormal ↑ abnorm
anprangern (öffentlich tadeln)
anregend; am anregendsten
anreißen
Anreiz (Antrieb)
anrempeln; jmdn. ~
anrüchig (von schlechtem Ruf)
ansässig (wohnhaft, beheimatet)
Anschein | **anscheinend** (es hat den Anschein); er hat ~ gelogen ↑ aber: scheinbar
anschließen | **anschließend** | **Anschluss**
anschwärzen; jmdn. ~
Ansehen, das, -s; ~ genießen | **ansehnlich** (beachtlich)
ansetzen; ein Stück Stoff ~; Wein ~; zum Überholen ~
ansichtig; der Insel ~ werden | **Ansichtskarte**
ansiedeln
ansonsten ↑ Z 115
ansprechend; am ansprechendsten | **Anspruch** | **anspruchslos** | **anspruchsvoll**
Anstalt, die -, -en; Anstalten machen (sich anschicken, etwas zu tun)
Anstand, der, -[e]s | **anständig**
anstatt; ~ des Referats; ~ zu gehen ↑ Z 143, aber: an Kindes statt ↑ Z 72
anstecken | **ansteckend;** am ansteckendsten | **Ansteckung** ↑ Z 116
anstelle od. **an Stelle** ↑ Z 96 | **anstellig** (geschickt)
Anstoß | **anstoßen** | **anstößig** (Ärger erregend); sich ~ benehmen
anstrengen; die Kräfte ~; sich (Akk.) ~ (sich sehr bemühen)
Antarktika | **Antarktis,** die, - (Land um den Südpol) ↑ Z 118
Antenne, die, -, -n
anthrazit (schwarzgrau) | **Anthrazit,** der, -s, -e (eine Kohlenart) | **anthrazitfarben** od. **anthrazitfarbig**

Antibiotikum, das, -s, Plur. Antibiotika (ein Medikament)
Antifaschismus | **Antifaschist** (Gegner des Faschismus u. des Nationalsozialismus) | **Antifaschistin** | **antifaschistisch** ↑ Z 115
antik (altertümlich) | **Antike,** die, - (das Altertum; die alte Kultur Griechenlands u. Roms)
Antilope, die, -, -n (ein Huftier)
Antimon, das, -s (ein chem. Element)
Antiquariat, das, -[e]s, -e (Altbuchhandlung)
Antisemit, der, -en, -en (Gegner des Judentums, Feind der Juden) | **Antisemitismus,** der, -
antistatisch (gegen elektrostatische Aufladung geschützt); ein antistatisches Tuch
Antonym, das, -s, -e (Wort mit entgegengesetzter Bedeutung, z. B. *gesund – krank*)
Antrag, der, -[e]s, Plur. Anträge
Antwort, die, -, -en | **antworten;** jmdm. ~
Anwalt, der, -[e]s, Plur. Anwälte | **Anwältin**
Anwärter | **Anwärterin**
anweisen | **Anweisung**
anwesend | **Anwesenheit,** die, -
anwidern (anekeln); es widert mich an
Anzeige, die, -, -n | **anzeigen**
Anzug
anzüglich; eine anzügliche Bemerkung
apart (reizvoll, geschmackvoll)
Apartheid, die, - (ehemals Rassentrennung in Südafrika)
apathisch (teilnahmslos)
Apfel, der, -s, Plur. Äpfel | **Apfelsine,** die, -, -n
Apostroph, der, -s, -e (Auslassungszeichen)
Apotheke, die, -, -n | **Apotheker** | **Apothekerin**
Apparat, der, -[e]s, -e | **Apparatur,** die, -, -en (Gesamtanlage von Apparaten)
Appell, der, -s, -e (Aufruf, Mahnruf) | **appellieren;** an jmdn./etwas ~
Appetit, der, -[e]s, -e | **appetitlich**
applaudieren (Beifall klatschen) | **Applaus,** der, -es, -e
Apposition (substantivisches Attribut im gleichen Fall wie das Beziehungswort)
Appretur, die, -, -en (Glätte, Glanz, Veredelung eines Gewebes)
Aprikose, die, -, -n
April, der, -[s], -e
Aquarell, das, -s, -e (mit Wasserfarben gemaltes Bild)
Aquarium, das, -s, Plur. Aquarien [..ĭən]
Äquator, der, -s (größter Breitenkreis)
äquivalent (gleichwertig); ~ sein | **Äquivalent,** das, -[e]s, -e (Gegenwert; Ausgleich, Ersatz)
Arabien [..ĭən] | **arabisch;** eine arabische Zahl, aber: die Arabische Liga ↑ Z 64, 79
Arbeit, die, -, -en | **arbeiten** | **Arbeiter** | **Arbeiterin** | **arbeitsam** | **arbeitslos** | **Arbeitszeit**
Archäologe, der, -n, -n (Altertumsforscher) | **Archäologie,** die, - (Altertumswissenschaft) | **Archäologin** | **archäologisch**
Architekt, der, -en, -en (Baumeister) | **Architektin** | **Architektur,** die, -, -en (Baukunst)
Archiv, das, -s, -e (Sammlung von Urkunden u. Akten; Aufbewahrungsraum für Schriftstücke)
Arena, die, -, Plur. Arenen (Schauplatz, Kampfplatz)
arg; ärger; ärgste; Arges/das Ärgste befürchten; im Argen liegen; nichts Arges denken ↑ Z 56

Argentinien [..ĭən] | **argentinisch**
Ärger, der, -s | **ärgerlich** | **ärgern;** sich (Akk.) ~; sich über jmdn. ~ | **arglos**
Argument, das, -[e]s, -e (Beweis, Beweismittel) | **Argumentation** (Beweisführung) | **argumentieren**
Arie [ˈa:rĭə], die, -, -n (Sologesangsstück)
Arithmetik, die, - (Teilgebiet der Mathematik) | **arithmetisch**
Arktis, die, - (Gebiet um den Nordpol) | **arktisch;** arktische Kälte
arm; ärmer, ärmste; aber: du Ärmster; Arm und Reich; Arme und Reiche; jmdn. ~ machen od. armmachen ↑ Z 87
Arm, der, -[e]s, -e
Armatur, die, -, -en (Ausrüstungsteil von Maschinen; Wasserhahn, Mischbatterie) | **Armaturenbrett** (Schaltbrett)
Armee, die, -, Plur. Armeen
Ärmel, der, -s, -
Armenien | **armenisch**
ärmlich (nach Armut aussehend) | **Armut,** die, -
Aroma, das, -s, Plur. Aromen
Arrest, der, -[e]s, -e (Haft) | **arretieren** (verhaften)
arrogant (anmaßend) | **Arroganz,** die, -
Arsen, das, -s (ein chem. Element)
Art, die, -, -en; Bücher aller ~, aber: allerart Bücher
Arterie [..ĭə], die, -, -n (Schlagader)
artig (folgsam)
Artikel, der, -s, - (1. Abhandlung – 2. Ware – 3. Geschlechtswort)
Artillerie od. **Artillerie,** die, -, Plur. Artillerien (mit Geschützen ausgerüstete Truppe)
Artischocke, die, -, -n (eine Gemüsepflanze) ↑ Z 116
Artist, der, -en, -en (Varietee- od. Zirkuskünstler) | **artistisch** ↑ Z 115
Arznei | **Arzt,** der, -es, Plur. Ärzte | **Ärztin** | **ärztlich**
Asbest, der, -[e]s, -e (ein feuerfester Faserstoff)
Asche, die, - | **Asch[en]becher** | **aschfahl** | **aschgrau**
äsen; äsende (fressende) Rehe
asiatisch | **Asien** [..ĭən]
Asphalt od. **Asphalt,** der, -[e]s, -e (ein Teerprodukt) | **asphaltieren;** die Straße ~
Ass, das, -es, -e (1. eine Spielkarte – 2. Bester in einer Disziplin)
Assimilation (Anpassung; Aufbau körpereigener Stoffe) | **assimilieren**
Assistent, der, -en, -en (wissenschaftl. Mitarbeiter, z. B. an Hochschulen) | **Assistentin** | **assistieren;** jmdm. ~ ↑ Z 115
Ast, der, -[e]s, Plur. Äste
Aster, die, -, -n (eine Blume) ↑ Z 115
ästhetisch (künstlerisch geschmackvoll; schön)
Asthma, das, -s (Atemnot)
Astronaut, der, -en, -en (Weltraumfahrer) | **Astronautin**
Astronom, der, -en, -en (Sternforscher) | **Astronomie,** die, - (Sternkunde) | **Astronomin** | **astronomisch;** astronomische Beobachtungen
Asyl, das, -s, -e (Zufluchtsort) | **Asylant,** der, -en, -en | **Asylrecht**
Atelier [atəˈlje:], das, -s, -s (Künstlerwerkstatt; Werkstatt für fotograf. Aufnahmen)
Atem, der, -s; ~ holen; außer ~ sein | **atemberaubend** | **atemlos**
Äther, der, -s (ein Betäubungsmittel) (fachspr. *Ether*)
Äthiopien [..ĭən] | **äthiopisch**

Athlet, der, -en, -en (Wettkämpfer; Kraftmensch) | **athletisch**
Atlantik, der, -s (Kurzwort für *Atlantischer Ozean*)
Atlas, der, Gen. - od. -ses, Plur. -se od. Atlanten
atmen
Atmosphäre, die, -, -n (Lufthülle der Erde) | **atmosphärisch;** eine atmosphärische Störung
Atmung
Atom, das, -s, -e (kleinster Teil eines chem. Elements) | **atomar**
Attentat od. **Attentat,** das, -[e]s, -e (polit. Mordanschlag) | **Attentäter**
Attest, das, -[e]s, -e (ärztl. Bescheinigung, Zeugnis)
Attrappe, die, -, -n (Nachbildung)
Attribut, das, -[e]s, -e (Beifügung) | **attributiv;** attributiver Gebrauch (z. B. des Adjektivs)
ätzen | **ätzend**
Aubergine [obɛrˈʒiːnə], die, -, -n (eine Gemüsepflanze)
auch; ~ wenn; wenn ~
audiovisuell (zugleich Hören u. Sehen ansprechend)
Aue, die, -, -n (feuchte Niederung)
auf; ~ sein; ~ dem Regal liegen; ~ das od. aufs Regal legen; ~ und ab gehen; das Auf und Ab
aufbäumen, sich (Akk.) (sich aufrichten); das Pferd bäumt sich auf
aufbereiten (erschließen; auswerten; erneuern); Umfrageergebnisse/Trinkwasser ~ | **Aufbereitung**
aufdrängen; jmdm. etwas ~; sich (Akk.) ~; sich jmdm. ~ | **aufdringlich** (lästigfallend) | **Aufdringlichkeit**
aufeinander; ~ achten | **aufeinanderbeißen**; die Zähne ~ | **aufeinanderlegen** | **aufeinanderliegen** | **aufeinanderprallen** | **aufeinanderstapeln** | **aufeinanderstoßen** ↑ Z 84e
Aufenthalt, der, -[e]s, -e
auffallen | **auffallend;** am auffallendsten | **auffällig**
auffassen | **Auffassung**
auffordern | **Aufforderung**
aufforsten | **Aufforstung** ↑ Z 115
Aufgabe, die, -, -n
aufgrund od. **auf Grund;** ~ od. ~ ~ der Tatsache, dass ... ↑ Z 96
aufhalsen; jmdm. eine Arbeit ~
aufhängen
aufhören; mit etwas ~
aufklaren (klar werden) | **aufklären** (über Zusammenhänge belehren) | **Aufklärung**
Auflage
aufmerksam | **Aufmerksamkeit**
Aufnahme, die, -, -n | **aufnahmebereit** | **aufnahmefähig** | **Aufnahmefähigkeit**
aufpassen
aufrecht (gerade); ~ gehen/sitzen; das Aufrechtgehen ↑ Z 55 | **aufrechterhalten** (im alten Zustand erhalten)
aufregen | **aufregend;** am aufregendsten
aufreißen | **Aufriss** (geometr. Zeichnung)
Aufruf, der, -[e]s, -e | **aufrufen**
Aufruhr, der, -[e]s, -e | **aufrührerisch**
aufrunden (nach oben runden); einen Betrag ~
aufs; ~ Herzlichste od. herzlichste; ~ Gleiche; ~ Schlimmste od. schlimmste zugerichtet werden; ~ Schlimmste gefasst sein; ~ Neue ↑ Z 57
aufsässig (widersetzlich)
Aufsatz
aufschlüsseln | **aufschlussreich**
Aufsehen, das, -s; ~ erregen; ~ erregend od. aufsehenerregend ↑

Z 93; etwas ~ Erregendes od. Aufsehenerregendes
aufseiten od. **auf Seiten;** ~ od. ~ ~ des Freundes ↑ Z 96, aber: auf der Seite des Freundes
Aufsicht
Aufstand | **aufständisch** | **Aufständische,** der u. die, -n, -n
Aufstellung, die, -, -en
Aufstieg, der, -[e]s, -e
aufstöbern
Auftrag, der, -[e]s, Plur. Aufträge
Auftritt
auftrumpfen
Aufwand, der, -[e]s | **aufwändig** od. **aufwendig**
aufwärts; Verbindungskosten ab 0,9 Cent ~ | **aufwärtsfahren** | **aufwärtsgehen** (nach oben gehen, besser werden) | **aufwärtsstreben** ↑ Z 84e
aufwendig od. **aufwändig**
aufwiegeln (aufhetzen) | **Aufwieg[e]lung**
Auge, das, -s, -n | **äugen** (vorsichtig blicken) | **Augenblick** | **augenblicklich** od. **augenblicklich** | **Augenlid**
August, der, Gen. -[e]s od. -, Plur. -e (ein Monat)
Auktion (Versteigerung)
Aula, die, -, Plur. Aulen od. Aulas (Festsaal)
Aupairmädchen, auch: Au-pair-Mädchen [oˈpɛːr..] (Haushaltshilfe, die zu Sprachstudien in ausländ. Familien tätig ist)
aus; ~ dem Hause sein; im Aus
ausarten; in einen Streit ~
ausbedingen, sich (Dat.); sich etwas ~
ausbeuten | **Ausbeuter** | **Ausbeutung**
ausbreiten | **Ausbreitung**
Ausdauer, die, - | **ausdauernd;** am ausdauerndsten
Ausdruck | **ausdrücklich** od. **ausdrücklich** | **ausdruckslos**
auseinander; ~ ableiten | **auseinandergehen** | **auseinanderlaufen** | **auseinandernehmen;** ein auseinandergenommenes Radio | **auseinandersetzen;** zwei Schüler ~, sich mit einem Problem ~ | **auseinanderziehen** ↑ Z 84e | **Auseinandersetzung**
ausfindig; ~ machen
Ausflucht, die, -, Plur. Ausflüchte
Ausflug
ausfransen; ausgefranste Ärmel
Ausfuhr, die, -, -en | **ausführen** | **ausführlich** od. **ausführlich**
Ausgabe
ausgeglichen; einen ausgeglichenen Charakter haben
ausgelassen (übermütig)
ausgemergelt (mager, abgezehrt)
ausgenommen; ~ Frank od. Frank ~ (ohne Frank)
ausgerechnet
ausgeschlossen (auf keinen Fall)
ausgesprochen
ausgezeichnet (sehr gut)
ausgiebig (reichlich)
aushändigen; jmdm. etwas ~ | **Aushändigung,** die, -
aushecken (listig ersinnen) ↑ Z 116
aushöhlen
ausklügeln (etwas scharfsinnig ausdenken)
auskundschaften; etwas ~
ausleeren; das Glas ~
Ausleihe, die, -, -n | **ausleihen**
ausmerzen (restlos beseitigen)
Ausnahme, die, -, -n | **ausnahmslos** | **ausnahmsweise**
Auspuff, der, -[e]s, -e
ausringen od. **auswringen**
ausrotten
ausrüsten | **Ausrüstung** ↑ Z 115
ausschachten
Ausscheid, der, -[e]s, -e

Ausschlag | **ausschlaggebend;** am ausschlaggebendsten
ausschließlich | **Ausschluss**
Ausschuss
aussehen; nach etwas ~ | **Aussehen,** das, -s
außen; von ~ her | **Außenpolitik** | **außenpolitisch**
außer; ~ allem Zweifel; ~ sich sein; ~ Acht lassen | **äußere;** die ~ Mauer | **Äußere,** das, ..r[n]; sein Äußeres | **außerdem;** ~ musst du ..., aber: außer dem Abwasch muss er auch noch die Wäsche erledigen | **außergewöhnlich** | **außerhalb;** ~ der Stadt | **äußerlich** | **Äußerlichkeit**
äußern; sich (Akk.) ~; sich zu etwas ~ | **Äußerung**
außerordentlich
äußerst; auf das/aufs äußerste od. Äußerste (sehr) gespannt sein; das Äußerste befürchten; bis zum Äußersten gehen; aufs Äußerste gefasst sein
außerstand[e] od. **außer Stand[e]** sein ↑ Z 96
Aussprache | **aussprechen;** sich (Akk.) ~; sich über etwas ~
ausstatten | **Ausstattung**
Australien [..ĭən] | **australisch** ↑ Z 115
austüfteln (etwas Schwieriges ausdenken)
Auswahl | **auswählen**
auswärtig | **auswärts** | **auswärtsgehen** | **auswärtslaufen** ↑ Z 84e
Ausweg | **ausweglos**
Ausweis, der, -es, -e | **ausweisen;** sich (Akk.) ~; jmnd. ~ | **Ausweisung**
auswendig; ein Gedicht ~ lernen
auswerten | **Auswertung**
auswringen od. **ausringen**
auszeichnen; sich (Akk.) ~; sich durch etwas ~ | **Auszeichnung**
Auto, das, -s, -s (Kurzwort für *Automobil*); ~ fahren; ich bin ~ gefahren, aber: das Autofahren
Autobiografie od. **Autobiographie,** die, -, Plur. Autobiografien od. Autobiographien (Beschreibung des eigenen Lebens) | **autobiografisch** od. **autobiographisch** ↑ S. 230, *Merke*
Autobus, der, -ses, -se ↑ Bus
autogen (selbsttätig); autogenes Schweißen; autogenes Training (Entspannungsübungen)
Autogramm, das, -s, -e (Unterschrift einer bekannten Persönlichkeit)
Automat, der, -en, -en (selbsttätige Vorrichtung) | **Automatik,** die, -, -en | **automatisch** | **automatisieren**
Autor, der, -s, Plur. Autoren (Verfasser) | **Autorin** | **autoritär** (unbedingten Gehorsam fordernd) | **Autorität,** die, -, -en (Ansehen; maßgebender Fachmann)
Avocado od. **Avocato,** die, -, -s (eine trop. Frucht)
axial (in Achsenrichtung)
Axt, die, -, Plur. Äxte
Azalee, die, -, -n (eine Blume)
Azubi, der, -s, -s u. die, -, -s (Auszubildende[r])
azurblau (himmelblau)

B

Baby ['be:bi], das, -s, -s
Bach, der, -[e]s, Plur. Bäche
Backbord, das, -[e]s, -e (linke Schiffsseite, von hinten gesehen) | **backbord[s];** er steht ~
Backe, die, -, -n ↑ Z 116
backen; du bäckst; du backtest, auch: buk[e]st; du backtest; gebacken; back[e]! | **Bäcker** | **Bäckerei** ↑ Z 116

Bad, das, -[e]s, Plur. Bäder | **baden;** ~ gehen
Baden-Württemberg | **baden-württembergisch**
Bagger | **baggern**
Bahn, die, -, -en | **bahnbrechend;** eine bahnbrechende Erfindung
Bahre, die, -, -n (Gestell zum Tragen von Toten)
Bai, die, -, -en (Meeresbucht)
Bajonett, das, -[e]s, -e (Seitengewehr) | **Bajonettverschluss**
Bake, die, -, -n (fest stehendes Orientierungszeichen)
Bakterien [..ĭən] (Plur.) (einzellige Mikroorganismen, z. T. Krankheitserreger)
Balance [baˈlã:s od. baˈlaŋsə], die, -, -n (Gleichgewicht) | **balancieren** [balãˈsi:rən od. balaŋˈsi:rən]
bald; eher; eheste; so ~ als od. wie möglich, aber: sobald du kannst, ... ↑ Z 96
Baldrian, der, -s, -e (eine Heilpflanze)
balgen, sich (Akk.)
Balken, der, -s, -
Balkon [..ˈkɔŋ], der, -s, Plur. -s od. -e [..ˈko:nə]
Ball, der, -[e]s, Plur. Bälle; ~ spielen, aber: das Ballspielen
Ballade, die, -, -n (eine Gedichtform)
Ballast od. **Ballast,** der, -[e]s, -e (wertlose Last)
ballen; die Hand zur Faust ~ | **Ballen,** der, -s, -
Ballett, das, -[e]s, -e | **Balletttänzer*** | **Balletttänzerin*** ↑ Z 34
Ballon [..ˈlõ:; auch: ..ˈlɔŋ od. ..ˈlo:n], der, -s, -s
Balsam, der, -s, -e (Gemisch von Harzen u. Ölen) | **balsamieren** (einsalben)
Bambus, der, Gen. - od. -ses, Plur. - od. -se
Banane, die, -, -n
[1]**Band,** der, -[e]s, Plur. Bände (Buch)
[2]**Band,** das, -[e]s, Plur. Bänder (Streifen)
[3]**Band,** das, -[e]s, Plur. Bande (Fessel); außer Rand und ~
[4]**Band** [bɛnt od. ..d], die, -, -s (Musikgruppe)
Bandage [..ˈda:ʒə], die, -, -n (Schutzverband) | **bandagieren** [..daˈʒi:rən] (einen Verband anlegen)
Bande, die, -, -n
bändigen
Bandit, der, -en, -en (Räuber)
bang[e]; banger od. bänger; am bangsten od. bängsten; mir ist angst und ~ ↑ Z 71; jmdm. Angst und Bange machen | **bangen**
[1]**Bank,** die, -, Plur. Bänke (Sitz)
[2]**Bank,** die, -, -en (Geldinstitut)
Banker [auch: ˈbɛŋkər] (Bankfachmann) | **Bankier** [baŋˈkĭe:], der, -s, -s (Inhaber eines Bankhauses)
bankrott (zahlungsunfähig); ~ werden/sein | **Bankrott,** der, -[e]s, -e; in ~ gehen, ↑ aber: bankrottgehen; ~ machen | **bankrottgehen;** die Firma ist bankrottgegangen ↑ Z 84b
Bann, der, -[e]s, -e (Ausschluss) | **bannen** (abwenden) | **Bannkreis**
Banner, das, -s, - (Fahne)
bar; ~ zahlen; in ~; bares Geld
Bar, die, -, -s (Nachtlokal; hoher Schanktisch)
Bär, der, -en, -en
Baracke, die, -, -n (Bretterbude) ↑ Z 116
Barbar, der, -en, -en (roher, empfindungsloser Mensch ohne Kultur) | **Barbarei** | **barbarisch**
barfuß; ~ gehen/laufen; ~ laufend od. barfußlaufend ↑ Z 93 | **barfüßig**

Bargeld | **bargeldlos;** ~ bezahlen
Bariton, der, -s, -e (mittlere Männerstimme)
Barkasse, die, -, -n (Boot für den Hafenverkehr) | **Barke,** die, -, -n (kleines Boot)
Bärlapp, der, -s, -e (eine Sporenpflanze)
Barock, das od. der, -s (Kunststil des 17. u. 18. Jh.)
Barometer, das, -s, - (Luftdruckmesser)
Barren, der, -s, - (1. ein Turngerät – 2. Handelsform der Edelmetalle, z. B. Goldbarren)
Barriere, die, -, -n (Schranke, Sperre) | **Barrikade,** die, -, -n (Straßensperre)
barsch (rau, unfreundlich)
Barsch, der, -[e]s, -e (ein Fisch)
Bart, der, -[e]s, Plur. Bärte | **bärtig** | **bartlos**
Basalt, der, -[e]s, -e (ein vulkanisches Gestein)
Basar od. **Bazar** [ba'za:r], der, -s, -e (Warenmarkt)
Base, die, -, -n (1. Lauge – 2. Kusine)
Baseball ['be:sbɔ:l], der, -s (ein Schlagballspiel) | **Basecap** ['be:skɛp], das, -s, -s (eine Schirmmütze)
BASIC ['be:sɪk], das, -[s] (einfache Programmiersprache)
basieren (beruhen auf, sich stützen auf) | **Basis,** die, -, Plur. Basen (Grundlage)
basisch (alkalisch, laugenhaft)
Baskenmütze
Basketball, der, -[e]s (ein Korbballspiel)
Bass, der, -es, Plur. Bässe (1. tiefste Männerstimme – 2. Saiteninstrument) | **Bassgeige**
Bassin [ba'sɛ̃:], das, -s, -s (Wasserbecken)
Bassist (1. Basssänger – 2. Musiker, der Bass spielt) | **Bassstimme*** ↑ Z 34
Bast, der, -[e]s, -e
basta! (genug!) ↑ Z 115
Bastelei | **basteln** ↑ Z 115 | **Bastler**
Bataillon [batal'jo:n], das, -s, -e (eine Truppenabteilung)
Batik, der, -s, -en od. die, -, -en (Textilfärbeverfahren; farbiges Gewebe) | **Batikdruck** | **batiken**
Batist, der, -[e]s, -e (feines Gewebe)
Batterie, die, -, Plur. Batterien (1. Stromspeicher – 2. eine Artillerieeinheit)
Bau, der, -[e]s, Plur. -e od. (bei Gebäuden) Bauten
Bauch, der, -[e]s, Plur. Bäuche | **bauchig;** eine bauchige Flasche | **bäuchlings** | **bauchreden**
Baude, die, -, -n (Gebirgshütte)
bauen
[1]**Bauer,** das od. der, -s, - (Käfig)
[2]**Bauer,** der, Gen. -n od. -s, Plur. -n (Landwirt) | **Bäuerin** | **bäuerlich**
baufällig
Baum, der, -[e]s, Plur. Bäume
baumeln (schaukeln)
Bausch, der, -[e]s, Plur. -e od. Bäusche; in ~ und Bogen (alles in allem) | **bauschen** | **bauschig**
Bauxit, der, -s, -e (ein Aluminiummineral)
Bayern | **bay[e]risch**
Bazar [ba'za:r] ↑ Basar
Bazillus, der, -, Plur. Bazillen (stäbchenförmige Bakterien)
beabsichtigen
beachten | **beachtlich** | **Beachtung**
Beamte, der, -n, -n | **Beamtin**
beängstigend; am beängstigendsten ↑ Z 115
beanspruchen
beanstanden
beantragen
bearbeiten | **Bearbeitung**

Beat [bi:t], der, -[s] (Schlagrhythmus) | **Beatmusik**
beaufsichtigen; jmdn. ∼
beauftragen; jmdn. ∼ | **Beauftragte,** der u. die, -n, -n
beben | **Beben,** das, -s, -
Becher
Becken, das, -s, - | **beckenförmig** ↑ Z 116
bedacht; auf seinen Vorteil ∼ sein | **Bedacht,** der, -[e]s; mit/voll/ohne ∼ (Überlegung) | **bedächtig**
Bedarf, der, -[e]s; nach ∼ | **Bedarfsfall;** im ∼
bedauerlich | **bedauern;** jmdn. ∼ | **Bedauern,** das, -s; mit ∼ feststellen | **bedauernswert**
bedenken; etwas ∼ | **Bedenken,** das, -s, -; ernste ∼ haben | **bedenklich**
bedeuten | **bedeutend;** am bedeutendsten; um ein Bedeutendes größer sein; etwas Bedeutendes leisten ↑ Z 56 | **bedeutsam** | **Bedeutung** | **bedeutungslos**
bedingen (etwas voraussetzen; zur Folge haben) | **Bedingung** | **bedingungslos**
bedrängen; jmdn. ∼
bedrohen; jmdn. ∼ | **bedrohlich** | **Bedrohung**
bedrücken; es bedrückt mich ↑ Z 116 | **bedrückend;** am bedrückendsten
bedürfen | **Bedürfnis,** das, -ses, -se | **bedürftig**
Beefsteak ['bi:fste:k], das, -s, -s (Rindslendenstück)
beeilen, sich (Akk.)
beeindrucken; es beeindruckt mich ↑ Z 116 | **beeindruckend;** am beeindruckendsten
beeinflussen; jmdn. ∼ | **Beeinflussung**
beeinträchtigen; jmdn. ∼
beend[ig]en | **Beend[ig]ung**
beerdigen; jmdn. ∼ | **Beerdigung**
Beere, die, -, -n
Beet, das, -[e]s, -e
Beete ↑ Bete
befähigen; jmdn. zu etwas ∼ | **befähigt;** am befähigtsten | **Befähigung**
befahrbar | **befahren**
Befall, der, -[e]s; der ∼ der Pflanzen | **befallen**
befangen (schüchtern, verlegen)
befassen, sich (Akk.); sich mit etwas ∼
befehden (bekämpfen); sich (Akk.) ∼
Befehl, der, -[e]s, -e | **befehlen;** du befiehlst; du befahlst; du befählest; befohlen; befiehl!; jmdm. etwas ∼ | **Befehlsform**
befestigen | **Befestigung** ↑ Z 115
befinden; etwas für gut ∼; sich (Akk.) ∼ | **Befinden,** das, -s | **befindlich**
beflissen (eifrig bemüht)
beflügeln; seine Schritte ∼
befördern; jmdn. ∼ | **Beförderung**
befreien; jmdn. ∼ | **Befreier** | **Befreierin** | **Befreiung**
befremden; es befremdet mich | **Befremden,** das, -s | **befremdend** | **befremdlich**
befreunden, sich (Akk.); sich mit jmdm. ∼
befriedigen (zufrieden stellen) | **befriedigend**
befruchten | **Befruchtung**
Befugnis, die, -, Plur. ..nisse | **befugt;** zu etwas ∼ sein
Befund; ohne ∼
befürworten; eine Sache ∼
begabt | **Begabung**
begeben, sich (Akk.) | **Begebenheit**
begegnen; jmdm. ∼ | **Begegnung**
begehren
begeistern; sich (Akk.) ∼; sich für etwas ∼ | **Begeisterung** ↑ Z 115 | **begeisterungsfähig**

begierig
Beginn, der, -[e]s; zu ~ | **beginnen;** du beginnst; du begannst; du begännest od. begönnest; begonnen; beginn[e]!; mit etwas ~
beglaubigen (etwas als wahr od. echt bescheinigen)
begleichen; eine Rechnung ~
begleiten; jmdn. ~ | **Begleiter** | **Begleiterin** | **Begleitung**
beglückwünschen; jmdn. zu etwas ~
begnadigen; jmdn. ~ | **Begnadigung**
begnügen, sich (Akk.); sich mit etwas ~
begraben | **Begräbnis**
begradigen (gerade legen, ausgleichen)
begreifen; jmdn. od. etwas ~ | **begreiflich** | **begreiflicherweise**
begrenzen
Begriff, der, -[e]s, -e; im ~ sein | **begrifflich** | **begriffsstutzig**
begründen | **Begründung**
begünstigen; jmdn. ~ | **Begünstigung** ↑ Z 115
begutachten (ein fachmänn. Urteil abgeben)
begütigen (besänftigen); jmdn. ~
behaart | **Behaarung**
behaftet; mit einem Fehler ~
behagen (gefallen); es behagt mir | **Behagen,** das, -s; mit ~ | **behaglich**
Behälter
behände (schnell, flink)
beharren; auf etwas ~ | **beharrlich**
behaupten | **Behauptung**
Behausung
behelfen, sich (Akk.); sich mit etwas ~ | **behelfsmäßig**
behelligen (belästigen); jmdn. ~
beherbergen; jmdn. ~
beherzigen | **Beherzigung** | **beherzt**
behilflich; jmdm. ~ sein
behindern; jmdn. ~ | **Behinderung**
Behörde, die, -, -n | **behördlich**
behüten | **behutsam** | **Behutsamkeit,** die, -
bei; ~ all[e]dem; ~ Weitem od. ~ weitem ↑ Z 78b
Beichte, die, -, -n | **beichten;** jmdm. etwas ~
beide; alle ~; sie ~, aber: Sie ~ (Anrede); wir beide[n]; diese beiden; ~ Mal[e] hattest du Recht | **beid[er]seitig** | **beiderseits**
beieinander; ~ sein | **beieinanderbleiben** | **beieinanderhaben** | **beieinanderhocken** | **beieinanderstehen** ↑ Z 84e
Beifall, der, -[e]s | **beifällig**
beige [be:ʃ] (sandfarben)
Beil, das, -[e]s, -e
beiläufig
Beileid, das, -[e]s
Bein, das, -[e]s, -e
beinah[e]
beisammen; ~ sein, aber: beisammensitzen | **beisammenstehen** ↑ Z 84e | **beisammenbleiben** | **Beisammensein,** das, -s
beiseitelassen | **beiseitelegen** | **beiseiteschaffen** ↑ Z 84d
beisetzen (beerdigen)
Beispiel, das, -[e]s, -e | **beispielhaft** | **beispiellos** | **beispielsweise**
beißen; du beißt; du bissest; du bissest; gebissen; beiß[e]!
Beitrag, der, -[e]s, Plur. Beiträge | **beitragen;** zu etwas ~
beitreten | **Beitritt**
Beize, die, -, -n (Flüssigkeit zur Oberflächenbehandlung)
beizeiten (rechtzeitig)
beizen
bejahen
bekannt; ~ geben od. bekanntgeben, ~ machen od. bekanntma-

chen; jmdn. miteinander ~ machen od. bekanntmachen; etwas ~ geben od. bekanntgeben ↑ Z 84c | **Bekannte,** der u. die, -n, -n | **bekanntlich** | **Bekanntmachen,** das, -s | **Bekanntschaft**
Bekenntnis
bekleckern ↑ Z 116
bekleiden; leicht bekleidet sein
beklemmend | **Beklemmung** | **beklommen** (ängstlich, bedrückt); ~ zumute sein
bekommen | **bekömmlich;** die Speise ist ~
bekräftigen (einer Sache etwas mehr Nachdruck verleihen; etwas bestätigen) | **Bekräftigung**
bekränzen (mit einem Kranz schmücken)
bekriegen; jmdn. ~
bekunden; Interesse ~
belämmert (betreten, eingeschüchtert; übel)
Belang, der, -[e]s, -e (Bedeutung); von ~ sein | **belanglos** | **Belanglosigkeit**
belästigen; jmdn. ~ ↑ Z 115
belegen | **Belegschaft**
belehren; jmdn. ~; jmdn. eines Besseren ~ ↑ Z 55
beleidigen; jmdn. ~ | **Beleidigung**
belesen (unterrichtet sein; viel gelesen haben); am belesensten; er ist ~
Belgien [..ĭən] | **belgisch**
belichten; einen Film ~ | **Belichtung**
beliebig; in beliebiger Menge, aber: alles/jeder/jede Beliebige ↑ Z 55 | **beliebt**
bellen
belobigen; jmdn. ~ | **Belobigung**
belohnen; jmdn. mit/für etwas ~ | **Belohnung**
belustigen; sich (Akk.) ~; sich mit etwas ~ | **Belustigung** ↑ Z 115

bemächtigen, sich (Akk.); sich der Tasche ~
bemäkeln (bemängeln)
bemängeln; ich bemäng[e]le
bemänteln (beschönigen); einen Fehler ~
bemerkbar; sich ~ machen | **bemerken** | **bemerkenswert** (beachtlich) | **Bemerkung**
bemitleiden; jmdn. ~
bemittelt (wohlhabend)
bemoost
bemühen; sich (Akk.) ~; sich um etwas ~
bemüßigt; sich (Akk.) ~ (veranlasst) fühlen
benachbart
benachrichtigen; jmdn. ~ | **Benachrichtigung**
benachteiligen; jmdn. ~ | **Benachteiligung**
benehmen, sich (Akk.) | **Benehmen,** das, -s
beneiden; jmdn. ~ | **beneidenswert**
benennen
Bengel, der, -s, -
benommen (fast betäubt)
benötigen
benutzen | **Benutzung**
Benzin, das, -s, -e
beobachten | **Beobachter** | **Beobachtung**
bequem; es sich ~ machen | **bequemen, sich** (Akk.); sich zu etwas ~ | **Bequemlichkeit**
beraten | **Berater** | **beratschlagen** | **Beratung**
berechenbar | **berechnen** | **Berechnung**
berechtigen; jmdn. zu etwas ~ | **Berechtigung**
beredt (redegewandt)
Bereich, der, -[e]s, -e
bereichern; sich (Akk.) ~; sich an etwas ~

bereit; sich ~ erklären od. bereiterklären, ~ machen od. bereitmachen ↑ Z 84c; zu allem ~ sein | **bereiten** | **bereitfinden, sich** (Akk.) | **bereithalten** | **bereitlegen** | **bereitliegen** ↑ Z 84b | **bereits** | **Bereitschaft** | **bereitstehen;** der Bus wird ~ | **bereitstellen** ↑ Z 84b | **bereitwillig**

bereuen

Berg, der, -[e]s, -e; zu Berge stehen | **bergab[wärts],** aber: den Berg abwärts | **bergan** | **bergauf;** ~ gehen/laufen

bergen; du birgst; du bargst; du bärgest; geborgen; birg!

bergsteigen | **Berg-und-Tal-Bahn**

Bergung

Bericht, der, -[e]s, -e | **berichten** | **Berichterstatter** | **berichtigen** | **Berichtigung**

berieseln

beritten

Bermudas (Plur.) (knielange Shorts od. Badehose)

Bernstein, der, -[e]s, -e | **bernsteinfarben**

berüchtigt; am berüchtigtsten

berücksichtigen | **Berücksichtigung**

Beruf, der, -[e]s, -e | **beruflich** | **berufstätig** | **Berufstätige,** der u. die, -n, -n

beruhen; auf etwas ~; etwas auf sich ~ lassen | **beruhigen;** jmdn. ~ | **Beruhigung**

berühmt

berühren | **Berührung**

besamen | **Besamung**

besänftigen; jmdn. ~

Besatz, der, -es, Plur. Besätze | **Besatzung;** die ~ des Schiffes

beschädigen | **Beschädigung**

beschaffen | **Beschaffenheit,** die, -; die ~ eines Stoffes

beschäftigen | **Beschäftigung**

beschämen; jmdn. ~ | **beschämend;** am beschämendsten

beschatten; jmdn. ~

beschaulich

Bescheid, der, -[e]s, -e; ~ sagen/geben/wissen | **bescheiden;** ~ sein; sich (Akk.) ~ (zufriedengeben) | **Bescheidenheit,** die, -

bescheinigen | **Bescheinigung**

bescheren | **Bescherung**

Beschlag, der, -[e]s, Plur. Beschläge; in ~ nehmen, mit ~ belegen | **Beschlagnahme,** die, -, -n

beschleunigen | **Beschleunigung**

beschließen | **beschlossen;** eine beschlossene Sache | **Beschluss;** einen ~ fassen

beschmutzen

beschönigen | **Beschönigung**

beschränken; sich (Akk.) ~; sich auf etwas ~ | **beschränkt** (1. eingeengt – 2. wenig begabt) | **beschrankt** (mit Schranken versehen)

beschriften | **Beschriftung**

beschuldigen; jmdn. ~ | **Beschuldigung**

Beschwerde, die, -, -n; ~ führen | **beschweren;** sich (Akk.) ~ | **beschwerlich**

beschwichtigen; jmdn. ~ | **Beschwichtigung**

beschwingt (heiter, gelöst)

beschwören; jmdn. ~ | **Beschwörung**

beseitigen | **Beseitigung**

Besen, der, -s, -

besichtigen | **Besichtigung**

besiedeln | **Besied[e]lung**

besiegeln (bestätigen, bekräftigen)

besiegen | **Besiegte,** der u. die, -n, -n

besinnen, sich (Akk.); sich auf etwas ~ | **Besinnung,** die, - | **besinnungslos** (bewusstlos)

Besitz, der, -es | **besitzanzeigend;** besitzanzeigendes Fürwort | **besitzen** | **Besitzer** | **besitzlos**

besohlen
besondere; im Besonderen, aber: insbesondere; nichts Besonderes ↑ Z 55, 56 | **Besonderheit** | **besonders**
besonnen (überlegt) | **Besonnenheit,** die, -
besorgen | **Besorgnis,** die, -, Plur. ..nisse; ~ erregen; ~ erregend od. besorgniserregend ↑ Z 93 | **besorgt** (voller Sorge) | **Besorgung** (Einkauf); eine ~ machen
bespitzeln; jmdn. ~ | **Bespitz[e]lung**
besser; ~ gehen od. bessergehen, ich hoffe, dass es dir bald ~ geht od. bessergeht ↑ Z 84c; das Bess[e]re; Bess[e]res; jmdn. eines Bess[e]ren belehren ↑ Z 55, 56; etwas Bess[e]res vorhaben | **bessern;** sich (Akk.) ~; ich bess[e]re mich | **Bess[e]rung**
Bestand | **beständig** | **Beständigkeit,** die, - | **Bestandteil**
bestätigen | **Bestätigung**
bestatten; jmdn. ~ | **Bestattung**
bestäuben | **Bestäubung**
beste; am besten sein; das ~ (Buch) seiner Bücher ↑ Z 75; es ist das Beste, wenn ...; der/die/das erste Beste; etwas zum Besten geben; jmdn. zum Besten haben/halten (necken); es wird sich zum Besten kehren; es steht nicht zum Besten; sein Bestes tun; auf das/aufs ~ od. Beste ↑ Z 57; der Beste in der Klasse; es ist zu deinem Besten ↑ Z 115
bestechen | **bestechlich** | **Bestechung**
Besteck, das, -[e]s, -e
bestehen; aus/auf etwas ~; ~ bleiben/lassen | **Bestehen,** das, -s; seit ~
bestellen | **Bestellung**
bestenfalls | **bestens** ↑ Z 115
bestialisch (grausam, unmenschlich) | **Bestie** [..ĭə], die, -, -n ↑ Z 115
bestimmen | **bestimmt** | **Bestimmtheit** | **Bestimmung**
bestrafen | **Bestrafung**
bestrahlen | **Bestrahlung**
bestreiten; etwas ~
bestürzend; am bestürzendsten | **bestürzt;** ~ sein | **Bestürzung**
Besuch, der, -[e]s, -e; auf/zu ~ sein | **besuchen;** jmdn. ~ | **Besucher** | **Besucherin**
betagt (alt)
betätigen; sich (Akk.) ~ | **Betätigung**
betäuben; jmdn. ~ | **Betäubung**
Bete, auch: Beete, die, -, -n; Rote ~ (eine Gemüsepflanze)
beteiligen; sich (Akk.) ~ | **Beteiligung**
beteuern | **Beteuerung**
Beton [beˈtɔŋ], der, -s, -s | **betonieren**
Betracht, der, -[e]s; in ~ kommen/ziehen | **betrachten** | **Betrachter** | **beträchtlich;** um ein Beträchtliches größer sein ↑ Z 55 | **Betrachtung**
Betrag, der, -[e]s, Plur. Beträge (Geldsumme) | **betragen;** sich (Akk.) ~ | **Betragen,** das, -s
betrauen; jmdn. mit etwas ~
Betreff, der, -[e]s, -e | **betreffen** | **betreffend** | **Betreffende,** der u. die, -n, -n | **betreffs**
betreten; den Raum ~; er ist ~ (verwirrt, verlegen)
betreuen; jmdn. ~ | **Betreuer** | **Betreuung**
Betrieb, der, -[e]s, -e; in ~ setzen/sein | **betrieblich** | **Betriebsrat**
betroffen (bestürzt); am betroffensten
betrüben; jmdn. ~ | **betrüblich** | **betrübt**

Betrug, der, -[e]s | **betrügen;** jmdn. ~ | **Betrüger** | **betrügerisch**
betrunken
Bett, das, -[e]s, -en; zu ~ gehen; aber: vor dem Zubettgehen
betteln | **Bettler**
Betttuch* ↑ Z 34
Beuge, die, -, -n (turnerische Übung) | **beugen;** sich (Akk.) ~ | **Beugung**
Beule, die, -, -n
beunruhigen; jmdn. ~
beurlauben; jmdn. ~
beurteilen; jmdn. ~ | **Beurteilung**
1**Beute,** die, -, -n (Bienenstock)
2**Beute,** die, - (etwas Erbeutetes)
Beutel, der, -s, -
Bevölkerung
bevollmächtigen; jmdn. ~ | **Bevollmächtigte,** der u. die, -n, -n
bevormunden; jmdn. ~
bevorzugen; jmdn. ~ | **Bevorzugung**
bewaffnen
bewahren
bewähren
bewahrheiten, sich (Akk.)
Bewährung
bewaldet
bewältigen (erfolgreich zu Ende bringen); seine Arbeit ~
bewandert (erfahren)
bewässern | **Bewäss[e]rung**
bewegen | **Beweggrund** | **beweglich** | **Beweglichkeit,** die, - | **Bewegung** | **bewegungslos**
Beweis, der, -es, -e | **beweisbar** | **beweisen;** jmdm. etwas ~ | **beweiskräftig**
bewerben, sich (Akk.); sich um etwas ~ | **Bewerber** | **Bewerberin** | **Bewerbung**
bewerkstelligen
bewerten | **Bewertung**
bewilligen | **Bewilligung**
bewirken (verursachen)
bewirten; jmdn. ~ | **bewirtschaften**
bewohnbar | **bewohnen** | **Bewohner**
bewölken; sich (Akk.) ~; der Himmel bewölkt sich | **Bewölkung**
bewundern; jmdn. ~ | **bewundernswert** | **Bewunderung**
bewusst; ~ machen od. bewusstmachen, ~ werden od. bewusstwerden ↑ Z 84c; ich bin mir dessen ~ | **bewusstlos** | **Bewusstlosigkeit,** die, - | **Bewusstsein,** das, -s
bezahlen | **bezahlt;** eine gut bezahlte od. gutbezahlte Stellung ↑ Z 93
bezeichnen | **bezeichnend;** am bezeichnendsten | **bezeichnenderweise** | **Bezeichnung**
bezeigen (zu erkennen geben); Beileid/Dank/Respekt ~
bezeugen (als Zeuge auftreten); die Wahrheit ~
bezichtigen; jmdn. einer Lüge ~
beziehen; sich (Akk.) ~; sich auf etwas ~ | **Beziehung;** in ~ setzen | **beziehungsweise**
beziffern; die Summe beziffert sich auf ...
Bezirk, der, -[e]s, -e
Bezug, der, -[e]s, Plur. Bezüge; ~ nehmen; in/mit ~ auf | **bezüglich**
bezwecken ↑ Z 116
bezweifeln
bezwingbar | **bezwingen**
Biathlon, das, -s, -s (Kombination aus Skilanglauf u. Scheibenschießen)
Bibel, die, -, -n (Heilige Schrift)
Biber (ein Nagetier)
Bibliografie od. **Bibliographie,** die, -, -n | **bibliografisch** od. **bibliographisch** ↑ S. 230, *Merke*
Bibliothek, die, -, -en (Bücherei) | **Bibliothekar,** der, -s, -e | **Bibliothekarin**
biblisch; eine biblische Geschichte

biegen; du biegst; du bogst; du bögest; gebogen; bieg[e]!; auf Biegen und Brechen | **biegsam** | **Biegsamkeit,** die, - | **Biegung**

Biene, die, -, -n

Bier, das, -[e]s, -e

Biest, das, -[e]s, -er

bieten; du biet[e]st; du bot[e]st; du bötest; geboten; biet[e]!

Bigband [..ˈbɛnt] od. **Big Band** (großes Jazz- oder Tanzorchester)

Bikini, der, -s, -s (knapper, zweiteiliger Badeanzug)

bikonkav od. **bikonkav** (beiderseits hohl)

bikonvex od. **bikonvex** (beiderseits erhaben)

Bilanz, die, -, -en (Übersicht; Rechnungsabschluss); ~ ziehen

Bild, das, -[e]s, -er; im Bilde sein

bilden; sich (Akk.) ~

Bildhauer | **bildlich** | **Bildnis**

Bildung

billig; das ist nur recht und ~ | **billigen** (etwas für gut befinden)

Billion, die, -, -en (eine Million Millionen)

Bimsstein (poröses vulkan. Gestein)

Binde, die, -, -n | **binden;** du bind[e]st; du band[e]st; du bändest; gebunden; bind[e]! | **Bindfaden** | **Bindung**

Bingo, das, -[s] (ein Glücksspiel)

binnen; ~ eines Jahres; ~ drei Tagen | **Binnenland**

Binom, das, -s, -e (zweigliedrige Zahlengröße) | **binomisch** (zweigliedrig); eine binomische Formel

Biograf od. **Biograph,** der, -en, -en (Verfasser einer Lebensbeschreibung) | **Biografie** od. **Biographie,** die, -, Plur. Biografien od. Biographien | **biografisch** od. **biographisch** ↑ S. 230, *Merke*

Biologe, der, -n, -n | **Biologie,** die, - | **Biologin** | **biologisch**

Biotop, der od. das, -s, -e (Lebensraum von Pflanzen u. Tieren)

Birke, die, -, -n

Birne, die, -, -n | **birnenförmig**

bis; ~ auf Weiteres od. ~ auf weiteres ↑ Z 78b; ~ morgen

Bisamratte

Bischof, der, -s, Plur. Bischöfe | **bischöflich**

bisher | **bisherig;** das Bisherige; beim Bisherigen bleiben; im Bisherigen

Biskuit [..ˈkvi(:)t], das od. der, -[e]s, Plur. -e od. -s (leichtes Gebäck)

bislang (bisher)

Bison, der, -s, -s (eine Büffelart)

Biss, der, -es, -e | **bisschen;** das ~; ein ~ (ein wenig); dieses kleine ~ | **Bissen,** der, -s, - | **bissig**

Bistro, das, -s, -s (kleine Schenke)

bisweilen

Bit, das, -[s], -[s] (Einheit des Informationsgehalts); 16 Bit, aber: die ersten Bits

bitte; ~ komm etwas früher; ~ schön; na ~ | **Bitte,** die, -, -n | **bitten;** du bittest; du bat[e]st; du bätest; gebeten; bitt[e]!

bitter | **bitterlich;** ~ weinen

Biwak, das, -s, Plur. -e od. -s (Lager im Freien) | **biwakieren**

bizarr (seltsam; ungewöhnlich); eine bizarre Blütenform

blähen | **Blähung**

blaken (qualmen, rußen)

Blamage [blaˈma:ʒə], die, -, -n (Bloßstellung) | **blamieren;** sich (Akk.) ~

blank; ~ legen od. blanklegen; ~ polieren od. blankpolieren ↑ Z 87; ~ poliert od. blankpoliert ↑ Z 93

Blase, die, -, -n | **blasen;** du bläst; du bliesest, auch: bliest; du bliesest; geblasen; blas[e]! | **Bläschen,** das, -s, - | **Bläser**

blass; blasser od. blässer; blasseste od. blässeste | **Blässe,** die, - (fahle Gesichtsfarbe) ↑ aber: Blesse | **Blässhuhn** od. **Blesshuhn**

Blatt, das, -[e]s, Plur. Blätter | **blättern**

blau; sein blaues Wunder erleben, aber: der Blaue Planet (die Erde); der Blaue Nil ↑ Z 64; ~ sein; ~ färben od. blaufärben ↑ Z 87; ~ gestreift od. blaugestreift ↑ Z 93; ~ in ~ | **Blau,** das, -s; ganz in ~ gekleidet sein; ins Blaue fahren; das ~ des Himmels | **blauäugig** | **Blaubeere** (Heidelbeere) | **blaugrau** | **bläulich;** ~ grün

Blazer [ˈbleːzə(r)], der, -s, - (sportl. Jacke)

Blech, das, -[e]s, -e | **blechern**

[1]**Blei,** das, -[e]s (ein chem. Element)

[2]**Blei,** der, -[e]s, -e (ein Fisch)

Bleibe, die, -, -n (Unterkunft) | **bleiben;** du bleibst; du blieb[e]st; du bliebest; geblieben; bleib[e]!; ~ lassen (nicht fortschicken), aber: etwas ~ lassen od. bleibenlassen (nicht tun) ↑ Z 89

bleich | **bleichen;** Wäsche ~

bleiern; bleierne Müdigkeit

Bleistift

Blende, die, -, -n (1. aufgesetzter Stoffstreifen – 2. lichtabschirmende Scheibe) | **blenden** | **blendend;** am blendendsten; ein ~ weißes Hemd | **Blendung**

Blesse, die, -, -n (weißer Stirnfleck bei Tieren) | **Blesshuhn** ↑ Blässhuhn

bleu [bløː] (blassblau)

Blick, der, -[e]s, -e | **blicken** ↑ Z 116

blind | **Blinde,** der u. die, -n, -n | **blindlings** | **Blindschleiche,** die, -, -n

blinken | **Blinker**

blinzeln (zwinkern)

Blitz, der, -es, -e | **blitzartig** | **blitzblank** | **blitzen** | **blitzschnell**

Block, der, -[e]s, Plur. Blöcke od. Blocks | **Blockade,** die, -, -n (allseitige Absperrung der Zufuhr) | **blockieren** ↑ Z 116

blöken

blond; ~ färben od. blondfärben ↑ Z 87; ~ gelockt od. blondgelockt ↑ Z 93

bloß; Wurzeln ~ legen od. bloßlegen ↑ Z 87, aber: etwas bloßlegen (aufdecken, öffentlich machen); ~ liegen (unbedeckt daliegen) ↑ Z 86, aber: ich sehe, dass deine Nerven ~ liegen od. bloßliegen ↑ Z 84c | **Blöße,** die, -, -n; sich eine ~ geben | **bloßstellen;** jmdn. ~

Blouson [bluˈzõː], das od. der, -[s], -s (sportl. Bundjacke)

Bluejeans (Plur.) [ˈbluːdʒiːns]

Blues [bluːs], der, -s, - (eine Jazzform)

Bluff [blʊf, auch: blœf], der, -s, -s (geschickte Irreführung) | **bluffen;** jmdn. ~

blühen | **Blume,** die, -, -n

Blut, das, -[e]s

Blüte, die, -, -n

bluten | **blutig** | **blutreinigend,** aber: das Blut reinigend | **blutstillend** | **blutsverwandt**

Bö, die, -, -en od. Böe, die, -, -n (Windstoß)

Bob [bɔp], der, -s, -s (Rennschlitten)

Bock, der, -[e]s, Plur. Böcke; ~ springen, aber: das Bockspringen ↑ Z 55, 85 | **bockbeinig** | **bockig** ↑ Z 116 | **Bockshorn;** ins ~ jagen (einschüchtern; irreführen)

Bodden, der, -s, - (flache Meeresbucht an der Ostseeküste)

Boden, der, -s, Plur. Böden

Body [ˈbɔdi], der, -s, -s (einteilige, eng anliegende Unterbekleidung)

Böe ↑ Bö
Bogen, der, -s, Plur. - od. Bögen
Bohle, die, -, -n (dickes Brett)
Bohne, die, -, -n
bohren | **Bohrer** | **Bohrung**
böig; ein böiger Wind
Boiler [ˈboylər] (Heißwasserbereiter)
Boje, die, -, -n (verankerter Schwimmkörper als Seezeichen)
Bolero, der, -s, -s (1. span. Tanz – 2. kurzes Jäckchen)
Bollwerk, das, -[e]s, -e
Bolzen, der, -s, -
bombardieren | **Bombe,** die, -, -n | **Bomber** (Bombenflugzeug)
Bommel, die, -, -n
Bon [bɔŋ], der, -s, -s (Gutschein)
Bonbon [bɔŋˈbɔŋ, auch: bɔ̃ˈbɔ̃:], der od. das, -s, -s | **Bonbonniere** [..ˈjɛ:rə] od. **Bonboniere,** die, -, -n
Bonus, der, Gen. - u. Bonusses, Plur. - u. Bonusse (Vergütung; Rabatt)
Bonze, der, -n, -n (sturer Funktionär)
Boom [bu:m], der, -s, -s (Wirtschaftsaufschwung)
Boot, das, -[e]s, -e; ~ fahren
Boot [bu:t], der, -s, -s (bis über den Knöchel reichender Schnürstiefel)
booten [ˈbu:t(ə)n] (Laden eines Betriebssystems beim Computer)
Bor, das, -s (ein chem. Element)
[1]**Bord,** das, -[e]s, -e (Bücher-, Wandbrett)
[2]**Bord,** der, -[e]s, -e (Schiffsdeck, Flugzeuginneres); an/über ~ gehen
Börde, die, -, -n (fruchtbare Ebene); Magdeburger ~
Bordüre, die, -, -n (farbiger Geweberand)
borgen; jmdm. etwas ~
Borke, die, -, -n (Rinde)
Borschtsch, der, - (russ. Kohlsuppe mit Fleisch)
Börse, die, -, -n
Borste, die, -, -n | **borstig** ↑ Z 115
Borte, die, -, -n (Besatz)
bösartig
Böschung
böse; im Bösen wie im Guten | **Bösewicht,** der, -[e]s, Plur. -er od. -e | **boshaft** | **Bosheit**
Botanik, die, - (Pflanzenkunde) | **Botaniker** | **Botanikerin** | **botanisch**
Bote, der, -n, -n
Botel, das, -s, -s (als Hotel ausgebautes Schiff)
Botin
Botschaft
Bottich, der, -[e]s, -e
Bouclé ↑ Buklee
Bouillon [bulˈjɔ̃:], die, -, -s (Fleischbrühe)
Bourgeoisie [burʒoaˈzi:], die, -, -n (wohlhabende Bürgerschicht)
Bowdenzug [ˈbaudən..] (Drahtseil zur Übertragung von Hebelbewegungen)
Bowle [ˈbo:lə], die, -, -n (ein alkoholhaltiges Getränk)
Bowling [ˈbo:liŋ], das, -s, -s (ein Kegelspiel)
Box, die, -, -en (abgeteilter Raum; Behälter)
boxen | **Boxer**
Boykott, der, -[e]s, Plur. -s od. -e (Käuferstreik; Sperrung; allgem. Ächtung) | **boykottieren**
brach (unbestellt, unbebaut); ~ liegen ↑ Z 86; ein ~ liegendes od. brachliegendes Feld ↑ Z 93
Brackwasser (Gemisch von Süß- u. Salzwasser) | **brackig** ↑ Z 116
Branche [ˈbrã:ʃə], die, -, -n [ˈbraŋʃən] (Wirtschaftszweig)
Brand, der, -[e]s, Plur. Brände | **brandaktuell** | **branden**
Brandenburg | **brandenburgisch**
Branntkalk | **Branntwein**

brasilianisch | **Brasilien** [..ĭən]
braten; du brätst; du brietst; du brietest; gebraten; brat[e]! | **Braten,** der, -s, -
Bratsche, die, -, -n (Altgeige, Viola)
Brauch, der, -[e]s, Plur. Bräuche; ein alter schöner ~ | **brauchbar** | **brauchen**
Braue, die, -, -n (Augenbraue)
brauen | **Brauerei** (Bierbrauerei)
braun ↑ blau | **Braun,** das, -s ↑ Blau | **Bräune,** die, - | **bräunlich**
Brause, die, -, -n | **brausen**
Braut, die, -, Plur. Bräute | **Bräutigam,** der, -s, -e
brav
bravo! (gut!) | **Bravo,** das, -s, -s; ~ rufen od. bravo rufen
Bravur od. **Bravour** [..ˈvu:r], die, -; mit ~ bestehen (meisterhaft bestehen)
Break [bre:k], der od. das, -s, -s (Durchbrechen des gegnerischen Aufschlags beim Tennis)
brechen; du brichst; du brachst; du brächest; gebrochen; brich!; auf Biegen und Brechen
Brei, der, -[e]s, -e | **breiig**
breit; breiter; breiteste; weit und ~; ~ gefächert od. breitgefächert ↑ Z 93; des Langen und Breiten (umständlich); ins Breite gehen ↑ Z 55 | **Breite,** die, -, -n | **Breitengrad** | **breitmachen, sich** (Akk.) (sich ausbreiten, viel Platz beanspruchen) | **breitschlagen** (überreden), aber: etw. breit schlagen od. ~ ↑ Z 87 | **breitschult[e]rig** | **breitspurig**
Bremse, die, -, -n | **bremsen**
brennen; du brennst; du branntest; du brenntest; gebrannt; brenn[e]! | **Brenner** | **Brennnessel***, die, -, -n ↑ Z 34
brenzlig (verbrannt); es riecht ~; die Situation ist ~ (kritisch)
Bresche, die, -, -n; eine ~ schlagen; in die ~ springen
Brett, das, -[e]s, -er
Brezel, die, -, -n (ein Gebäck)
Brief, der, -[e]s, -e | **brieflich**
Brikett, das, -s, -s
brillant [brilˈjant] (glänzend, ausgezeichnet) | **Brillant** [brilˈjant], der, -en, -en (geschliffener Diamant)
Brille, die, -, -n
bringen; du bringst; du brachtest; du brächtest; gebracht; bring[e]!
Brise, die, -, -n (schwacher Seewind)
Broccoli ↑ Brokkoli
bröck[e]lig | **bröckeln** | **Brocken,** der, -s, - ↑ Z 116
brodeln
Brokat, der, -[e]s, -e (in sich gemustertes Seidengewebe)
Brokkoli od. **Broccoli,** der, -s, -s (eine Gemüseart)
Brom, das, -s (ein chem. Element)
Brombeere
Bronchialkatarr od. **Bronchialkatarrh** | **Bronchien** [..çĭən] (Plur.) (Hauptäste der Luftröhre) | **Bronchitis,** die, - (Entzündung der Bronchien)
Bronze [ˈbrɔŋsə od. ˈbrɔ̃:sə], die, -, -n (Legierung von Kupfer und Zinn) | **bronzen** (aus Bronze; wie Bronze aussehend) | **Bronzezeit** (vorgeschichtl. Kulturperiode)
Brosche, die, -, -n (Anstecknadel)
Broschüre, die, -, -n
Brösel, der, -s, - (Krümel, Bröckchen)
Brot, das, -[e]s, -e | **Brötchen,** das, -s, - | **brotlos**
[1]**Bruch,** der, -[e]s, Plur. Brüche (1. Bruchzahl – 2. Zerbrochenes); in die Brüche gehen
[2]**Bruch,** der od. das, -[e]s, Plur. Brüche (Sumpfland)

brüchig (Brüche aufweisend) | **bruchlanden** | **bruchrechnen** (nur im Infinitiv!) | **Bruchrechnen,** das, -s | **Bruchrechnung** | **Bruchteil**
Brücke, die, -, -n ↑ Z 116
Bruder, der, -s, Plur. Brüder | **brüderlich**
Brühe, die, -, -n | **brühen** | **brühwarm;** jmdm. etwas ~ erzählen
brüllen
brummen | **Brummer** | **brummig**
brünett (dunkelhäutig; braunhaarig)
Brunnen, der, -s, -
Brunst, die, -, Plur. Brünste (Paarungszeit bei Tieren) | **brünstig** ↑ Z 115
brüsk (barsch, rücksichtslos) | **brüskieren** (rücksichtslos behandeln); jmdn. ~
Brust, die, -, Plur. Brüste; ~ schwimmen od. brustschwimmen, aber nur: er schwimmt Brust | **brüsten, sich** (Akk.) ↑ Z 115 | **brustschwimmen** ↑ Brust | **Brustschwimmen,** das, -s
Brüstung ↑ Z 115
Brut, die, -
brutal (roh, gewalttätig)
brüten | **brütend;** ~ heiß
brutto (ohne Abzug) | **Bruttomasse** (mit Verpackung)
brutzeln (braten)
Bub, der, -en, -en (Junge) | **Bube,** der, -n, -n (eine Spielkarte)
Buch, das, -[e]s, Plur. Bücher | **Buche,** die, -, -n (ein Baum) | **buchen** (eintragen, vormerken) | **Bücherei**
Buchse, die, -, -n (Hohlzylinder)
Büchse, die, -, -n
Buchstabe, der, Gen. -ns od. -n, Plur. -n | **buchstabieren** | **buchstäblich**
Bucht, die, -, -en | **buchtig**
Buckel, der, -s, - | **buck[e]lig** | **buckeln** | **bücken, sich** (Akk.) ↑ Z 116 | **Bückling,** der, -s, -e
buddeln (im Sand graben)
Bude, die, -, -n
Budget [by'dʒe:], das, -s, -s (Staatshaushaltsplan; Haushaltsplan)
Büfett, das, -[e]s, Plur. -s od. -e od. **Buffet** [by'fe:], das, -s, -s (Anrichtetisch; Geschirrschrank); kaltes ~
Büffel, der, -s, - (eine Rinderart)
Bug, der, -[e]s, -e (Schiffsvorderteil)
Bügel, der, -s, - | **Bügeleisen** | **bügelfrei** | **bügeln**
Buhne, die, -, -n (Damm zum Uferschutz)
Bühne, die, -, -n
Bukett, das, -[e]s, Plur. -e od. -s (Blumenstrauß)
Buklee od. **Bouclé** [bu'kle:], das, -s, -s (Garn mit Knoten u. Schlingen)
Bulette, die, -, -n (gebratenes Fleischklößchen)
Bulgarien [..ĭən] | **bulgarisch**
Bullauge (rundes Schiffsfenster)
Bulldogge (eine Hunderasse)
Bulldozer [..do:zər] (Planierraupe)
Bulle, der, -n, -n (Stier)
Bulletin [byl'tɛ̃:], das, -s, -s (amtl. Bekanntmachung)
Bummel, der, -s, - (Spaziergang) | **Bummelant,** der, -en, -en | **Bummelei** | **bumm[e]lig** | **bummeln**
[1]**Bund,** der, -[e]s, Plur. Bünde (Zusammenschluss, Vertrag)
[2]**Bund,** das -[e]s, -e (das Gebundene); ein ~ Stroh
Bündel, das, -s, - | **bündeln** | **Bundesrepublik** | **bündig;** kurz und ~ | **Bündnis**
Bungalow ['buŋgalo:], der, -s, -s (leichtes Sommerhaus)
Bunker (Behälter für Kohle, Erz u. a.; Schutzraum) | **bunkern**
Bunsenbrenner (ein Gasbrenner)

bunt; bunter; bunteste; der bunte Abend; ~ färben od. buntfärben ↑ Z 87; ein ~ gestreifter od. buntgestreifter Stoff ↑ Z 93; ~ gefiedert/gemischt od. buntgefiedert/buntgemischt ↑ Z 93
Bürde, die, -, -n (Traglast)
Burg, die, -, -en
Bürge, der, -n, -n | **bürgen;** für jmdn. ~
Bürger | **Bürgerin** | **bürgerlich** | **Bürgertum,** das, -s
Büro, das, -s, -s | **Bürokratie,** die, -, Plur. Bürokratien (engstirniges Verhalten in dienstl. Angelegenheiten) | **bürokratisch**
Bursche, der, -n, -n
Bürste, die, -, -n | **bürsten** ↑ Z 115
Bus, der, -ses, -se (Kurzwort für *Omnibus*)
Busch, der, -es, Plur. Büsche | **Büschel,** das, -s, - | **buschig**
Bussard, der, -s, -e (ein Greifvogel)
Buße, die, -, -n | **büßen**
Büste, die, -, -n ↑ Z 115
Bustier [bys'tje:], das, -s, -s (miederartiges Oberteil) ↑ Z 115
Butter, die, - | **butterweich**
Byte [bait], das, -[s], -[s] (eine Folge von 8 Bit)

C

Café [ka'fe:], das, -s, -s (Kaffeehaus)
Calcium ↑ Kalzium
Camembert ['kaməmbe:r], der, -s, -s (ein Weichkäse)
Camp [kɛmp], das, -s, -s (Zeltlager) | **campen** ['kɛm..] (zelten) | **Camping** ['kɛm..], das, -s (das Leben in Zelten od. Wohnwagen)
Cañon ['kanjɔn], der, -s, -s (enges, tief eingeschnittenes Tal)
Cape [ke:p], das, -s, -s (ärmelloser Umhang)
Cardigan, der, -s, -s (lange wollene Strickweste)
Cashewnuss ['kɛʃu..], die, -, Plur. Cashewnüsse (trop. Nusssorte)
casten ['ka:stən]; jmdn. ~ (für eine Rolle auswählen) ↑ Z 115
CD [tse:'de:], die, -, -s (Abk. von ↑ *Compact Disc*) | **CD-Player** [..ple:ər], der, -s, - (Abspielgerät für CDs) | **CD-ROM,** die, -, - (CD mit Daten für den Computer) | **CD-ROM-Laufwerk** | **CD-Spieler**
Cellist [tʃɛ..] (Cellospieler) | **Cellistin** | **Cello,** das, -s, Plur. -s od. Celli (Kurzwort für *Violoncello*)
Cellophan ↑ Zellophan
Cellulose ↑ Zellulose
Celsius (Temperatureinheit); der Grad ~
Cent [ts.., s..], der, -[s], -[s] (Untereinheit des Euro)
Center ['sɛntə(r)], das, -s, - (Einkaufszentrum)
Champignon ['ʃampinjɔŋ], der, -s, -s (ein Edelpilz)
Champion ['tʃɛmpĭən], der, -s, -s (der derzeit erfolgreichste Sportler einer Sportart)
Chance ['ʃã:sə], die, -, -n
Chanson [ʃã'sɔ̃:], das, -s, -s (eine Liedart, bes. im Kabarett)
Chaos [k..], das, - (Wirrwarr, Durcheinander) | **chaotisch**
Charakter [k..], der, -s, Plur. Charaktere | **charakterfest** | **charakterisieren;** jmdn. ~ | **Charakteristik,** die, -, -en ↑ Z 115 | **charakteristisch** (bezeichnend) ↑ Z 115 | **charakterlich** | **charakterlos**
Charta [k..], die, -, -s (Urkunde, Grundgesetz)
chartern ['(t)ʃar..] (ein Flugzeug/Schiff mieten)
Chassis [ʃa'si:, auch: 'ʃasi:], das, -, - (Fahrgestell; Grundplatte)

Chauffeur [ʃɔ'fø:r], der, -s, -e (Kraftfahrer)
Chaussee [ʃɔ..], die, -, -n (Landstraße)
checken [tʃɛk..] (kontrollieren) | **Checkliste** (Kontrollliste)
Cheeseburger ['tʃi:sbœ(r)gə(r)], der, -s, - (Hamburger mit einer zusätzlichen Scheibe Käse)
Chef [ʃɛf], der, -s, -s (Leiter; Geschäftsinhaber) | **Chefarzt** | **Chefärztin**
Chemie [ç..], die, - | **Chemikalien** [..ĭən] (Plur.) | **Chemiker** | **Chemikerin** | **chemisch**
chic [ʃik] ↑ schick
Chicorée ['ʃikore:] od. **Schikoree,** der, -s, auch: die, - (ein Gemüse)
Chiffon ['ʃɪfõ], der, -s, -s (ein feines Seidengewebe)
Chili ['tʃi:li], der, -s (ein scharfes Gewürz)
Chile [tʃ.. od. ç..] | **chilenisch**
China [ç..] | **Chinakohl** | **chinesisch**
Chip [tʃip], der, -s, -s (1. Spielmarke – 2. gebackene Kartoffelscheibe – 3. mikroelektronisches Bauelement)
Chirurg [ç..], der, -en, -en (Facharzt für Operationen) | **Chirurgin** | **chirurgisch**
Chlor [k..], das, -s (ein chem. Element) | **chloren** | **chlorhaltig** | **Chloroform,** das, -s (ein Betäubungsmittel | **Chlorophyll,** das, -s (Blattgrün)
Cholera ['k..], die, - (eine ansteckende Darmkrankheit)
Cholesterin, auch: Cholesterol [k..], das, -s (organische Verbindung im tierischen Gewebe)
Chor [k..], der, -s, Plur. Chöre (1. Teil des Kirchenraumes – 2. Gruppe von Sängern)
Christ [k..], der, -en, -en | **Christentum,** das, -s | **christlich** | **Christus**
Chrom [k..], das, -s (ein chem. Element)
Chronik [k..], die, -, -en (Aufzeichnung geschichtl. Ereignisse in zeitl. Reihenfolge) | **chronisch** (langwierig, langsam verlaufend); eine chronische Krankheit | **chronologisch** (in zeitl. Reihenfolge)
Chrysantheme [k..], die, -, -n (eine Blume)
City ['sɪti], die, -, -s (Innenstadt)
Clip ↑ Klipp ↑ Klips
Clique ['klɪkə od. 'kli:kə], die, -, -n (Gruppe von Freunden; Klüngel)
Clou [klu:], der, -s, -s (Glanzpunkt)
Clown [klau̯n], der, -s, -s
Coach [ko:tʃ], der, -[s], -s (Trainer)
Cobalt ↑ Kobalt
Cockpit, das, -s, -s (Pilotenkabine)
Cocktail [..te:l], der, -s, -s (alkohol. Mischgetränk)
Code ↑ Kode | **codieren** ↑ kodieren
Collage [kɔ'la:ʒe], die, -, -n (aus verschiedenen Materialien geklebtes Bild)
Come-back od. **Comeback** [kam'bɛk], das, -[s], -s (erfolgreiche Rückkehr einer bekannten Persönlichkeit ins öffentl. Leben)
Comic ['kɔmɪk], der, -s, -s (Bildgeschichte)
Compact Disc [kɔm'pɛkt'disk], die, -, -s
Computer [kɔm'pju:tər], der, -s, - (elektron. Rechenanlage) | **computergesteuert**
contra ↑ kontra
Container [kɔn'te:nər], der, -s, - (transportabler Großbehälter)
Cord, auch: Kord, der, -[e]s, -e (längs geripptes Gewebe)
Couch [kau̯tʃ], die, -, Plur. -s od. -en
Count-down od. **Countdown** ['kau̯nt'dau̯n], der, -[s], -s (letzte Augenblicke vor einem Start)

Courage [ku'ra:ʒe], die, - (Mut) | **couragiert** [kura'ʒi:rt] (mutig, beherzt); ~ sein
Cousin [ku'zɛŋ od. ku'zɛ̃], der, -s, -s | **Cousine** [ku'zi:nə] ↑ Kusine
Cowboy ['kaubɔy], der, -s, -s (amerikan. Rinderhirt)
Crash [krɛʃ], der, -s, -s (Zusammenstoß, vor allem bei Autos) | **Crashtest,** der, -s, -s
Creme [kre:m] od. **Krem** od. **Kreme,** die, -, -s | **cremefarben**
Crew [kru:], die, -, -s (Mannschaft)
Croissant [kroa'sã:], das, -[s], -s (Blätterteighörnchen)
Curry ['køri], der, -s (ein Gewürzpulver)
Cursor [kœ:(r)sə(r)], der, -s, - (Zeichen, das auf dem Bildschirm die Stelle für die nächste Eingabe anzeigt)
cutten od. **cuttern** ['katən od. 'kœtən; 'katərn od. 'kœtərn] (Filmszenen od. Tonbandaufnahmen schneiden u. zusammenkleben)

D

da; ~ sein (anwesend sein, ankommen) | **dabehalten** (zurückbehalten)
dabei; ~ sein (beteiligt sein) ↑ Z 90; nichts ~ finden | **dabeibleiben** (nicht fortgehen), aber: dabei bleiben (bei seiner Meinung bleiben) ↑ Z 84e | **dabeisitzen** (zugegen sein), aber: dabei sitzen (bei einer Tätigkeit sitzen) ↑ Z 84e
dableiben (nicht fortgehen)
Dach, das, -[e]s, Plur. Dächer
Dachs, der, -es, -e (ein Raubtier)
Dackel, der, -s, - (eine Hunderasse)
dafür, auch: dafür; nichts ~ können (unschuldig sein); ~ sein (zustimmen) | **dafürhalten** (meinen)
dagegen; etwas ~ haben; ~ sein | **dagegenhalten** (erwidern), aber: dagegen halten wir die Sache für abgeschlossen ↑ Z 84e
daheim; ~ sein | **daheimbleiben**
daher, auch: daher | **daherkommen,** aber: es wird daher kommen, dass ... ↑ Z 84e
dahin, auch: dahin | **dahinauf** | **dahinein** | **dahingehen** (vergehen; sterben), aber: dahin gehen (an einen bestimmten Ort) ↑ Z 84e | **dahinten**
dahinter | **dahinterknien** (sich bei etw. anstrengen) ↑ Z 84e | **dahinterkommen** (etw. herausfinden) ↑ Z 84e | **dahinterstecken;** ich weiß nicht, was dahintersteckt (was es wirklich bedeutet) ↑ Z 84e | **dahinterstehen** (etw., jmdn. unterstützen) ↑ Z 84e | **dahinunter**
Dahlie [..ĭə], die, -, -n (eine Blume)
dalassen (zurücklassen); sie hat das Buch dagelassen
damalig; zur damaligen Zeit | **damals**
Damast, der, -[e]s, -e (ein Gewebe)
Dame, die, -, -n | **damenhaft** | **Damenmannschaft**
Damhirsch
damit, auch: damit
dämlich (dumm)
Damm, der, -[e]s, Plur. Dämme | **dämmen**
dämmern | **dämm[e]rig** | **Dämmerung**
Dämon, der, -s, Plur. Dämonen (böser Geist)
Dampf, der, -[e]s, Plur. Dämpfe | **dampfen** | **dämpfen** | **Dampfer**
danach, auch: danach
daneben | **danebengehen** (schief gehen), aber: daneben gehen (neben jmdm. gehen) ↑ Z 84e
Dänemark | **dänisch**

dank; ~ seinem Eifer od. seines Eifers | **Dank,** der, -[e]s; vielen tausend ~!; jmdm. ~ sagen, auch: danksagen | **dankbar** | **Dankbarkeit,** die, - | **danken;** jmdm. ~ | **Dankeschön,** das, -s; ~ sagen, aber: danke schön!

dann; ~ und wann

daran; ~ denken/glauben/sein | **daranhalten** (anstrengen), aber: du musst dich daran (an die Vorschrift) halten; sich ~; du musst dich schon ~, wenn du ... ↑ Z 84e | **daranstoßen** (an etw. anstoßen), aber: sie hat sich daran gestoßen, dass ... (sich darüber geärgert) ↑ Z 84e

darauf; ~ vertrauen, dass ...; ~ folgen; am ~ (auf ein Ereignis) folgenden od. darauffolgenden (nächsten) Tag | **drauflegen** (auf etw. legen; zuzahlen) ↑ Z 84e | **daraufschlagen** (auf etw. schlagen; den Preis erhöhen) ↑ Z 84e | **daraufhin** (danach)

daraus; sich nichts ~ machen; es wird nichts ~ werden ↑ Z 121

darben (Mangel, Hunger leiden)

darbieten | **Darbietung**

darin | **d[a]rinnen**

darlegen | **Darlegung**

Darlehen, das, -s, - (geliehene Summe); ein ~ aufnehmen

Darm, der, -[e]s, Plur. Därme

darstellen | **Darsteller** | **Darstellung**

darüber; ~ hinaus | **darüberfahren** ↑ Z 84e | **darübermachen, sich** ↑ Z 84e

darum

darunter | **darunterlegen** ↑ Z 84e | **daruntersetzen** ↑ Z 84e

das (Artikel od. Pronomen); des; dem; das; ~ Kind; ist ~ wahr?, aber: pass auf, dass du ...

Dasein, das, -s

dasjenige

dass (Konj.); er wusste, dass er ...

dasselbe

Date [de:t], das, -[s], -s (Verabredung, Treffen); Blind [blaind] ~ (Verabredung mit einem/einer Unbekannten)

Datei, die, -, -en (Beleg- u. Dokumentensammlung in der Datenverarbeitung)

Datenverarbeitung; elektronische ~

datieren (mit einer Zeitangabe versehen)

Dativ, der, -s, -e (3. Fall)

Dattel, die, -, -n (Frucht der Dattelpalme)

Datum, das, -s, Plur. Daten

Dauer, die, - | **dauerhaft**

[1]**dauern;** es dauert lange

[2]**dauern;** er dauert mich (er tut mir leid)

dauernd (fortwährend)

Daumen, der, -s, -

Daune, die, -, -n (Flaumfeder)

davon, auch: davon; nichts ~ haben | **davongehen** (fortgehen) | **davonkommen** (glücklich entkommen), aber: davon kommen alle Schwierigkeiten ↑ Z 84e | **davonlaufen** (fortlaufen), aber: auf und davon laufen ↑ Z 84e | **davontragen** (wegtragen, zurückbehalten); er hat von dem Unfall Schäden davongetragen ↑ Z 84e

davor, auch: davor | **davorhängen** ↑ Z 84e | **davorschieben** ↑ Z 84e | **davorstellen** ↑ Z 84e

dazu, auch: dazu | **dazugehören,** aber: dazu gehören zwei ↑ Z 84e | **dazugehörig** | **dazuhalten, sich** (Akk.) (sich beeilen)

dazwischen; ~ sein | **dazwischenkommen;** es wird nichts mehr ~ ↑ Z 84e

Debatte, die, -, -n (Aussprache, Erörterung)

Deck, das, -[e]s, -s
Decke, die, -, -n | **Deckel,** der, -s, - | **decken** | **Deckung** ↑ Z 116
defekt (schadhaft, fehlerhaft) | **Defekt,** der, -[e]s, -e (Mangel, Fehler)
defensiv, auch: defensiv (abwehrend, verteidigend) | **Defensive,** die, -, -n
definieren (einen Begriff bestimmen) | **Definition**
Defizit, das, -s, -e (Fehlbetrag, Verlust)
Degen, der, -s, - (eine Stichwaffe)
dehnbar | **dehnen** | **Dehnung**
Deich, der, -[e]s, -e (Damm)
Deichsel, die, -, -n
dein ↑ Z 62; ~ Buch; das ist ~; Mein und Dein nicht unterscheiden; über Mein und Dein streiten; dein[er] gedenken; das Deine od. deine (das Deine soll dir nicht genommen werden, aber: dieses Buch ist das deine); die Deinen (Angehörigen) od. deinen; das Deinige od. deinige; die Deinigen od. deinigen ↑ Z 55 | **deinerseits** | **deinesgleichen** | **deinethalben** | **deinetwegen** | **deinetwillen;** um ~
Dekade, die, -, -n (Zeitraum von zehn Tagen)
Deklaration (Erklärung) | **deklarieren**
Deklination (Beugung der Substantive bzw. Nomen, Adjektive u. a.) | **deklinierbar** | **deklinieren**
Dekorateur [..ˈtøːr], der, -s, -e (Raumgestalter) | **Dekoration** | **dekorativ** | **dekorieren**
Dekret, das, -[e]s, -e (Verordnung, Verfügung)
Delegation (Abordnung) | **delegieren;** jmdn. ~ | **Delegierte,** der u. die, -n, -n
Delfin od. **Delphin,** der, -s, -e (eine Walart)
delikat (wohlschmeckend) | **Delikatesse,** die, -, -n (Feinkost, Leckerbissen)
Delikt, das, -[e]s, -e (strafbare Handlung)
Delle, die, -, -n (Vertiefung)
Delphin ↑ od. **Delfin**
Delta, das, -[s], -s (durch Flussarme aufgegliedertes, meist dreieckförmiges Mündungsgebiet eines Flusses)
demagogisch (aufwieglerisch; die Wahrheit entstellend)
dementieren (widerrufen)
dementsprechend | **demgegenüber** (dagegen, andererseits) | **demnach** | **demnächst**
Demokrat, der, -en, -en | **Demokratie,** die, -, Plur. Demokratien (Staatsform, in der vom Volk gewählte Vertreter die Herrschaft ausüben) | **demokratisch**
demolieren (zerstören)
Demonstrant, der, -en, -en (Kundgebungsteilnehmer) | **Demonstration** (Veranschaulichung; Kundgebung) | **Demonstrativpronomen** (hinweisendes Fürwort) | **demonstrieren**
Demontage [..ˈtaːʒə], die, -, -n (Zerlegung, Abbau, Abbruch) | **demontieren**
Demut, die, -, -
demütigen (schwer beleidigen); jmdn. ~
demzufolge
denkbar | **denken;** du denkst; du dachtest; du dächtest; gedacht; denk[e]!; an jmdn. ~ | **Denker** | **Denkmal,** das, -s, Plur. -e od. Denkmäler | **denkwürdig**
denn | **dennoch** ↑ Z 34
Denunziant, der, -en, -en (jmd., der einen anderen aus niederen Beweggründen anzeigt od. verdächtigt) | **denunzieren;** jmdn. ~

Deodorant, das, -s, -s (Mittel gegen Körpergeruch)

Deponie, die, -, Plur. Deponien (Lagerplatz) | **Depot** [de'po:], das, -s, -s (Lager, Aufbewahrungsort)

der (Artikel od. Pronomen); des; dem; den

derart | **derartig** aber: etwas Derartiges ↑ Z 56

derb

deren | **derenthalben** | **derentwegen** | **derentwillen;** um ~

dergleichen

Derivat [..v..], das, -[e]s, -e (abgeleitete chem. Verbindung)

derjenige

dermaßen

derselbe

derzeit[ig] (jetzt, damals), aber: in der Zeit, als ...

Deserteur [..'tø:r], der, -s, -e (Fahnenflüchtiger, Überläufer) | **desertieren** (überlaufen)

desgleichen | **deshalb**

Design [di'zain], das, -s, -s (Gestaltung, Entwurf, Modell) | **Designer** | **Designerin**

Desinfektion (Entseuchung, Entkeimung) | **desinfizieren;** etwas ~

Despot, der, -en, -en (Gewaltherrscher) | **Despotie,** die, - | **despotisch** | **Despotismus,** der, -

desselben; ~ Monats | **dessen** | **des[sen]ungeachtet**

Destillat, das, -[e]s, -e | **Destillation** (Trennung von Flüssigkeitsgemischen) | **destillieren**

desto; ~ mehr; ~ weniger

deswegen

Detail [de'tai od. ..'ta:j], das, -s, -s (Einzelheit) | **detailliert** (ins Einzelne gehend)

Detektiv, der, -s, -e (privat ermittelnder Kriminalist)

Detonation (Explosion) | **detonieren**

deuten | **deutlich;** etwas ~ machen; auf das/aufs Deutlichste od. deutlichste ↑ Z 57

deutsch; die deutsche Sprache; ~ sprechen/unterrichten (in deutscher Sprache); ~ mit jmdm. reden (ihm unverhohlen die Wahrheit sagen), aber: die Deutsche Bucht (Teil der Nordsee); die Deutsche Mark; der Deutsche Schäferhund; das Deutsche Rote Kreuz ↑ Z 64 | **Deutsch,** das, -[s]; ein gutes ~ sprechen; ~ lernen/verstehen; auf (gut) ~; in ~; ~ unterrichten (das Fach Deutsch) | **Deutsche,** der u. die, -n, -n | **Deutschland**

Devise, die, -, -n (Losung, Wahlspruch)

Devisen (Plur.) (Zahlungsmittel in ausländ. Währung)

Dezember, der, -[s], -

dezent (unaufdringlich)

Dezimalbruch (Zehnerbruch) | **Dezimale,** die, -[n], -n | **Dezimeter,** der od. das, -s, -

dezimieren (stark vermindern)

Dia, das, -s, -s (Kurzwort für *Diapositiv*)

Diabetes, der, - (Zuckerkrankheit) | **Diabetiker** | **Diabetikerin**

Diagnose, die, -, -n (Krankheitserkennung)

diagonal (schräg laufend) | **Diagonale,** die, -, -n

Diagramm, das, -s, -e (Schaubild)

Dialekt, der, -[e]s, -e (Mundart)

Dialog, der, -[e]s, -e (Zwiegespräch, Wechselrede)

Diamant, der, -en, -en (ein Edelstein) ↑ Brillant

Diapositiv, das, -s, -e (durchsichtiges, fotograf. Bild) ↑ Dia

Diät, die, -, -en (Schonkost); ~ halten/leben

dich (zu *du*) ↑ Z 62

dicht; ein Rohr ~ machen od. dichtmachen ↑ Z 87, ↑ aber: dichtmachen; ~ behaart/bevölkert/gedrängt od. dichtbehaart, dichtbevölkert, dichtgedrängt ↑ Z 93 | **Dichte,** die, -, -n | **dichten** (Gedichte schreiben) | **Dichter** | **Dichterin** | **dichterisch** | **dichthalten** (nichts verraten) ↑ Z 84b, aber: der Verschluss hat dicht gehalten ↑ Z 86 | **dichtmachen** (schließen); einen Betrieb ~ | **Dichtkunst** | **Dichtung** (1. Vorrichtung, um etwas abzudichten – 2. sprachl. Kunstwerk)

dick; ~ machen od. dickmachen ↑ Z 87; durch ~ und dünn ↑ Z 78a | **dickfellig** | **Dickhäuter** | **Dickicht,** das, -s, -e ↑ Z 116

die (Artikel od. Pronomen)

Dieb, der, -[e]s, -e | **diebisch** | **Diebstahl,** der, -[e]s, Plur. Diebstähle

diejenige

Diele, die, -, -n | **dielen**

dienen; zu etwas ~ | **Diener** | **Dienerin** | **Dienst,** der, -es, -e; in ~ stellen; außer ~

Dienstag; am ~; eines Dienstags; ~ früh | **Dienstagabend;** am/an diesem/an jedem ~; diesen/jeden ~; eines Dienstagabends | **dienstagabends,** od. **dienstags abends** | **dienstags**

Diensthabende od. **Dienst Habende,** der u. die, -n, -n

diese

Diesel, der, -[s], - (Kurzwort für *Dieselmotor* od. *Dieselkraftstoff*)

dieser | **dieses**

diesig (trüb, neblig)

diesjährig | **diesmal,** aber: dieses Mal ↑ Z 96 | **diesseits;** ~ des Flusses

Differential ↑ Differenzial | **differential** ↑ differenzial | **differentiell** ↑ differenziell

Differenz, die, -, -en (1. Unterschied – 2. Meinungsverschiedenheit) | **Differenzial** od. **Differential,** das, -s, -e (unendlich kleine Differenz in der Mathematik; kurz für Differenzialgetriebe) | **differenzial** od. **differenziell** od. **differential** od. **differentiell** (einen Unterschied darstellend) | **differenzieren** | **differieren** (verschieden sein)

diffus (zerstreut, ohne klare Abgrenzung) | **Diffusion**

digital (ziffernmäßig) | **Digitalanzeige** (Anzeige in Ziffernform) ↑ analog

Diktat, das, -[e]s, -e | **Diktator,** der, -s, Plur. Diktatoren (unumschränkt herrschender Machthaber) | **diktatorisch** | **Diktatur,** die, -, -en | **diktieren** (1. zum Nachschreiben ansagen – 2. aufzwingen, befehlen)

Dilettant, der, -en, -en (Nichtfachmann, Stümper) | **dilettantisch** (laienhaft; nicht fachgerecht)

Dill, der, -s (eine Gewürzpflanze)

Dimension (Abmessung, Ausdehnung, Ausmaß) | **...dimensional,** z. B. drei- od. 3-dimensional

Ding, das, -[e]s, -e; guter Dinge sein; unverrichteter Dinge (ohne etwas erreicht zu haben)

Diode, die, -, -n (ein elektron. Bauelement)

Diphtherie, die, - (eine Infektionskrankheit)

Diphthong, der, -s, -e (Zwielaut)

Diplom, das, -[e]s, -e (Abschlusszeugnis einer Hochschule; Ehrenurkunde) | **Diplomat,** der, -en, -en (Staatsmann, beglaubigter Vertreter eines Staates im Ausland) | **Diplomatin** | **diplomatisch** (geschickt, klug); ein diplomatisches Vorgehen

direkt (gerade, unmittelbar); die direkte (wörtliche) Rede | **Direktion** | **Direktor,** der, -s, Plur. Direktoren | **Direktorin**
Dirigent, der, -en, -en (Leiter eines Orchesters od. Chores) | **Dirigentin** | **dirigieren**
Dirndl, das, -s, -[n]
Disco ↑ Disko
Disharmonie, auch: Disharmonie, die, -, Plur. Disharmonien (Missklang; Uneinigkeit) | **disharmonisch,** auch: disharmonisch
Diskette, die, -, -n
Disko od. **Disco,** die, -, -s (Kurzwort für *Diskothek*) | **Diskothek** od. **Discothek,** die, -, -en (Tanzlokal, Schallplattensammlung)
Diskrepanz, die, -, -en (Missverhältnis)
diskret (verschwiegen, rücksichtsvoll)
diskriminieren; jmdn. ~ (im Ansehen herabsetzen) | **Diskriminierung**
Diskus, der, -, Plur. Disken od. Diskusse (Wurfscheibe)
Diskussion (Meinungsaustausch) | **diskutabel** | **diskutieren**
Dispatcher [..'pɛtʃər] (Verantwortlicher für pünktl. u. wirtschaftl. Betriebsablauf)
disponieren (einteilen, ordnen) | **Disposition** (Gliederung, Anordnung)
Disput, der, -s, -e (Wortstreit)
disqualifizieren; jmdn. ~ (bei sportl. Wettkämpfen ausschließen)
Dissimilation (Abbau von Nährstoffen) | **dissimilieren**
Dissonanz, die, -, -en (Missklang)
Dissoziation (Aufspaltung, Zerfall der Moleküle) | **dissoziieren**
Distanz, die, -, -en (Abstand, Entfernung) | **distanzieren, sich** (Akk.); sich von jmdm. ~ ↑ Z 115
Distel, die, -, -n ↑ Z 115
Distrikt, der, -[e]s, -e (Verwaltungsbezirk)
[1]**Disziplin,** die, - (Ordnung)
[2]**Disziplin,** die, -, -en (Fachrichtung, Sportart)
disziplinarisch | **diszipliniert**
Dividend, der, -en, -en (zu teilende Zahl) | **Dividende,** die, -, -en (auf eine Aktie entfallender Gewinnanteil) | **dividieren** (teilen) | **Division** (1. ein Truppenverband – 2. Teilung) | **Divisor,** der, -s, Plur. Divisoren (teilende Zahl)
doch
Docht, der, -[e]s, -e
Dock, das, -s, -s (Anlage zum Bau u. Ausbessern von Schiffen)
Dogge, die, -, -n (eine Hunderasse)
Dogma, das, -s, Plur. Dogmen (starre Lehrmeinung) | **dogmatisch** | **Dogmatismus**
Dohle, die, -, -n (ein Rabenvogel)
do it yourself ['du ɪt ju:(r)'sɛlf] (*mach es selbst*: Schlagwort für die eigenhändige Ausführung handwerkl. Arbeiten) | **Do-it-yourself-Bewegung**
Doktor, der, -s, Plur. Doktoren (ein akadem. Grad) | **Doktorin**
Dokument, das, -[e]s, -e (Urkunde, Schriftstück) | **dokumentarisch** | **dokumentieren** (beweisen)
Dolch, der, -[e]s, -e
Dolde, die, -, -n (Blütenstand)
Dollar, der, -s, -[s] (eine Währungseinheit)
dolmetschen (mündlich übersetzen) | **Dolmetscher** (berufsmäßiger Übersetzer)
Dom, der, -[e]s, -e
Dominante, die, -, -n (1. vorherrschendes Merkmal – 2. ein Dreiklang) | **dominieren** (vorherrschen)
Domino, das, -s, -s (ein Anlegespiel)

Dompteur [..'tø:r], der, -s, -e (Tierbändiger)
Döner Kebab, der, -[s], -s (türk. Gericht aus stark gewürztem Hammelfleisch)
Donner | **donnern** | **Donnerstag** ↑ Dienstag | **Donnerstagabend** ↑ Dienstagabend | **donnerstagabends** ↑ dienstagabends | **donnerstags** ↑ dienstags
dopen; sich, jmdn. ~ (verbotene Mittel zur Leistungssteigerung einnehmen) | **Doping,** das, -s, -s
Doppel, das, -s, - (Zweitschrift; Doppelspiel) | **doppelt;** ~ so viel; ~ so groß, aber: um das Doppelte vergrößern ↑ Z 55
Dorf, das, -[e]s, Plur. Dörfer | **dörflich**
[1]**Dorn,** der, -[e]s, -en (scharfe stechende Spitze an Pflanzen)
[2]**Dorn,** der, -[e]s, -e (Stift)
dornig (voll Dornen)
dörren (dürr machen); Obst ~
Dorsch, der, -[e]s, -e (ein Fisch)
dort; ~ sein | **dortbleiben** ↑ Z 84e | **dorther** od. **dorther;** von ~ kommen, aber: von dort herkommen | **dorthin,** auch: dorthin | **dorthinab** | **dorthinaus** | **dorthinein** | **dorthinunter** | **dortlassen** ↑ Z 84e | **dortzulande** od. **dort zu Lande**
Dose, die, -, -n | **dosieren** (abmessen, zumessen) | **Dosis,** die, -, Plur. Dosen (Menge einer Arznei od. einer Strahlung)
dösen (wachend träumen; unaufmerksam vor sich hin starren)
Dotter, der od. das, -s, - (Eigelb)
down [daun]; ~ sein (bedrückt)
Dozent, der, -en, -en (Lehrer an einer Hochschule) | **Dozentin**
Drache, der, -n, -n (ein Fabeltier) od. **Drachen,** der, -s, - (ein Fluggerät)
Dragee od. **Dragée** [dra'ʒe:], das, -s, -s (Arzneipille; mit Zucker überzogene Süßigkeit)
Draht, der, -[e]s, Plur. Drähte | **drahten** (telegrafieren) | **drahtig** (sehnig, gewandt)
Drainage ↑ Dränage
drall (rund, derb) | **Drall,** der, -[e]s, -e (Drehung eines Körpers um die eigene Achse)
Drama, das, -s, Plur. Dramen (Schauspiel, schlimmes Geschehen) | **Dramatik,** die, - | **Dramatiker** | **dramatisch**
dran ↑ daran | **dranbleiben**
Dränage od. **Drainage** [..'na:ʒə], die, -, -n (Bodenentwässerung)
Drang, der, -[e]s | **drängen;** auf etwas ~ | **Drängelei** | **drängeln;** jmdn. ~
drastisch (wirksam, derb) ↑ Z 115
drauf ↑ darauf; ~ und dran sein (im Begriff sein) | **draufhaben;** etwas ~ (beherrschen) ↑ Z 84e
draußen
drechseln | **Drechsler**
Dreck, der, -[e]s | **dreckig** ↑ Z 116
drehen | **Dreher** | **Drehung**
drei; nicht bis ~ zählen können; zu dreien od. zu dritt ↑ acht | **Drei,** die, -, -en ↑ Acht | **Dreieck** | **dreieckig** | **dreifach** od. **3-fach** od. **3fach** ↑ Z 108 | **dreißig** ↑ achtzig | **Dreißig,** die, -, -en ↑ Achtzig | **dreißigjährig** od. **30-jährig;** ein dreißigjähriger Mann, aber: der Dreißigjährige Krieg ↑ Z 64 | **drei viertel;** in ~ ~ Stunden, aber: in einer Dreiviertelstunde; das Glas ist ~ ~ voll; es ist ~ ~ acht
dreist (unverschämt)
dreizehn | **Dreizehn,** die, -, -en
dreschen; du drischst; du droschst; du dröschest; gedroschen; drisch!
Dress, der, -es, -e (Sportkleidung)

dressieren (abrichten) | **Dressur,** die, -, -en
dribbeln (den Fußball durch kurze Stöße vorantreiben)
Drift, die, -, -en (von regelmäßig wehenden Winden bewirkte Meeresströmung)
Drill, der, -[e]s (hartes Einexerzieren; Schinderei) | **drillen** (1. scharf einüben – 2. bohren, drehen – 3. in Reihen säen)
Drilling, der, -s, -e
dringen; du dringst; du drangst; du drängest; gedrungen; dring[e]! | **dringend;** am dringendsten | **dringlich** | **Dringlichkeit,** die, -
Drink, der, -[s], -s (ein alkohol. Getränk)
drinnen | **drinsitzen** (in der Patsche)
dritte; zu dritt; der/jeder Dritte; einem Dritten gegenüber; ein Dritter (Unbeteiligter); am Dritten des Monats; die Dritte Welt; Ludwig der Dritte ↑ Z 55 | **Drittel,** das, -s, -; ein ~ des Geldes, aber: ein drittel Brot ↑ Z 73 | **dritteln** | **drittens**
Droge, die, -, -n (Rohstoff zur Arzneibereitung; Rauschgift) | **drogensüchtig** (von Drogen abhängig sein) | **Drogerie,** die, -, Plur. Drogerien | **Drogist**
drohen; jmdm. ~ | **Drohung**
dröhnen
drollig
Dromedar, auch: Dromedar, das, -s, -e (einhöckeriges Kamel)
Drops, der od. das, -, - (saurer Fruchtbonbon)
Drossel, die, -, -n | **drosseln** | **Drosselung** od. **Drosslung**
drüben
[1]**Druck,** der, -[e]s, Plur. Drücke (Kraft, die auf eine Fläche wirkt)
[2]**Druck,** der, -[e]s, -e (im Buchwesen)
Drückeberger ↑ Z 116
drucken | **drücken** | **drückend;** am drückendsten | **Drucker** | **Drücker** | **Druckerei** ↑ Z 116
Drusch, der, -[e]s, -e (das Dreschen)
Drüse, die, -, -n
Dschungel, der od. das, -s, - (Sumpfdickicht in den Tropen; Tropenwald)
du ↑ Z 62; jmdn. ~ nennen; ~ od. Du zueinander sagen, aber: jmdn. mit Du anreden, das trauliche Du; das Du anbieten; auf Du und Du ↑ Z 55
dual (eine Zweiheit bildend); das duale System | **Dualismus,** der ,- | **Dualzahl**
Dübel, der, -s, - (kleiner Holzkeil; Zapfen) | **Dübelmasse**
ducken; sich (Akk.) ~ ↑ Z 116 | **Duckmäuser**
Dudelsack
Duell, das, -s, -e (Zweikampf)
Duett, das, -[e]s, -e (Gesangsstück für 2 Stimmen)
Duft, der, -[e]s, Plur. Düfte | **duften;** nach etwas ~ | **duftig;** ein duftiges (leichtes) Gewebe
dulden | **duldsam**
dumm; dümmer; dümmste | **dummdreist** | **Dummheit**
Dumper ['dampər], der, -s, - (geländegängiges Kippfahrzeug)
dumpf | **dumpfig** (muffig; modrig riechend)
Düne, die, -, -n
Dung, der, -[e]s | **düngen** | **Dünger**
dunkel; dunkler; dunkelste; ~ färben od. dunkelfärben ↑ Z 87; ~ gefärbt od. dunkelgefärbt | **Dunkel,** das, -s; im Dunkeln bleiben/lassen/sitzen/tappen; die Angelegenheit bleibt im Dunkeln (unklar); wir sitzen im Dunkeln (in der Dunkelheit) ↑ Z 55 | **dunkelblau** ~ färben | **dunkeln;** es dunkelt

dụ̈nn; durch dick und ~ ↑ Z 78a; ~ besiedelt od. dünnbesiedelt ↑ Z 93 | **dụ̈nnflüssig**

Dụnst, der, -[e]s, Plur. Dünste | **dụ̈nsten;** Fisch ~ | **dụnstig** (neblig) ↑ Z 115

Duo, das, -s, -s (Musikstück für 2 Instrumente; Gruppe von 2 Musikern)

Duplikat, das, -[e]s, -e (Doppel; Ab-, Zweitschrift)

Dur, das, -; A-Dur; C-Dur-Tonleiter ↑ Z 104

dụrch | **durchaus**

Dụrchbruch, der, -[e]s, Plur. Durchbrüche

durcheinạnder; ~ sein; aber: das Durcheinander ↑ Z 55 | **durcheinạnderbringen** | **durcheinạndergehen** | **durcheinạndergeraten;** die durcheinandergeratenen Bilder | **durcheinạnderlaufen** | **durcheinạnderreden**

dụrchführbar | **dụrchführen** | **Dụrchführung**

Dụrchgang | **dụrchgängig** | **dụrchgehend;** ein durchgehender Zug

dụrchkommen (sich retten)

dụrchkreuzen; ich habe die Zahlen durchgekreuzt (kreuzweise durchgestrichen) | **durchkreuzen;** ich habe seine Absicht durchkreuzt (zunichtegemacht)

Dụrchlass, der, -es, Plur. Durchlässe | **dụrchlässig** | **Dụrchlässigkeit,** die, -

dụrchlaufen; ich habe die Schuhsohlen durchgelaufen | **durchlaufen;** ich habe die Schule durchlaufen

durchleuchten (mit Licht od. Röntgenstrahlen durchdringen)

Dụrchmesser, der, -s, -

dụrchnummerieren

durchqueren

dụrchschauen (hindurchschauen) | **durchschauen;** seine Absicht ~

Dụrchschlag | **dụrchschlagen** | **dụrchschlagend;** ein durchschlagender Erfolg

Dụrchschlupf, der, -[e]s | **dụrchschlüpfen**

Dụrchschnitt | **dụrchschnittlich**

dụrchsetzen (erreichen)

Dụrchsicht | **dụrchsichtig** | **Dụrchsichtigkeit,** die, -

durchstreifen; die Gegend ~

durchtrieben (gerissen); ~ sein

dụrchweg

dụrchzählen

Dụrchzug

dụ̈rfen; du darfst; du durftest; du dürftest; gedurft | **dụ̈rftig**

dụ̈rr | **Dụ̈rre,** die, -, -n

Dụrst, der, -[e]s | **dụ̈rsten;** nach etwas ~ ↑ Z 115 | **dụrstig** ↑ Z 115 | **dụrstlöschend;** ein durstlöschendes Getränk

Dụsche, auch: Dusche, die, -, -n (Brausebad) | **dụschen** od. **duschen**

Düse, die, -, -n | **Düsenflugzeug**

düster | **Düsterkeit,** die, - ↑ Z 115

Dụtzend, das, -s, -e (12 Stück; veraltete Zähleinheit); die Bänder werden in einigen Dutzend/dutzend Farben angeboten; der Vorfall war angesichts Dutzender/dutzender von Zeugen nicht zu vertuschen ↑ Z 96 | **dụtzendmal,** aber: einige, viele dutzend[e] od. Dutzend[e] Mal[e] ↑ Z 72 | **dụtzendweise**

duzen (mit Du anreden); jmdn. ~

DVD [de:fau'de:]; die, -, -s (Abkürzung für Digital Versatile Disc) | **DVD-Player** [..ple:ər], der, -s, - (Abspielgerät für DVDs) | **DVD-Rekorder** od. **DVD-Recorder,** der, -s, - (Aufnahme- und Abspielgerät für DVDs)

Dynamik, die, - (1. Bewegungslehre – 2. Schwung, Kraft, Triebkraft) |

dynamisch; ein dynamischer Mensch
Dynamit, das, -s (ein Sprengstoff)
Dynamo, auch: Dynamo, der, -s, -s (Elektroenergieerzeuger, Generator)
Dynastie, die, -, Plur. Dynastien (Herrscherfamilie, Herrscherhaus) ↑ Z 115
D-Zug | **D-Zug-Wagen** ↑ Z 104, 106

E

€ ↑ Euro
Ebbe, die, -, -n
eben (1. flach – 2. soeben); ebenes Land; ~ machen od. ebenmachen (ebnen) ↑ Z 87; es hat ~ geblitzt; das ist eben (nun einmal) so, aber: es ist ebenso (genauso) | **Ebenbild** | **ebenbürtig** | **ebenda** | **ebendaher** | **ebendarum** | **ebenderselbe** | **ebendeshalb** | **Ebene,** die, -, -n | **ebenfalls** | **ebenmäßig** (gleichmäßig) | **ebenso** (genauso, geradeso); du bist ~ wie er; du hast ~ schöne Blumen wie sie; ~ gut/lang/oft/sehr/viel/weit/wenig
Eber (männl. Schwein)
Eberesche (ein Laubbaum)
ebnen (eben machen); jmdm. den Weg ~
Echo, das, -s, -s (Widerhall)
Echse, die, -, -n (ein Kriechtier)
echt | **Echtheit,** die, -
Eck, das, -[e]s, e; das Deutsche ~ ↑ Z 64 | **Ecke,** die, -, -n | **eckig**
edel | **Edelmut** | **edelmütig** | **Edelweiß,** das, -[e]s, -[e] (eine Gebirgsblume)
Efeu, der, -s (eine Blattpflanze)
Effekt, der, -[e]s, -e (überraschende Wirkung; Ergebnis) | **effektiv** (wirksam) | **Effektivität,** die, - (Wirksamkeit, Leistungsfähigkeit) | **effektvoll**
egal (gleichgültig, einerlei)
Egel, der, -s, - (ein Wurm)
Egge, die, -, -n (ein Ackergerät) | **eggen**
Egoismus, der, - (Selbstsucht, Eigennutz) | **Egoist** | **egoistisch**
Ehe, die, -, -n
ehe | **ehedem** | **ehemalig** | **ehemals** | **eher;** je ~ (früher), desto besser; das ist schon ~ (leichter) möglich; sie wird es umso ~ (lieber) tun
ehern (aus Erz)
ehestens ↑ Z 115
Ehre, die, -, -n; in Ehren halten; jmdm. zu Ehren | **ehren** | **ehrenamtlich** | **ehrfürchtig** | **ehrfurchtsvoll** | **Ehrgeiz** | **ehrgeizig** | **ehrlich**
Ei, das, -[e]s, -er
Eibe, die, -, -n (ein Nadelbaum)
Eiche, die, -, -n | **Eichel,** die, -, -n | **eichen** (1. aus Eichenholz bestehend – 2. amtlich prüfen); eine eichene Truhe; ein Thermometer ~ | **Eichhörnchen**
Eid, der, -[e]s, -e (Schwur)
Eidechse, die, -, -n
eidesstattlich; aber: an Eides statt (anstelle eines Eides)
Eifer, der, -s | **eifern** | **eifersüchtig** | **eifrig**
eiförmig | **Eigelb,** das, -[e]s, -e
eigen; es ist ihr ~ (ihre Art); sich etwas zu ~ machen; es ist ihr eigenes, auch: ihr ~ Kind; etwas Eigenes besitzen | **Eigen,** das, -s; mein ~; etwas sein ~ nennen | **Eigenart** | **eigenartig** | **eigenhändig** | **Eigenheim** | **eigenmächtig** | **eigens** | **Eigenschaftswort** | **Eigensinn,** der, -[e]s | **eigensinnig** | **eigentlich** | **Eigentum,** das, -s | **Eigentümer** (Besit-

zer) | **eigentümlich** | **eigenwillig** | **eignen, sich** (Akk.)
Eile, die, - | **eilen** | **eilends** | **eilig**
Eimer | **eimerweise**
ein; nicht ~ noch aus wissen; ~ jeder; so einer; die einen, auch: Einen; vom einen zum ander[e]n, auch: vom Einen zum And[e]ren ↑ Z 77; in ein[em] und demselben Haus wohnen; in einem fort (immer); es läuft auf eins (auf ein und dasselbe) hinaus
einander; ~ achten/duzen/helfen/kennen
einäschern
Einbahnstraße, die, -, -n
einbalsamieren
Einband, der, -[e]s, Plur. Einbände
einbegriffen ↑ inbegriffen
einberufen
einbilden, sich (Dat.) | **Einbildung**
einbinden; ein Buch ~
einbläuen (mit Nachdruck einschärfen)
einbrechen | **Einbrecher** | **Einbruch,** der, -[e]s, Plur. Einbrüche
Einbuße (Verlust) | **einbüßen** (verlieren)
eindeutig | **Eindeutigkeit,** die, -
eindringen | **eindringlich** | **Eindringling,** der, -s, -e
Eindruck, der, -[e]s, Plur. Eindrücke | **eindrucksvoll**
eine; der/die/das ~, auch: Eine; die ~, auch: Eine von uns ↑ Z 77
eineinhalb, auch: einundeinhalb; ~ Stunde[n], aber: ein[e] und eine halbe Stunde; ein[und]einhalbmal so viel
einer; ~ von beiden | **Einer,** der, -s, - (1. einsitziges Sportboot – 2. Zahlen von 1 bis 9) | **einerlei** | **Einerlei,** das, -s | **einerseits;** ~ …, and[e]rerseits od. anderseits … | **einesteils;** ~ …, ander[e]nteils …
einfach; es ist das Einfachste, wenn …; das Einfachste der Welt sein; etwas auf das/aufs Einfachste od. einfachste regeln ↑ Z 57 | **Einfachheit,** die, -
einfädeln; den Zwirn ~
Einfall | **einfallsreich**
einfältig (beschränkt)
Einfamilienhaus
einfassen | **Einfassung**
einflößen; jmdm. Furcht ~ | **Einfluss** | **einflussreich**
einförmig | **Einförmigkeit,** die, -
einfrieren; Fleisch ~
Einfuhr, die, -, -en | **einführen**
Eingang | **eingangs;** wie schon ~ erwähnt
eingehen; auf etwas ~
eingemeinden (eine Ortschaft in einen größeren Verwaltungsbezirk einbeziehen) | **Eingemeindung**
Eingeständnis | **eingestehen**
Eingeweide, das, -s, -
eingleisig; die Strecke ist ~
eingreifen | **Eingriff**
Einhalt, der, -[e]s; ~ gebieten | **einhalten**
einhäusig; einhäusige Pflanzen
einheimisch | **Einheimische,** der u. die, -n, -n
einheimsen (etwas eifrig sammeln)
Einheit | **einheitlich** | **Einheitlichkeit,** die, -
einhellig (einstimmig, einmütig)
einhenkeln; sich ~ (bei jmdm. einhaken); jmdn. ~
Einhufer | **einhufig;** ein einhufiges Tier
einig; ~ sein/werden; sich über etwas ~ werden | **einige;** ~ Stunden; ~ Mal; ~ Male ↑ Z 72 | **einigen;** sich (Akk.) ~; sich auf etwas ~ | **einigermaßen** | **Einigkeit,** die, - | **Einigung**
einkapseln | **Einkaps[e]lung**
einkehren

einkellern; Kartoffeln ~
Einkommen, das, -s, -
Einkünfte (Plur.)
einladen; sie lädt mich ein
Einlass, der, -es, Plur. Einlässe | **einlassen;** sich (Akk.) ~; sich auf etwas ~
einleiten | **Einleitung**
einleuchtend; am einleuchtendsten
einmachen (einwecken) | **Einmachglas**
einmal; auf ~; noch ~; ich war erst ~, auch: ein Mal in den Alpen | **Einmaleins,** das, - | **einmalig;** die Gelegenheit ist ~
einmütig | **Einmütigkeit,** die, -
Einnahme | **einnehmen**
Einöde, die, -, -n
einpferchen (auf kleinstem Raum zusammendrängen)
einprägen | **einprägsam**
einrahmen; ein Bild ~
einrammen; einen Pfahl ~
einräumen
Einreise | **einreisen;** in ein Land ~
einreißen (entzweireißen; niederreißen)
eins; ~ ins andere; ~ sein/werden ↑ acht | **Eins,** die, -, -en ↑ Acht; eine ~ schreiben
einsam
Einsatz | **einsatzbereit**
einschätzen; jmdn. ~ | **Einschätzung**
einschieben
einschlafen
einschlagen
einschließen | **einschließlich;** ~ des Hauses | **Einschluss**
Einschreib[e]brief | **Einschreiben,** das, -s, - (eingeschriebene Postsendung)
einschulen (in die Schule aufnehmen)
Einsicht | **einsichtig** | **einsichtsvoll**
einsilbig
einspurig; die Straße ist ~
einst
einstimmig | **Einstimmigkeit,** die, -
einstmals
einstöckig; das Haus ist ~
Einsturz | **einstürzen**
einstweilen (vorerst)
eintönig
Eintracht, die, - | **einträchtig**
Eintrag, der, -[e]s, Plur. Einträge | **einträglich**
eintreten; für etwas ~ | **Eintritt**
einundeinhalb ↑ eineinhalb
einverleiben
Einvernehmen, das, -s; in gutem ~ stehen
einverstanden | **Einverständnis,** das, -ses
Einwand, der, -[e]s, Plur. Einwände | **einwandfrei**
einwärts | **einwärtsbiegen** ↑ Z 84e; ein einwärtsgebogener Draht | **einwärtsrichten** ↑ Z 84e
einwecken | **Einweckglas**
einwilligen; in etwas ~ | **Einwilligung**
Einwohner
einzäunen | **Einzäunung**
Einzelheit
Einzeller (einzelliges Lebewesen) | **einzellig**
einzeln; ~ stehend od. einzelnstehend ↑ Z 93; der/die/das Einzelne; als Einzelner; jeder/alles Einzelne; im Einzelnen; bis ins Einzelne gehen ↑ Z 55
einzig; der/die/das Einzige; ein/kein Einziger; als Einziger ↑ Z 55 | **einzigartig**
Eis, das, -es; ~ essen; ↑ aber: eislaufen | **Eisbär**
Eisen, das, -s | **Eisenbahn** | **eisenhaltig** | **eisern;** ein eiserner Wille
eisig | **eiskalt** | **eislaufen;** wir gehen ~; ich laufe eis; ich bin eisgelaufen; eislaufende Kinder ↑ Z 84a, 91

eitel | **Eitelkeit**
Eiter, der, -s | **eit[e]rig** | **eitern;** die Wunde eitert
Eiweiß, das, -es, -e
Ekel, der, -s (Widerwille) | **ekelhaft** | **ek[e]lig** | **ekeln;** es ekelt mich od. mir; sich (Akk.) ~
Ekzem, das, -s, -e (eine Hauterkrankung)
Elan, der, -s (Schwung, Begeisterung)
elastisch (dehnbar, federnd) | **Elastizität,** die, - ↑ Z 115
Elch, der, -[e]s, -e (eine Hirschart)
Elefant, der, -en, -en
elegant (geschmackvoll, modisch) | **Eleganz**
elektrifizieren (auf elektr. Betrieb umstellen) | **Elektrifizierung** | **Elektriker** | **elektrisch** | **elektrisieren** (1. elektr. Ladungen erzeugen, übertragen – 2. aufrütteln, begeistern) | **Elektrizität,** die, - | **Elektrode,** die, -, -n (Körper, der die Stromzuführung od. die Stromableitung vermittelt) | **Elektroindustrie** | **Elektrolyse,** die, -, -n (Zersetzung einer chem. Verbindung durch elektr. Strom) | **elektrolytisch** | **Elektromagnet** | **elektromagnetisch** | **Elektron,** auch Elektron od. Elektron, das, -s, Plur. Elektronen | **Elektronik,** die, - (Teilgebiet der Elektrotechnik) | **Elektrotechnik**
Element, das, -[e]s, -e (1. mit chem. Mitteln nicht weiter zerlegbarer Stoff – 2. Grundbestandteil) | **elementar** (grundlegend; naturhaft; einfach); eine elementare Wahrheit; ~ hervorbrechen; ein elementarer Fehler | **Elementarteilchen**
elend; ~ zumute sein | **Elend,** das, -[e]s
elf ↑ acht | **Elf,** die, -, -en (1. Zahl – 2. Fußballmannschaft) ↑ Acht
Elf, der, -en, -en od. **Elfe,** die, -, -n (eine Märchengestalt)
Elfenbein, das, -[e]s
Elfmeter, der, -s, - (Strafstoß beim Fußball)
Elite, die, -, -n (Auswahl, Auslese)
Ell[en]bogen, der, -s, - | **ellenlang**
Ellipse, die, -, -n (ein Kegelschnitt) | **ellipsenförmig** | **elliptisch**
Elster, die, -, -n (ein Vogel) ↑ Z 115
Eltern (Plur.) | **elternlos** | **Elternvertreter**
E-Mail ['i:me:l], das, -[s] (elektronische Post im Computersystem)
Email [e'ma:j], das, -s, -s od. **Emaille** [e'maljə], die, -, -n (Schmelzüberzug) | **emailliert;** die Schüssel ist ~
Emanzipation (Befreiung von Abhängigkeit; Gleichstellung) | **emanzipieren;** sich ~
Embargo, das, -s, -s (Ausfuhrverbot)
Emblem [ɛm'ble:m od. ã'ble:m], das, -s, -e (Kennzeichen, Sinnbild)
Embryo, der, -s, Plur. -s od. Embryonen (noch nicht geborenes Lebewesen) | **embryonal** (im Anfangsstadium der Entwicklung)
Emigrant, der, -en, -en (Auswanderer, bes. aus politischen Gründen) | **Emigration** | **emigrieren**
Emir, der, -s, -e (ein arab. Titel)
Emission, die, -, -en (Ausstrahlung; Ausgabe; Abblasen von Gasen, Ruß u. Ä. in die Luft)
Empfang, der, -[e]s, Plur. Empfänge | **empfangen;** du empfängst; du empfingst; du empfingest; empfangen; empfang[e]! | **Empfänger** | **empfänglich**
empfehlen; du empfiehlst; du empfahlst; du empfählest; empfohlen; empfiehl! | **empfehlenswert** | **Empfehlung**

empfinden; du empfindest; du empfand[e]st; du empfändest; empfunden; empfind[e]! | **empfindlich** | **empfindsam** | **Empfindung**
empor (nach oben) | **emporklettern** | **emporsteigen**
empören; sich über etwas ~ | **Empörung**
emsig | **Emsigkeit,** die, -
emulgieren (eine Emulsion herstellen) | **Emulsion** (Gemenge feinstverteilter Tröpfchen von Ölen usw. in Flüssigkeiten)
Ende, das, -s, -n; etwas zu ~ bringen | **enden;** auf etwas ~ | **endgültig** | **endlich** | **endlos**
Endivie [..viə], die, -, -n (eine Salatpflanze)
endotherm (Wärme aufnehmend); die Reaktion ist ~ ↑ auch: exotherm
Endsilbe | **Endspurt** | **Endung**
Energie, die, -, Plur. Energien (Kraft, Tatkraft) | **energielos** | **Energiewirtschaft** | **energisch;** auf das/aufs Energischste/energischste ↑ Z 57
eng; ~ befreundet sein; eine ~ bedruckte od. engbedruckte Seite ↑ Z 93 | **Enge,** die, -, -n | **engherzig**
Engagement [ãgaʒ(ə)ˈmã:], das, -, - (persönl. Einsatz; Anstellung eines Künstlers) | **engagieren** (verpflichten; binden); sich ~ | **engagiert;** ~ sein
Engel, der, -s, -
Engerling, der, -s, -e (Maikäferlarve)
England | **englisch**
Enkel, der, -s, - | **Enkelin**
enorm (außergewöhnlich, erstaunlich)
Ensemble [ãˈsãbəl], das, -s, -s (eine Gruppe von Künstlern; zusammengehöriges Ganzes)
entbehren | **entbehrlich** | **Entbehrung**
entbinden | **Entbindung**
entblößen
entdecken | **Entdeckung**
Ente, die, -, -n
enteignen
enteisen (vom Eis befreien)
entern (ein Schiff mit Enterhaken festhalten u. dann erobern)
entfachen; die Glut ~
entfalten; sich (Akk.) ~ | **Entfaltung**
entfernen | **entfernt;** nicht im Entferntesten ↑ Z 57 | **Entfernung**
entfesseln | **Entfesselung** od. **Entfesslung**
entflammen
entfrosten ↑ Z 115
entführen | **Entführung**
entgegen; ~ meinem Vorschlag | **entgegengesetzt** | **entgegenkommen;** jmdm. ~ | **entgegnen;** jmdm. ~ | **Entgegnung**
Entgelt, das, -[e]s, -e (Bezahlung); gegen/ohne ~ | **entgelten;** jmdn. einen Fehler nicht ~ lassen
entgleisen
entgleiten; die Kinder ~ der Obhut der Eltern; das Glas ist ihren Händen entglitten
entgraten (scharfe Kanten an Werkstücken entfernen)
enthalten; sich (Akk.) ~; sich der Stimme ~
enthaupten
Enthusiasmus, der, - (Begeisterung) | **enthusiastisch** ↑ Z 115
entkräften | **Entkräftung**
entlang; am Ufer ~ | **entlanglaufen;** am Ufer ~
entlarven; jmdn. ~ | **Entlarvung**
entlassen; jmdn. ~ | **Entlassung**
entledigen, sich (Akk.); sich seiner Aufgabe ~
entleeren | **Entleerung**

entlegen; am entlegensten
entlehnen | **Entlehnung**
entleihen
entlohnen; jmdn. ~ | **Entlohnung**
entmachten | **Entmachtung**
entmutigen; jmdn. ~
entpuppen, sich (Akk.)
enträtseln
entrichten; eine Gebühr ~
entrinnen | **Entrinnen,** das, -s; kein ~
entrüsten, sich (Akk.) | **entrüstet** (zornig) | **Entrüstung** ↑ Z 115
entschädigen; jmdn. ~ | **Entschädigung**
entscheiden; sich (Akk.) ~; sich für etwas ~ | **entscheidend;** am entscheidendsten | **Entscheidung** | **entschieden;** auf das/aufs Entschiedenste od. entschiedenste ↑ Z 55
entschließen, sich (Akk.) | **entschlossen;** am entschlossensten | **Entschluss**
entschuldbar | **entschuldigen;** sich (Akk.) ~ | **Entschuldigung**
entsetzen; sich (Akk.) ~ | **Entsetzen,** das, -s | **entsetzlich**
entsorgen; den Müll ~
entspannen | **Entspannung**
entsprechen | **entsprechend;** ~ unserer Abmachung
entstehen | **Entstehung**
entstellen | **Entstellung**
enttäuschen | **Enttäuschung**
entwaffnen
entweder od. **entweder;** ~ ... oder, aber: das Entweder-oder ↑ Z 59
entweichen
entwenden
entwerfen
entwerten (ungültig machen); einen Fahrschein ~ | **Entwerter** | **Entwertung**
entwickeln; sich (Akk.) ~ ↑ Z 116 | **Entwicklung**
Entwurf
entziehen; sich (Akk.) ~; sich der Verantwortung ~
entziffern; die Handschrift ~
entzücken | **Entzücken,** das, -s | **entzückend;** am entzückendsten ↑ Z 116
entzünden | **entzündlich;** der Stoff ist leicht ~ | **Entzündung**
entzwei | **entzweibrechen** | **entzweien;** sich (Akk.) ~
Enzian, der, -s, -e (eine Hochgebirgsblume)
Enzyklopädie, die, -, Plur. Enzyklopädien (ein Nachschlagewerk)
Enzym, das, -s, -e (Stoff, der Stoffwechselvorgänge bewirkt)
Epidemie, die, -, Plur. Epidemien (Seuche) | **epidemisch**
Epik, die, - (erzählende Dichtung) | **episch**
Episode, die, -, -n (vorübergehendes, nebensächl. Ereignis) | **episodenhaft** | **episodisch** (vorübergehend)
Epoche, die, -, -n (geschichtl. Zeitabschnitt); eine ~ machende od. epochemachende Erfindung ↑ Z 93
Epos, das, -, Plur. Epen (erzählende Versdichtung)
er (Pronomen); seiner, ihm, ihn
erachten; etwas für gut ~ | **Erachten,** das, -s; meines Erachtens od. meinem ~ nach
erbarmen; sich (Akk.) ~ | **erbärmlich** | **erbarmungslos**
erbauen
[1]**Erbe,** der, -n, -n (jmd., der eine Erbschaft erwartet oder erhält)
[2]**Erbe,** das, -s (Hinterlassenschaft); das kulturelle ~ | **Erbschaft**
erbeuten | **Erbeutung**
erbittern; es erbittert mich
erblassen (blass werden)
erblicken ↑ Z 116

Erbse, die, -, -n | **erbsengroß**
Erdball, der, -[e]s | **Erdbeben,** das, -s, -
Erdbeere | **erdbeerfarben** od. **erdbeerfarbig**
[1]**Erde,** die, - (Planet)
[2]**Erde,** die, -, -n (Erdart)
erden (Verbindung mit der Erde herstellen) | **erdig**
erdreisten, sich (Akk.) ↑ Z 115
ereignen, sich (Akk.) | **Ereignis** | **ereignisreich**
erfahren | **Erfahrung** | **erfahrungsgemäß**
erfinden | **Erfinder** | **erfinderisch** | **Erfindung**
Erfolg, der, -[e]s, -e; ~ versprechende od. erfolgversprechende Maßnahmen ↑ Z 93 | **erfolgreich**
erforderlich | **erfordern** | **Erfordernis**
erfreulich | **erfreulicherweise**
erfrischen; sich (Akk.) ~ | **erfrischend;** am erfrischendsten | **Erfrischung**
ergänzen | **Ergänzung**
ergattern (durch geschicktes Bemühen erlangen); etwas ~
ergeben; sich (Akk.) ~ | **Ergebnis** | **ergebnislos** | **ergiebig** | **Ergiebigkeit,** die, -
ergreifen | **ergreifend;** am ergreifendsten | **ergriffen** (gerührt, erschüttert); am ergriffensten | **Ergriffenheit,** die, - | **Ergriffensein,** das, -s
erhaben; über allen Zweifel ~
erhalten; ~ bleiben | **erhältlich** | **Erhaltung**
erheben; sich (Akk.) ~; sich gegen jmdn. ~ | **erheblich** | **Erhebung**
erhellen; sich ~; den Raum ~
erhitzen; sich ~
erhöhen
erholen, sich (Akk.); sich von etwas ~ | **erholsam** | **Erholung**
erinnerlich | **erinnern;** sich (Akk.) ~ | **Erinnerung**
erkälten, sich (Akk.) | **Erkältung**
erkennen | **erkenntlich** | **Erkenntnis**
Erker (Vorbau)
erklären | **erklärlich** | **Erklärung**
erkranken; an etwas ~
erkunden | **erkundigen, sich** (Akk.)
Erlass, der, -es, -e (Anordnung) | **erlassen;** die Strafe ~
erlauben | **Erlaubnis,** die, -, -sse
erläutern | **Erläuterung**
Erle, die, -, -n (ein Laubbaum)
erleben | **Erlebnis**
erledigen | **erledigt** | **Erledigung**
erleichtern | **Erleichterung**
Erlös, der, -es, -e | **erlösen** | **Erlösung**
ermächtigen; jmdn. zu etwas ~
ermäßigen | **Ermäßigung**
ermessen | **Ermessen,** das, -s; nach meinem ~
ermitteln | **Ermittlung**
ermöglichen
ermüden | **Ermüdung**
ermuntern; jmdn. ~ | **Ermunterung**
ermutigen; jmdn. zu etwas ~ | **Ermutigung**
ernähren | **Ernährung**
erneuern | **Erneuerung**
erniedrigen | **Erniedrigung**
ernst; ernster; ernsteste; eine Sache ~ nehmen/meinen; eine ~ zu nehmende od. ernstzunehmende Frage ↑ Z 93; ~ sein/werden; es ist mir (sehr) ~ damit; ein ~ gemeinter od. ernstgemeinter Vorschlag ↑ Z 93; das war ~ gemeint | **Ernst,** der, -es; ~ machen; es ist mir (völliger) ~ damit; etwas für ~ nehmen; aus dem Spiel wurde ~ | **ernsthaft** | **ernstlich**
Ernte, die, -, -n | **ernten**
erobern | **Eroberung**
erörtern | **Erörterung**

Erosion (zerstörende Tätigkeit von Wasser, Eis u. Wind an der Erdoberfläche)
Erpel, der, -s, - (Enterich)
erpicht (begierig); auf etwas ~ sein
erpressen; jmdn. ~ | **Erpressung**
erquicken; sich ~ (Akk.); sich an etwas ~ (erfrischen) ↑ Z 116
erraten
erregbar; er ist leicht ~ | **erregen;** sich (Akk.) ~; sich über etwas ~
erreichbar | **erreichen**
erretten
errichten | **Errichtung**
erringen | **Erringung** | **Errungenschaft**
Ersatz, der, -es | **ersatzlos**
erschlaffen (kraftlos, müde werden)
erschöpfen | **erschöpft** | **Erschöpfung**
[1]**erschrecken** (in Schrecken setzen); du erschreckst mich; du erschrecktest mich; du hast mich erschreckt; erschreck[e]!
[2]**erschrecken** (in Schrecken geraten); du erschrickst; du erschrak[e]st; du erschräkest; erschrocken; erschrick [nicht]!
erschüttern | **Erschütterung**
ersetzbar | **ersetzen**
ersichtlich
ersparen | **Ersparnis,** die, -, -se
ersprießlich
erst; nun ~ recht; ~ mal/einmal
erstarren | **Erstarrung**
erstatten | **Erstattung**
Erstaunen, das, -s; jmdn. in ~ versetzen | **erstaunlich** | **erstaunt**
erste; das ~ Mal; die ~ od. Erste Hilfe (bei Unglücksfällen) ↑ Z 76; der ~ April, aber: der Erste Mai (Feiertag); der Erste Weltkrieg ↑ Z 55, 64, 115; der/die/das Erste; die Ersten aus jeder Gruppe; der/die/das ~ Beste; fürs Erste; als Erstes; das Erste; der Erste des Monats; vom nächsten Ersten an; ich kündige zum Ersten | **Erste-Hilfe-Lehrgang** ↑ Z 59 | **erstklassig** | **erstmals**
erstrecken, sich (Akk.)
Ertrag, der, -[e]s, Plur. Erträge | **erträglich** | **ertragreich**
ertränken | **ertrinken**
erübrigen; es erübrigt sich
Eruption (Ausbruch, z. B. eines Vulkans)
erwachsen; ~ sein | **Erwachsene,** der u. die, -n, -n
erwägen | **Erwägung;** in ~ ziehen
erwähnen | **Erwähnung**
erweitern | **Erweiterung**
Erwerb, der, -[e]s, -e | **erwerben** | **erwerbstätig;** ~ sein
erwidern; jmdm. etwas ~ | **Erwiderung**
Erz, das, -es, -e | **erzhaltig**
erzählen | **Erzähler** | **Erzählung**
erzeugen | **Erzeugnis** | **Erzeugung**
erziehen | **Erzieher** | **Erzieherin** | **erzieherisch** | **Erziehung**
es (Pronomen); seiner, ihm, es; ~ ist richtig, dass ...
Esche, die, -, -n (ein Laubbaum)
Esel, der, -s, -
Eskimo, der, -[s], -[s] (Angehöriger eines arktischen Volkes)
Espe, die, -, -n (auch: Zitterpappel, ein Laubbaum)
Espresso, der, -[s], -s (in der Maschine schnell bereiteter, starker Kaffee)
Esse, die, -, -n (Schornstein)
essen; du isst; du aßest; du äßest; gegessen; iss!; sich satt ~ od. sattessen ↑ Z 87; ~ gehen ↑ Z 88 | **Essen,** das, -s, -; zum ~ einladen ↑ Z 55
essentiell ↑ essenziell
Essenz, die, -, -en (das Wesentliche, der Kern; konzentrierte Lösung) |

essenziell od. **essentiell**; von essenzieller Bedeutung (von wesentlicher Bedeutung); essenzielle Fettsäuren

Essig, der, -s, -e

Esslöffel

Ester, der, -s, - (eine organische Verbindung)

Estland | **estnisch**

Etage [ˈeta:ʒə], die, -, -n (Stockwerk)

Etappe, die, -, -n (Teilstrecke) | **etappenweise**

Etat [eˈta:], der, -s, -s (Staatshaushalt)

Ether ↑ Äther

Ethik, die, - (Sittenlehre) | **ethisch** (von sittl. Gesichtspunkten bestimmt); ethische Motive

Etikett, das, -[e]s, -en

etliche; ~ Mal; ~ Male

Etüde, die, -, -n (musikal. Übungsstück)

Etui [eˈtvi:], das, -s, -s (Hülle, Behältnis)

etwa | **etwaig** | **etwas;** ~ Schönes; ~ anderes, auch: Anderes ↑ Z 77

euch ↑ Z 62 | **euer** ↑ Z 62; ~ Sohn; eure Tochter; die euern/euren od. Euern/Euren; die eurigen od. Eurigen (eure Angehörigen); die Äpfel dort sind die eurigen; das eure od. Eure; das eurige od. Eurige ↑ Z 55 | **euersgleichen** od. **euresgleichen** | **euertwegen** od. **euretwegen** | **euertwillen** od. **euretwillen;** um ~

Eukalyptus, der, -, - od. Plur. Eukalypten (ein immergrüner Laubbaum) | **Eukalyptusbonbon**

Eule, die, -, -n | **Eulenspiegel**

Euro, der, -s, -[s] (europ. Einheitswährung) | **Eurocheque** [..ʃɛk], der -s, -s (international einlösbarer Scheck) | **Europa** | **Europäer** | **europäisch**

Euter, das, -s, -

evakuieren (1. ein Gefäß luftleer machen – 2. ein Gebiet von Bewohnern räumen)

evangelisch | **Evangelium,** das, -s, Plur. Evangelien (die 4 ersten Bücher des Neuen Testaments)

eventuell (unter Umständen; gegebenenfalls)

Evolution (fortschreitende Entwicklung)

ewig | **Ewigkeit**

exakt (genau) | **Exaktheit,** die, -

Examen, das, -s, - (Prüfung)

Exempel, das, -s, - ([warnendes] Beispiel; Aufgabe); die Probe aufs ~ machen | **Exemplar,** das, -s, -e (einzelnes Stück)

exerzieren (üben; ausbilden)

Exil, das, -s, -e (Verbannung, Verbannungsort; Zufluchtsstätte)

Existenz, die, -, -en (Dasein; Auskommen) | **existent** | **existieren** ↑ Z 115

Exkursion (Lehrausflug)

exotherm (Wärme abgebend) ↑ auch: endotherm

exotisch (fremdländisch; tropisch)

Expansion (Ausdehnung)

Expedition (Forschungsreise)

Experiment, das, -[e]s, -e (Versuch) | **experimentell** | **experimentieren**

explodieren (krachend zerbersten) | **Explosion** | **explosiv**

Exponat, das, -[e]s, -e (Ausstellungsstück)

Exponent, der, -en, -en (Hochzahl)

Export, der, -[e]s, -e (Ausfuhr) | **exportieren**

Exposee od. **Exposé,** das, -s, -s (schriftliche erläuternde Kurzdarstellung zu einem Buch/Film usw.)

Express, der, -es, -e (Kurzwort für *Expresszug*)

exquisit (ausgesucht, auserlesen)
extra; Frühstück wird ~ berechnet; das hast du doch ~ gemacht! | **extra.../Extra...** (in Zusammensetzungen: außer..., außerordentlich, Sonder...); extrafein; extrastarker Kaffee; eine Extraausgabe
Extrakt, der od. das, -[e]s, -e (Auszug; eingedickte Lösung)
extrem (übertrieben; außergewöhnlich) | **Extrem,** das, -s, -e (höchster Grad; äußerste Grenze; Übertreibung)
exzentrisch (außerhalb des Mittelpunktes liegend; überspannt)

F

Fabel, die, -, -n (1. lehrhafte Erzählung – 2. Handlungsgerüst einer Dichtung) | **fabelhaft**
Fabrik, die, -, -en | **Fabrikat,** das, -[e]s, -e (Erzeugnis) | **fabrizieren**
Facettenauge ↑ Fassettenauge
Fach, das, -[e]s, Plur. Fächer | **fächeln** (sanft wehen) | **Fächer** | **fachlich**
Fackel, die, -, -n | **fackeln** ↑ Z 116
fad[e] (schlecht gewürzt; langweilig, geistlos)
Faden, der, -s, Plur. Fäden | **fadenscheinig;** eine fadenscheinige Ausrede
Fagott, das, -[e]s, -e (ein Holzblasinstrument)
fähig | **Fähigkeit**
fahl (farblos, blass)
fahnden (polizeilich suchen); nach jmdm. ~ | **Fahndung**
Fahne, die, -, -n
Fähre, die, -, -n | **fahren;** du fährst; du fuhrst; du führest; gefahren; fahr[e]!; Auto/Bahn/Rad ~; ~ od. Fahren lernen; (ein) Auto ~ lernen, aber: das Autofahren lernen; ~ lassen od. fahrenlassen (etwas aufgeben) ↑ Z 89 | **Fahrer** | **fahrlässig** | **Fahrt,** die, -, -en | **Fährte,** die, -, -n (Spur)
fair [fɛ:r] (anständig; den Spielregeln entsprechend) | **Fairplay** [..'ple:] od. **Fair Play,** das, -, - (anständiges Spiel oder Verhalten)
Faktor, der, -s, Plur. Faktoren (1. mitwirkender Umstand – 2. Zahl, die mit einer anderen multipliziert wird)
Fakultät, die, -, -en (Fachbereich einer Hochschule) | **fakultativ** (wahlfrei); dieses Fach ist ~
Falke, der, -n, -n (ein Greifvogel)
Fall, der, -[e]s, Plur. Fälle; zu ~ bringen
Falle, die, -, -n | **fallen;** du fällst; du fielst; du fielest; gefallen; fall[e] [nicht]!; einen Stein ~ lassen; jmdn. ~ lassen od. fallenlassen (nicht mehr beachten/unterstützen) ↑ Z 89 | **fällen;** du fällst; du fälltest; du fälltest; gefällt; fäll[e]!; einen Baum ~; ein Urteil ~ | **fällig;** die Miete ist ~ | **falls** (im Falle, dass ...)
falsch; ~ liegen/schreiben/spielen (fehlerhaft); eine Melodie ~ spielen ↑ Z 86, ↑ aber: falschliegen, falschspielen; ~ sein, aber: er ist ohne Falsch (ohne Falschheit) ↑ Z 85, 90 | **fälschen;** etwas ~ | **fälschlich** | **falschliegen** (sich irren) ↑ Z 84b | **falschspielen** (betrügerisch spielen) ↑ Z 84b
Falte, die, -, -n | **falten;** Papier ~ | **faltenlos**
Falter
faltig
Falz, der, -es, -e (umgebogener Blechrand, Papierfalte) | **falzen;** Blech ~
familiär | **Familie,** die, -, -n
Fan [fɛn], der, -s, -s (begeisterter Anhänger)

Fanatiker (Eiferer) | **fanatisch** (blindgläubig, verrannt) | **Fanatismus,** der, -

Fanfare, die, -, -n (ein Blechblasinstrument)

Fang, der, -[e]s, Plur. Fänge | **fangen;** du fängst; du fingst; du fingest; gefangen; fang[e]! | **Fänger**

Fantasie (Musikstück nur so), die, -, Plur. Fantasien, od. **Phantasie** | **fantasieren** od. **phantasieren** | **fantastisch** od. **phantastisch**

Farbe, die, -, -n | **farbecht** | **färben** | **farbenblind** | **farbig** | **farblos**

Farm, die, -, -en (Betrieb für Geflügel- od. Pelztierzucht; Landgut)

Farn, der, -[e]s, -e

Färse, die, -, -n (junge Kuh)

Fasan, der, -[e]s, Plur. -en od. -e

Fasching, der, -s, Plur. -e od. -s

Faschismus, der, - | **Faschist** | **faschistisch** ↑ Z 115

Fase, die, -, -n (Abschrägung einer scharfen Kante)

Faselei | **faselig** | **faseln**

fasen (abkanten)

Faser, die, -, -n | **fas[e]rig** | **fasern**

Fass, das, -es, Plur. Fässer

Fassade, die, -, -n (Vorderseite, z. B. eines Hauses)

fassbar | **fassen** | **fasslich;** das Buch ist leicht ~ geschrieben | **Fassung** | **fassungslos**

Fassettenauge od. **Facettenauge,** [fa'sɛtən..] (Auge der Gliederfüßer)

fast (beinahe)

fasten ↑ Z 115

Fastfood ['fa:st'fu:d] od. **Fast Food,** das, -, -[s] (schnell zu verzehrende kleine Gerichte)

Fastnacht, die, -

faszinieren (fesseln)

fatal (unangenehm, peinlich)

fauchen

faul | **faulen** | **faulenzen** | **Faulenzer** | **Faulheit,** die, - | **faulig** | **Fäulnis,** die, -

Fauna, die, -, Plur. Faunen (Tierwelt)

Faust, die, -, Plur. Fäuste | **fausten** ↑ Z 115 | **faustgroß**

Favorit, der, -en, -en (voraussichtlicher Sieger im Wettkampf; Begünstigter)

Fax, das, -, -[e] (Kurzwort für *Telefax*) | **faxen** (Kurzwort für *telefaxen*); einen Text od. ein Bild ~

Faxen (Plur.); ~ machen

Fazit, das, -s, Plur. -e od. -s (Ergebnis, Schlussfolgerung)

Februar, der, -[s], -e

fechten; du fichtst; du fochtest; du föchtest; gefochten; ficht!

Feder, die, -, -n | **federleicht** | **federn** | **Federung**

Fee, die, -, Plur. Feen

fegen

Fehde, die, -, -n (bewaffnete Auseinandersetzung; Streit)

fehl; ~ am Platz sein | **fehlen** | **Fehler** | **fehlerhaft** | **fehlgehen** ↑ Z 84d | **fehlgreifen** ↑ Z 84d | **fehlschlagen** ↑ Z 84d

Feier, die, -, -n | **feierlich** | **feiern** | **Feiertag** ↑ Dienstag | **feiertags** ↑ dienstags

feige

Feige, die, -, -n (Frucht des Feigenbaums)

Feigheit | **Feigling,** der, -s, -e

feilbieten (zum Kauf anbieten) ↑ Z 84d

Feile, die, -, -n | **feilen**

feilschen (kleinlich u. hartnäckig um den Kaufpreis handeln)

fein; ~ mahlen od. feinmahlen ↑ Z 87; ~ gemahlener od. feingemahlener Kaffee

feind; jmdm. ~ sein/bleiben/werden ↑ Z 71 | **Feind,** der, -[e]s, -e;

er ist/bleibt/wird mein ~ | **feindlich** | **Feindschaft** | **feindselig**
feist (dick, aufgeschwemmt)
Feld, das, -[e]s, -er
Felge, die, -, -n (1. Radkranz – 2. Turnübung am Reck)
Fell, das, -[e]s, -e
Fels, der, -ens, -en od. **Felsen,** der, -s, - | **felsenfest** | **felsig**
Femininum, das, -s, Plur. Feminina (weibl. Geschlecht; weibl. Substantiv)
Fenchel, der, -s (eine Heilpflanze)
Fenster, das, -s, - ↑ Z 115
Ferien (Plur.); die großen ~
Ferkel, das, -s, -
Fermate, die, -, -n (musikal. Haltezeichen)
fern; ferne Länder; von nah und ~; von ~ her | **fernbleiben** (nicht teilnehmen); euer Fernbleiben fiel auf ↑ Z 55 | **Ferne,** die, -, -n | **ferner** | **fernerhin** | **fernhalten;** sich (Akk.) von etwas ~ ↑ Z 84b | **fernliegen;** es liegt mir fern ↑ Z 84b | **fernsehen;** ich sehe fern | **Fernsehen,** das, -s | **Fernseher** | **Fernsehgerät** | **fernstehen;** Menschen, die sich ~ ↑ Z 84b
Ferse, die, -, -n (Hacke) ↑ aber: Färse
fertig; ~ sein; etwas rechtzeitig ~ bekommen od. fertigbekommen, ↑ aber: fertigbekommen; eine Arbeit ~ machen od. fertigmachen ↑ Z 87, ↑ aber: fertigmachen; pünktlich ~ werden od. fertigwerden, ↑ aber: fertigwerden | **fertigbekommen** (hinkriegen) ↑ Z 84b | **fertigbringen** (zustande bringen) ↑ Z 84b | **fertigen** | **Fertigkeit** | **fertigmachen** (quälen, zermürben) ↑ Z 84b | **fertigstellen** (beenden) | **Fertigstellung** | **Fertigung** | **fertigwerden;** mit einem Verlust ~ ↑ Z 84b
Fessel, die, -, -n | **fesseln;** ich fess[e]le; jmdn. ~ | **fesselnd**
fest; ~ angestellt; ein ~ angestellter od. festangestellter Mitarbeiter ↑ Z 93
Fest, das, -es, -e
festbinden (anbinden), aber: die Schleife fest binden ↑ Z 86 | **festhalten** (etwas schriftlich fixieren); sie will ihre Erlebnisse im Tagebuch ~; sich (Akk.) ~; du solltest dich an mir ~, aber: du musst die Stange ganz fest halten ↑ Z 86 | **festigen** | **Festigkeit,** die, - ↑ Z 115
Festival, das, -s, -s (große Festveranstaltung) ↑ Z 115
festlegen
festlich | **Festlichkeit** | **Festtag**
Festnahme, die, -, -n | **festnehmen** (verhaften); jmdn. ~ | **feststellen** (etwas bemerken, erkennen; Gewissheit verschaffen) | **Feststellung**
Festplatte (Magnetplatte zum Speichern von Daten)
Festung ↑ Z 115
Fete, die, -, -n (Fest)
fett | **Fett,** das, -[e]s, -e | **fetten** | **fettig** | **fetttriefend*** | **Fetttropfen*** ↑ Z 34
Fetzen, der, -s, -
feucht; feuchter; feuchteste | **Feuchtigkeit,** die, - | **feuchtwarm;** feuchtwarmes Klima
feudal (das Lehnswesen betreffend) | **Feudalismus,** der, -
Feuer, das, -s, -; ~ speien; ein ~ speiender od. feuerspeiender Berg ↑ Z 93 | **feuergefährlich** | **feuern** | **feuerrot** | **feurig**
Fiasko, das, -s, -s (Misserfolg, Zusammenbruch)
Fibel, die, -, -n (Lesebuch für die 1. Klasse; Elementarlehrbuch)
Fiber, die, -, -n (Faser)

Fichte, die, -, -n (ein Nadelbaum)
fidel (lustig)
Fieber, das, -s, - (erhöhte Körpertemperatur) | **fieberhaft** | **fieb[e]rig** | **fiebern**
fiepen (einen leisen, hohen Ton von sich geben); das Küken fiept
Figur, die, -, -en | **figürlich**
Filet [fiˈleː], das, -s, -s (Lendenstück, Rückenfleisch)
Filiale, die, -, -n (Zweiggeschäft)
Film, der, -[e]s, -e | **filmen**
Filter, der od. (in der Technik) das, -s, - | **filtern;** das Licht/den Kaffee ~ | **Filtrat,** das, -[e]s, -e (durch Filtern geklärte Flüssigkeit) | **filtrieren**
Filz, der, -es, -e | **filzig** | **Filzschuh**
Finale, das, -s, -[s] (Schlussteil, Schlusssatz in der Musik; Endrunde, Endspiel)
Finanzen (Plur.) (Vermögen; Staatsvermögen) | **finanziell** (wirtschaftlich, geldlich) | **Financier** [finanˈtsi̯eː], auch: Financier, der, -s, -s (Geldgeber mit Vermögen) | **finanzieren**
finden; du findest; du fand[e]st; du fändest; gefunden; find[e]! | **Finder** | **findig** (einfallsreich) | **Findling,** der, -s, -e
Finger; keinen ~ breit od. Fingerbreit nachgeben, aber: ein fingerbreiter Spalt
fingieren (vortäuschen)
finit (konjugiert); das finite Verb
Fink, der, -en, -en (ein Singvogel)
Finne, die, -, -n (1. Entwicklungsform der Bandwürmer – 2. zugespitzte Seite des Hammers – 3. Bewohner Finnlands)
finnisch | **Finnland**
finster; im Finstern tappen (ungewiss sein); im Finstern (in der Dunkelheit) sitzen ↑ Z 55 | **Finsternis,** die, - ↑ Z 115
Finte, die, -, -n (Verstellung, Vorwand)
Firma, die, -, Plur. Firmen
Firmament, das, -[e]s (Himmelsgewölbe)
First, der, -[e]s, -e (oberste Kante des Daches)
Fisch, der, -[e]s, -e | **fischen** | **Fischer** | **Fischerei**
fit (in bester körperl. Verfassung); fitter, fitteste; ~ sein | **Fitness,** die, - (gute körperliche Verfassung und Leistungsfähigkeit) | **Fitnesscenter,** das, -s, - (Einrichtung mit besonderen Geräten zur Verbesserung der körperl. Leistungsfähigkeit)
Fittich, der, -[e]s, -e (Flügel)
fix; ~ und fertig
fixieren (festhalten; anstarren; fotograf. Schichten haltbar machen)
Fjell, der, -s, -s (baumlose Hochfläche in Skandinavien)
Fjord, der, -[e]s, -e (schmale, weit ins Land reichende Meeresbucht mit Steilküste)
flach etwas ~ drücken od. flachdrücken ↑ Z 87 | **Fläche,** die, -, -n | **flächig**
Flachs, der, -es (eine Faserpflanze)
flackern; das Licht flackert ↑ Z 116
Fladen, der, -s, -
Flagge, die, -, -n | **flaggen**
Flamingo, der, -s, -s (ein Wasservogel)
Flamme, die, -, -n
Flanell, der, -s, -e (aufgerautes Gewebe)
Flanke, die, -, -n | **flankieren** (von der Seite decken)
Flansch, der, -[e]s, -e (Verbindungsansatz an Rohren)
Flasche, die, -, -n
flattern
flau (1. unwohl; ungut – 2. schwach; kraftlos; kontrastarm)

Flaum, der, -[e]s | **flaumig**
Flausch, der, -[e]s, -e (weiches Wollgewebe)
Flaute, die, -, -n (Windstille)
Flechse, die, -, -n (Sehne)
Flechte, die, -, -n (eine niedere Pflanze) | **flechten;** du flichtst; du flochtest; du flöchtest; geflochten; flicht!
Fleck, der, -[e]s, -e od. **Flecken,** der, -s, - (1. verunreinigte Stelle – 2. Flicken – 3. Stelle, bestimmte Landschaft) | **flecken** | **fleckig** ↑ Z 116
Fledermaus
Flegel, der, -s, - | **flegelhaft**
flehen; um etwas ~ | **flehentlich**
Fleisch, das, -[e]s; eine ~ fressende od. fleischfressende Pflanze ↑ Z 93; ein ~ verarbeitender od. fleischverarbeitender Betrieb ↑ Z 93 | **Fleischer** | **Fleischerei** | **fleischig**
Fleiß, der, -es | **fleißig**
flektierbar (beugbar) | **flektieren** (beugen)
fletschen; die Zähne ~
flexibel (biegsam; anpassungsfähig) | **Flexion,** die, -, -en (Beugung, d. h. Deklination od. Konjugation)
flicken | **Flicken,** der, -s, - ↑ Z 116
Flieder, der, -s | **fliederfarben** od. **fliederfarbig**
Fliege, die, -, -n | **fliegen;** du fliegst; du flogst; du flögest; geflogen; flieg[e]! | **Flieger**
fliehen; du fliehst; du flohst; du flöhest; geflohen; flieh[e]!; vor jmdm. ~ | **Fliehkraft** (Zentrifugalkraft)
Fliese, die, -, -n | **fliesen** (mit Fliesen belegen); du fliest das Bad
fließen; du fließt; du flossest; du flössest; geflossen; fließ[e]!
flimmern
flink
Flinte, die, -, -n (ein Jagdgewehr)
flirren (flimmern)
Flirt, der, -[e]s, -s (Liebelei)
Flitter
flitzen
Flocke, die, -, -n | **flocken** (zu Flocken werden) | **flockig** ↑ Z 116
Floh, der, -[e]s, Plur. Flöhe
Flor, der, -s, -e (1. Blütenfülle – 2. ein dünnes Gewebe)
Flora, die, -, Plur. Floren (Pflanzenwelt)
Floß, das, -es, Plur. Flöße | **Flosse,** die, -, -n | **flößen** | **Flößer**
Flöte, die, -, -n; ~ spielen | **flöten;** ~ gehen (verloren gehen)
flott (leicht, flink); ~ arbeiten/bedienen/machen (schnell machen), ↑ aber: flottmachen | **Flotte,** die, -, -n | **flottmachen;** ein Schiff ~ (wieder zum Schwimmen bringen) ↑ Z 84 b
Flöz, das, -es, -e (abbaubare Schicht von Bodenschätzen)
Fluch, der, -[e]s, Plur. Flüche | **fluchen**
Flucht, die, -, -en | **fluchtartig**
fluchten (in eine gerade Linie bringen)
flüchten | **flüchtig** | **Flüchtling,** der, -s, -e
Flug, der, -[e]s, Plur. Flüge | **Flügel,** der, -s, - | **flügellahm** | **flügge** (flugfähig); die Amseln werden bald ~ sein | **Flughafen** | **Flugplatz** | **Flugzeug,** das, -[e]s, -e
Flunder, die, -, -n (ein Plattfisch)
flunkern (schwindeln)
Fluor, das, -s (ein chem. Element) | **Fluoreszenz,** die, - (Aufleuchten unter Strahleneinwirkung) | **fluoreszieren**
[1]**Flur,** der, -[e]s, -e (Vorraum, Diele)
[2]**Flur,** die, -, -en (nutzbare Landfläche)

Fluss, der, -es, Plur. Flüsse | **flussab;** ~ fahren | **flussabwärts;** ~ fahren, aber: den Fluss abwärts | **Flüsschen,** das, -s, - | **flüssig** | **Flüssigkeit** | **Flusspferd** | **Flusssand*** ↑ Z 34

flüstern ↑ Z 115

Flut, die, -, -en | **fluten** (strömen)

Föderalismus (Selbstständigkeit der Länder innerhalb eines Staatsganzen) | **föderalistisch** | **Föderation** (Bündnis; loser Staatenbund)

Fohlen od. **Füllen,** das, -s, - (junges Pferd)

Föhn, der, -[e]s, -e (trockener, warmer Fallwind; elektrischer Haartrockner) | **föhnen;** die Haare ~

Föhre, die, -, -n (Kiefer)

Fokus, der, -, -se (Brennpunkt von Linsen und Spiegeln)

Folge, die, -, -n; ~ leisten | **folgen;** auf etwas ~ | **folgende;** das ~ Beispiel, aber: das Folgende; Folgendes; im Folgenden; mit Folgendem einverstanden sein ↑ Z 55 | **folgendermaßen** | **folgenderweise** | **folgerichtig** | **folgern** | **Folgerung** | **folglich** | **folgsam**

Folie [..ĭə], die, -, -n (dünnes Blatt, z. B. aus Metall)

Folklore, die, - (Volkskultur) | **folkloristisch**

Folter, die, -, -n | **foltern;** jmdn. ~

Fon od. **Phon,** das, -s, -s (Maßeinheit für die Lautstärke)

Fond [fõ], der, -s, -s (Rücksitz im Auto)

Fonds [fõ], der, -, - (für best. Zwecke vorgesehene Geldmittel)

Fonetik od. **Phonetik,** die, - (Lautlehre) | **fonetisch** od. **phonetisch** | **Fonothek** od. **Phonothek,** die, -, -en

Fonotechnik od. **Phonotechnik**

Fontäne, die, -, -n (Springbrunnen)

foppen (necken); jmdn. ~

Förde, die, -, -n (schmale Meeresbucht)

förderlich | **fordern** | **fördern** | **Forderung** | **Förderung**

Forelle, die, -, -n (ein Lachsfisch)

Forke, die, -, -n (Mistgabel)

Form, die, -, -en | **formal** (nur der Form nach) | **Formalität,** die, -, -en | **Format,** das, -[e]s, -e (genormte Größe; Gestalt; hervorragende Leistung) | **Formation** (1. Pflanzengesellschaft – 2. erdgeschichtl. Zeitabschnitt – 3. Truppenteil) | **Formel,** die, -, -n | **formelhaft** | **formell** (der Form nach) | **formen** | **förmlich** | **formschön** | **Formular,** das, -s, -e (Vordruck) | **formulieren**

forsch; forscher; forscheste (derb, kräftig)

forschen; nach etwas ~ | **Forscher** | **Forschung**

Forst, der, -[e]s, Plur. -e od. -en | **Förster** ↑ Z 115

fort; in einem ~

Fort [fo:r], das, -s, -s (Verteidigungswerk)

fortbewegen | **Fortbewegung**

fortbilden | **Fortbildung**

fortdauern

forte (stark, laut); ~ spielen | **fortissimo** (ganz stark)

fortpflanzen | **Fortpflanzung**

Fortschritt | **fortschrittlich**

fortsetzen | **Fortsetzung**

fortwährend

Forum, das, -s, Plur. Foren (altröm. Marktplatz; öffentl. Aussprache)

fossil (versteinert) | **Fossil,** das, -s, Plur. Fossilien [..ĭən] (Versteinerung)

Foto, das, -s, -s | **Fotografie** od. **Photographie,** die, -, Plur. Fotografien od. Photographien | **foto-**

grafisch od. **photographisch** ↑ S. 230, *Merke*
foul [faul] (regelwidrig) | **Foul,** das, -s, -s (Regelverstoß) | **foulen** (den Gegner durch regelwidriges Spielen behindern)
Foxterrier [..ĭər], der, -s, - (eine Hunderasse)
Foyer [foa'je:], das, -s, -s (Wandelhalle im Theater)
Fracht, die, -, -en | **Frachter**
Frage, die, -, -n; in ~ od. infrage kommen/stellen; Frage-und-Antwort-Spiel | **fragen;** jmdn. ~ | **fraglich** | **fraglos** | **fragwürdig**
Fragment, das, -[e]s, -e (Bruchstück)
Fraktion (Gesamtheit der Abgeordneten einer Partei)
frankieren (Postsendungen freimachen)
Frankreich
Franse, die, -, -n | **fransig**
Franzose, der, -n, -n | **Französin** | **französisch**
fräsen (mit der Fräsmaschine bearbeiten) | **Fräser**
Fratze, die, -, -n | **fratzenhaft**
Frau, die, -, -en | **Fräulein,** das, -s, -
frech | **Frechheit**
frei; ~ sein/werden; ~ haben od. freihaben (freie Zeit haben) ↑ Z 84c; die Ausfahrt ~ halten od. freihalten ↑ Z 84c, ↑ aber: freihalten; eine Zeile ~ lassen ↑ Z 86, aber: Gefangene ~ lassen od. freilassen ↑ Z 84c; sich von etwas ~ machen od. freimachen ↑ Z 87, ↑ aber: freimachen; ~ sprechen (ohne Textvorlage), ↑ aber: freisprechen; das ~ stehende od. freistehende (allein stehende) Haus ↑ Z 93; im Freien; ins Freie; die Freie Hansestadt Bremen | **freigebig** | **freihalten** (für jmdn. bezahlen), aber: frei halten (ohne Stütze halten) ↑ Z 86 | **freihändig** | **Freiheit** | **freiheitlich** | **freikommen** | **freimachen;** einen Brief ~, ↑ aber: frei
freilich
freimütig | **freizügig**
Freitag ↑ Dienstag | **freitags** ↑ dienstags
freiwillig | **Freiwillige,** der u. die, -n, -n
fremd | **fremdartig** | **Fremde,** die, - | **Fremdkörper** | **Fremdsprache**
Frequenz, die, -, -en (Schwingungszahl)
Freske, die, -, -n od. **Fresko,** das, -s, Plur. Fresken (Wandmalerei)
fressen; du frisst; du fraß[es]t; du fräßest; gefressen; friss! | **Fressen,** das, -s
Freude, die, -, -n | **freudestrahlend** | **freudig** | **freuen, sich** (Akk.); sich auf etwas ~
freund; jmdm. ~ bleiben/sein/werden ↑ Z 71 | **Freund,** der, -[e]s, -e; er ist/bleibt/wird mein ~ | **freundlich** | **freundlicherweise** ↑ Z 96 | **Freundin** | **Freundschaft** | **freundschaftlich**
Frevel, der, -s, - | **frevelhaft**
Frieden, der, -s, - | **friedfertig** | **friedlich** | **friedliebend**
frieren; du frierst; du frorst; du frörest; gefroren; frier[e]!
Fries, der, -es, -e (Verzierung)
frisch; frischer; frischeste; die Bank ~ streichen; die ~ gestrichene od. frischgestrichene Bank ↑ Z 93; ~ gebackenes od. frischgebackenes Brot ↑ Z 93, aber nur: ein frischgebackenes Ehepaar | **Frische,** die, - | **Frischling,** der, -s, -e (junges Wildschwein)
Frisbee ['frisbi:], das, -, -s (runde Wurfscheibe als Sportgerät)
Friseur [..'zø:r] od. **Frisör,** der, -s, -e; Frisörin | **Friseuse** [..'zø:zə],

die, -, -n | **frisieren;** jmdn. ~ | **Frisur,** die, -, -en
Frist, die, -, -en | **fristen** ↑ Z 115
Fritteuse [..tø:zə], die, -, -n | **frittieren** (Fleisch/Kartoffeln in heißem Fett schwimmend garen)
froh; ~ gelaunt od. frohgelaunt ↑ Z 93 | **fröhlich** | **Fröhlichkeit**
fromm
Fron, die, -, -en (dem Lehnsherrn zu leistender Dienst) | **Frondienst;** ~ leisten | **fronen** | **frönen** (einer Leidenschaft huldigen)
Front, die, -, -en | **frontal** (von vorn)
Frosch, der, -[e]s, Plur. Frösche
Frost, der, -[e]s, Plur. Fröste | **frösteln** (ein wenig frieren) | **frostig** ↑ Z 115
Frottee od. **Frotté** ['frɔte:] od. [frɔ'te:], das od. der, -[s], -s (ein Gewebe) | **Frotteehandtuch** | **frottieren** | **Frottiertuch**
Frucht, die, -, Plur. Früchte | **fruchtbar** | **Fruchtbarkeit,** die, - | **fruchten;** es fruchtet (nützt) nichts
früh; morgen ~, auch: Früh; ~ am Morgen; ~ verstorben od. frühverstorben ↑ Z 93; von ~ bis spät; von ~ auf | **Frühe,** die, -; in aller ~ | **früher** | **Frühjahr** | **Frühling,** der, -s, -e | **Frühlingsferien** | **frühmorgens** | **Frühstück** | **frühstücken**
Fuchs, der, -es, Plur. Füchse
fuchteln
Fuder, das, -s, -; ein ~ Heu
Fuge, die, -, -n (1. schmaler Zwischenraum – 2. ein Musikstück) | **fugen** (passend verbinden) | **fügen;** sich (Akk.) ~ | **fügsam**
fühlbar | **fühlen** | **Fühler**
Fuhre, die, -, -n | **führen** | **Führer** | **Führung**
Füllen ↑ Fohlen
füllen | **Füller** od. **Füll[feder]halter** | **Füllung**
Fund, der, -[e]s, -e
Fundament, das, -[e]s, -e (Grundmauer) | **fundamental** (grundlegend; schwerwiegend) | **fundiert** (gefestigt, gesichert); ein fundiertes Wissen
fündig (im Bergbau: ergiebig, ertragreich); ~ werden (entdecken)
fünf ↑ acht | **Fünf,** die, -, -en ↑ Acht | **Fünfcentstück** od. **5-Cent-Stück,** das, -s, -e ↑ Z 107 | **fünfzehn** | **fünfzig** | **Fünfzigeuroschein** od. **50-Euro-Schein** od. **50-€-Schein,** der, -s, -e ↑ Z 107
Funk, der, -s | **Funke,** der, -ns, -n od. **Funken,** der, -s, -; Funken sprühend od. funkensprühend ↑ Z 93 | **funkeln** | **funkelnagelneu** | **funken** | **Funker**
Funktion (1. Amt, Tätigkeit – 2. math. Abhängigkeit) | **Funktionär,** der, -s, -e | **funktionieren** (ohne Störung arbeiten)
Funzel, auch: Funsel, die, -, -n (schlecht brennende Lampe)
für; ~ das od. fürs Erste; ~ und wider; aber: das Für und Wider ↑ Z 55
Furche, die, -, -n | **furchen**
Furcht, die, -, ~ erregend od. furchterregend ↑ Z 93 | **furchtbar** | **fürchten;** sich (Akk.) ~; sich vor jmdm. ~ | **fürchterlich** | **furchtlos** | **furchtsam**
füreinander; ~ leben/eintreten
Furnier, das, -s, -e (dünnes Deckblatt aus Holz) | **furnieren**
Fürsorge, die, - | **fürsorglich**
Fürst, der, -en, -en | **fürstlich**
Furt, die, -, -en (seichte Stelle im Fluss od. Bach)
Furunkel, der, -s, - (ein großes, eitriges Geschwür)
Fürwort (Pronomen)

Fuß, der, -es, Plur. Füße; ~ fassen | **fußbreit;** ein fußbreiter Balken | **Fußbreit,** der, -; keinen ~ od. Fuß breit weichen | **Füßchen,** das, -s, -

Fussel, die, -, -n od. der, -s, -[n] (kleines Fädchen) | **fusselig** od. **fusslig** ↑ Z 53

fußen; auf etwas ~

Fuß[s]tapfe, die, -, -n od. **Fuß[s]tapfen,** der, -s, -

Futter, das, -s | **futtern** | **füttern** | **Fütterung**

Futur, das, -s, -e (Zukunftsform des Verbs)

G

Gabe, die, -, -n

Gabel, die, -, -n | **gabeln** | **Gab[e]lung**

gackern ↑ Z 116

gaffen

Gag [gɛg od. ..k], der, -s, -s (witziger Einfall)

Gage [ˈga:ʒe], die, -, -n (Gehalt der Künstler u. Artisten)

gähnen

galant (höflich)

Galaxie, die, -, Plur. Galaxien (großes Sternsystem)

Galeere, die, -, -n (früher: ein Ruderkriegsschiff) | **Galeerensklave**

Galerie, die, -, Plur. Galerien (1. Laufgang – 2. oberster Rang im Theater – 3. Kunstsammlung)

Galgen, der, -s, -

Galle, die, - | **galle[n]bitter**

Gallert, das, -[e]s, Plur. -e od. **Gallerte,** die, -, -n | **gallertartig**

gallig

Galopp, der, -s, Plur. -e od. -s | **galoppieren**

galvanisch; ein galvanisches Element | **galvanisieren** (auf elektrolyt. Wege mit Metall überziehen) | **Galvanometer,** das, -s, - (Gerät zum Messen der elektr. Stromstärke)

gammeln (planlos die Zeit verbringen; schlecht werden) | **gammlig**

Gämse, die, -, -n

[1]**Gang** [gɛŋ], die, -, -s (Bande)

[2]**Gang,** der, -[e]s, Plur. Gänge; in ~ setzen; im Gang[e] sein | **gangbar** | **Gängelei** | **gängeln** (dauernd Vorschriften machen); jmdn. ~ | **gängig;** eine gängige Ware (eine Ware, die sich gut verkaufen lässt)

Gangster [ˈgɛŋstər] (Verbrecher)

gang und gäbe (üblich)

Gangway [ˈgɛŋwe:], die, -, -s (Laufsteg zum Besteigen eines Schiffes od. Flugzeugs)

Gans, die, -, Plur. Gänse | **Gänserich,** der, -s, -e od. **Ganter**

ganz; ~ und gar; ganze Zahlen | **Ganze,** das, -n; als Ganzes genommen; aufs/ums ~ gehen; das große ~; im Ganzen; im Großen [und] Ganzen (Allgemeinen) ↑ Z 55 | **Ganzheit,** die, - | **ganzheitlich** | **gänzlich**

[1]**gar** (fertig gekocht); ~ kochen od. garkochen ↑ Z 87; ~ gekochte od. gargekochte Kartoffeln

[2]**gar** (ganz, sehr, sogar); ~ kein/nicht/nichts/sehr/wohl; ganz und ~; nicht ~ so viel

Garage [gaˈra:ʒə], die, -, -n

Garantie, die, -, Plur. Garantien (Gewähr, Zusicherung) | **garantieren**

Garbe, die, -, -n

Garde, die, -, -n (Elitetruppe)

Garderobe, die, -, -n

Gardine, die, -, -n

garen (gar werden lassen)

gären, es gärt; es gor (in übertragener Bedeutung: es gärte, z. B.

es gärte im Volk); es göre od. gärte; gegoren od. gegärt
Garn, das, -[e]s, -e
Garnele, die, -, -n (ein kleiner Meereskrebs)
garnieren (schmücken, verzieren) | **Garnierung**
Garnison, die, -, -en (Standort einer Truppe)
Garnitur, die, -, -en (zusammengehörige Gegenstände)
garstig ↑ Z 115
Garten, der, -s, Plur. Gärten | **Gärtner** | **Gärtnerei** | **gärtnerisch**
Gärung
Gas, das, -es, -e | **gasen** | **gasförmig** | **Gaspedal**
Gässchen, das, -s, - | **Gasse,** die, -, -n
Gast, der, -es, Plur. Gäste | **Gastfreundschaft** | **gastieren** (ein Gastspiel geben) ↑ Z 115 | **gastlich** | **Gaststätte**
Gatte, der, -n, -n
Gatter, das, -s, - (Gitter, Zaun)
Gattin
Gattung
gaukeln
Gaul, der, -[e]s, Plur. Gäule
Gaumen, der, -s, -
Gauner | **gaunern**
Gaze [ˈga:zə], die, -, -n (durchsichtiges Gewebe)
Gazelle, die, -, -n (eine Antilopenart)
Geächtete, der u. die, -n, -n
geädert (mit Adern durchzogen)
Geäst, das, -[e]s
Gebäck, das, -[e]s, -e
Gebälk, das, -[e]s
Gebärde, die, -, -n | **gebärden, sich** (Akk.)
gebaren, sich (Akk.) (sich verhalten, sich benehmen) | **Gebaren,** das, -s
gebären; du gebierst od. gebärst; du gebarst; geboren; gebär[e]!
Gebäude, das, -s, -
geben; du gibst; du gabst; du gäbest; gegeben; gib!; jmdm. Recht/recht ~
Gebet, das, -[e]s, -e
Gebiet, das, -[e]s, -e | **gebieten;** du gebietest; du gebotest; du gebötest; geboten; gebiet[e]!; jmdm. ~ | **gebieterisch**
Gebilde, das, -s, - | **gebildet**
Gebirge, das, -s, - | **gebirgig**
Gebiss, das, -es, -e
Gebläse, das, -s, -
geblümt
geboren; Luise Peters[,] geborene Schulze (Abk.: geb.)
Gebot, das, -[e]s, -e; zu Gebote stehen; die Zehn Gebote ↑ Z 64
Gebrauch, der, -[e]s, Plur. Gebräuche; in ~ haben | **gebrauchen** | **gebräuchlich**
Gebrechen, das, -s, -; ein körperliches ~ | **gebrechlich**
Gebrüll, das, -[e]s
Gebühr, die, -, -en (Abgabe; Geldleistung); nach ~ (nach Verdienst); über ~ | **gebühren;** es gebührt sich (es schickt sich) | **gebührend** | **gebührlich**
Geburt, die, -, -en | **gebürtig;** aus Leipzig ~ sein | **Geburtstag**
Gebüsch, das, -[e]s, -e
Gedächtnis
Gedanke, der, -ns, -n od. **Gedanken,** der, -s, - | **gedankenlos** | **Gedankenlosigkeit** | **gedanklich**
Gedeck, das, -[e]s, -e
Gedeih, der; auf ~ und Verderb | **gedeihen;** du gedeihst; du gediehst; du gediehest; gediehen; gedeih[e]! | **Gedeihen,** das, -s
gedenken; meiner/unser ~ | **Gedenken,** das, -s
Gedicht, das, -[e]s, -e
gediegen (gut und solide); ~ sein
Gedränge, das, -s
gedrungen; ~ sein (untersetzt)

Geduld, die, - | **gedulden, sich** (Akk.) | **geduldig**
geeignet; am geeignetsten
Geest, die, -, -en (hochgelegenes trockenes Küstenland)
Gefahr, die, -, -en; ~ bringen/laufen; ~ bringend od. gefahrbringend ↑ Z 93 | **gefährden;** jmdn. ~ | **gefahrdrohend** | **Gefährdung** | **gefährlich** | **gefahrlos**
Gefährt, das, -[e]s, -e (Fahrzeug) | **Gefährte,** der, -n, -n | **Gefährtin**
Gefälle, das, -s, - | **gefallen;** es hat mir ~; du bist ~ | **Gefallen,** der, -s, -; jmdm. einen ~ tun | **gefällig** | **Gefälligkeit** | **gefälligst;** du sollst ~ hinhören
gefangen; jmdn. ~ halten/nehmen/setzen ↑ Z 86, ↑ aber: gefangennehmen | **Gefangene,** der u. die, -n, -n | **Gefangennahme,** die, -, -n | **gefangennehmen;** der Film hat ihn völlig gefangengenommen ↑ Z 84b, ↑ aber: gefangen | **Gefangenschaft** | **Gefängnis**
Gefäß, das, -es, -e
Gefecht, das, -[e]s, -e
gefeit (geschützt, sicher)
Gefieder, das, -s, - | **gefiedert**
Geflecht, das, -[e]s, -e
geflissentlich (absichtlich); jmdn. ~ übersehen
Geflügel, das, -s
Geflüster, das, -s ↑ Z 115
Gefolge, das, -s; im ~ von ... | **Gefolgschaft**
gefräßig | **Gefräßigkeit,** die, -
Gefreite, der, -n, -n (ein milit. Dienstgrad)
gefrieren
Gefüge, das, -s, - | **gefügig** (sich fügend)
Gefühl, das, -[e]s, -e | **gefühllos** | **gefühlsmäßig** | **gefühlvoll**
gegeben; es ist das Gegebene | **gegebenenfalls** | **Gegebenheit**
gegen; ~ dich/ihn
Gegend, die, -, -en
gegeneinander; ~ kämpfen/spielen; etwas ~ haben | **gegeneinanderdrücken** ↑ Z 84e | **gegeneinanderhalten** ↑ Z 84e | **gegeneinanderstoßen** ↑ Z 84e
Gegensatz | **gegensätzlich** | **Gegensätzlichkeit**
gegenseitig | **Gegenseitigkeit,** die, -
Gegenstand | **gegenständlich** (sachlich, anschaulich) | **gegenstandslos** (unbegründet); seine Beschwerde ist völlig ~
Gegenteil, das, -[e]s; im ~; ins ~ umschlagen | **gegenteilig**
gegenüber | **Gegenüber,** das, -s, - | **gegenübersitzen;** sich ~ | **gegenüberstehen;** das Haus, das unserem gegenübersteht | **gegenüberstellen** (Zeugen vor Gericht) | **gegenübertreten**; jmdm. ~ ↑ Z 84e
Gegenwart, die, - | **gegenwärtig** | **gegenwartsnah[e]**
gegenzeichnen (etwas mit unterschreiben)
Gegner | **gegnerisch** | **Gegnerschaft**
Gehabe, das, -s (Ziererei)
[1]**Gehalt,** das, -[e]s, Plur. Gehälter (Lohn)
[2]**Gehalt,** der, -[e]s, -e (Inhalt, Wert) | **gehaltlos** | **gehaltvoll**
gehässig | **Gehässigkeit**
Gehäuse, das, -s, -
Gehege (eingezäunter Bereich für Tiere), das, -s, -; jmdm. ins ~ kommen (jmdn. in seinen Plänen stören)
geheim; im Geheimen ↑ Z 55; ~ halten ↑ Z 86; das Geheimhalten | **Geheimnis** | **Geheimnistuerei** | **geheimnisvoll** | **geheimtun** (sich geheimnisvoll geben)
Geheiß, das, -es; auf sein ~

gehen; du gehst; du gingst; du gingest; gegangen; geh[e]!; vor sich ~; jmdn. ~ lassen (weggehen lassen) ↑ Z 88; sich (Akk.) ~ lassen od. gehenlassen (nachlässig sein) ↑ Z 89; baden/schlafen/spazieren ~ ↑ Z 88
geheuer; mir ist nicht ~
Gehilfe, der, -n, -n | **Gehilfin**
Gehirn, das, -[e]s, -e
Gehöft, das, -[e]s, -e
Gehölz, das, -es, -e
Gehör, das, -[e]s | **gehorchen;** jmdm. ~ | **gehören;** zu jmdm. ~ | **gehörig** | **gehörlos**
Gehörn, das, -[e]s, -e | **gehörnt**
gehorsam | **Gehorsam,** der, -s
Geier, der, -s, - (ein Greifvogel)
Geige, die, -, -n | **geigen** | **Geiger**
Geisel, die, -, -n (Bürgschaftsgefangene[r])
Geiser, der, -s, - od. **Geysir,** der, -s, -e (heiße Springquelle)
Geiß, die, -, -en (Ziege)
Geißel, die, -, -n (Peitsche; Plage) | **geißeln** | **Geißeltierchen** (ein Einzeller)
Geist, der, -es, -er | **geisterhaft** | **geistern** (spuken) | **geistig;** eine hohe geistige (schöpferische) Leistung ↑ Z 115 | **geistlich** (kirchlich); geistlicher Beistand | **Geistliche,** der u. die, -n, -n; der katholische ~
Geiz, der, -es | **geizen** | **Geizhals** | **geizig**
Gelächter, das, -s, -
Gelage, das, -s, -
Gelände, das, -s, - | **geländegängig;** der Wagen ist ~
Geländer, das, -s, -
gelangen
Gelass, das, -es, -e
gelassen; am gelassensten
Gelatine [ʒə..], die, -
geläufig | **Geläufigkeit,** die, -
gelaunt; gut ~ od. gutgelaunt ↑ Z 93
gelb; gelbe Farbe, das gelbe od. Gelbe Trikot, die gelbe od. Gelbe Karte ↑ Z 76 ↑ blau | **Gelb,** das, -s; das Gelbe vom Ei ↑ Blau | **gelbbraun** | **gelblich** | **Gelbsucht,** die, - (eine Krankheit)
Geld, das, -[e]s, -er | **geldlich** ↑ aber: unentgeltlich
Gelee [ʒəˈleː], das, -s, -s
Gelege, das, -s, -
gelegen; am gelegensten; es kam ihm sehr ~ | **Gelegenheit** | **gelegentlich**
gelehrig | **gelehrt** | **Gelehrte,** der u. die, -n, -n
Geleit, das, -[e]s, -e; jmdm. das ~ geben | **geleiten;** jmdn. ~
Gelenk, das, -[e]s, -e | **gelenkig**
gelieren [ʒe..] (Gelee bilden)
gelingen; es gelingt; es gelang; es gelänge; gelungen; geling[e]! | **Gelingen,** das, -s; gutes ~ wünschen
gellen (schrill tönen); ein gellender Schrei
geloben; jmdm. etwas ~ | **Gelöbnis**
gelten; du giltst; du galt[e]st; du gältest od. göltest; gegolten; ~ lassen | **Geltung,** die, -; sich ~ verschaffen
Gelübde, das, -s, - (Gelöbnis)
gemächlich (bedächtig, langsam)
Gemälde, das, -s, -
gemasert; das Holz ist ~
gemäß; seinem Wunsche ~ | **gemäßigt;** am gemäßigtsten
Gemäuer, das, -s, -
gemein; die Gemeine Stubenfliege ↑ Z 64 | **Gemeinde,** die, -, -n | **Gemeineigentum** | **Gemeinheit** | **gemeinhin** | **gemeinnützig** | **gemeinsam** | **Gemeinsamkeit** | **Gemeinschaft** | **gemeinschaftlich**
Gemenge, das, -s, -
Gemetzel, das, -s, -

Gemisch, das, -[e]s, -e | **gemischt**
Gemüse, das, -s, -
Gemüt, das, -[e]s, -er | **gemütlich**
Gen, das, -s, -e (Träger der Erbanlagen)
genarbt; das Leder ist ~
genau ; ~ nehmen ↑ Z 86; ~ genommen od. genaugenommen ↑ Z 93; auf das/aufs Genau[e]ste od. genau[e]ste (ganz genau); nichts Genaues wissen ↑ Z 55 | **Genauigkeit** | **genauso** (ebenso, geradeso); ~ gut/sehr/viel; ~ lange Blumen; ~ breite Hefte; ~ viele Bücher, aber: er blieb genau so lange, wie er es sich vorgenommen hatte
genehmigen | **Genehmigung**
General, der, -s, Plur. -e od. Generäle (höchster Offiziersrang) | **generalüberholen**
Generation (1. Glied in der Geschlechterfolge – 2. Gesamtheit der Menschen ungefähr gleicher Altersstufe – 3. Zeitabschnitt in der Entwicklung techn. Geräte)
Generator, der, -s, Plur. Generatoren (Strom-, Dampf- od. Gaserzeuger)
generell (allgemein gültig)
genesen; du genest; du genasest; du genäsest; genesen; genese! | **Genesung**
Genetik, die, - (Vererbungslehre) | **genetisch**
genial (geistvoll, schöpferisch)
Genick, das, -[e]s, -e
Genie [ʒeˈniː], das, -s, -s (besonders begabter, schöpferischer Mensch)
genieren, sich [ʒe..] (Akk.) (gehemmt sein, sich unsicher fühlen)
genießbar | **genießen;** du genießt; du genossest; du genössest; genossen; genieß[e]!
Genitiv, der, -s, -e (2. Fall)
Genosse, der, -n, -n | **Genossenschaft** | **genossenschaftlich**
Genre [ʒãːrə], das, -s, -s (Art; Wesen)
Gentechnologie, die, -
Gentleman [ˈdʒɛnt(ə)lmən], der, -s, Plur. Gentlemen (Mann mit tadellosen Umgangsformen)
genug; ~ Gutes; ~ des Guten | **Genüge,** die, -; zur ~ | **genügen** | **genügend** | **genügsam** | **Genugtuung**
Genus, das, -, Plur. Genera (gramm. Geschlecht)
Genuss, der, -es, Plur. Genüsse | **genussreich**
Geografie od. **Geographie,** die, - (Erdkunde) | **geografisch** od. **geographisch** | **Geologe,** der, -n, -n | **Geologie,** die, - (Erdgeschichte) | **Geologin** | **geologisch** | **Geometrie,** die, - (Raumlehre) | **geometrisch**
Georgette [ʒɔrˈʒɛt], der, -s (zartes, durchsichtiges Kreppgewebe)
Gepäck, das, -[e]s
Gepard; der, -s, -e (eine Großkatze)
gepflegt; der Rasen ist ~
Gepflogenheit (Gewohnheit)
Gepräge, das, -s, -
gerade; eine ~ Zahl; fünf ~ sein lassen; ehrlich und ~; du hast es doch ~ erst gesehen; sie geht ~ hinaus; ~ sitzen; ~ biegen od. geradebiegen ↑ Z 87, ↑ aber: geradebiegen; ~ legen od. geradelegen ↑ Z 87 | **Gerade,** die, -n, -n (gerade Linie) | **geradeaus** | **geradebiegen** (in Ordnung bringen) ↑ Z 84 b | **geradeso;** er ist ~ groß wie ich, aber: er ist gerade (im Augenblick) so (derart) beschäftigt, dass ...; ~ gut/viel | **geradestehen** (für etwas aufkommen/einstehen) ↑ Z 84 b, ↑ aber: gerade (aufrecht) stehen ↑ Z 86 | **gera-**

de[s]wegs | **geradezu** | **geradlinig**

Geranie [..ĭə], die, -, -n (eine Blume)

Gerät, das, -[e]s, -e | **geraten;** es gerät; es geriet; es geriete; geraten | **Geräteturnen,** das, -s

Geratewohl, das; aufs ~ (auf gut Glück)

geraum; geraume Zeit (längere Zeit) | **geräumig** | **Geräumigkeit,** die, -

Geräusch, das, -[e]s, -e | **geräuschlos**

gerben

gerecht | **Gerechtigkeit,** die, -

Gerede, das, -s

gereizt

Gericht, das, -[e]s, -e | **gerichtlich** | **Gerichtsbarkeit**

gerieben (durchtrieben, schlau); ein geriebener Bursche

gering; das Geringste; ihm fällt das Geringste auf; es geht sie nicht das Geringste an; um ein Geringes abändern; nicht im Geringsten (gar nicht); nichts Geringeres als ...; kein Geringerer als ... ↑ Z 55 | **geringfügig** | **Geringfügigkeit** | **geringschätzig**

gerinnen | **Gerinnsel,** das, -s, -

Gerippe, das, -s, - | **gerippt;** gerippter Stoff

gerissen; am gerissensten | **Gerissenheit,** die, -

Germane, der, -n, -n | **Germanien** [..ĭən] | **germanisch**

gern[e]; lieber; am liebsten; etwas ~ haben wollen, ↑ aber: gernhaben; jmdn. ~ sehen; ein ~ gesehener od. gerngesehener Gast ↑ Z 93; gar zu ~; allzu gern | **gernhaben;** ich hab dich gern; du kannst mich mal ~

Geröll, das, -[e]s, -e

Gerste, die, - ↑ Z 115

Gerte, die, -, -n

Geruch, der, -[e]s, Plur. Gerüche | **geruchlos** | **Geruchssinn,** der, -[e]s

Gerücht, das, -[e]s, -e

Gerümpel, das, -s

Gerüst, das, -[e]s, -e

gesamt; das Gesamte; im Gesamten ↑ Z 55 | **Gesamtheit,** die, -

gesandt; ~ werden | **Gesandte,** der u. die, -n, -n | **Gesandtschaft**

Gesang, der, -[e]s, Plur. Gesänge

Gesäß, das, -es, -e

Geschäft, das, -[e]s, -e | **geschäftig;** ~ hin und her laufen | **geschäftlich;** er hat ~ zu tun

gescheckt

geschehen; es geschieht; es geschah; es geschähe; geschehen | **Geschehen,** das, -s | **Geschehnis**

gescheit

Geschenk, das, -[e]s, -e

Geschichte, die, -, -n | **geschichtlich**

Geschick, das, -[e]s, -e | **Geschicklichkeit** | **geschickt**

geschieden; ~ sein/werden

Geschirr, das, -[e]s, -e; **Geschirrreiniger*** ↑ Z 34

Geschlecht, das, -[e]s, -er | **geschlechtlich**

geschliffen

geschlossen; das Geschäft ist ~

Geschmack, der, -[e]s, Plur. Geschmäcke | **geschmacklos** | **Geschmack[s]sache;** das ist ~ | **Geschmackssinn,** der, -[e]s | **geschmackvoll**

Geschmeide, das, -s, - | **geschmeidig** | **Geschmeidigkeit,** die, -

Geschmiere, das, -s

Geschnatter, das, -s

Geschöpf, das, -[e]s, -e

Geschoss, das, -es, -e

Geschrei, das, -[e]s

Geschreibsel, das, -s

Geschütz, das, -es, -e
Geschwader, das, -s, - (Verband von Kriegsschiffen od. Flugzeugen)
Geschwätz, das, -es | **geschwätzig**
geschweige; ~ dass; ~ denn; ~ denn(,) dass …
geschwind | **Geschwindigkeit**
Geschwister (Plur.) | **geschwisterlich** ↑ Z 115
Geschwor[e]ne, der u. die, -n, -n
Geschwulst, die, -, Plur. Geschwülste
Geschwür, das, -[e]s, -e
Geselle, der, -n, -n | **gesellen, sich** (Akk.) | **gesellig** | **Geselligkeit,** die, - | **Gesellschaft** | **gesellschaftlich**
Gesetz, das, -es, -e | **gesetzlich** | **gesetzmäßig**
Gesicht, das, -[e]s, -er
Gesinde, das, -s | **Gesindel,** das, -s
gesinnt; er ist ihm gut ~ | **Gesinnung** | **gesonnen;** ich bin nicht ~, das zu tun
Gespann, das, -[e]s, -e | **gespannt**
Gespenst, das, -[e]s, -er | **gespenstig** od. **gespenstisch** ↑ Z 115
Gespött, das, -[e]s; zum ~ werden
Gespräch, das, -[e]s, -e | **gesprächig** | **Gesprächsstoff**
gesprenkelt (getupft)
Gestalt, die, -, -en | **gestalten** | **gestaltlos** | **Gestaltung**
Gestammel, das, -s
Geständnis
Gestänge, das, -s, -
Gestank, der, -[e]s
gestatten
Geste, die, -, -n (Gebärde) ↑ Z 115
gestehen; jmdm. etwas ~
Gestein, das, -[e]s, -e
Gestell, das, -[e]s, -e
gestern; ~ Abend/Morgen/Nachmittag/Nacht ↑ Z 58; bis ~ | **Gestern,** das, -; das ~ ist nicht das Heute ↑ Z 55

Gestöber, das, -s, -
Gesträuch, das, -[e]s, -e
gestreift; der Stoff ist schwarz ~ od. schwarzgestreift
gestrig; der gestrige Tag
Gestrüpp, das, -[e]s, -e
Gestüt, das, -[e]s, -e (Zuchtanstalt für Pferde)
Gesuch, das, -[e]s, -e
gesund; gesünder; gesündeste; ~ bleiben/erhalten; ~ machen od. gesundmachen ↑ Z 87; ~ pflegen od. gesundpflegen ↑ Z 87 | **Gesunde,** der od. die, -n, -n | **gesunden** | **Gesundheit,** die, - | **gesundheitlich** | **gesundschreiben;** den Patienten ~ ↑ Z 84 b
getäfelt; die Wand ist ~ (mit Holz verkleidet)
Getöse, das, -s
Getränk, das, -[e]s, -e
getrauen, sich; ich getraue mich (auch: mir), das zu tun
Getreide, das, -s, -
getrennt; ~ leben/schreiben; ~ lebend od. getrenntlebend ↑ Z 93
getreu
Getriebe, das, -s, -
Getto od. **Ghetto**, das, -s, -s (früher: abgeschlossener Stadtteil für jüdische Einwohner)
Getue, das, -s
Getümmel, das, -s, -
Geviert, das, -[e]s, -e (Viereck, bes. Quadrat); im ~
Gewächs, das, -es, -e | **Gewächshaus**
gewahr; eine[r] Sache ~ werden
Gewähr, die, - (Bürgschaft, Sicherheit); ~ für etwas leisten, aber: das können wir nicht gewährleisten
gewahren (sehen, bemerken, erkennen); jmdn. ~
gewähren (bewilligen, erlauben) | **gewährleisten;** ich gewährleiste

dir Hilfe, aber: ich leiste Gewähr dafür, dass ... | **Gewährleistung** ↑ Z 115
Gewahrsam, der, -s, -e (Haft, Obhut); in ~ bringen
Gewalt, die, -, -en | **gewaltsam** | **gewalttätig**
Gewand, das, -[e]s, Plur. Gewänder
gewandt; der Junge ist ~ | **Gewandtheit,** die, -
gewärtig; ich war dessen nicht ~
Gewässer, das, -s, -
Gewebe, das, -s, -
Gewehr, das, -[e]s, -e
Geweih, das, -[e]s, -e
Gewerbe, das, -s, - | **gewerblich** | **gewerbsmäßig**
Gewerkschaft | **gewerkschaftlich**
gewesen; ich bin dort ~
Gewicht, das, -[e]s, -e | **gewichtig**
Gewieher, das, -s
Gewimmel, das, -s
Gewinde, das, -s, -
Gewinn, der, -[e]s, -e; großen ~ bringend, aber: die Sache ist sehr gewinnbringend ↑ Z 93 | **gewinnen;** du gewinnst; du gewannst; du gewännest od. gewönnest; gewonnen; gewinn[e]! | **Gewinner**
Gewirr, das, -[e]s
gewiss; das ist ~, aber: etwas/nichts Gewisses ↑ Z 56 | **Gewissen,** das, -s, - | **gewissenhaft** | **gewissermaßen** | **Gewissheit**
Gewitter, das, -s, - | **gewitt[e]rig** | **gewittern;** es gewittert
gewitzt (schlau)
gewogen (zugetan); du bist mir ~
gewöhnen; sich (Akk.) ~ | **Gewohnheit** | **gewohnheitsmäßig** | **gewöhnlich** | **Gewöhnung** | **gewohnt;** ich bin es ~; diese Arbeit ~ sein | **gewöhnt;** ich habe mich daran ~
Gewölbe, das, -s, -
Gewölk, das, -[e]s
Gewühl, das, -[e]s
Gewürz, das, -es, -e
Geysir ↑ Geiser
gezahnt od. **gezähnt;** das Sägeblatt ist ~
Gezänk, das, -[e]s
Gezeiten (Plur.) (Wechsel von Ebbe und Flut)
Gezeter, das, -s
Gezwitscher, das, -s
Ghetto ↑ Getto
Gicht, die, - (eine Krankheit)
Giebel, der, -s, - | **gieb[e]lig**
Gier, die, - | **gierig**
gießen; du gießt; du gossest; er goss; du gössest; gegossen; gieß[e]! | **Gießer** | **Gießerei**
Gift, das, -[e]s, -e | **giftig** | **Giftpflanze**
Gigant, der, -en, -en (Riese) | **gigantisch** (gewaltig, riesenhaft)
Gilde, die, -, -n (mittelalterl. Schutzgemeinschaft der Angehörigen eines Gewerbes)
Gimpel, der, -s, - (ein Singvogel)
Ginko od. **Ginkgo** [ˈgiŋko] der, -s, -s (ein Laubbaum)
Ginseng, der, -s, -s (ostasiatische Pflanze mit heilkräftiger Wurzel)
Ginster (ein Strauch) ↑ Z 115
Gipfel, der, -s, - | **gipfeln;** es gipfelt
Gips, der, -es, -e | **gipsen**
Giraffe, die, -, -n
Girl [gœ:(r)l], das, -s, -s (Mädchen; weibl. Mitglied einer Tanzgruppe)
Girlande, die, -, -n
Gischt, der, -[e]s, -e od. die, -, -en (Schaum; Sprühwasser)
Gitarre, die, -, -n
Gitter, das, -s, -
Gladiator, der, -s, Plur. Gladiatoren (altröm. Schaukämpfer)
Gladiole, die, -, -n (eine Blume)
Glanz, der, -es | **glänzen** | **glänzend;** am glänzendsten | **glanzlos**

Glas, das, -es, Plur. Gläser | **Gläschen,** das, -s, - | **Glaser** | **Glaserei** | **gläsern** (aus Glas) | **glasieren** | **glasig** | **Glasur,** die, -, -en

glatt; glatter od. glätter; glatteste od. glätteste; ~ hobeln od. glatthobeln ↑ Z 87; ~ streichen od. glattstreichen ↑ Z 87 | **Glätte,** die, - | **glätten** | **glattgehen** (gelingen) | **glattweg**

Glatze, die, -, -n

Glaube, der, -ns, -n | **glauben** | **glaubhaft** | **gläubig** | **Gläubige,** der od. die, -n, -n | **Gläubiger** (jmd., der eine Schuldforderung an jmdn. hat) | **glaubwürdig** | **Glaubwürdigkeit**

gleich; ~ sein; eine Arbeit ~ (sofort) machen; zwei Dinge ~ machen od. gleichmachen (angleichen) ↑ Z 87, ↑ aber: gleichmachen; ~ groß/gut; der/die/das Gleiche; es kommt auf das/aufs Gleiche (auf dasselbe) hinaus; Gleich und Gleich gesellt sich gern; Gleiches mit Gleichem vergelten; es kann uns Gleiches begegnen; ein Gleiches tun ↑ Z 55 | **gleichalt[e]rig** | **gleichartig** | **gleichberechtigt** | **Gleichberechtigung,** die, - | **gleich bleiben, sich** (Dat.) (unverändert bleiben) | **gleichen** (gleich sein); du gleichst; du glichst; du glichest; geglichen; gleich[e]! | **gleichermaßen** | **gleichfalls** | **Gleichgewicht,** das, -[e]s, -e | **gleichgültig** | **Gleichgültigkeit,** die, - | **Gleichheit,** die, - | **gleichmachen,** dem Erdboden ~, ↑ aber: gleich | **gleichmäßig** | **gleichnamig** | **Gleichnis** | **gleichrangig** | **gleichschenk[e]lig** | **gleichseitig** | **gleichsetzen** (als gleich ansehen), aber: sich gleich (sofort) setzen | **gleichstellen** (auf die gleiche Stufe stellen) | **Gleichung** | **gleichviel** (einerlei) | **gleichwertig** | **gleichwink[e]lig** | **gleichzeitig**

Gleis, das, -es, -e | **...gleisig,** z. B. zweigleisig od. 2-gleisig

gleißen (glitzern, glänzen)

gleiten; du gleitest; du glittst; du glittest; geglitten; gleit[e]!

Gletscher, der, -s, -

Glied, das, -[e]s, -er | **gliedern** | **Gliederung** | **Gliedmaßen** (Plur.) | **Gliedsatz** (Nebensatz)

glimmen; es glimmt; es glomm od. glimmte; es glömme od. glimmte; geglommen od. geglimmt, glimm[e]! | **Glimmer** (ein Mineral)

glimpflich (ohne Schaden, schonend)

glitschig

glitzern | **glitzernd;** am glitzerndsten

global (die ganze Erde betreffend) | **Globus,** der, Gen. - od. Globusses, Plur. Globen od. Globusse

Glocke, die, -, -n ↑ Z 116

glorreich (ruhmreich)

Glosse, die, -, -n (Erklärung eines Wortes; Randbemerkung) | **glossieren**

glotzen

Glück, das, -[e]s; auf gut ~ | **Glück auf!** (Bergmannsgruß)

Glucke, die, -, -n | **glucken** ↑ Z 116

glücken ↑ Z 116

gluckern | **glucksen** ↑ Z 116

glücklich | **glücklicherweise** | **glückselig**

Glucose ↑ Glukose

glühen; glühend heiß | **Glühlampe**

Glukose (*fachspr.* Glucose), die, - (Traubenzucker)

Glut, die, -, -en

Glyzerin (*fachspr.* Glycerin), das, -s (ölhaltiger Alkohol)

Gnade, die, -, -n | **gnädig**

Gneis, der, -es, -e (eine Gesteinsart)
Gnom, der, -en, -en (Kobold, Zwerg) | **gnomenhaft**
Gnu, das, -s, -s (eine Antilopenart)
Gockel, der, -s, - (Hahn) ↑ Z 116
Gokart od. **Go-Kart,** der, -[s], -s (kleiner Sportrennwagen)
Gold, das, -[e]s | **goldblond** | **golden** (aus Gold, wertvoll wie Gold); der goldene Ring; die goldene Hochzeit; das goldene od. Goldene Zeitalter; der goldene od. Goldene Schnitt ↑ Z 76, aber: die Goldene Stadt (Prag) ↑ Z 64 | **goldig** (niedlich)
[1]**Golf,** der, -[e]s, -e (größere Meeresbucht)
[2]**Golf,** das, -s (ein Ballspiel) | **Golfplatz**
Gondel, die, -, -n | **gondeln** (gemächlich fahren)
Gong, der, -s, -s (ein Instrument) | **gongen;** es gongt
gönnen | **Gönner** | **gönnerhaft**
Göpel, der, -s, - (durch Zugtiere betätigte Antriebsvorrichtung)
Gör, das, -[e]s, -en od. **Göre,** die, -, -n (niederdeutsch für [kleines] Kind)
Gorilla, der, -s, -s (größter Menschenaffe)
Gosse, die, -, -n
Gössel, das, -s, -[n] (Gänseküken)
Gotik, die, - (Kunststil des 13. bis 15. Jh.) | **gotisch;** gotischer Baustil
Gott, der, -es, Plur. Götter; um Gottes willen; weiß ~!; ~ sei Dank!; grüß ~! | **göttlich**
Götze, der, -n, -n (Abgott)
Gouda ['gauda], der, -s, -s (ein Schnittkäse)
Gouverneur [guvɛr'nø:r], der, -s, -e (Statthalter)
Grab, das, -[e]s, Plur. Gräber | **graben;** du gräbst; du grubst; du grübest; gegraben; grab[e]!; nach etwas ~ | **Graben,** der, -s, Plur. Gräben | **Grabmal,** das, -[e]s, Plur. -e od. Grabmäler
Grad, der, -[e]s, -e | **Gradmesser** | **Gradnetz,** das, -[e]s, -e (das Netz aus Längen- u. Breitengraden der Erde)
Graf, der, -en, -en
Graffito, der od. das, -[s], Plur. Graffiti (1. in Stein eingekratzte Muster – 2. Wandkritzeleien; aufgesprühte Bilder, Parolen u. Ä.)
[1]**Grafik** od. **Graphik,** die, - (Sammelbegriff für Holzschnitte, Kupferstiche usw.)
[2]**Grafik** od. **Graphik,** die, -, -en (ein bestimmter Holzschnitt, Kupferstich)
Gräfin
Grafit od. **Graphit,** der, -s, -e (ein Mineral)
grafisch od. **graphisch;** eine grafische Darstellung (Schaubild) ↑ S. 230, *Merke*
gräflich
gram; jmdm. ~ sein | **Gram,** der, -[e]s | **grämen, sich** (Akk.); sich um jmdn. ~
Gramm, das, -s, -e
Grammatik, die, -, -en (Sprachlehre) | **grammatisch**
Granat, der, -[e]s, -e (ein Halbedelstein)
Granatapfel
Granate, die, -, -n (ein Geschoss)
grandios (großartig, überwältigend)
Granit, der, -s, -e (eine Gesteinsart)
Granne, die, -, -n (Ährenborste)
Grapefruit ['gre:pfru:t], die, -, -s (Pampelmuse)
Graphik ↑ [2]Grafik | **graphisch** ↑ grafisch
Graphit ↑ Grafit
Gras, das, -es, Plur. Gräser | **grasen** (weiden)

grassieren (um sich greifen)
grässlich
Grat, der, -[e]s, -e (scharfe Kante; Bergkamm)
Gräte, die, -, -n (Fischknochen)
Gratin [gra'tɛ̃:], das, -s, -s (überbackenes Gericht)
gratis (unentgeltlich)
Grätsche, die, -, -n (eine Turnübung) | **grätschen**
Gratulant, der, -en, -en | **Gratulantin** | **Gratulation** | **gratulieren;** jmdm. zu etwas ~
grau ; graue Farbe; ~ färben od. graufärben ↑ Z 87 ↑ blau; der Stoff ist ~ meliert od. graumeliert ↑ Z 94; die Grauen Panther (Schutzbund der Senioren) ↑ Z 64 | **Grau,** das, -s ↑ Blau | **graublau**
Gräuel, der, -s, - | **Gräuelmärchen**
[1]**grauen** (hell, fahl werden); der Morgen graut
[2]**grauen;** mir graut es; sich (Akk.) ~; ich graue mich davor | **Grauen,** das, -s (Furcht, Schauder); ~ erregen; ~ erregend od. grauenerregend; großes ~ erregend, noch grauenerregender ↑ Z 93 | **grauenhaft**
graulen; mir grault es; sich (Akk.) ~ | **gräulich** (grässlich)
Graupen (Plur.) (ein Nährmittel) | **Graupeln** (Plur.) (kleine Hagelkörner) | **graupeln;** es graupelt
Graus, der, -es (Schrecken) | **grausam** | **Grausamkeit** | **grausen;** mir graust es; sich (Akk.) ~; sich vor etwas ~ | **Grausen,** das, -s | **grausig**
gravieren (in Metall, Stein od. Holz schneiden od. stechen)
gravierend (schwerwiegend, belastend)
Gravitation, die, - (Schwerkraft, Anziehungskraft) | **gravitätisch** (feierlich, würdevoll)
graziös (anmutig); eine graziöse Bewegung
Greif, der, Gen. -[e]s, Plur. -e od. Gen. -en, Plur. -en (ein Fabeltier)
greifbar | **greifen;** du greifst; du griffst; er griff; du griffest; gegriffen; greif[e]!; nach etwas ~; um sich ~, aber: es ist zum Greifen nahe ↑ Z 55 | **Greifer** | **Greifvogel**
Greis, der, -es, -e | **greisenhaft**
grell; ~ beleuchtet od. grellbeleuchtet ↑ Z 93
Gremium, das, -s, Plur. Gremien [..ĭən] (Ausschuss; Kommission); ein ~ von Spezialisten
Grenze, die, -, -n | **grenzen** | **grenzenlos**
Griebe od. **Griefe,** die, -, -n (ausgebratener Speckwürfel; Bläschen am Mund)
Griechenland | **griechisch**
Griefe ↑ Griebe
Griesgram, der, -[e]s, -e | **griesgrämig**
Grieß, der, -es, -e
Griff, der, -[e]s, -e
Griffel, der, -s, -
griffig (handlich; gut haftend)
Grill, der, -s, -s (Bratrost)
Grille, die, -, -n (1. ein Insekt – 2. Laune)
grillen (auf dem Rost braten)
Grimasse, die, -, -n (Fratze)
Grimm, der, -[e]s | **grimmig**
Grind, der, -[e]s, -e (Schorf)
grinsen
Grippe, die, -, -n (eine Infektionskrankheit)
Grips, der, -es, -e (umgangssprachl. für *Verstand, Auffassungsgabe*)
Grislibär od. **Grizzlybär** (großer nordamerikanischer Braunbär)
grob; gröber; gröbste; ein grober Stoff; das Grobe; das Gröbste; aus dem Gröbsten heraus sein; auf

das/aufs Gröbste od. gröbste | **Grobheit** | **Grobian,** der, -[e]s, -e (grober Mensch) | **grobkörnig** | **grobschlächtig** (von derber, plumper Art)

Grog, der, -s, -s (ein heißes alkoholhaltiges Getränk)

groggy (benommen, erschöpft)

grölen

Groll, der, -[e]s | **grollen;** jmdm. ~

Grönland | **grönländisch**

Gros [gro:], das, - (Hauptmasse, überwiegender Teil); das ~ der Bevölkerung

Groschen, der, -s, -

groß; größer; größte; die großen Ferien; ~ gemustert od. großgemustert ↑ Z 93; die große od. Große Koalition ↑ Z 76; Karl der Große; der Große Bär (ein Sternbild) ↑ Z 64; im Großen gesehen; im großen Ganzen; im Großen und Ganzen; Groß und Klein; Große und Kleine; etwas/viel/wenig Großes ↑ Z 57 | **großartig** | **Großbritannien** | **Größe,** die, -, -n | **Großeltern** | **großmütig** | **großschreiben** (mit großem Anfangsbuchstaben) ↑ Z 84b, aber: groß schreiben (mit großer Schrift) | **großsprecherisch** (prahlerisch) | **großspurig** (überheblich) | **größtenteils** | **großtun** (prahlen) | **großzügig** | **Großzügigkeit,** die, -

grotesk (wunderlich, verzerrt)

Grotte, die, -, -n (Höhle)

Grubber, der, -s, - (Gerät zur Bodenbearbeitung)

Grübchen, das, -s, - | **Grube,** die, -, -n

grübeln; über etwas ~ | **Grübelei** | **grüblerisch**

Gruft, die, -, Plur. Grüfte

Grummet, das, -s od. **Grumt,** das, -[e]s (zweites Heu)

grün; ~ werden/sein; der grüne Tee; die grüne Welle; das grüne od. Grüne Trikot ↑ Z 76; das Grüne Gewölbe (Kunstsammlung in Dresden) ↑ Z 64 ↑ blau | **Grün,** das, -s; das erste ~; dasselbe in ~ ↑ Blau | **grünblau**

Grund, der, -[e]s, Plur. Gründe; auf ~ ↑ aufgrund; im Grunde genommen; von ~ auf | **gründen** | **Gründer** | **grundfalsch** | **grundieren** (mit Grundfarbe streichen) | **gründlich** | **grundlos** | **Grundsatz** | **grundsätzlich**

Grüne, das, -n; im Grünen; die Grünen (eine Partei) | **grünen;** es grünt | **grünlich;** ~ gelb

grunzen

Gruppe, die, -, -n | **gruppenweise** | **gruppieren** (ordnen)

grus[e]lig | **gruseln;** mir od. mich gruselt's; sich (Akk.) ~; ich grus[e]le mich

Gruß, der, -es, Plur. Grüße | **grüßen;** jmdn. ~

Grütze, die, -, -n

gucken od. **kucken** ↑ Z 116

Guerillakrieg [ge'rılja:..] (Partisanenkrieg)

Guillotine [gi(l)jo..], die, -, -n (Fallbeil)

Gulasch, das od. der, -[e]s, -e

Gülle, die, - (flüssiger Stalldünger)

Gully, der, -s, -s (Einlauf für Straßenabwässer)

Gummi, der, -s, -[s]

Gunst, die, -; zu seinen Gunsten; zugunsten od. zu Gunsten; zuungunsten od. zu Ungunsten ↑ Z 96, *Merke* | **günstig** ↑ Z 115

Gurgel, die, -, -n | **gurgeln**

Gurke, die, -, -n

gurren; die Tauben ~

Gurt, der, -[e]s, -e | **Gürtel,** der, -s, - | **gürten**

Guss, der, -es, Plur. Güsse | **Gusseisen**

gut; besser; beste; ~ finden/meinen; jmdm. ~ sein; du hast ~ reden; sich mit jmdm. ~ stehen ↑ Z 86; ~ gehen od. gutgehen; ich hoffe, dass es dir ~ geht od. gutgeht; Geschäfte, die ~ gehen od. gutgehen ↑ Z 84c, aber: ich kann in diesen Schuhen ~ gehen ↑ Z 86; ~ aussehend/bezahlt/gemeint/gelaunt od. gutaussehend, gutbezahlt, gutgemeint, gutgelaunt ↑ Z 93; so ~ wie od. als ...; die Prüfung wurde ~ bestanden; aber: jenseits von Gut und Böse; Gutes und Böses; im Guten (wie im Bösen) ↑ Z 55; das Gute; alles Gute; des Guten zu viel tun; zum Guten lenken/wenden; etwas/nichts/viel Gutes ↑ Z 56; jmdm. Guten Tag od. guten Tag sagen | **Gut,** das, -[e]s, Plur. Güter | **Gutachten,** das, -s, - | **gutartig** | **Gutartigkeit** | **Gutdünken,** das, -s; nach ~ | **Güte,** die, -; in ~ | **Guthaben,** das, -s, - | **gutheißen** | **gutherzig** | **gütig** | **gütlich;** sich an etwas ~ tun | **gutmütig** | **Gutmütigkeit,** die, - | **Gutschein,** der, -[e]s, -e | **gutschreiben** (anrechnen); einen Betrag ~ ↑ Z 84b, aber: gut schreiben (schön schreiben) ↑ Z 86 | **gutwillig**

Gymnasiast (Schüler eines Gymnasiums) | **Gymnasiastin** ↑ Z 115 | **Gymnasium,** das, -s, Plur. Gymnasien [..ĭən] (eine Form der höheren Schule)

Gymnastik, die, - | **gymnastisch;** eine gymnastische Übung ↑ Z 115

Gynäkologe, der, -n, -n (Frauenarzt) | **gynäkologisch**

Gyros, das, -, - (Gericht aus am senkrechten Drehspieß gebratenem Fleisch)

H

ha!; haha!

Haar, das, -[e]s, -e | **Härchen,** das, -s, - | **haaren;** sich ~ (Akk.) (Haare verlieren) | **Haaresbreite;** um ~ | **haarig**

haben; du hast; du hattest; du hättest; gehabt; hab[e]! | **Habgier,** die, - | **habgierig** | **Habsucht**

Habicht, der, -s, -e

Hachse od. **Haxe,** die, -, -n (Teil des Unterschenkels von Kalb od. Schwein)

[1]**Hacke,** die, -, -n od. **Hacken,** der, -s, - (Ferse; Schuhabsatz) ↑ Z 116

[2]**Hacke,** die, -, -n (ein Werkzeug) ↑ Z 116

hacken | **Hackepeter** ↑ Z 116 | **Häcksel,** der od. das, -s (kurz geschnittenes Stroh) | **häckseln** | **Häcksler**

Hader, der, -s (Zank, Streit) | **hadern**

Hafen, der, -s, Plur. Häfen

Hafer, der, -s

Haff, das, -[e]s, Plur. -e od. -s (Küstenbucht)

Haft, die, - (Gewahrsam) | **haften;** an etwas ~ bleiben ↑ Z 88; im Gedächtnis ~ bleiben od. haftenbleiben ↑ Z 89 | **Häftling,** der, -s, -e

Hagebutte, die, -, -n

Hagel, der, -s | **hageln;** es hagelt

hager; ein hageres Gesicht

Häher (ein Rabenvogel)

Hahn, der, -[e]s, Plur. Hähne

Hai, der, -[e]s, -e (ein Raubfisch)

Hain, der, -[e]s, -e (Wäldchen)

häkeln | **haken** | **Haken,** der, -s, - | **hakenförmig**

halb; es ist ~ acht; um ~ acht; der Zeiger steht auf ~, ~ voll od. halbvoll; ~ tot od. halbtot ↑ Z 94; aber: nichts Halbes und nichts

Ganzes; etwas Halbes; ein Halbes ↑ Z 56 | **halbdunkel** | **halber;** dieses Umstands ~ | **halbieren** | **halbjährig** (ein halbes Jahr alt, ein halbes Jahr dauernd) | **halbjährlich** (alle halben Jahre wiederkehrend) | **halbseitig** | **halbstündig** (eine halbe Stunde dauernd) | **halbstündlich** (jede halbe Stunde) | **halbwegs** | **halbwüchsig**

Halde, die, -, -n (Ablage für Rückstände)

Hälfte, die, -, -n

Halfter, der od. das, -s, - (Zaumzeug ohne Gebisskette)

Halle, die, -, -n

hallen (tönen)

Hallig, die, -, -en (kleine Insel im Wattenmeer)

hallo!; ~ od. Hallo rufen | **Hallo,** das, -s, -s; mit lautem ~

Halm, der, -[e]s, -e

Halogen, das, -s, -e (Salz bildendes chem. Element) | **Halogenlampe**

Hals, der, -es, Plur. Hälse | **halsbrecherisch** | **Hals-Nasen-Ohren-Arzt** ↑ Z 107 | **halsstarrig**

halt! | **Halt,** der, -[e]s, Plur. -e od. -s; keinen ~ haben; ~ gebieten; ~ finden; vor etwas ~ machen od. haltmachen | **haltbar** | **halten;** du hältst; du hieltst; du hieltest; gehalten; halt[e]! | **Halter** | **haltlos** | **haltmachen** ↑ Halt | **Haltung**

Halunke, der, -n, -n

hämisch (schadenfroh)

Hammel, der, -s, -

Hammer, der, -s, Plur. Hämmer | **hämmern**

Hampelmann

Hamster (ein Nagetier) | **hamstern** ↑ Z 115

Hand, die, -, Plur. Hände; eine ~ voll od. Handvoll; anhand des Bildes ...; ~ anlegen; etwas bei der ~ haben, aber: etwas handhaben; jmdm. an die ~ gehen; sie sollten ~ in ~ arbeiten; ein Hand-in-Hand-Arbeiten wäre gut; überhandnehmen ↑ Z 84d; unter der Hand (heimlich); abhandenkommen ↑ Z 84d; vorderhand; allerhand; kurzerhand | **Handarbeit** | **handarbeiten**

Handel, der, -s; ~ treiben; der/die ~ Treibende od. Handeltreibende | **handeln** | **Handelsbeziehungen** | **Händler** | **Handlung**

Handschrift | **Handwerk**

Handy ['hɛndi], das, -s, -s (tragbares Telefon)

hanebüchen (unerhört)

Hanf, der, -[e]s | **Hänfling,** der, -s, -e (ein Vogel)

Hang, der, -[e]s, Plur. Hänge

Hängematte

[1]**hängen;** an jmdm. ~; das Bild hängt/hing/hat an der Wand gehangen

[2]**hängen;** du hängst/du hängtest/du hast das Bild an die Wand gehängt; das Bild kann ~ bleiben ↑ Z 88; im Gedächtnis/in der Schule ~ bleiben od. hängenbleiben ↑ Z 89; das Bild ~ lassen ↑ Z 88; jmdn. ~ lassen od. hängenlassen (im Stich lassen) ↑ Z 89 | **Hänger**

Hanse od. **Hansa,** die, - (mittelalterl. Städtebund)

hänseln (necken); jmdn. ~

Hantel, die, -, -n (ein Sportgerät) | **hantieren** (handhaben; umgehen)

hapern (fehlen); es hapert an etwas

Happen, der, -s, - (kleiner Bissen)

Happyend ['hɛpi'ɛnt], das, -[s], -s od. **Happy End** (glückliches Ende)

Hardrock ['ha:(r)d'rɔk], der, -, -[s] od. **Hard Rock** (extrem laute

Rockmusik mit einfachen Harmonien und Rhythmen)

Hardware ['ha:(r)d'wɛ:(r)], die, -, -s (apparative Teile einer Computeranlage)

Harfe, die, -, -n (ein Instrument)

Harke, die, -, -n | **harken**

Harlekin, der, -s, -e (Hanswurst)

harmlos

Harmonie, die, -, Plur. Harmonien (Wohlklang; Übereinstimmung; Ebenmaß) | **harmonieren**

Harmonika, die, -, Plur. -s od. Harmoniken

Harn, der, -[e]s, -e

Harnisch, der, -[e]s, -e (Brustpanzer); in ~ kommen (in Wut geraten)

Harpune, die, -, -n (ein Fanggerät, z. B. zum Walfang) | **harpunieren**

harren (warten); seiner ~

Harsch, der, -[e]s (Eiskruste auf dem Schnee)

hart; härter; härteste; ~ auf ~, ein Ei ~ kochen od. hartkochen ↑ Z 87; ~ gekochte od. hartgekochte Eier, aber: hartgesotten (verstockt; gefühlsmäßig nicht mehr beeinflussbar) | **Härte,** die, -, -n | **härten** | **hartherzig** | **Hartherzigkeit,** die, - | **hartnäckig** | **Hartnäckigkeit,** die, - ↑ Z 116

[1]**Harz,** das, -es, -e (Ausscheidung der Nadelbäume)

[2]**Harz,** der, -es (ein Gebirge)

Haschee, das, -s, -s (Gericht aus gehacktem Fleisch)

haschen; nach etwas ~ | **Haschen,** das, -s; ~ spielen

Hase, der, -n, -n

Hass, der, -es | **hassen;** ich hasse; du hasst | **hasserfüllt** | **hässlich** | **Hässlichkeit**

Hast, die, - | **hasten** | **hastig** ↑ Z 115

hätscheln

Haube, die, -, -n

Hauch, der, -[e]s | **hauchdünn** | **hauchen**

hauen; du haust; du hautest od. hiebst; du hautest od. hiebest; gehauen; hau[e]! | **Hauer** od. **Häuer** (Bergmann)

häufeln | **Haufen,** der, -s, - | **häufen** | **haufenweise** | **häufig;** am häufigsten | **Häufigkeit,** die, - | **Häufung**

Haupt, das, -[e]s, Plur. Häupter; zu Häupten | **Häuptling,** der, -s, -e | **Hauptmann,** der, -[e]s, Plur. Hauptleute | **Hauptsache** | **hauptsächlich** | **Hauptstadt**

Haus, das, -es, Plur. Häuser; zu Hause od. zuhause, nach Hause od. nachhause gehen, aber: das Nachhausegehen; von ~ aus | **hausen** | **Haushalt,** der, -[e]s, -e | **haushoch** | **häuslich**

Haut, die, -, Plur. Häute | **häuten;** sich (Akk.) ~ | **hauteng** | **Häutung**

Haxe ↑ Hachse

Hazienda, die, -, Plur. -s, auch: Hazienden (südamerikan. Farm)

Hebel, der, -s, - | **heben;** du hebst; du hobst; du höbest; gehoben; heb[e]! | **Heber**

hecheln (atmen; klatschen)

Hecht, der, -[e]s, -e (ein Fisch)

Heck, das, -[e]s, Plur. -s od. -e (Schiffshinterteil)

Hecke, die, -, -n (Umzäunung aus Sträuchern) ↑ Z 116

Hederich, der, -s, -e (ein Unkraut)

Heer, das, -[e]s, -e

Hefe, die, -, -n

Heft, das, -[e]s, -e | **heften** | **Hefter**

heftig | **Heftigkeit**

Hegemonie, die, -, Plur. Hegemonien (Vorherrschaft)

hegen | **Heger** (Wildpfleger)

Hehl, das od. der; kein[en] ~ daraus machen | **hehlen** | **Hehler**

[1]**Heide,** der, -n, -n (Nichtchrist)
[2]**Heide,** die, -, -n (sandiges Land) | **Heidelbeere**
heikel (wählerisch; empfindlich)
heil; ~ sein | **Heil,** das, -[e]s | **Heiland,** der, -[e]s, -e (Retter, Erlöser); unser Herr und ~ (Jesus Christus) | **heilbar** | **Heilbutt,** der, -s, -e (ein Fisch) | **heilen** | **heilig;** die heilige Messe; ~ sprechen/halten; der Heilige Vater (Papst); die Heiligen Drei Könige; der Heilige Abend; die Heilige Schrift (Bibel) ↑ Z 64 | **heillos** | **heilsam** | **Heilstätte** | **Heilung**
Heim, das, -[e]s, -e | **Heimat,** die, -, -en | **heimatlich** | **heimatlos** | **heimbringen;** ich bringe heim | **heimfahren** | **heimgehen** | **heimisch;** sich ~ fühlen | **heimkehren** | **heimlich;** etwas ~ tun (im Geheimen), ↑ aber: heimlichtun | **Heimlichkeit** | **Heimlichtuerei** | **heimlichtun** (geheimisvoll tun), ↑ aber: heimlich | **heimreisen** | **heimsuchen** | **heimtückisch** | **heimwärts** | **Heimweg** | **Heimweh,** das, -[e]s; ~ haben | **heimzahlen;** jmdm. etwas ~
Heinzelmännchen, das, -s, -
Heirat, die, -, -en | **heiraten;** jmdn. ~
heiser | **Heiserkeit,** die, -
heiß; heißer; heißeste; Wasser ~ machen od. heißmachen ↑ Z 87, ↑ aber: heißmachen; ~ ersehnte od. heißersehnte Ferien ↑ Z 93; ~ geliebt/umstritten od. heißgeliebt, heißumstritten ↑ Z 93
heißen; du heißt; du hießest; du hießest; geheißen; heiß[e]!; er hat es mich geheißen, aber: er hat es mich tun heißen
heißhungrig
heißmachen; jmdm. die Hölle ~, jmdn. ~ (anspornen, sexuell erregen), ↑ aber: heiß
heiter | **Heiterkeit,** die, -
heizbar | **heizen** | **Heizer** | **Heizung**
Hektar, das od. der, -s, -e
Hektik, die, -, -
Hektoliter
Held, der, -en, -en | **heldenhaft** | **Heldentum,** das, -s | **Heldin**
helfen; du hilfst; du halfst; du hälfest; geholfen; hilf!; er hat mir geholfen | **Helfer**
Helium, das, -s (ein chem. Element)
hell; ~ strahlen; ~ strahlend od. hellstrahlend ↑ Z 93 | **hellblau** | **Helle,** die, - (Helligkeit); ins ~ kommen ↑ Z 55
Heller (ehemalige dt. Münze); auf ~ und Pfennig
hellhörig; ~ (stutzig) werden | **helllicht** ↑ Z 34; am helllichten Tage | **Helligkeit,** die, - | **hellsehen** (nur im Infinitiv!)
Helm, der, -[e]s, -e
Hemd, das, -[e]s, -en
hemmen | **Hemmung** | **hemmungslos**
Hengst, der, -es, -e
Henkel, der, -s, -
Henker
Henne, die, -, -n
her; hinter jmdm. ~ sein; hin und ~; das Hin und Her
herab | **herabfallen** | **herablassen;** sich (Akk.) ~
Herakles ↑ **Herkules**
heran; ~ sein | **heranbringen** | **heranführen**
herauf | **heraufziehen**
heraus; ~ sein | **herausgeben**
herb
Herbarium, das, -s, Plur. Herbarien [..ĭən] (Sammlung getrockneter Pflanzen)
herbei; ~ sein | **herbeieilen** | **herbeilassen, sich** (Akk.)
Herberge, die, -, -n (Unterkunft)

Herbst, der, -[e]s, -e | **Herbstferien** | **herbstlich**
Herd, der, -[e]s, -e
Herde, die, -, -n; eine ~ Schafe | **herdenweise**
herein | **hereinkommen**
herfallen; über jmdn. od. etwas ~
Hering, der, -s, -e
herkommen | **herkömmlich** (seit Langem üblich)
Herkules od. **Herakles** (Held der griech.-röm. Sage)
Herkunft, die, -
Hermelin, das, -s, -e (ein kleines Pelztier)
hermetisch (luft- u. wasserdicht); ~ abgeschlossen
heroisch (heldenhaft)
Herold, der, -[e]s, -e (Ausrufer)
Herr, der, -n, -en | **herrisch** (gebieterisch, barsch) | **herrlich** | **Herrschaft** | **herrschen;** über jmdn. ~ | **Herrscher** | **Herrschsucht,** die, - | **herrschsüchtig**
herstellen | **Herstellung**
Hertz, das, -, - (Einheit der Frequenz)
herüber | **herüberkommen**
herum; ~ sein | **herumführen;** jmdn. an der Nase ~ | **herumlaufen**
herunter; ~ sein | **heruntergekommen** (zerlumpt, verarmt) | **herunterkommen;** die Treppe ~
hervor | **hervorragend;** am hervorragendsten | **hervortreten** | **hervortun, sich** (Akk.)
Herz, das, -ens, -en; sich etwas zu Herzen nehmen; von Herzen kommen | **herzensgut** | **herzhaft;** ~ lachen; ~ schmecken | **herzlich;** auf das/aufs Herzlichste od. herzlichste ↑ Z 57 | **herzlos**
Herzog, der, -[e]s, Plur. Herzöge
herzzerreißend
Hessen | **hessisch**
Hetze, die, -, -n | **hetzen** | **Hetzer** | **hetzerisch**
Heu, das, -[e]s
Heuchelei | **heucheln** | **Heuchler** | **heuchlerisch**
Heuer, die, -, -n (Lohn der Seeleute)
heulen
Heuschreck, der, -[e]s, -e od. **Heuschrecke,** die, -, -n ↑ Z 116
heute; ~ Abend/Mittag/Nacht; bis ~ ↑ Z 58 | **Heute,** das, -; das ~ und das Morgen ↑ Z 55 | **heutig** | **heutigentags** | **heutzutage** ↑ Z 96
Hexe, die, -, -n | **hexen** | **Hexerei**
Hickhack, das, -s, -s (nutzlose Streiterei)
Hieb, der, -[e]s, -e | **hiebfest;** hieb- und stichfest (unwiderlegbar) ↑ Z 110
hier; ~ sein; ~ oben; ~ und da | **hieran** | **hierauf** | **hierbehalten** | **hierbleiben** | **hierdurch** | **hierfür** | **hierher** | **hierherkommen** ↑ Z 84e | **hierhin;** ~ und dorthin | **hierin** | **hierlassen** | **hiermit** | **hierzulande,** auch: hier zu Lande ↑ Z 96
Hi-Fi ['haifi, auch: 'haifai] (Kurzwort für *High Fidelity*) | **Hi-Fi-Anlage**
hieven (hochziehen, einziehen); den Anker ~
high [hai] ; ~ sein (in glücklicher Stimmung sein) | **High Fidelity** ['haifi'dɛliti], die (originalgetreue Tonwiedergabe) | **Hightech** ['hai'tɛk] (Spitzentechnologie) | **Hightechbranche** od. Hightech-Branche; die, -, -n
Highway ['haiwe:], der, -s, -s (Fernstraße in den USA)
Hilfe, die, -, -n; ~ bringen/leisten/suchen; ~ suchend od. hilfesuchend ↑ Z 93; der/die ~ Suchende od. Hilfesuchende; erste od. Erste ~ ↑ Z 76; mit ~ od. mithilfe; zu ~

kommen | **hilflos** | **Hilflosigkeit,** die, - | **hilfsbereit** | **Hilfsbereitschaft,** die, -
Himbeere, die, -, -n
Himmel, der, -s, -; um Himmels willen | **himmelangst;** ~ und bange; es ist mir ~
hin; ~ sein; auf sein Versprechen ~; ~ und wieder (zuweilen); ~ und her, aber: das Hin und Her
hinab | **hinabgehen;** die Stufen/den Berg ~
hinauf | **hinaufziehen**
hinaus; ~ sein | **hinausgehen** | **hinausschieben**
Hinblick; in od. im ~ auf
hinderlich | **hindern;** jmdn. an etwas ~ | **Hindernis**
hindurch | **hindurchgehen**
hinein | **hineinbringen** | **hineingehen**
hingeben
hingegen
hingerissen (begeistert)
hinken
hinlänglich (ausreichend)
hinreichend (ausreichend, genug)
hinreißend
hinrichten | **Hinrichtung**
Hinsicht, die, -; in ~ auf
hinten | **hint[en]ansetzen** (benachteiligen); jmdn. ~
hinter; ~ die Tür stellen; ~ der Tür stehen | **hinterbringen;** jmdm. eine kritische Äußerung ~
hintereinander; ~ hergehen | **hintereinandergehen** ↑ Z 84e | **hintereinanderschalten** ↑ Z 84e | **hintereinanderschreiben** ↑ Z 84e | **hintereinandersitzen** ↑ Z 84e | **hintereinanderstellen** ↑ Z 84e
hintergehen (betrügen); jmdn. ~
Hintergrund | **hintergründig**
Hinterhalt; jmdn. in einen ~ locken | **hinterhältig** (tückisch, hinterlistig)
hinterher (danach, hinterdrein); ~ sein | **hinterherhinken**
hinterlassen (zurücklassen); jmdm. etwas ~ | **Hinterlassenschaft**
hinterlegen (als Pfand geben)
Hinterlist | **hinterlistig** ↑ Z 115
Hinterrad
hinterrücks (unbemerkt von hinten); jmdn. ~ ins Wasser stoßen
hintertreiben (vereiteln)
hinüber; ~ sein | **hinübergehen**
hinunter | **hinuntergehen**
hinweg | **hinweggehen;** über eine Sache ~ | **hinwegtäuschen;** jmdn. od. sich über etwas ~
Hinweis, der, -es, -e | **hinweisen;** auf etwas ~
hinziehen (verzögern); eine Sache ~
hinzu | **hinzufügen** | **hinzukommen,** aber: hinzu kommt noch, dass ...
Hirn, das, -[e]s, -e
Hirsch, der, -[e]s, -e
Hirse, die, -
Hirt, der, -en, -en | **Hirtin**
hissen (hochziehen); eine Flagge/ein Segel ~; du hisst; du hisstest; du hisstest; gehisst; hiss[e]!
Historiker (Geschichtswissenschaftler) | **historisch** ↑ Z 115
Hit, der, -[s], -s (Verkaufsschlager, meist für Unterhaltungsmusik) | **Hitliste** | **Hitparade**
Hitze, die, - | **hitzig**
Hobby ['hɔbi], das, -s, -s (Steckenpferd, Liebhaberei)
Hobel, der, -s, - | **hobeln**
hoch; höher; höchste; das höchste der Gefühle ↑ Z 76; ~ achten od. hochachten ↑ Z 84c; ~ begabt od. hochbegabt ↑ Z 94; Hoch und Niedrig (jedermann); das Hohelied od. Hohe Lied; der Hohepriester od. Hohe Priester | **Hoch,** das, -s, -s (1. Hochruf – 2. Hoch-

druckgebiet) | **Hochachtung** | **hocherfreut** | **hochfliegend** (ehrgeizig); hochfliegende Pläne haben, aber: hoch fliegend (in großer Höhe fliegend) | **hochgradig** | **Hochhaus** | **hochkant;** etwas ~ stellen | **hochleben;** jmdn. ~ lassen | **Hochmut,** der, -[e]s | **hochmütig** | **hochnäsig** (eingebildet) | **höchst;** auf das/aufs Höchste od. höchste erfreut sein; nach dem Höchsten streben ↑ Z 55 | **Hochstapler** (Gauner) | **höchstens** | **höchstwahrscheinlich** | **Hochzeit**

Hocke, die, -, -n (eine Turnübung) | **hocken** | **Hocker** ↑ Z 116

Höcker (Fettbuckel des Kamels) | **höck[e]rig** ↑ Z 116

Hockey ['hɔki od. 'hɔke:], das, -s (ein Ballspiel); ~ spielen ↑ Z 116

Hof, der, -[e]s, Plur. Höfe; ~ halten

hoffen; auf etwas ~ | **hoffentlich** | **Hoffnung** | **hoffnungslos** | **hoffnungsvoll**

höfisch; die höfische Gesellschaft | **höflich** (aufmerksam, entgegenkommend) | **Höflichkeit**

Höhe, die, -, -n | **Höhenangst** | **Höhenflug**

Hoheit | **Hoheitsrecht**

Höhepunkt

hohl | **Höhle,** die, -, -n | **Hohlkörper**

Hohn, der, -[e]s | **höhnen** | **höhnisch;** am höhnischsten

Hokuspokus, der, - (Gaukelei, Taschenspielerei, Zauberkunst)

hold

holen

Holland | **holländisch**

Hölle, die, -, -n | **höllisch;** ~ aufpassen (sehr)

Hollywoodschaukel ['hɔliwud..]

Holm, der, -[e]s, -e (Längsstange des Barrens)

Holocaust, der, -[s], -s (Massenvernichtung von menschlichem Leben, besonders der Juden in der Zeit des Nationalsozialismus)

holp[e]rig | **holpern**

Holunder; der Schwarze ~

Holz, das, -es, Plur. Hölzer | **hölzern** (aus Holz; steif) | **holzig** (verholzt)

homogen (gleichmäßig)

Honig, der, -s

Hooligan ['hu:ligən], der, -s, -s (Randalierer)

Hopfen, der, -s, - (eine Pflanze)

hoppeln | **hoppla!** | **Hops,** der, -es, -e | **hopsen** | **Hopser** (kleiner Sprung)

hörbar | **horchen**

Horde, die, -, -n (1. Obstbehälter – 2. wilde Schar)

hören; auf jmdn. ~; er hat es gehört; er hat es sagen ~ od. gehört | **Hörensagen,** das, -s; er weiß es vom ~ | **Hörer** | **Hörerin** | **hörig** | **Hörige,** der u. die, -n, -n (vom Lehnsherrn abhängiger Mensch)

Horizont, der, -[e]s, -e (Gesichtskreis) | **horizontal** (waagerecht) | **Horizontale,** die, -, -n (die Waagerechte)

Hormon, das, -s, -e (Drüsenwirkstoff)

Horn, das, -[e]s, Plur. Hörner | **hornig**

Hornisse, die, -, -n (eine Wespenart)

Hörspiel

Horst, der, -[e]s, -e (Greifvogelnest)

Hort, der, -[e]s, -e | **horten** (anhäufen)

Hose, die, -, -n

Hospital, das, -[e]s, Plur. -e od. Hospitäler (alte Bezeichnung für Krankenhaus) | **hospitieren** (als Gast zuhören); im Unterricht ~

Hostess, die, -, -sen (Betreuerin, Führerin)

Hotdog od. **Hot Dog,** das od. der, -s, -s (heißes Würstchen in einem Brötchen)
Hotel, das, -s, -s
Hotpants [ˈhɔtˈpɛnts], Plur., od. **Hot Pants** (kurze Damenhose)
Hub, der, -[e]s, Plur. Hübe
hüben; ~ und drüben
hübsch
Hubschrauber
Huf, der, -[e]s, -e
Huflattich, der, -s, -e (ein Ackerunkraut; Heilpflanze)
Hüfte, die, -, -n
Hügel, der, -s, - | **hüg[e]lig**
Huhn, das, -[e]s, Plur. Hühner
Huldigung
Hülle, die, -, -n; in ~ und Fülle | **hüllen**
Hülse, die, -, -n | **hülsig**
human (menschlich, menschenfreundlich) | **Humanismus,** der, - | **Humanist** | **humanistisch** ↑ Z 115 | **Humanität,** die, - (nach Menschlichkeit strebende Geisteshaltung)
Humbug, der, -s (Unsinn)
Hummel, die, -, -n (eine Bienenart)
Hummer, der, -s, - (eine Krebsart)
Humor, der, -s | **Humoreske** (kurze heitere Erzählung) | **humorvoll**
humpeln
Humus, der, - (wertvolle Bodenschicht)
Hund, der, -[e]s, -e (1. ein Haustier – 2. Förderwagen im Bergbau)
hundert; an die ~ Menschen; mehrere hundert/Hundert Menschen; Tempo ~; hundertfach od. 100-fach od. 100fach; hundertprozentig od. 100-prozentig ↑ acht; einige/viele hunderte od. Hunderte; hunderte und aberhunderte od. Hunderte und Aberhunderte; in die Hunderte gehen; zu hunderten/Hunderten; hunderte/Hunderte von Kindern; viele hunderte/Hunderte von Menschen; vom Hundertsten ins Tausendste kommen
[1]**Hundert,** die, -, -en ↑ Acht
[2]**Hundert,** das, -s, -e; vom ~
hundertstel; ein ~ Gramm; ein Hundertstel von der Summe; eine Hundertstelsekunde od. hundertstel Sekunde od. 100stel-Sekunde od. 100stel Sekunde
Hunger, der, -s | **hungern;** mich hungert | **hungers;** ~ sterben | **hungrig**
Hupe, die, -, -n | **hupen**
hüpfen
Hürde, die, -, -n (1. Hindernis – 2. Flechtwerk)
hurtig
Husche, die, -, -n (leichter Regenschauer)
Hussit, der, -en, -en (Anhänger des Jan Hus)
hüsteln | **husten** | **Husten,** der, -s ↑ Z 115
[1]**Hut,** der, -[e]s, Plur. Hüte
[2]**Hut,** die, -; auf der ~ sein | **hüten;** sich (Akk.) ~; sich vor etwas ~
Hütte, die, -, -n
hutz[e]lig (dürr, runzlig)
Hyäne, die, -, -n (ein Raubtier)
Hyazinthe, die, -, -n (eine Blume)
Hybride, die, -, -n oder der, -n, -n (Ergebnis einer Kreuzung)
Hydrant, der, -en, -en (Wasserzapfstelle)
Hydrat, das, -[e]s, -e (Verbindung chem. Stoffe mit Wasser)
hydraulisch (durch Wasser- od. Öldruck betrieben); hydraulische Presse
Hydrokultur (Wasserkultur; Aufzucht von Pflanzen in Nährlösungen)
Hydrosphäre, die, - (Wasserhülle der Erde)

Hydroxid, das, -[e]s, -e (eine chem. Verbindung)
Hygiene, die, - (Gesundheitspflege) | **hygienisch**
Hymne, die, -, -n (feierliches Musikstück)
Hyperbel, die, -, -n (ein Kegelschnitt)
Hypnose, die, -, -n (Erzeugung eines schlafähnlichen Bewusstseinszustands) | **hypnotisieren**
Hypotenuse, die, -, -n (längste Seite eines rechtwinkligen Dreiecks)
Hypothese, die, -, -n (Annahme) | **hypothetisch**
hysterisch (krankhaft aufbrausend) ↑ Z 115

I

ich; ~ lese, aber: das Ich; mein anderes Ich ↑ Z 55
ideal (musterhaft, vorbildlich) | **Ideal,** das, -s, -e (Wunschbild, Vorbild) | **idealisieren** | **Idealismus,** der, - | **Idealist**
Idee, die, -, Plur. Ideen (Gedanke, Einfall, Vorstellung) | **ideell** (nur gedacht) | **ideenarm** | **ideenreich**
Identifizierung (Gleichsetzung) | **identifizieren** (gleichsetzen; genau wiedererkennen) | **identisch** (völlig gleich)
Ideologie, die, -, Plur. Ideologien (politische Grundeinstellung; Weltanschauung) | **ideologisch**
Idiot, der, -en, -en (Schwachsinniger) | **idiotisch**
Idol, das, -s, -e (Publikumsliebling, Schwarm)
idyllisch (friedlich, beschaulich)
Igel, der, -s, -
ignorieren (absichtlich nicht beachten); jmdn. ~
ihm | **ihn** | **ihnen;** ~ (den Kindern) geht es gut, aber: wie geht es Ihnen? (Höflichkeitsform; Dativ von *Sie*) ↑ Z 61 | **ihr** ... | **ihrerseits** | **ihresgleichen** | **ihretwegen** | **ihretwillen;** um ~
illegal (ungesetzlich; unrechtmäßig) | **Illegalität,** die, -
Illusion (Selbsttäuschung; auf Einbildung beruhende Vorstellung)
Illustration (Erläuterung; Bebilderung) | **illustriert** | **Illustrierte,** die, -n, -n ↑ Z 115
Iltis, der, -ses, -se (ein Raubtier)
im; ~ Allgemeinen/Besonderen/Einzelnen/Übrigen/Grunde/Großen und Ganzen; nicht ~ Geringsten; ~ Argen liegen; ~ Klaren sein; ~ Nachhinein; ~ Voraus
Imbiss, der, -es, -e (kleine Mahlzeit) | **Imbissstand**
Imitation (Nachahmung) | **imitieren**
Imker (Bienenzüchter) | **Imkerei**
immer; ~ mehr; ~ wieder; ~ noch | **immerfort** | **immerhin** | **immerzu**
immun (unempfänglich für Krankheiten; geschützt) | **immunisieren** (unempfindlich machen gegen Krankheitserreger) | **Immunität,** die, -
Imperativ, der, -s, -e (Befehlsform) | **Imperator,** der, -s, Plur. Imperatoren (Kaisertitel im alten Rom)
Imperfekt, das, -s (Präteritum)
Imperialismus, der, - (Streben von Großmächten nach Vorherrschaft) | **imperialistisch** ↑ Z 115
impfen | **Impfstoff** | **Impfung**
Import, der, -[e]s, -e (Einfuhr) | **importieren**
imprägnieren (Stoffe wasserdicht machen)
improvisieren (unvorbereitet handeln, frei musizieren)
Impuls, der, -es, -e (Antrieb, Anstoß) | **impulsiv** (lebhaft; rasch handelnd)

imstande od. **im Stande;** ~ sein
in; ~ die Schule gehen; ~ der Schule sein; ~ Anbetracht; ~ Bezug auf; ~ null Komma nichts; ins Reine bringen
Inbegriff, der, -[e]s (Musterbeispiel); ~ der Schönheit | **inbegriffen,** auch: einbegriffen; der Versand ist im Preis ~
Indefinitpronomen, das, -s, -
indem; ~ du schreibst, ..., aber: in dem Garten
indes[sen]
Indianer (amerikan. Ureinwohner) | **indianisch**
Indien [..ĭən] | **indisch**
Indikativ, der, -s, -e (Wirklichkeitsform des Verbs)
Indikator, der, -s, Plur. Indikatoren (Anzeiger)
indirekt (auf Umwegen; mittelbar); die indirekte (nicht wörtliche) Rede; die indirekte Wahl
individuell (persönlich) | **Individuum,** das, -s, Plur. Individuen (Einzelwesen)
Indiz, das, -es, Plur. Indizien (Anzeichen)
Induktion, die, - (1. Schlussfolgerung vom Besonderen zum Allgemeinen – 2. Erregung elektr. Ströme) | **induktiv**
industrialisieren (Industriebetriebe ansiedeln) | **Industrialisierung** | **Industrie,** die, -, Plur. Industrien | **industriell** | **Industrieroboter** ↑ Z 115
ineinander; ~ aufgehen/übergehen | **ineinanderfließen** ↑ Z 84e | **ineinanderfügen** ↑ Z 84e | **ineinandergreifen** ↑ Z 84e | **ineinanderschieben** ↑ Z 84e
infam (niederträchtig)
Infanterie, die, -, Plur. Infanterien (eine Waffengattung der Landstreitkräfte)
Infektion (Ansteckung; Übertragung von Krankheitserregern) | **infektiös** (ansteckend)
Infinitiv, der, -s, -e (Nennform des Verbs)
infizieren (anstecken); jmdn. ~
Inflation (Geldentwertung) | **inflationär**
infolge; ~ des schlechten Wetters; ~ von Krankheit | **infolgedessen**
Informand, der, -en, -en (jmd., der Informationen erhält) | **Informant,** der, -en, -en (jmd., der Informationen liefert) | **Informatik,** die, - (Wissenschaft von der Verarbeitung von Informationen, bes. mit Hilfe von Computern) | **Information** (Nachricht, Auskunft) | **informativ** | **informieren** (benachrichtigen, belehren); sich (Akk.) ~ (sich erkundigen); jmdn. ~
infrage od. **in Frage;** etwas ~ od. ~ ~ stellen; ~ od. ~ ~ kommen ↑ Z 96, *Merke*
infrarot; infrarote Strahlen (Wärmestrahlen)
Ingenieur [ɪnʒeˈnĭøːr], der, -s, -e (wissenschaftl. ausgebildeter Techniker) | **Ingenieurin**
inhaftieren (in Haft nehmen); jmdn. ~
inhalieren (Heilmittel einatmen)
Inhalt, der, -[e]s, -e | **inhaltlich**
inhuman (unmenschlich)
Initiative, die, -, -n (Entschlusskraft; erste Anregung); die ~ ergreifen
Injektion (medizin. Einspritzung)
inkonsequent (nicht folgerichtig) | **Inkonsequenz,** die, -, -en
inkonstant (veränderlich)
inkorrekt ([sprachlich] fehlerhaft; ungenau)
inmitten; ~ der Kinder
inne; ~ sein | **innehaben** | **innehalten** | **innen;** von ~ he-

raus; nach ~ | **innerbetrieblich** (innerhalb des Betriebes) | **Innere,** das, -n | **Innereien** (Plur.) (essbare tierische Eingeweide) | **innerhalb;** ~ zweier Jahre; ~ fünf Tagen | **innerlich** | **Innerste,** das, -n; im Innersten; bis ins ~ ↑ Z 115 | **innewerden,** aber: inne sein ↑ Z 90 | **innewohnen** | **innig**

Innovation, die, -, -en (Neuerung, bes. in der Technik) | **innovativ**

Inquisition, die, - (mittelalterl. katholisches Ketzergericht; strenge, rücksichtslose Untersuchung)

Insasse, der, -n, -n | **Insassin**

insbesond[e]re

Inschrift

Insekt, das, -[e]s, -en

Insel, die, -, -n

Inserat, das, -[e]s, -e (Anzeige in einer Zeitung) | **inserieren** (eine Anzeige aufgeben)

insgeheim | **insgesamt**

insofern (in dieser Hinsicht)

Inspektion (Prüfung; Aufsichtsstelle) | **Inspektor,** der, -s, Plur. Inspektoren | **inspizieren**

Installateur [..'tø:r], der, -s, -e | **Installation** (Vorbereitung, Einbau u. Anschluss von techn. Anlagen) | **installieren;** eine elektrische Leitung ~

instand od. **in Stand;** ~ od. ~ ~ halten/setzen; die Maschinen ~ od. ~ ~ halten ↑ Z 96, *Merke* | **Instandhaltung** | **Instandsetzung**

inständig (eindringlich); ~ bitten

instant [auch: 'instənt] (sofort löslich) | **Instantkaffee**

Instanz, die, -, -en (zuständige Stelle einer Behörde)

Instinkt, der, -[e]s, -e (angeborene Verhaltensweise) | **instinktiv** (unwillkürlich) ↑ Z 115

Institut, das, -[e]s, -e (Anstalt für Bildung u. Forschung) | **Institution** (Einrichtung) ↑ Z 115

instruieren (unterweisen, anleiten) | **instruktiv**

Instrument, das, -[e]s, -e (Werkzeug; Musikinstrument) | **Instrumentalmusik**

Insulin, das, -s (ein Arzneimittel)

inszenieren (eine Bühnenaufführung vorbereiten)

intellektuell (verstandesmäßig; geistig) | **Intellektuelle,** der u. die, -n, -n (wissenschaftl. gebildeter, geistig schaffender Mensch) | **intelligent** (klug, begabt) | **Intelligenz,** die, -

Intensität, die, -, -en (Stärke, Kraft) | **intensiv** (eindringlich)

interessant (lehrreich, aufschlussreich) | **Interesse,** das, -s, -n (Neigung; Wissbegier; Anteilnahme) | **interessieren** (fesseln; aufmerksam machen); sich (Akk.) ~; sich für etwas ~

Interjektion, die, -, -en (Empfindungswort, z. B. *ach, oje*)

interkontinental (Erdteile verbindend)

intern (die inneren Angelegenheiten betreffend; vertraulich) | **Internat,** das, -[e]s, -e (Wohnheim)

international (zwischen-, überstaatlich)

Internet, das, -s (ein weltweites Computernetz)

Interpret, der, -en, -en (Deuter; Künstler) | **interpretieren;** ein Gedicht ~

Interpunktion, die, - (Zeichensetzung)

Intervall [..v..], das, -s, -e (Zeitspanne; Tonabstand)

Interview [..'vju: od. 'ɪn..], das, -s, -s (Befragung durch einen Reporter) | **interviewen** (befragen); jmdn. ~

intim (vertraut)
intolerant (unduldsam) | **Intoleranz**
intrigant (ränkesüchtig) | **Intrigant,** der, -en, -en (Ränkeschmied) | **Intrige,** die, -, -n (hinterlistiger Plan, Ränkespiel) | **intrigieren**
Invalide [..v..], der od. die, -n, -n (Dienst-, Arbeitsunfähige[r])
Invasion [..v..] (feindl. Einfall; Eindringen in fremdes Gebiet)
Inventar [..v..], das, -s, -e (Bestandsverzeichnis; Einrichtung) | **Inventur,** die, -, -en (Bestandsaufnahme)
investieren (Kapital anlegen) | **Investition,** die, -, -en ↑ Z 115
inwendig
inwiefern
inwieweit
inzwischen
Ion, das, -s, -en (elektr. geladenes Teilchen)
i-Punkt
irgend | **irgendein[er],** aber: irgend so ein Typ ... | **irgendetwas,** aber: irgend so etwas hat es schon gegeben | **irgendjemand** | **irgendwas** | **irgendwelcher** | **irgendwer** | **irgendwo** | **irgendwoher**
Iris, die, -, - (1. Regenbogenhaut des Auges – 2. eine Blume)
Ironie, die, -, Plur. Ironien (Spott) | **ironisch**
irrational (unberechenbar; verstandesmäßig nicht fassbar)
irr[e]; ~ sein ↑ Z 90 | **Irre,** die -; in die ~ führen | **irreführen** | **irregehen** | **irremachen** | **irren;** sich (Akk.) ~ | **irrewerden** | **Irrsinn,** der, -s | **irrsinnig** | **Irrtum,** der, -[e]s, Plur. Irrtümer | **irrtümlich** | **irrtümlicherweise** ↑ Z 96
Islam, der, -[s] (eine Weltreligion) | **islamisch**
Isolation (Absonderung, Absperrung; Abdichtung) | **Isolator,** der, -s, Plur. Isolatoren (Stoff, der Wärme od. elektr. Strom schlecht leitet) | **isolieren;** die Wand ~ | **Isolierung**
Israel | **israelisch**
Italien [..ĭən] | **italienisch**

J

ja; zu allem Ja od. ja sagen; mit Ja antworten/stimmen ↑ Z 55
Jacht od. **Yacht,** die, -, -en (Sport-, Segel-, Vergnügungsschiff)
Jacke, die, -, -n ↑ Z 116
Jackett [ʒa..], das, -s, Plur. -s od. -e (Jacke für Männer) ↑ Z 116
Jagd, die, -, -en | **jagen** | **Jäger**
Jaguar, der, -s, -e (eine Großkatze)
jäh | **jählings**
Jahr, das, -[e]s, -e; nächsten/vorigen Jahres | **jahraus, jahrein** | **jahrelang,** aber: mehrere Jahre lang | **jähren, sich** (Akk.) | **Jahreszeit** | **Jahrhundert,** das, -s, -e; einige Jahrhunderte alt, aber: jahrhundertealt | **...jährig,** z. B. volljährig; dreijährig od. 3-jährig (3 Jahre alt, 3 Jahre dauernd) ↑ acht | **jährlich** (jedes Jahr wiederkehrend) | **...jährlich,** z. B. alljährlich; dreijährlich (alle 3 Jahre)
Jähzorn | **jähzornig**
Jalousie [ʒalu..], die, -, -n (Fensterschutz, Rolladen)
Jammer, der, -s | **jämmerlich** | **jammern;** über etwas ~
Januar, der, -[s], -e
Japan | **japanisch**
Jargon [ʒarˈgɔ̃:], der, -s, -s (Sprache einer best. Gruppe)
Jasmin, der, -s, -e (ein Strauch)
jäten
Jauche, die, -, -n | **jauchen**
jauchzen

jaulen
jawohl
Jazz [dʒɛs od. jats], der, - (ein Musizierstil)
je; ~ länger, ~ lieber; ~ mehr, desto besser; ~ nachdem; seit ~
Jeans [dʒi:ns] (Plur.) (Arbeits- u. Freizeithose)
jedenfalls
jeder; jede; jedes; ein ~; jedes Mal; ~ Beliebige ↑ Z 55 | **jedermann;** es ist nicht jedermanns Sache | **jederzeit,** aber: zu jeder Zeit
jedoch
Jeep [dʒi:p], der, -s, -s (kleiner Geländekraftwagen)
jeher; von ~
jemals
jemand, Gen. -[e]s, Dat. -em od. -, Akk. -en od. -; ~ anders/anderer/anderes, auch: Anderer/Anderes ↑ Z 77; ~ Unbekanntes; irgendjemand; ~ Fremdes, aber: ein gewisser Jemand ↑ Z 55
je nachdem
jener; jene; jenes
jenseits; ~ des Flusses
Jersey ['dʒœ:(r)zi], der, -[s], -s (eine Stoffart)
Jet [dʒɛt], der, -[s], -s (Verkehrsflugzeug mit Strahltriebwerk)
jetzt
jeweilig | **jeweils**
Job [dʒɔp], der, -s, -s (Arbeit, Stelle) | **jobben** ['dʒɔ..]
Joch, das, -[e]s, -e
Jockei ['jɔke: od. 'dʒɔki], auch: Jockey, der, -s, -s (Rennreiter) ↑ Z 116
Jod, das, -[e]s (*fachspr.* Iod) (ein chem. Element)
jodeln
Joga od. **Yoga,** der u. das, -[s] (ind. philosoph. System mit körperl. u. geistigen Übungen)
joggen ['dʒɔ..] (Jogging betreiben) | **Jogging,** das, -s (Laufen in gemäßigtem Tempo)
Jogurt od. **Joghurt** ['jo:gurt], der od. das, -s (gegorenes Dickmilchgetränk)
Johannisbeere
johlen
Jo-Jo od. **Yo-Yo,** das, -s, -s (ein Geschicklichkeitsspiel)
Jolle, die, -, -n (kleines Boot)
Jongleur [ʒɔŋ'lø:r], der, -s, -e (ein Geschicklichkeitskünstler) | **jonglieren**
Joppe, die, -, -n (Jacke)
Joule [dʒu:l], das, -[s], - (Einheit der Energie, Arbeit u. Wärme); das joulesche Gesetz, aber: das Joule'sche Gesetz ↑ S. 228, *Merke*
Journalist [ʒur..] (Mitarbeiter bei Presse, Rundfunk, Fernsehen) | **Journalistin** | **journalistisch** ↑ Z 115
Joystick ['dʒɔystik], der, -s, -s (Steuerhebel für Computerspiele)
Jubel, der, -s | **jubeln**
Jubiläum, das, -s, Plur. Jubiläen
jubilieren (jubeln)
juchhe! od. **juchhei!** | **juchheisa!**
jucken; es juckt mich ↑ Z 116
Jude, der, -n, -n | **Jüdin** | **jüdisch**
Judo, das, -[s] (eine Sportart)
Jugend, die, - | **jugendlich** | **Jugendliche,** der u. die, -n, -n
Juli, der, -[s], -s
jung; jünger; jüngste; der jüngste Sohn, aber: das Jüngste Gericht; Jung und Alt; Junge und Alte | **Junge,** das, -en, -en (neugeborenes Tier) | **Junge,** der, -n, -n | **Jüngling,** der, -s, -e
Juni, der, -[s], -s
Junker (adliger Gutsbesitzer)
Jupiter, der, -s (ein Planet)
Jurist (Rechtskundiger) | **juristisch** (rechtlich) ↑ Z 115

Jurte, die, -, -n (asiat. Wohnzelt)
Jury [ʒyˈriː od. ˈʒyːri], die, -, -s (Preisrichter- od. Kampfrichterkollegium)
Justiz, die, - (Rechtspflege)
Jute, die, - (eine Bastfaser)
Juwel, das, -s, -en (Schmuck, Edelstein) | **Juwelier,** der, -s, -e (Goldschmied; Schmuckhändler)
Jux, der, -es, -e (Scherz, Spaß)

K

Kabarett, das, -[e]s, Plur. -e od. -s od. **Cabaret** [..ˈreː], das, -s, -s (Kleinkunstbühne)
Kabel, das, -s, - (1. starkes Drahtseil – 2. isolierte elektr. Leitung)
Kabeljau, der, -s, Plur. -s od. -e (ein Fisch)
Kabine, die, -, -n (kleiner abgeschlossener Raum) | **Kabinett,** das, -s, -e (1. Fachunterrichtsraum – 2. Gesamtheit der Minister)
Kabrio, das, -[s], -s (Kurzform von *Kabriolett*) | **Kabriolett** [auch: ..ˈleː], das, -s, -s (Pkw mit zurückklappbarem Verdeck)
Kachel, die, -, -n | **kacheln**
Kadaver (Tierleiche, Aas)
Käfer
[1]**Kaffee,** der, -s, -s (ein Getränk); Kaffeeersatz* ↑ Z 34
[2]**Kaffee** ↑ Café
Käfig, der, -s, -e
kahl; ~ fressen od. kahlfressen; ~ schlagen od. kahlschlagen ↑ Z 87
Kahn, der, -[e]s, Plur. Kähne
Kai, der, -s, Plur. -e od. -s (befestigtes Hafenufer)
Kaiser | **kaiserlich** | **Kaiserin**
Kajak, der od. das, -s, -s (Eskimoboot; ein Sportboot)
Kajüte, die, -, -n (Wohnraum auf Schiffen)
Kakao, der, -s, -s
[1]**Kaki** od. **Khaki,** das, -[s] (Erdfarbe, Erdbraun)
[2]**Kaki** od. **Khaki,** der, -[s] (gelbbrauner Stoff, bes. für Tropenuniformen)
[3]**Kaki,** die, -, -s (eine vitaminreiche Frucht aus Italien)
Kaktee, die, -, -n od. **Kaktus,** der, Gen. -, auch: Kaktusses, Plur. Kakteen
Kalb, das, -[e]s, Plur. Kälber
Kalender
Kali, das, -s (ein Kunstdünger)
Kaliber, das, -s, - (lichte Weite von Rohren)
Kalif, der, -en, -en (Titel oriental. Herrscher)
Kalium, das, -s (ein chem. Element)
Kalk, der, -[e]s, -e | **kalken** | **kalkig**
kalkulieren (berechnen)
Kalme, die, -, -n (Windstille)
Kalorie, die, -, Plur. Kalorien (veraltete Einheit für Energie, Arbeit u. Wärme)
kalt; kälter; kälteste; ein kalter Winter; die Getränke sollen ~ bleiben ↑ Z 86, ↑ aber: kaltbleiben; den Pudding ~ stellen od. kaltstellen ↑ Z 87, ↑ aber: kaltstellen; auf ~ und warm reagieren, der Kalte Krieg | **kaltbleiben** (sich nicht aufregen) ↑ Z 84b | **kaltblütig** | **Kälte,** die, - | **kaltlassen;** das hat ihn kaltgelassen (nicht berührt) ↑ Z 84b | **Kaltschale** | **kaltschnäuzig** (gefühllos; rücksichtslos u. frech); ~ antworten | **kaltstellen;** jmdn. ~ (ausschalten) ↑ Z 84b
Kalzium, das, -s (ein chem. Element) (fachspr. *Calcium*)
Kamel, das, -[e]s, -e
Kamera, die, -, -s
Kamerad, der, -en, -en | **Kameradschaft** | **kameradschaftlich**
Kamille, die, -, -n (eine Heilpflanze)

Kamin, der, -s, -e (1. offene, an einen Schornstein angeschlossene Feuerstelle – 2. Schornstein)
Kamm, der, -[e]s, Plur. Kämme | **kämmen;** sich ~; ich kämme mich; ich kämme mir die Haare
Kammer, die, -, -n
Kampagne [..ˈpanjə], die, -, -n (eine zeitl. begrenzte propagandistische Aktion; Presse-, Werbefeldzug)
Kampf, der, -[e]s, Plur. Kämpfe | **kämpfen;** um etwas ~; für etwas ~ | **kämpferisch** | **kampffähig**
kampieren (im Freien lagern, übernachten; wohnen)
Kanada | **Kanadier** [..ĭər] (auch: ein Sportboot) | **kanadisch**
Kanal, der, -s, Plur. Kanäle | **Kanalisation,** die, - (Anlage zur Ableitung von Abwässern)
Kanarienvogel
Kandidat, der, -en, -en (Prüfling, Anwärter) | **Kandidatin** | **kandidieren** (sich bewerben)
Kandis, der, -
Känguru, das, -s, -s
Kaninchen, das, -s, -
Kanister (tragbares Gefäß für Flüssigkeiten) ↑ Z 115
Kanne, die, -, -n | **Kännchen,** das, -s, -
Kannibale, der, -n, -n | **Kannibalismus**
Kanon, der, -s, -s (Kettengesang)
Kanone, die, -, -n
Kantate, die, -, -n (mehrsätziges Chorwerk)
Kante, die, -, -n | **kanten** (auf die Kante stellen) | **kantig**
Kantine, die, -, -n (Betriebsgaststätte)
Kanton, der, -s, -e (Bundesland der Schweiz)
Kanu, das, -s, -s (1. einbaumartiges Boot – 2. Sammelbezeichnung für Kajak u. Kanadier) | **Kanute,** der, -n, -n (Kanusportler)
Kanüle, die, -, -n (Hohlnadel, Röhrchen)
Kanzel, die, -, -n | **Kanzler** | **Kanzlerin**
Kap, das, -s, -s (Vorgebirge; Landspitze); ~ Arkona
Kapazität, die, -, -en (Leistungsvermögen; hervorragender Fachmann)
Kapelle, die, -, -n | **Kapellmeister**
Kaper, die, -, -n (ein Gewürz)
Kapillare, die, -, -n (enges Röhrchen)
Kapital, das, -s (Vermögen, Geld) | **Kapitalismus,** der, - | **Kapitalist**
Kapitän, der, -s, -e
Kapitel, das, -s, -
Kapitell, das, -s, -e (Oberteil einer Säule)
Kapitulation (Unterwerfung) | **kapitulieren** (sich ergeben)
Kappe, die, -, -n
kappen (abschneiden, abhauen)
Kapsel, die, -, -n | **...kaps[e]lig,** z. B. einkaps[e]lig
Kapstachelbeere (orangefarbene Beere in bastfarbener Blatthülle)
kaputt (entzwei, zerbrochen; matt); ~ sein; etwas ~ machen od. kaputtmachen ↑ Z 87; aber nur: der Stress hat ihn kaputtgemacht ↑ Z 84b | **kaputtgehen** ↑ Z 84b | **kaputtlachen,** sich (Akk.) ↑ Z 84b
Kapuze, die, -, -n
Karabiner (kurzes Gewehr)
Karaffe, die, -, -n (bauchige Glasflasche)
Karambolage [..ˈla:ʒə], die, -, -n (Zusammenstoß) | **Karambole,** die, -, -n (1. roter Ball beim Billard – 2. Sternfrucht)
Karamell, der, -s (gebräunter Zucker) | **Karamelle,** die, -, -n (Milchbonbon)
Karate, das, -[s] (sportliche Methode der waffenlosen Selbstverteidigung)

Karawane, die, -, -n (Gruppe von Kaufleuten od. Forschern, die durch Wüsten reisen)
Karbid, das, -[e]s, -e
Karbon, das, -s (Steinkohlenzeit) | **Karbonat,** das -s, -e (fachsprachl. *Carbonat*) (Salz der Kohlensäure)
Kardinal, der, -s, Plur. Kardinäle (hoher kath. Würdenträger)
Kardinalzahlen (Grundzahlen)
Karfreitag (Freitag vor Ostern)
karg | **kärglich**
kariert; der Stoff ist ~
Karies [..iɛs], die, - (eine Zahnkrankheit)
Karikatur, die, -, -en (Spott-, Zerrbild) | **Karikaturist** | **karikieren;** jmdn. ~
Karneval [..v..], der, -s, Plur. -s od. -e (Fasching)
Karo, das, -s, -s
Karosse, die, -, -n (Prachtkutsche) | **Karosserie,** die, -, Plur. Karosserien (Wagenoberbau)
Karotte, die, -, -n (eine Möhrenart)
Karpfen, der, -s, - (ein Fisch)
Karre, die, -, -n od. **Karren,** der, -s, - (einfaches Fahrzeug)
Karriere, die, -, -n (erfolgreiche Laufbahn); ~ machen
Karst, der, -[e]s (Kalklandschaft in Südosteuropa)
Karte, die, -, -n | **Kartei** (Zettelkasten)
Kartoffel, die, -, -n
Kartografie od. **Kartographie,** die, -, -n
Karton [..ˈtɔn], der, -s, -s
Karussell, das, -s, Plur. -s od. -e
Käscher ↑ Kescher
kaschieren (verdecken, verbergen)
Käse, der, -s, -
Kaserne, die, -, -n (Gebäude zur ständigen Unterbringung von Soldaten)
Kaskade, die, -, -n (stufenförmiger Wasserfall)
Kasper, der, -s, - od. **Kasperle,** das, od. der, -s, -
Kasse, die, -, -n
Kasserolle, die, -, -n (eine Schmorpfanne)
Kassette, die, -, -n | **Kassettenrekorder** od. **Kassettenrecorder**
kassieren | **Kassierer** | **Kassiererin** | **Kassierung**
Kassler (geräuchertes Schweinefleisch)
Kastanie [..ĭə], die, -, -n ↑ Z 115
Kastell, das, -s, -e (Burg, Schloss) ↑ Z 115
Kasten, der, -s, Plur. - od. Kästen ↑ Z 115
Kasus, der, -, Plur. Kasus (Beugungsfall)
Kat, der, -s, -s (Kurzwort für *Katalysator*)
Katalog, der, -[e]s, -e (Verzeichnis)
Katalysator, der, -s, Plur. Katalysatoren (Stoff, der eine Stoffumsetzung verlangsamt bzw. beschleunigt; Gerät zur Abgasreinigung an Kfz) | **Katalyse,** die, -, -n | **katalytisch**
Katapult, das od. der, -[e]s, -e
Katarakt, der, -[e]s, -e (Wasserfall, Stromschnelle)
Katarr od. **Katarrh,** der, -s, -e (eine Erkältungskrankheit)
katastrophal (verhängnisvoll); ein katastrophaler Irrtum | **Katastrophe,** die, -, -n (Unglücksfall; Untergang) ↑ Z 115
Kate, die, -, -n (kleines, ärml. Bauernhaus)
Kategorie, die, -, Plur. Kategorien (Gruppe, in die etwas eingeordnet wird) | **kategorisch** (nachdrücklich; unbedingt gültig)
Kater
Kathedrale, die, -, -n (Dom)

Kathete, die, -, -n (dem rechten Winkel des Dreiecks anliegende Seite)
Kathode, auch: Katode, die, -, -n (negative Elektrode)
Katholik, der, -en, -en | **Katholikin** | **katholisch**
Kation, das, -s, -en (positiv geladenes Ion) ↑ Anion
Katze, die, -, -n
kauderwelsch (schwer verständlich); ~ sprechen | **Kauderwelsch,** das, -[s] (schwer verständliche Rede)
kauen
kauern (hocken)
Kauf, der, -[e]s, Plur. Käufe; etwas in ~ nehmen | **Käufer** | **Käuferin** | **käuflich** | **Kauffrau** | **Kaufmann**
Kaulquappe, die, -, -n
kaum
kausal (ursächlich, begründend) | **Kausalsatz** (Begründungssatz)
Kaution (Bürgschaft, Sicherheit)
Kautschuk, der, -s, -e (Gummirohstoff)
Kauz, der, -es, Plur. Käuze (eine Eulenart; Sonderling); ein komischer ~
Kavalier, der, -s, -e
keck
Kefir, der, -s (ein Milchgetränk)
Kegel, der, -s, -; ~ schieben | **kegelförmig** | **keg[e]lig** | **kegeln**
Kehle, die, -, -n | **Kehlkopf**
[1]**kehren** (wenden)
[2]**kehren** (fegen) | **Kehricht,** der od. das, -s
Kehrreim (wiederkehrende gleiche Textstelle in Gedichten u. Liedern) | **kehrtmachen** (umkehren) ↑ Z 84d | **Kehrwert**
Keil, der, -[e]s, -e | **keilförmig**
Keim, der, -[e]s, -e | **keimen** | **keimfrei** | **Keimling,** der, -s, -e
kein; ~ anderer, auch: Anderer ↑ Z 77; ~ Einziger ↑ Z 55 | **keinerlei** | **keinesfalls** | **keineswegs**
Keks, der od. das, Gen. - od. -es, Plur. - od. -e
Kelch, der, -[e]s, -e
Kelle, die, -, -n
Keller
Kellner | **Kellnerin**
Kelter, die, -, -n (Weinpresse) | **keltern**
Kelvin [..vin], das, -s, - (Temperatureinheit)
kennen; jmdn. ~ lernen od. kennenlernen; sie haben sich ~ gelernt od. kennengelernt ↑ Z 89 | **kenntlich;** ~ machen | **Kenntnis** | **Kennzeichen** | **kennzeichnen**
kentern; das Schiff kentert
Keramik, die, -, -en (Erzeugnisse der Töpferkunst) | **keramisch;** keramische Industrie
Kerbe, die, -, -n (Einschnitt) | **kerben** | **Kerbholz;** etwas auf dem ~ haben (etwas angestellt haben)
Kerker
Kerl, der, -[e]s, -e
Kern, der, -[e]s, -e | **Kernenergie** (Atomenergie) | **kerngesund** | **kernig** (viele Kerne enthaltend; kräftig, gesund) | **Kernkraftwerk** | **Kernspaltung**
Kerze, die, -, -n | **kerzengerade**
Kescher od. **Käscher** (Handfischnetz)
Kessel, der, -s, -
Ketschup [ˈkɛtʃup] od. **Ketchup** [ˈkɛtʃəp], der od. das, -[s], -s (würzige Soße, z. B. Tomatenketschup)
Kette, die, -, -n | **ketten**
Ketzer (Anhänger einer von der kirchlichen Lehre abweichenden Meinung) | **ketzerisch**
keuchen | **Keuchhusten** (eine ansteckende Kinderkrankheit) ↑ Z 115

Keule, die, -, -n | **keulenförmig**
Keyboard [ˈkiːbɔː(r)d], das, -s, -s (1. elektronisch verstärktes Tasteninstrument – 2. Tastatur des Computers)
Khaki ↑ Kaki
kichern
kicken (Fußball spielen) | **Kicker**
Kickstarter (Fußhebel beim Motorrad)
Kiebitz, der, -es, -e (ein Sumpfvogel)
[1]**Kiefer,** der, -s, - (ein Schädelknochen)
[2]**Kiefer,** die, -, -n (ein Nadelbaum)
Kiel, der, -[e]s, -e (Federschaft; Grundbalken der Schiffe) | **kieloben;** ~ treiben
Kieme, die, -, -n (meist Plur.) (Atmungsorgan der Wassertiere)
Kien, der, -[e]s (harzreiches Holz)
Kies, der, -es, -e (grobkörniger Sand) | **Kiesel,** der, -s, -
Kilo, das, -s, Plur. - od. -s (Kurzform für *Kilogramm*) | **Kilogramm** | **Kilometer** | **Kilowatt** | **Kilowattstunde**
Kimme, die, -, -n (Kerbe; Teil der Visiereinrichtung); ~ und Korn
Kind, das, -[e]s, -er; sich lieb ~ machen; an Kindes statt | **kinderleicht** | **Kindheit,** die, - | **kindisch** | **kindlich**
Kinn, das, -[e]s, -e
Kino, das, -s, -s
Kiosk [od. kiˈɔsk], der, -[e]s, -e
Kippe, die, -, -n (Spitze, Ecke, Kante; Zigarettenstummel) | **kippeln** | **kippen** | **Kipper** | **kipp[e]lig**
Kirche, die, -, -n | **kirchlich**
Kirsche, die, -, -n | **kirschrot**
Kissen, das, -s, -
Kiste, die, -, -n ↑ Z 115
Kitsch, der, -[e]s (Geschmacklosigkeit) | **kitschig**
Kitt, der, -[e]s, -e
Kittel, der, -s, - | **Kittelschürze**
kitten
Kitz, das, -es, -e (Junges von Reh, Gämse)
kitz[e]lig | **kitzeln;** jmdn. ~
Kiwano, die, -, -s (eine exotische Frucht)
Kiwi, die, -, -s (eine exotische Frucht)
Klabautermann (Schiffskobold)
klaffen | **kläffen** (bellen)
Klage, die, -, -n | **klagen;** über etwas ~ | **Kläger** | **kläglich**
klamm (feucht, steif)
Klammer, die, -, -n | **klammern**
Klang, der, -[e]s, Plur. Klänge | **klanglich** | **klanglos** | **klangvoll**
Klappe, die, -, -n | **klappen** | **Klapper,** die, -, -n | **klapp[e]rig** (alt, hinfällig) | **klappern** | **Klaps,** der, -es, -e (ein leichter Schlag)
klar; klarer; klarste; klipp und ~; ~ sein/denken/sehen ↑ Z 86, ↑ aber: klarmachen, klarstellen; ~ werden od. klargeworden, ich glaube, dass es dir jetzt ~ wird od. klarwird ↑ Z 84c, aber nur: warte bis das Wasser ~ wird ↑ Z 86; im Klaren sein; ins Klare kommen; ein Klarer (Schnaps) ↑ Z 55 | **klären** | **Klarheit,** die, -
Klarinette, die, -, -n (ein Holzblasinstrument) | **Klarinettist**
klarkommen (zurechtkommen); ich bin mit ihr klargekommen ↑ Z 84b | **klarlegen** (erklären) ↑ Z 84b | **klarmachen** (deutlich machen; vereinbaren) ↑ Z 84b | **klarstellen** (Missverständnisse beseitigen); etwas ~ ↑ Z 84b
klasse (umgangssprachl. für: hervorragend); das ist ~; das hast du ~ gemacht; eine ~ Idee
Klasse, die, -, -n | **Klassenarbeit** | **Klassenlehrer** | **Klassenlehrerin**

klassifizieren (einordnen) | **Klassifizierung**

Klassik, die, - (Zeitraum, in dem kulturelle Höchstleistungen vollbracht wurden) | **Klassiker** | **klassisch**

Klatsch, der, -[e]s, -e | **klatschen** | **klatschhaft**

klauben (sammeln, auflesen)

Klaue, die, -, -n (Huf der Wiederkäuer u. Schweine)

Klause, die, -, -n (enger kleiner Raum; Zelle)

Klavier, das, -s, -e; ~ spielen

kleben; an etwas ~ bleiben ↑ Z 88; in der Schule ~ bleiben od. klebenbleiben ↑ Z 89 | **Kleber,** der, -s, - | **klebrig**

kleckern ↑ Z 116 | **Klecks,** der, -es, -e | **klecksen** (Kleckse machen)

Klee, der, -s | **Kleeernte*** ↑ Z 34

Kleid, das, -[e]s, -er | **kleiden;** es kleidet mich | **Kleidung**

Kleie, die, -, -n (Abfallprodukt beim Getreidemahlen)

klein; von ~ auf; ein ~ wenig; ~ hacken/machen/schneiden od. kleinhacken, kleinmachen, kleinschneiden ↑ Z 87; ~ schreiben (mit kleiner Schrift) ↑ Z 86, aber: kleinschreiben (mit kleinem Anfangsbuchstaben) ↑ Z 84b; kurz und ~ schlagen; über ein Kleines; Klein und Groß; Kleine und Große; etwas Kleines; bis ins Kleinste ↑ Z 56 | **Kleine,** der, das, die, -n, -n | **kleinlaut** | **kleinlich** (engherzig; Kleinigkeiten übertrieben wichtig nehmend) | **kleinmütig** (verzagt)

Kleister (dickflüssiger Klebstoff aus Stärke u. Wasser) | **kleist[e]rig** | **kleistern** ↑ Z 115

Klemme, die, -, -n; die Haare mit einer ~ zusammenstecken | **klemmen** | **Klemmmappe*** ↑ Z 34

Klempner (ein Handwerker)

Klerus, der, - (kath. Geistlichkeit)

Klette, die, -, -n

klettern

Klient, der, -en, -en (jmd., der von einem Rechtsanwalt beraten bzw. vertreten wird)

Klima, das, -s, Plur. Klimata od. Klimate, auch: -s; ein mildes ~ | **klimatisch**

klimmen (klettern); du klimmst; du klommst od. klimmtest; du klömmest od. klimmtest; geklommen od. geklimmt; klimm[e]! | **Klimmzug**

klimpern

Klinge, die, -, -n (zum Schneiden dienender Teil des Messers) | **Klingel,** die, -, -n | **klingeln** | **klingen;** du klingst; du klangst; du klängest; geklungen; kling[e]!

Klinik, die, -, -en (Krankenhaus) | **klinisch**

Klinke, die, -, -n | **klinken** | **Klinker** (hart gebrannter Ziegel)

Klipp, der, -s, -s od. **Klips,** der, -es, -e od. **Clip,** der, -s, -s (Ohrschmuckstück)

klipp; ~ und klar

Klippe, die, -, -n (schroffer Felsen am Meer)

Klipper (Schnellsegler)

Klips ↑ Klipp

klirren

Klischee, das, -s, -s (Druckstock; Nachbildung ohne schöpferische Eigenleistung)

klitsch[e]nass

klobig (massig, plump)

klopfen | **Klopfer** | **klöppeln;** geklöppelte Spitze | **Klops,** der, -es, -e (Fleischkloß)

Klosett, das, -s, Plur. -e od. -s

Kloß, der, -es, Plur. Klöße

Kloster, das, -s, Plur. Klöster (Wohn- u. Wirtschaftsgebäude für

Nonnen u. Mönche) | **klösterlich** ↑ Z 115

Klotz, der, -es, Plur. Klötze | **klotzig**

Klub, der, -s, -s | **Klubhaus**

Kluft, die, -, Plur. Klüfte (Spalte)

klug; klüger; klügste; ~ sein/reden/werden ↑ Z 86; es ist am klügsten, aber: es ist das Klügste, wenn ...; der Klügste gibt nach | **Klugheit,** die, -

Klümpchen, das, -s, - | **Klumpen,** der, -s, - | **klumpig**

knabbern

Knabe, der, -n, -n | **knabenhaft**

knack! | **Knack,** der, -es, -e | **Knäckebrot** | **knacken** | **Knacker** (Knackwurst) ↑ Z 116 | **Knacks,** der, -es, -e

Knall, der, -[e]s, -e | **knallen** | **knallig** (grell) | **knallrot**

knapp; ~ vorbei; ~ kalkulieren; ~ sitzen; ein ~ sitzendes od. knappsitzendes Kostüm ↑ Z 93

Knappe, der, -n, -n (1. Bergmann – 2. *früher:* junger Adliger, der Ritter werden will)

knapphalten; jmdn. ~ (ihm wenig geben) ↑ Z 84 b

knarren

knattern

Knäuel, der od. das, -s, -

Knauf, der, -[e]s, Plur. Knäufe

knaus[e]rig (geizig) | **knausern** (geizen)

Knebel, der, -s, - | **knebeln**

Knecht, der, -[e]s, -e | **knechten;** jmdn. ~ | **Knechtschaft,** die, -

kneifen; du kneifst; du kniffst; du kniffest; gekniffen; kneif[e]!

knetbar | **kneten** | **Knete;** etwas aus ~ formen

Knick, der, -[e]s, -e (leichter Bruch; scharfe Biegung) | **knicken** ↑ Z 116

Knicks, der, -es, -e; einen ~ machen

Knie, das, -s, - | **kniefrei** | **knien;** du kniest; du knietest; du knietest; gekniet; knie!; das kniende Kind

Kniff, der, -[e]s, -e

kniff[e]lig

kniffen

knipsen

Knirps, der, -es, -e (kleiner Junge; Taschenschirm)

knirschen

knistern ↑ Z 115

knitterfrei | **knitt[e]rig** | **knittern**

knobeln (auslosen; lange nachdenken; würfeln)

Knoblauch, der, -[e]s (eine Gewürz- u. Heilpflanze)

Knöchel, der, -s, - | **Knochen,** der, -s, - | **knöchern** (aus Knochen) | **knochig** (starke Knochen habend)

knock-out od. **knockout** [nɔkˈaut] (kampfunfähig); ~ sein; jmdn. ~ schlagen | **Knock-out** od. **Knockout,** der, -[s], -s (Niederschlag, Kampfunfähigkeit)

Knödel, der, -s, -

Knolle, die, -, -n od. **Knollen,** der, -s, - | **knollig**

Knopf, der, -[e]s, Plur. Knöpfe | **knöpfen**

Knorpel, der, -s, - | **knorp[e]lig**

Knorren, der, -s, - (knotiger Auswuchs) | **knorrig;** knorrige Äste

Knospe, die, -, -n | **knospen;** die Bäume ~

knoten | **Knoten,** der, -s, - | **knotig**

Know-how od. **Knowhow** [no:ˈhau], das, -[s] (Wissen um die prakt. Verwirklichung einer Sache)

knüllen | **Knüller;** das Buch ist ein ~

knüpfen

Knüppel, der, -s, -

knurren | **knurrig**

knusp[e]rig; die Brötchen sind ~

Knute, die, -, -n (Peitsche) | **Knüttel,** der, -s, - (ein Knüppel)

Koalition (Bündnis, Vereinigung)
Kobalt, das, -s (fachspr. *Cobalt*) (ein chem. Element) | **kobaltblau**
Kobold, der, -[e]s, -e (Berg-, Hausgeist)
Kobra, die, -, -s (eine Giftschlange)
Koch, der, -[e]s, Plur. Köche | **kochen;** kochend heiß
Köcher (Behälter für Pfeile)
Köchin
Kode [ko:t] (fachsprachl. *Code*) der, -s, -s (System verabredeter Zeichen)
Köder (Lockmittel) | **ködern;** einen Fisch ~
kodieren (verschlüsseln), auch: codieren
Koeffizient [koɛ..], der, -en, -en (Vorzahl; Zahlenfaktor)
Koexistenz, die, - (friedliches Nebeneinander von Staaten mit unterschiedl. Gesellschaftsordnungen)
Koffer
Kog ↑ Koog
Kogge, die, -, -n (ein Hanseschiff)
Kognak ['kɔnjak], der, -s, -s (ein Weinbrand) | **Kognakschwenker**
Kohäsion, die, - (Zusammenhalt)
Kohl, der, -[e]s
Kohle, die, -, -n | **kohlehaltig** | **kohlen** | **Kohlendioxid** | **Kohle[n]hydrat** | **Kohlenstoff** | **Kohlepapier**
Kohlrabe od. **Kolkrabe** | **kohlrabenschwarz**
Kohlrabi, der, -[s], -[s]
Koje, die, -, -n (Schlafstelle auf Schiffen)
Kokerei (Anlage zur Koksgewinnung)
Kokosnuss
Koks, der, -es, -e
Kolben, der, -s, - | **kolbig**
Kolibri, der, -s, -s (ein Vogel)
Kolkrabe ↑ Kohlrabe
Kollege, der, -n, -n | **kollegial** | **Kollegin**
kollektiv (gemeinschaftlich)
kollidieren (zusammenstoßen)
Kollier [kɔ'li̯e:], das, -s, -s (Halsschmuck)
Kollision (Zusammenstoß)
kolonial | **Kolonie,** die, -, Plur. Kolonien (1. auswärtige Besitzung eines Staates – 2. Ansiedlung)
Kolonnade, die, -, -n (Säulengang)
Kolonne, die, -, -n (Gruppe, Reihe)
Kolorit, das, -[e]s, -e (Färbung, Farbwirkung)
Koloss, der, -es, -e (Riesenstandbild) | **kolossal** (riesig)
Kombination (Zusammenfassung, Verknüpfung von Gedanken) | **Kombine** [..'bi:nə], die, -, -n od. [..'bain], die, -, -s (Maschine, die verschiedene Arbeitsgänge gleichzeitig ausführt) | **kombinieren** | **Kombizange** (Mehrzweckzange)
Kombüse, die, -, -n (Schiffsküche)
Komet, der, -en, -en (Schweifstern)
Komfort [..'fo:r], der, -s (Behaglichkeit; der Bequemlichkeit dienende Einrichtung | **komfortabel;** eine komfortable Wohnung
Komik, die, - | **Komiker** | **komisch**
Komitee, das, -s, -s (leit. Ausschuss)
Komma, das, -s, -s
Kommandant, der, -en, -en (Befehlshaber) | **Kommandeur** [..'dø:r], der, -s, -e | **kommandieren** | **Kommando,** das, -s, -s
kommen; du kommst; du kamst; du kämest; gekommen; komm[e]!
Kommentar, der, -s, -e (erläuternde Stellungnahme; Auslegung) | **kommentieren** (erläutern)
Kommissar, der, -s, -e (Beauftragter, Bevollmächtigter) | **kommissarisch** (auftragsweise) | **Kommission** (Ausschuss)

Kommode, die, -, -n
kommunal (die Gemeinde betreffend) | **Kommune,** die, -, -n (Gemeinde); die Pariser ~ [kɔ'my:n[ə]] | **Kommunikation** (Verständigung untereinander) | **Kommunion** (Teilnahme am Abendmahl) | **Kommunikee** od. **Kommuniqué** [..myni'ke:], das, -s, -s (amtl. Mitteilung; Denkschrift) | **Kommunismus,** der, - | **Kommunist** | **Kommunistin** | **kommunistisch** ↑ Z 115 | **kommunizieren** (miteinander sprechen; sich verständigen)
Komödiant, der, -en, -en | **Komödiantin** | **Komödie** [..ĭə], die, -, -n (Lustspiel)
Kompagnon ['kɔmpanjõ] der, -s, -s (Teilhaber, Mitinhaber)
kompakt (dicht, konzentriert; gedrungen, stämmig)
Kompanie, die, -, Plur. Kompanien (eine militär. Einheit)
Komparation (Vergleich; Steigerung) | **Komparativ,** der, -s, -e (1. Steigerungsstufe)
Kompass, der, -es, -e (Gerät zur Bestimmung der Himmelsrichtung)
kompatibel (zusammenpassend, kombinierbar)
Kompensation (Ausgleich) | **kompensieren**
kompetent (zuständig; befähigt)
komplementär (ergänzend) | **Komplementärwinkel**
komplett (vollständig)
komplex (zusammengefasst; umfassend) | **Komplex,** der, -es, -e (Zusammenfassung; Gruppe)
Komplikation (Verwicklung, Erschwerung)
Kompliment, das, -[e]s, -e (Schmeichelei)
Komplize, der, -n, -n, auch: Komplice (Mitschuldiger)
kompliziert (schwierig, umständlich)
Komplott, das, -[e]s, -e (Verschwörung)
Komponente, die, -, -n (Bestandteil; Teil des Ganzen)
komponieren | **Komponist** | **Komposition**
Kompost, der, -[e]s, -e (Dünger)
Kompott, das, -[e]s, -e
Kompresse, die, -, -n (feuchter Umschlag) | **Kompression** (Zusammendrückung) | **Kompressor,** der, -s, Plur. Kompressoren (Verdichter) | **komprimieren**
Kompromiss, der od. das, -es, -e (Ausgleich; Zugeständnis)
Kondensat, das, -[e]s, -e (niedergeschlagene Flüssigkeit) | **Kondensation** (Verflüssigung von Dämpfen) | **Kondensator,** der, -s, Plur. Kondensatoren (Bauteil zum Speichern von Elektrizität od. zum Verflüssigen von Dämpfen) | **kondensieren** | **Kondensmilch**
Kondition (Bedingung; körperl. Zustand; sportl. Leistungsfähigkeit) | **Konditionalsatz** (Bedingungssatz)
Konditor, der, -s, Plur. Konditoren
kondolieren (Beileid bezeigen); jmdm. ~
Konfekt, das, -[e]s, -e
Konfektion (serienmäßig hergestellte Kleidung; Bekleidungsindustrie)
Konferenz, die, -, -en
Konfession (Bekenntnis)
Konfetti, das, -[s]
Konfirmand, der, -en, -en | **Konfirmandin** | **Konfirmation**
Konfitüre, die, -, -n (Marmelade mit Früchten)
Konflikt, der, -[e]s, -e (Streit, Zwiespalt)
Konfrontation (Auseinandersetzung)

konfus (zerstreut, verwirrt)
Kongress, der, -es, -e (größere Tagung)
kongruent (übereinstimmend; deckungsgleich) | **Kongruenz,** die, -, -en (Übereinstimmung)
König, der, -s, -e | **Königin** | **königlich**
konisch (kegelförmig)
Konjugation (Beugung des Verbs) | **konjugieren**
Konjunktion (Bindewort)
Konjunktiv, der, -s, -e (Möglichkeitsform)
Konjunktur, die, -, -en (wirtschaftl. Gesamtlage)
konkav (hohl; nach innen gewölbt) | **Konkavlinse**
konkret (gegenständlich, wirklich) | **konkretisieren** (veranschaulichen, verdeutlichen)
Konkurrent, der, -en, -en (Gegner; Mitbewerber) | **Konkurrenz,** die, -, -en (Wettbewerb) | **konkurrieren**
Konkurs, der, -es, -e (Zahlungsunfähigkeit)
können; du kannst; du konntest; du könntest; gekonnt
Konsekutivsatz (Folgerungssatz)
Konsens, der, -es, -e (Übereinstimmung)
konsequent (folgerichtig) | **Konsequenz,** die, -, -en (Folge, Folgerichtigkeit)
konservativ [..v..] od. konservativ (am Althergebrachten hängend)
Konservatorium, das, -s, Plur. Konservatorien [..ĭən] (Musikhochschule)
Konserve, die, -, -n | **konservieren** (haltbar machen)
Konsole, die, -, -en (kl. Wandbrett)
Konsonant, der, -en, -en (Mitlaut) | **Konsonanz,** die, -, -en (Gleichklang)
Konspekt, der, -[e]s, -e (Zusammenfassung) | **konspektieren**
konstant (beständig) | **Konstante,** die, -n, -n | **Konstanz,** die, -
konstituieren (einrichten, gründen); sich ~ | **Konstitution** (1. Verfassung – 2. allg. Körperbeschaffenheit)
konstruieren | **Konstrukteur** [..ˈtøːr] | **Konstruktion** | **konstruktiv** (aufbauend)
Konsul, der, -s, -n (ständiger Vertreter eines Staates im Ausland) | **Konsulat,** das, -[e]s, -e
Konsultation (Befragung, Beratung)
Konsum, der, -s (Verbrauch) | **konsumieren** (verbrauchen, verzehren)
Kontakt, der, -[e]s, -e (Berührung, Verbindung)
kontern (abwehren); einen Angriff ~ | **Konterrevolution** (Gegenrevolution)
Kontinent, der, -[e]s, -e (Festland; Erdteil) | **kontinental** (zum Festland gehörig)
Kontingent, das, -[e]s, -e (Anteil, Beitrag)
Konto, das, -s, Plur. Konten
Kontor, das, -s, -e (Handelsniederlassung im Ausland)
kontra, auch: contra (gegen)
Kontrakt, der, -[e]s, -e (Abmachung, Vertrag)
Kontrast, der, -[e]s, -e (starker Gegensatz)
Kontrolllampe* ↑ Z 34 | **Kontrolle,** die, -, -n | **Kontrolleur** [..ˈløːr], der, -s, -e | **kontrollieren;** jmdn. ~
kontrovers [..v..] (entgegengesetzt; strittig) | **Kontroverse,** die, -, -n
Kontur, die, -, -en (Umrisslinie)
Konus, der, -, Plur. Konusse od. Konen (Kegel, Zapfen) | **konusförmig**

konvergieren [..v..] (zusammenlaufen)

Konversation [..v..] (Unterhaltung)

konvex (nach außen gewölbt, erhaben) | **Konvexlinse**

Konzentrat, das, -[e]s, -e (hochprozentige Lösung) | **Konzentration** (Zusammendrängung; Anspannung; Sammlung) | **Konzentrationslager** (nationalsozialist. Haft-, Zwangsarbeits- u. Vernichtungslager) | **konzentrieren;** sich (Akk.) ~; sich auf etwas ~ | **konzentrisch** (mit gemeinsamem Mittelpunkt)

Konzern (großes wirtsch. Unternehmen)

Konzept, das, -[e]s, -e (Entwurf; erste Niederschrift) | **Konzeption**

Konzert, das, -[e]s, -e

Koog, auch: Kog, der, -[e]s, Plur. Köge (dem Meer abgerungenes Land)

Kooperation (Zusammenarbeit, Zusammenwirken) | **kooperativ** | **kooperieren**

Koordinate, die, -, -n (Lagebezeichnung eines Punktes) | **koordinieren** (aufeinander abstimmen)

Kopf, der, -[e]s, Plur. Köpfe | **köpfen** | **kopflos** | **kopfrechnen** | **kopfstehen;** ich stehe kopf ↑ Z 84a | **kopfüber**

Kopie, die, -, Plur. Kopien (Abschrift) | **kopieren;** mehrere Seiten ~ | **Kopierstift**

[1]**Koppel,** die, -, -n (eingezäunte Weide)

[2]**Koppel,** das, -s, - (Leibriemen)

koppeln

Koralle, die, -, -n | **Korallenriff** | **korallenrot**

Koran, der, -s, -e (heiliges Buch des Islams)

Korb, der, -[e]s, Plur. Körbe

Kord ↑ Cord

Kordel, die, -, -n (Schnur)

Korea | **koreanisch**

Korinthe, die, -, -n (kleine Rosine)

Kork, der, -[e]s, -e | **Korken,** der, -s, -

Korn, das, -[e]s, Plur. Körner | **körnig**

Körper, der, -s, - | **körperlich**

korrekt (genau; richtig) | **Korrektur,** die, -, -en (Berichtigung); ~ lesen

Korrespondent, der, -en, -en (Berichterstatter) | **korrespondieren;** mit jmdm. ~ (im Briefverkehr stehen)

Korridor, der, -s, -e

korrigieren

korrodieren (zersetzen) | **Korrosion** (chemische Zersetzung, z. B. von Metalloberflächen)

Korruption (Bestechlichkeit)

Kosmetik, die, - (Schönheitspflege) | **kosmetisch**

kosmisch (das Weltall betreffend) | **Kosmonaut,** der, -en, -en (Raumfahrer) | **Kosmos,** der, - (Weltall)

Kost, die, - | **kostbar** | **kosten** (1. probieren, abschmecken – 2. wert sein) | **Kosten** (Plur.) (Aufwendungen); auf ~ von ... | **kostenlos** ↑ Z 115 | **köstlich** | **kostspielig**

Kostüm, das, -s, -e | **kostümieren,** sich ~ (Akk.) (sich verkleiden) ↑ Z 115

Kot, der, -[e]s

Kotelett, das, -[e]s, -s (Rippenstück)

Krabbe, die, -, -n (kleine Krebsart) | **krabb[e]lig** | **krabbeln**

Krach, der, -[e]s, Plur. Kräche; mit Ach und ~; ~ schlagen | **krachen** | **krächzen**

kraft; ~ seines Amtes | **Kraft,** die, -, Plur. Kräfte | **kräftig** | **kraftlos** | **kraftvoll**

Kragen, der, -s, -
Krähe, die, -, -n | **krähen**
Krake, der, -n, -n (Riesentintenfisch)
Krakeel, der, -s (Lärm, Streit) | **krakeelen**
krakeln (kritzeln)
Kralle, die, -, -n | **krallen**
Kram, der, -[e]s | **kramen**
Krampe, die, -, -n (gebogener Haken)
Krampf, der, -[e]s, Plur. Krämpfe | **krampfartig** | **krampfen** | **krampfhaft**
Kran, der, -[e]s, Plur. -e od. Kräne
Kranich, der, -s, -e (ein Stelzvogel)
krank; kränker; kränkste; ~ sein/werden; das kranke Kind; sich ~ fühlen/stellen; Feinstaub kann ~ machen od. krankmachen ↑ Z 87, ↑ aber: krankmachen | **krankärgern;** sich (Akk.) ~ | **Kranke,** der u. die, -n, -n | **kränkeln** | **kränken** (beleidigen); jmdn. ~ | **kränkend;** am kränkendsten | **krankhaft** | **Krankheit** | **kranklachen;** sich ~ | **kränklich** | **krankmachen** (nicht zur Arbeit gehen) ↑ Z 84 b ↑ krank | **krankschreiben** ↑ Z 84 b
Kranz, der, -es, Plur. Kränze
Krapfen, der, -s, -
krass; krasser; krasseste
Krater (Öffnung eines Vulkans)
kratzen | **Kratzer**
kraulen (1. liebkosen – 2. im Kraulstil schwimmen)
kraus | **Krause,** die, -, -n
Kraut, das, -[e]s, Plur. Kräuter
Krawall, der, -s, -e
Krawatte, die, -, -n
kraxeln
kreativ (schöpferisch) | **Kreativität,** die, -
Kreatur, die, -, -en (Geschöpf)
Krebs, der, -es, -e | **krebsrot**
Kredit, der, -[e]s, -e (befristete Überlassung von Geldmitteln gegen Zinszahlung)
Kreide, die, -, -n | **kreideweiß**
Kreis, der, -es, -e | **Kreislauf** | **Kreissäge**
kreischen
Kreisel, der, -s, - | **kreiseln** | **kreisen**
Krem od. **Kreme** ↑ Creme
Krematorium, das, -s, Plur. Krematorien [..ĭən] (Einäscherungshalle)
Kreml, der, -, - (burgartiger Mittelpunkt russ. Städte)
Krempe, die, -, -n (Hutrand)
krepieren
Krepp, der, -s, Plur. -s od. -e | **kreppartig** | **Krepppapier*** ↑ Z 34
Kresse, die, -, -n (eine Pflanze)
kreuz; ~ und quer | **Kreuz,** das, -es, -e | **kreuzen** | **Kreuzer** (1. eine alte Münze – 2. ein Kriegsschiff) | **kreuzigen** | **kreuzlahm** | **Kreuzotter** | **kreuzweise**
kribb[e]lig | **kribbeln**
kriechen; du kriechst; du krochst; du kröchest; gekrochen; kriech[e]! | **Kriecher** | **kriecherisch**
Krieg, der, -[e]s, -e | **kriegen** | **Krieger** | **kriegerisch**
Krimi, der, -[s], -[s] (Kurzwort für *Kriminalroman* od. *-film*) | **Kriminalistik,** die, - | **kriminalistisch** ↑ Z 115 | **Kriminalpolizei** | **kriminell** (verbrecherisch)
Krimskrams, der, - (Plunder)
Kringel, der, -s, - | **kringeln, sich** (Akk.) (sich ringeln)
Krippe, die, -, -n
Krise od. **Krisis,** die, -, Plur. Krisen (schwierige, gefährliche Lage) | **krisenhaft**
[1]**Kristall,** das, -s (geschliffenes Glas) ↑ Z 115
[2]**Kristall,** der, -s, -e (regelmäßig geformter Körper) | **kristallin** (aus

kleinen Kristallen bestehend) | **Kristallisation** (Kristallbildung) | **kristallisieren** (Kristalle bilden) | **kristallklar** ↑ Z 115

Kriterium, das, -s, Plur. Kriterien [..ĭən] (Kennzeichen, Prüfstein)

Kritik, die, -, -en | **kritisch** | **kritisieren;** jmdn. ~

kritteln (nörgeln)

kritzeln

Kroatien [..ĭən] | **kroatisch**

Krokant, der, -s (eine Bonbonart)

Krokette, die, -, -n (Klößchen, z. B. aus Kartoffelbrei)

Krokodil, das, -s, -e

Krokus, der, -, Plur. - od. -se

Krone, die, -, -n | **krönen** | **Krönung**

Kropf, der, -[e]s, Plur. Kröpfe

Kröte, die, -, -n

Krücke, die, -, -n ↑ Z 116

Krug, der, -[e]s, Plur. Krüge

Krume, die, -, -n | **krüm[e]lig** | **krümeln**

krumm; ~ sitzen (gebeugt sitzen) ↑ Z 86; einen Draht ~ biegen od. krummbiegen ↑ Z 87 | **krümmen;** sich (Akk.) ~ | **krummnehmen** (übel nehmen) ↑ Z 84 b | **Krümmung**

Krüppel, der, -s, - | **krüpp[e]lig**

Kruste, die, -, -n | **krustig** ↑ Z 115

Kruzifix [auch: ..'fɪks], das, -es, -e (plastische Darstellung des gekreuzigten Christus)

Krypta, die, -, Plur. Krypten (Unterkirche)

Kuba | **kubanisch**

Kübel, der, -s, -

Kubikmeter | **Kubikzahl** | **kubisch** (würfelförmig) | **Kubus,** der, -s, Plur. Kuben (Würfel)

Küche, die, -, -n

Kuchen, der, -s, -

kucken (umgangssprachl. für *gucken*)

Kuckuck, der, -s, -e ↑ Z 116

Kufe, die, -, -n (Gleitschiene am Schlitten)

Kugel, die, -, -n | **kug[e]lig** | **kugeln** | **Kugelschreiber**

Kuh, die, -, Plur. Kühe

kühl | **kühlen** | **Kühler**

kühn | **Kühnheit**

Küken, das, -s, -

Kuli, der, -s, -s (Kurzwort für *Kugelschreiber*)

Kulisse, die, -, -n

Kult, der, -[e]s, -e (Verehrung) | **kultivieren** | **Kultur,** die, -, -en | **kulturell**

Kümmel, der, -s, -

Kummer, der, -s | **kümmerlich** | **kümmern, sich** (Akk.); sich um jmdn. ~ | **kummervoll**

Kumpel, der, -s, - (Bergmann; umgangssprachl. auch für *Arbeitskollege* u. *Freund*)

Kumt, das, -[e]s, -e od. **Kummet,** das, -s, -e (Bügel um den Hals der Zugtiere)

Kunde, der, -n, -n (Käufer) | **künden** | **kundgeben** | **Kundgebung** | **kundig** | **kündigen** | **Kündigung** | **Kundin** | **kundtun** | **kundwerden;** es ist kundgeworden

künftig

Kunst, die, -, Plur. Künste | **kunstfertig** | **Künstler** | **künstlerisch** | **Kunststoff** | **Kunststofffolie*** ↑ Z 34 | **Kunststück**

kunterbunt (durcheinander, gemischt)

Kupfer, das, -s (ein chem. Element; ein Metall) | **kupfern** (aus Kupfer)

Kuppe, die, -, -n

Kuppel, die, -, -n | **kuppeln** | **Kupplung**

Kur, die, -, -en

Kür, die, -, -en (Wahlübung im Sport)

Kurbel, die, -, -n (Drehgriff) | **kurbeln**
Kürbis, der, -ses, -se
Kurfürst | **kurfürstlich**
Kurier, der, -s, -e (Bote)
kurieren (heilen); jmdn. ~
kurios (sonderbar)
Kurs, der, -es, -e (Richtung; aktueller Wert von Aktien u. Ä.)
Kürschner (Pelzverarbeiter)
Kursus, der, -, Plur. Kurse (Lehrgang)
Kurve, die, -, -n | **kurvenförmig**
kurz; kürzer; kürzeste; über ~ oder lang; vor/seit Kurzem od. kurzem ↑ Z 78b; den Kürzer[e]n ziehen ↑ Z 55 | **kurzärm[e]lig** | **kurzatmig** | **Kürze,** die, - | **kürzen** | **kürzertreten** (sich einschränken) ↑ Z 84b | **kurzfristig** | **kürzlich** | **Kurzschluss** | **kurzsichtig** | **kurzweg** | **kurzweilig**
Kusine, auch: Cousine, die, -, -n
Kuss, der, -es, Plur. Küsse | **Küsschen** | **küssen;** du küsst; du küsstest; geküsst; küss[e]!
Küste, die, -, -n ↑ Z 115
Kutsche, die, -, -n | **Kutscher** | **kutschieren**
Kutte, die, -, -n
Kutter (einmastiges Segelschiff; kleines Fischereifahrzeug)
Kuvert [kuˈveːr], das, -s, -s (Briefumschlag)

L

Label [ˈleːb(ə)l], das, -s, -s (Marken- oder Firmenname, v. a. in der Musikbranche)
laben; sich an etwas ~
labil (schwankend; unsicher)
Labor, das, -s, Plur. -e od. -s (Kurzwort für *Laboratorium*) | **Laborant,** der, -en, -en | **Laboratorium,** das, -s, Plur. Laboratorien [..ĭən]
Labyrinth, das, -[e]s, -e (Irrgang)
Lache, die, -, -n (Pfütze)
lächeln | **lachen;** über jmdn. ~ | **Lachen,** das, -s; es ist zum ~ | **lächerlich;** es ist ~, aber: etwas ins Lächerliche ziehen ↑ Z 55 | **lachhaft**
Lachs, der, -es, -e (ein Fisch) | **lachsfarben** od. **lachsfarbig**
Lack, der, -[e]s, -e | **lackieren** ↑ Z 116
Lackmus, das od. der, - (ein Farbstoff)
[1]**laden** (beladen, aufladen); du lädst; er lädt; du ludst; er lud; du lüdest; geladen; lad[e]!
[2]**laden** (vorladen, einladen); du lädst od. ladest; er lädt od. ladet; du ludst; er lud; du lüdest; geladen; lad[e]!
Lage, die, -, -n
Lager, das, -s, Plur. - od. Läger | **lagern** | **Lagerung**
lahm; ~ gehen ↑ Z 86 | **lahmen** (hinken) | **lähmen** (lahm machen) | **lahmlegen** ↑ Z 84b | **Lähmung**
Laich, der, -[e]s, -e (Eier von Wassertieren) | **laichen**
Laie, der, -n, -n (Nichtfachmann) | **laienhaft**
Lake, die, -, -n (Salzlösung)
Laken, das, -s, -
Lama, das, -s, -s (eine Kamelart)
Lamelle, die, -, -n (dünnes Blättchen)
lamentieren (laut klagen, jammern)
Lametta, das, -s (Metallfäden als Christbaumschmuck)
Lamm, das, -[e]s, Plur. Lämmer
Lampe, die, -, -n | **Lampion** [lamˈpĭɔŋ], der od. das, -s, -s (Papierlaterne)
Land, das, -[e]s, Plur. Länder; zu Lande; hier zu Lande od. hierzu-

lande ↑ Z 96 | **landaus** | **landein** | **landen** | **landläufig** | **ländlich** | **Landschaft** | **landschaftlich** | **Landwirtschaft** | **landwirtschaftlich**

lang; länger; längste; ~ strecken; ~ gestreckt od. langgestreckt ↑ Z 93; über kurz oder ~; seit/vor Langem od. langem ↑ Z 78b; sich des Langen und Breiten äußern; des Längeren ↑ Z 55 | **Länge,** die, -, -n | **langen** (nach etwas greifen) | **Lang[e]weile,** die, - | **langfristig** ↑ Z 115 | **länglich** | **längs;** ~ des Weges | **langsam** | **längsseits;** ~ des Schiffes | **längst** (seit Langem) | **langweilen;** sich (Akk.) ~ | **langweilig** | **langwierig;** eine langwierige Krankheit

Lanze, die, -, -n

Lappalie [..ĭə], die, -, -n (Belanglosigkeit) | **Lappen,** der, -s, - | **lappig** | **läppisch** (unbedeutend, lächerlich)

Laptop [ˈlɛptɔp], der, -s, -s (tragbarer Personalcomputer)

Lärche, die, -, -n (ein Nadelbaum)

Lärm, der, -[e]s | **lärmen**

Larve, die, -, -n

Lasagne [laˈzanjə], die, -, -n (ein Nudelgericht)

lasch (schlaff, nachlässig) | **Lasche,** die, -, -n (Verbindungsstück)

Laser [ˈleːzər], der, -s, - (Verstärker für Lichtwellen) | **Laserstrahl**

lassen (↑ Z 88, 89); du lässt; du ließest; du ließest; gelassen; lass[e]!; ich habe es gelassen (unterlassen), aber: ich habe es dich wissen ~ od. wissenlassen | **lässig** (ungezwungen)

Lasso, das od. der, -s, -s (Wurfschlinge)

Last, die, -, -en; zu Lasten od. zulasten ↑ Z 96, *Merke*

Laster, der, -s, - (Kurzwort für *Lastkraftwagen*) ↑ Z 115

lästern (verspotten) ↑ Z 115

lästig; jmdm. ~ fallen ↑ Z 115

Latein, das, -s ↑ Deutsch | **lateinisch** ↑ deutsch

Laterne, die, -, -n

Latte, die, -, -n

Latz, der, -es, Plur. Lätze

lau

Laub, das, -[e]s; ~ tragende od. laubtragende Bäume ↑ Z 93

Laube, die, -, -n

Lauch, der, -[e]s, -e

Lauer, die, -; auf der ~ liegen | **lauern**

Lauf, der, -[e]s, Plur. Läufe | **laufen;** du läufst; du lief[e]st; du liefest; gelaufen; lauf[e]!; Gefahr/Ski ~ ↑ Z 85; Hunde an der Leine ~ lassen ↑ Z 88; jmdn. ~ lassen od. laufenlassen (freigeben) ↑ Z 89 | **laufend;** auf dem Laufenden bleiben ↑ Z 55 | **Laufpass;** jmdm. den ~ geben | **Laufwerk**

Lauge, die, -, -n

Laune, die, -, -n | **launenhaft** | **launisch** (launenhaft)

Laus, die, -, Plur. Läuse

lauschen | **Lauscher** | **lauschig** (traulich, gemütlich)

laut; ~ sprechen; etwas ~ werden od. lautwerden (verlauten) lassen ↑ Z 84c; ~ Vorschrift; ~ unseres Beschlusses od. unserem Beschluss ↑ Z 72 | **Laut,** der, -[e]s, -e

Laute, die, -, -n (ein Zupfinstrument)

lauten; die Antwort lautet

läuten; die Glocken ~

lautgetreu | **lautlich** | **lautlos**

lauwarm

Lava [..v..], die, -, Plur. Laven (Gesteinsschmelze aus Vulkanausbrüchen)

Lavendel [..v..], der, -s, - (1. ein Strauch – 2. ein Parfüm)
Lawine, die, -, -n | **lawinenartig**
Lazarett, das, -[e]s, -e (Militärkrankenhaus)
leasen ['li:..] (mieten) | **Leasing**
leben | **Leben,** das, -s, -; das Inden-Tag-hinein-Leben; zeit meines Lebens | **lebendig** | **lebensfroh** | **lebensgefährlich** | **lebenslang** | **lebenslänglich** | **lebenslustig** | **Lebenszeichen** | **Lebenszeit;** auf ~
Leber, die, -, -n
Lebewesen | **lebhaft** | **Lebhaftigkeit** | **leblos**
lechzen; du lechzt
leck (undicht); ~ sein | **Leck,** das, -[e]s, -s (undichte Stelle)
lecken | **lecker** | **Leckerbissen** ↑ Z 116
Leder, das, -s, - | **ledern** (aus Leder)
ledig (unverheiratet) | **lediglich** (nur)
Lee, die, -, auch: das, -s (dem Wind abgekehrte Seite des Schiffes)
leer; ~ stehen; ~ stehend od. leerstehend ↑ Z 93; den Teller ~ essen od. leeressen ↑ Z 87; ~ trinken od. leertrinken ↑ Z 87; ~ sein/werden; ins Leere starren ↑ Z 55 | **Leere,** die, - | **leeren** | **Leerlauf** | **Leerung**
legal (gesetzlich) | **Legalität,** die, - (Gesetzlichkeit)
legen
legendär (sagenhaft) | **Legende,** die, -, -n
leger [le'ʒɛ:r] (ungezwungen, lässig)
legieren (Metalle mit Metallen zusammenschmelzen) | **Legierung** (Metallmischung)
Leggings od. **Leggins** (Plur.)
Legion (1. große Anzahl – 2. Söldnerheer) | **Legionär,** der, -s, -e (Söldner)
legitim (gesetzlich, rechtmäßig)
Lehen, das, -s, - (im Mittelalter verliehenes Nutzungsrecht)
Lehm, der, -[e]s, -e | **lehmig**
Lehne, die, -, -n | **lehnen;** sich (Akk.) ~
Lehnwort
Lehre, die, -, -n | **lehren;** sie lehrt mich; sie hat mich das gelehrt | **Lehrer** | **Lehrerin** | **Lehrling,** der, -s, -e
Leib, der, -[e]s, -er; vom Leibe halten, aber: beileibe nicht ↑ Z 72 | **leibeigen;** ~ sein | **Leibeigene,** der u. die, -n, -n | **Leibeigenschaft,** die, -
Leiche, die, -, -n | **leichenblass**
leicht; ~ entzündlich od. leichtentzündlich ↑ Z 94; ~ behindert/verletzt od. leichtbehindert, leichtverletzt ↑ Z 93; es sich ~ machen od. leichtmachen; ~ sein/werden; es ist mir ein Leichtes; es ist nichts Leichtes ↑ Z 56 | **Leichtathletik,** die, - | **leichtfallen;** das wird dir ~ ↑ Z 84 b | **leichtfertig** | **leichtfüßig** | **leichtgläubig** | **Leichtigkeit** | **leichtnehmen;** etwas ~ (sich keine Sorgen machen) | **Leichtsinn,** der, -s
leid; ~ sein/werden; ich bin es ~ ↑ Z 71 | **Leid,** das, -[e]s; ein ~ zufügen; tu ihm nichts zuleide/zu Leide ↑ Z 96, *Merke* | **leiden;** du leidest; du littst; du littest; gelitten; leid[e]! | **Leiden,** das, -s, - (Krankheit) | **Leidenschaft** | **leidenschaftlich**
leider
leidig (unangenehm); eine leidige Angelegenheit
leidlich (nicht ganz schlecht); es geht mir ~
leidtun; es tut mir leid; das braucht dir nicht leidzutun; so leid es mir tut

leihen; du leihst; du liehst; du liehest; geliehen; leih[e]! | **leihweise**

Leim, der, -[e]s, -e | **leimen;** einen Stuhl ~ | **leimig**

Lein, der, -[e]s, -e (Flachs) | **Leine,** die, -, -n (Seil) | **Leinen,** das, -s, - (ein Gewebe)

leise

Leiste, die, -, -n (schmales Brett) ↑ Z 115

leisten | **Leisten,** der, -s, - (Fußform); alles über einen ~ schlagen ↑ Z 115

Leistung | **leistungsfähig** | **Leistungskurs** ↑ Z 115

leiten

[1]**Leiter,** der, -s, - (Leitender; Körper, der elektr. Strom od. Wärme gut leitet) | **Leiterplatte**

[2]**Leiter,** die, -, -n (eine Steigvorrichtung)

leitfähig | **Leitfähigkeit**

Lektion (Unterrichtsstunde; Aufgabe); jmdm. eine ~ erteilen (jmdn. zurechtweisen)

Lektüre, die, -, -n (das Lesen; Lesestoff)

Lende, die, -, -n

lenkbar | **lenken** | **Lenkung**

Lenz, der, -es, -e (Frühling)

Leopard, der, -en, -en (eine Großkatze)

Lerche, die, -, -n

lernbegierig | **lernen**

lesen; du liest; du lasest; du läsest; gelesen; lies! | **lesenswert** | **Leser** | **leserlich** (gut zu lesen); eine leserliche Handschrift

lettisch | **Lettland**

letzte; der/die/das Letzte; der Letzte am Ziel (der letzte Läufer); bis zum Letzten gehen; bis ins Letzte vorbereiten; der Letzte des Monats; es geht ums Letzte; sein Letztes hergeben ↑ Z 55; zum letzten Mal, aber: letztmalig; letztmals ↑ Z 72 | **letztens** | **letztere;** der Letztere von beiden ↑ Z 55

Leuchte, die, -, -n | **leuchten**

leugnen

Leumund, der, -[e]s (Ruf, Nachrede); einen guten ~ haben

Leute (Plur.)

Leutnant, der, -s, Plur. -s od. -e (ein Offiziersrang)

Level [..v..], der, -s, -s (Niveau, Qualitätsstufe)

Lexikon, das, -s, Plur. Lexika (Nachschlagewerk)

Liane, die, -, -n (eine Schlingpflanze)

Libelle, die, -, -n (ein Insekt)

liberal (vorurteilslos); eine liberale Partei

Libero, der, -s, -s (Abwehrspieler beim Fußball)

licht (hell); ~ sein/werden; die lichte Weite | **Licht,** das, -[e]s, Plur. -er od. (bei Kerzen) -e | **Lichtbild** | **lichtempfindlich** | **lichten;** den Anker ~; sich (Akk.) ~; das Dunkel lichtet sich | **lichterloh** (in lodernden Flammen); ~ brennen | **Lichtung**

Lid, das, -[e]s, -er (Augendeckel)

lieb; der liebe Gott; ~ sein/werden; ~ behalten/gewinnen/haben od. liebbehalten, liebgewinnen, liebhaben ↑ Z 84c; sich ~ Kind machen | **Liebe,** die, -, aber: dir zuliebe; jmdm. etwas zuliebe tun ↑ Z 96 | **lieben;** jmdn. ~; jmdn. ~ lernen | **liebenswert** | **liebenswürdig** | **liebenswürdigerweise** | **liebevoll** | **lieblich** | **Liebling,** der, -s, -e

Lied, das, -[e]s, -er

liederlich

Lieferant, der, -en, -en (Lieferer) | **lieferbar** | **liefern** | **Lieferung**

Liege, die, -, -n (ein Möbel) | **liegen;** du liegst; du lagst; du lägest;

gelegen; lieg[e]!; im Bett ~ bleiben; den Teppich ~ lassen ↑ Z 88; jmdn. links ~ lassen od. liegenlassen; sie hat ihre Mappe ~ lassen od. liegenlassen, auch: ~ gelassen od. liegengelassen ↑ Z 89

Lift, der, -[e]s, Plur. -s od. -e (Aufzug)

Liga, die, -, Plur. Ligen (1. Bund – 2. Spielklasse im Sport)

Likör, der, -s, -e

lila ↑ blau | **Lila,** das, -s ↑ Blau | **lilafarben** od. **lilafarbig**

Lilie [..ĭə], die, -, -n (eine Blume)

Liliputaner (Mensch von sehr kleinem Wuchs)

Limes, der, - (römischer Grenzwall)

Limetta od. **Limette,** die, -, Plur. Limetten (kleine Zitrone)

Limonade, die, -, -n

Limousine [..mu..], die, -, -n (geschlossener Personenkraftwagen)

lind[e]

Linde, die, -, -n (ein Baum)

lindern (mildern); den Schmerz ~ | **Linderung**

Lineal, das, -s, -e | **linear** (geradlinig); eine lineare Funktion | **Linie** [..ĭə], die, -, -n | **linieren** od. **liniieren** (Linien ziehen)

Linke, die, -n, -n (linke Hand, linke Seite; links stehende Partei od. Gruppe); zur Linken; in meiner Linken | **linkerseits** | **linkisch** (ungeschickt) | **links;** ~ von mir; ~ des Hauses; nach ~; etw. mit ~ erledigen; ~ abbiegen; ~ außen spielend | **Linksaußen,** der, -, - (ein Fußballspieler)| **linksbündig** | **Linkshänder** | **linkshändig** | **linksherum**

Linoleum, das, -s (ein Fußbodenbelag) | **Linolschnitt**

Linse, die, -, -n | **linsenförmig**

Lippe, die, -, -n

liquidieren (beseitigen)

lispeln

List, die, -, -en

Liste, die, -, -n ↑ Z 115

listig ↑ Z 115

Litauen | **litauisch**

Liter, das od. der, -s, -; ein viertel ~ od. ein Viertelliter ↑ Z 73

literarisch | **Literatur,** die, -, -en

literweise

Litfaßsäule (Anschlagsäule)

Lithografie od. **Lithographie,** die, -, Plur. Lithografien (Steinzeichnung, Steindruck) ↑ S. 230, *Merke*

Lithographie ↑ Lithografie

Lithosphäre, die, - (feste Gesteinshülle der Erde)

Litschi, die, -, -s (eine exotische Frucht)

Litze, die, -, -n (Borte, Tresse)

live [laif] (direkt, original) | **Livesendung**

Lizenz, die, -, -en (behördl. Erlaubnis; im Sport Kampferlaubnis)

Lob, das, -[e]s | **loben;** jmdn. ~ | **lobenswert** | **löblich** | **lobpreisen**

Loch, das, -[e]s, Plur. Löcher | **lochen** | **Locher** | **löch[e]rig**

Locke, die, -, -n | **locken** (anziehen) ↑ Z 116

locker | **lockerlassen** (nachgeben) ↑ Z 84b, aber: das Seil locker lassen (nicht fest anziehen) ↑ Z 86 | **lockern** ↑ Z 116

Loden, der, -s, - (ein Wollgewebe)

lodern (hell brennen)

Löffel, der, -s, - | **löffeln** | **löffelweise**

Loge ['lo:ʒə], die, -, -n (Abteil im Theater)

Logger (ein Fischereifahrzeug)

Loggia ['lɔdʒĭa:], die, -, Plur. Loggien ['lɔdʒĭən] (1. überdachter, nach einer Seite offener Balkon – 2. halboffene Halle)

Logik, die, - (folgerichtiges Denken) | **logisch** (folgerichtig)

Lohn, der, -[e]s, Plur. Löhne | **lohnen;** es lohnt nicht; sich (Akk.) ~ | **Löhnung** (Sold)

Lok, die, -, -s (Kurzwort für *Lokomotive*) | **lokal** (örtlich) | **Lokal,** das, -[e]s, -e | **lokalisieren** (örtlich bestimmen; einschränken) | **Lokalbestimmung** (Umstandsbestimmung des Ortes) | **Lokomotive,** die, -, -n

Lorbeer, der, -s, -en (ein immergrüner Baum; ein Gewürz)

Lorchel, die, -, -n (eine Pilzart)

los; ~ sein; was ist ~?

Los, das, -es, -e

lösbar

losbinden

löschen; du löschst; du löschtest; du löschtest; gelöscht; lösch[e]! | **Löscher**

lose (locker; leichtfertig)

losen (ein Los ziehen)

lösen (losmachen)

losgehen (sich lösen; anfangen zu gehen; beginnen) | **loslaufen** | **löslich** | **Löslichkeit,** die, -

Löß [lø:s] od. **Löss,** der, -es, -e (kalkreicher, fruchtbarer Boden)

lossagen, sich (Akk.); sich von jmdm. ~

Losung

Lösung

Lot, das, -[e]s, -e | **loten** (senkrechte Richtung bestimmen)

löten | **Lötkolben**

Lotion [auch: 'lo:ʃən], die, -, Plur. -en od. -s (Hautpflegemittel)

lotrecht

Lotse, der, -n, -n (Seemann, der ein Schiff durch schwierig zu befahrendes Gewässer leitet) | **lotsen**

Lotterie, die, -, Plur. Lotterien (Glücksspiel; Verlosung)

lott[e]rig

Lotto, das -s, -s (Zahlenlotterie, Lotteriespiel)

Löwe, der, -n, -n

Luch, die, -, Plur. Lüche od. das, -[e]s, -e (Flachmoor)

Luchs, der, -es, -e (eine Raubkatze) | **luchsen** (scharf aufpassen)

Lücke, die, -, -n | **lückenhaft** | **lückenlos** ↑ Z 116

Luft, die, -, Plur. Lüfte | **Luftdruck,** der, -[e]s | **lüften;** das Zimmer ~ | **luftig** | **luftleer;** ein luftleerer Raum

Lüge, die, -, -n | **lügen;** du lügst; du logst; du lögest; gelogen; lüg[e] nicht! | **Lügner** | **Lügnerin** | **lügnerisch**

Luke, die, -, -n

lukrativ (Gewinn bringend)

Lümmel, der, -s, - | **lümmelhaft**

Lump, der, -en, -en (ein schlechter Mensch) | **Lumpen** (Plur.) (Fetzen) | **lumpig** (gemein; geringfügig)

Lunge, die, -, -n

lungern (herumlungern)

Lunte, die, -, -n (Zündmittel); ~ riechen (Gefahr wittern)

Lupe, die, -, -n

Lupine, die, -, -n (eine Zier- u. Futterpflanze)

Lurch, der, -[e]s, -e (ein Wirbeltier)

Lust, die, -, Plur. Lüste; zu etwas ~ haben

lustig | **lustigmachen;** sich über jmdn. ~ ↑ Z 84b

Lustspiel

Luv [lu:f], die, -, auch: das, -s (dem Wind zugekehrte Seite eines Schiffes) | **luvwärts**

luxuriös (verschwenderisch; kostspielig) | **Luxus,** der, -

Luxemburg | **luxemburgisch**

Luzerne, die, -, -n (eine Futterpflanze)

Lymphe, die, -, -n (Körperflüssigkeit)

lynchen ['lynçən] (grausam misshandeln od. töten); jmdn. ~

Lyrik, die, - (liedhafte Dichtung; Gefühlsdichtung) | **Lyriker** (lyrischer Dichter) | **Lyrikerin** | **lyrisch**

M

machen | **Machenschaften** (Plur.) (üble, geheime Abmachungen)
Macht, die, -, Plur. Mächte | **mächtig** | **machtlos** | **machtvoll**
Mädchen, das, -s, - | **mädchenhaft**
Made, die, -, -n | **madig** | **madigmachen;** jmdn./etwas ~ (schlechtreden) ↑ Z 84b
Madonna, die, -, Plur. Madonnen (Mariendarstellung)
Magazin, das, -s, -e (1. Speicher – 2. Zeitschrift)
Magd, die, -, Plur. Mägde
Magen, der, -s, Plur. Mägen od. -
mager (kaum Fett enthaltend)
Magie, die, - (Zauberkunst) | **Magier** [..gĭər] (Zauberkünstler) | **magisch**
Magistrale, die, -, -n (Hauptverkehrslinie, -straße) | **Magistrat,** der, -[e]s, -e (Stadtverwaltung, -behörde) ↑ Z 115
Magma, das, -s, Plur. Magmen (Gesteinsschmelze des Erdinnern)
Magnesium, das, -s (ein chem. Element) | **Magnet,** der, Gen. -[e]s, Plur. -e od. Gen. -en, Plur. -en | **Magnetband** | **magnetisch** | **Magnetismus,** der, - | **Magnettongerät**
Magnolie [..ĭə] , die, -, -n (ein Zierbaum)
Mahagoni, das, -s (ein dunkles Edelholz)
Mahd, die, -, Plur. Mahden | **Mähdrescher** | **Mähdrusch** | **mähen**
Mahl, das, -[e]s, -e (Gastmahl, Essen)
mahlen; Korn ~
Mahlzeit; Mahlzeit! (umgangssprachl.: Gruß zur Mittagszeit)
Mähne, die, -, -n
mahnen; jmdn. ~ | **Mahnmal** | **Mahnung**
Mai, der, Gen. -[e]s od. -, Plur. -e; der erste ~ (Datum), aber: der Erste ~ (Feiertag) ↑ Z 64
Mailbox [me:l..] (elektronischer Briefkasten in einem Computernetz)
Mainboard [ˈme:nbɔ(r)t], das, -s, -s (Leiterplatte für Computer)
Mais, der, -es, -e
majestätisch (erhaben) ↑ Z 115
Majonäse od. **Mayonnaise,** die, -, -n
Major, der, -s, -e (ein Offiziersrang)
Makel, der, -s, - (Schandfleck; Fehler) | **makellos**
mäk[e]lig | **mäkeln** (herumnörgeln)
Make-up [me:kˈap], das, -s, -s (kosmetische Verschönerung); Make-up-frei
Makkaroni (Plur.)
Makrele, die, -, -n (ein Fisch)
Makrone, die, -, -n (ein Gebäck)
mal; drei ~ zwei
[1]**Mal,** das, -[e]s, -e (Zeichen, Fleck, Merkmal) ↑ auch: Muttermal
[2]**Mal,** das, -[e]s, -e (Zeitpunkt); das erste/letzte/and[e]re/eine ~; dieses ~; jedes ~; die ersten Mal[e]; viele/beide Mal[e], aber: [auf] einmal, diesmal, erstmals, vielmal, ein paarmal od. ein paar ~ ↑ Z 72, 96; drei- bis viermal od. 3- bis 4-mal od. 3–4-mal ↑ Z 108, 110, bei besonderer Betonung auch: ein/zwei/drei ~, drei bis vier ~
Malaria, die, - (eine trop. Infektionskrankheit)
malen; ein Bild ~ | **Maler** | **Malerei** | **malerisch**
Malheur [..ˈlø:r], das, -s, Plur. -s od. -e (Unglück, Missgeschick)

malnehmen
Malve, die, -, -n (eine Heil- u. Zierpflanze)
Malz, das, -es | **Malzbonbon**
Mama, die, -, -s
Mammut, das, -s, Plur. -e od. -s (eine ausgestorbene Elefantenart)
man; ~ sagt, dass ...
managen [ˈmɛnɛdʒ(ə)n] (leiten) | **Manager,** der, -s, - (Leiter eines Unternehmens; Betreuer eines Sportlers)
manch; manche; mancher; manches; ~ einer; manches Gute od. ~ Gutes ↑ Z 55 | **mancherlei** | **manchmal,** aber: manches Mal ↑ Z 72, 96
Mandant, der, -en, -en (Auftraggeber)
Mandarine, die, -, -n (orangenähnl. Frucht)
Mandat, das, -[e]s, -e (Auftrag; Abgeordnetensitz)
Mandel, die, -, -n
Mandoline, die, -, -n (ein Zupfinstrument)
Manege [maˈne:ʒə], die, -, -n (Platz für die Darbietungen im Zirkus)
Mangan, das, -s (ein chem. Element)
¹**Mangel,** die, -, -n (Wäscherolle)
²**Mangel,** der, -s, Plur. Mängel (das Fehlen; Fehler) | **mangelhaft**
¹**mangeln;** ich mang[e]le die Wäsche
²**mangeln;** es mangelt mir an Geld
Mango, die, -, Plur. Mangonen od. -s (eine tropische Frucht)
Manier, die, - (Eigenart) | **Manieren** (Plur.) (Umgangsformen) | **manierlich** (gesittet)
Manifest, das, -es, -e (Kundgebung; öffentl. Erklärung) | **manifestieren** (kundgeben; offenbaren) ↑ Z 115
Maniküre, die, -, -n (Handpflege) | **maniküren;** jmdm. die Hände ~
Manipulation (Machenschaft) | **manipulieren**
Mann, der, -[e]s, Plur. Männer
Mannequin [ˈmanəkɛ̃(:)], das, -s, -s (Frau, die Modellkleider vorführt)
mannigfach | **mannigfaltig**
männlich | **Mannschaft**
Manometer, das, -s, - (Druckmesser)
Manöver, das, -s, - (kriegsmäßige Übung; Bewegung, die mit einem Fahrzeug ausgeführt wird) | **manövrieren**
Mansarde, die, -, -n (Zimmer im Dachgeschoss)
Manschette, die, -, -n
Mantel, der, -s, Plur. Mäntel
Manufaktur, die, -, -en (auf Handarbeit beruhender Betrieb)
Manuskript, das, -[e]s, -e (Handschrift; Urschrift)
Mappe, die, -, -n
Marathonlauf (ein leichtathletischer Wettkampf) | **Marathon laufen** od. **marathonlaufen;** wir wollen ~ ~ od. ~, aber nur: wir laufen Marathon
Märchen, das, -s, - | **märchenhaft**
Marder
Margarine, die, -
Margerite, die, -, -n (eine Wiesenblume)
Marille, die, -, -n (Aprikose)
Marinade, die, -, -n (saure Würztunke)
Marine, die, -, -n (Seewesen eines Staates; Flotte) | **marineblau**
marinieren (in Marinade einlegen); marinierte Heringe
Marionette, die, -, -n (Gliederpuppe; willenloser Mensch)
¹**Mark,** das, -[e]s (Inneres)
²**Mark,** die, -, - (frühere Währungseinheit); zwei ~; Deutsche ~
³**Mark,** die, -, -en (Grenzland)
markant (auffallend); ein markantes Gesicht

Marke, die, -, -n | **Markenartikel**
Marketing, das, -[s] (Verkaufsstrategie)
markieren (bezeichnen) | **Markierung**
Markise, die, -, -n (Sonnendach)
Markt, der, -[e]s, Plur. Märkte | **marktschreierisch** (laut, aufdringlich)
Marmelade, die, -, -n
Marmor, der, -s, -e (eine Gesteinsart) | **marmorn** (aus Marmor)
Marone, die, -, -n (1. essbare Kastanie – 2. ein Speisepilz)
Marotte, die, -, -n (Schrulle)
Mars, der, - (ein Planet)
¹**Marsch,** der, -[e]s, Plur. Märsche (ein Fußweg über eine längere Strecke; ein Musikstück); ein anstrengender ~
²**Marsch,** die, -, -en (fruchtbare Niederung)
Marschall, der, -s, Plur. Marschälle (hoher militärischer Rang)
marschieren
Marseillaise [marsɛˈjɛ:z(ə)], die, - (franz. Nationalhymne; Kampflied der Franz. Revolution)
Marter, die, -, -n (Qual, Folter) | **martern;** jmdn. ~ | **Märtyrer** (jmd., der wegen seiner Überzeugung od. seines Glaubens Martern u. evtl. sogar den Tod auf sich nimmt) | **Märtyrerin**
März, der, -[es], -e
Marzipan, das od. der, -s, -e
Masche, die, -, -n | **...maschig,** z. B. weitmaschig
Maschine, die, -, -n; ~ schreiben; sie schreibt ~; sie hat ~ geschrieben, aber: eine maschine[n]geschriebene Seite | **maschinell**
Maser, die, -, -n (Zeichnung im Holz) | **maserig** | **Masern** (Plur.) (eine Kinderkrankheit) | **Maserung** (Zeichnung des Holzes)
Maske, die, -, -n (künstliche Hohlgesichtsform; Verkleidung) | **Maskerade,** die, -, -n (Maskenfest) | **maskieren** (verhüllen); sich (Akk.) ~ (sich verkleiden)
maskulin (männlich) | **Maskulinum,** das, -s, Plur. Maskulina (männl. Geschlecht; männl. Substantiv)
Maß, das, -es, -e; ~ halten od. maßhalten, aber nur: das rechte ~ halten; ~ nehmen, er wird ihm ~ nehmen, aber: das Maßnehmen ↑ Z 55
Massage [..ˈsa:ʒə], die, -, -n (eine Heilbehandlung durch Kneten des Körpergewebes)
Massaker, das, -s, - (Gemetzel)
Masse, die, -, -n
Maßeinheit
massenhaft | **massenweise**
maßgebend; am maßgebendsten | **maßgeblich**
massieren
massig (wuchtig u. ausladend); ein massiger Bau
mäßig | **...mäßig;** z. B. behelfsmäßig | **mäßigen;** sich (Akk.) ~; seinen Zorn ~
massiv (schwer; grob, rücksichtslos) | **Massiv,** das, -s, -e (Gebirgsstock)
maßlos | **Maßnahme,** die, -, -n | **maßregeln;** jmdn. ~ | **Maßstab** | **maßstab[s]gerecht**
¹**Mast,** der, -[e]s, Plur. -en od. -e (Mastbaum, Freileitungsmast)
²**Mast,** die, -, -en (Mästung) | **mästen** ↑ Z 115
Match [mɛtʃ], das, -[e]s, Plur. -s od. -e (Wettkampf)
Material, das, -s, Plur. Materialien [..ĭən] | **Materialismus** | **Materialist** | **Materie** [..ĭə], die, -, -n (Stoff; Gegenstand)
Mathematik, die, - | **mathematisch**

Matinee, die, -, Plur. Matineen (künstler. Morgenveranstaltung)
Matratze, die, -, -n
Matrize, die, -, -n (Gieß- oder Stanzform)
Matrose, der, -n, -n
matt; den König ~ setzen od. mattsetzen ↑ Z 86 | **mattsetzen;** jmdn. ~ (handlungsunfähig machen) ↑ Z 84 b
Matte, die, -, -n (1. Unterlage – 2. Wiese)
Mauer, die, -, -n | **mauern**
Maul, das, -[e]s, Plur. Mäuler
Maulwurf, der, -[e]s, Plur. Maulwürfe
Maurer | **Maurerkelle**
Maus, die, -, Plur. Mäuse | **Mäuschen,** das, -s, - | **mäuschenstill** | **mausen**
Mauser, die, - (Ausfall und Ersatz der Federn bei Vögeln) | **mausern, sich** (Akk.)
Mausoleum, das, -s, Plur. Mausoleen (prächtige Grabstätte)
Maut, die, -, -en (Straßenbenutzungsgebühr)
maximal (sehr groß; höchst...) | **Maximum,** das, -s, Plur. Maxima (größter Wert)
Mayonnaise [majɔˈnɛ:zə] ↑ Majonäse
Mechanik, die, - (Lehre von der Bewegung u. dem Gleichgewicht der Körper; Maschinenkunde) | **Mechaniker** | **mechanisch** | **mechanisieren** | **Mechanisierung** | **Mechanismus,** der, -, Plur. Mechanismen (selbsttätiger Ablauf; Zusammenhang)
meckern ↑ Z 116
Mecklenburg-Vorpommern | **mecklenburg-vorpommerisch**
Medaille [..ˈdaljə], die, -, -n (Denkmünze) | **Medaillon** [..dalˈjɔŋ], das, -s, -s (Bildkapsel)
Medien [..ĭən], (Plur.) (Gesamtheit von Presse, Funk, Fernsehen)
Medikament, das, -[e]s, -e (Heilmittel)
[1]**Medizin,** die, - (Heilkunde; Wissenschaft von der Heilung)
[2]**Medizin,** die, -, -en (Heilmittel)
Mediziner | **medizinisch**
Meer, das, -[e]s, -e
Meerrettich, der, -s (eine Gewürzpflanze)
Meeting [ˈmi:..], das, -s, -s (Zusammenkunft, Treffen)
Megafon od. **Megaphon,** das, -s, -e (Sprachrohr)
Mehl, das, -[e]s, -e | **mehlig**
mehr; umso ~ | **Mehr,** das, -[s]; das ~ an Kosten ↑ Z 55 | **mehrere;** ~ Euro | **mehrerlei** | **mehrfach** | **Mehrfache,** das, -n; um ein Mehrfaches ↑ Z 55 | **Mehrheit** | **mehrmalig** | **mehrmals,** aber: mehrere Male ↑ Z 72, 96 | **mehrsprachig** | **mehrstimmig** | **mehrstöckig** | **Mehrwegflasche** | **mehrzellig**
meiden; du meidest; du miedst; du miedest; gemieden; meid[e]!
Meile, die, -, -n (ein Längenmaß) | **meilenweit,** aber: zwei Meilen weit
mein; ~ Buch; Mein und Dein unterscheiden können; das Meine/meine od. das Meinige/meinige; die Meinen/meinen od. die Meinigen/meinigen (Angehörige) ↑ Z 55
Meineid, der, -[e]s, -e (falscher Eid)
meinen
meiner; ~ Ansicht nach | **meinerseits** | **meines Erachtens** | **meines Wissens** | **meinetwegen** | **meinetwillen;** um ~
Meinung
Meise, die, -, -n

Meißel, der, -s, - (ein Werkzeug) | **meißeln**
meist; am meisten; das meiste, auch: Meiste ↑ Z 77; die meisten, auch: Meisten ↑ Z 77 | **meistens** | **meistenteils** ↑ Z 115
Meister | **meisterhaft** | **Meisterin** | **meistern** | **Meisterschaft** ↑ Z 115
melancholisch [..laŋko:..] (schwermütig)
melden | **Meldung**
melken; du melkst; du melktest, auch: molkst; du melktest, auch: mölkest; gemolken od. gemelkt; melk[e]! | **Melker**
Melodie, die, -, Plur. Melodien | **melodisch**
Melone, die, -, -n (ein Kürbisgewächs)
Membran, die, -, -en od. **Membrane,** die, -, -n (Zellenwandhäutchen; Schwingblatt)
Memoiren [meˈmoa:rən] (Plur.) (Lebenserinnerungen)
Memorandum, das, -s, Plur. Memoranden (Denkschrift)
Memory [ˈmɛmori:], der, -[s], -s (elektronischer Speicher)
Menge, die, -, -n
mengen (mischen)
mengenmäßig
Mensch, der, -en, -en | **menschenmöglich;** etwas tun, was ~ ist; etwas Menschenmögliches ↑ Z 56 | **Menschheit,** die, - | **menschlich** | **Menschlichkeit,** die, -
Mentor, der, -s, Plur. Mentoren (Berater; Lehrer, Erzieher)
Menü, das, -s, -s (1. Speisenfolge – 2. Programmauswahl zur Steuerung)
Meridian, der, -s, -e (Längenkreis)
merken | **merklich** | **Merkmal,** das, -[e]s, -e
Merkur, der, -s (ein Planet)
merkwürdig | **merkwürdigerweise**
messbar
Messe, die, -, -n (1. kath. Gottesdienst; Chorwerk – 2. Großmarkt, Ausstellung)
messen; du misst; du maßest; du mäßest; gemessen; miss!
Messer, das, -s, - | **messerscharf**
Messgerät
Messing, das, -s, -e (eine Kupfer-Zink-Legierung)
Metall, das, -s, -e; ~ verarbeitende od. metallverarbeitende Industrie ↑ Z 93 | **Metalllegierung*** ↑ Z 34 | **metallen** od. **metallisch** (aus Metall)
Metamorphose, die, -, -n (Verwandlung)
Metapher, die, -, -n (Wort mit übertragener Bedeutung)
Meteor, der, -s, -e (Sternschnuppe) | **Meteorit** (in die Atmosphäre eindringender kosmischer Körper) | **Meteorologie,** die, - (Wetterkunde) | **meteorologisch;** eine meteorologische Station (Wetterstation)
Meter, der od. das, -s, -
Methode, die, -, -n (wissenschaftl. Verfahren) | **methodisch** (planmäßig, überlegt)
Metrik, die, -, -en (Verslehre)
Metro, die, -, -s (Untergrundbahn)
Metropole, die, -, -n (Hauptstadt)
Mettwurst
Metzger (Fleischer)
Meuchelmord (hinterhältiger, feiger Mord) | **meuchlings**
Meute, die, -, -n (abwertend für Menschenmenge) | **Meuterei** (Auflehnung, Rebellion) | **meutern**
mexikanisch | **Mexiko**
Mezzosopran, der, -s, -e (mittlere Frauenstimme)
miauen
Miene, die, -, -n (Gesichtsausdruck)

mies (übel, schlecht) | **miesmachen;** etwas/jmdn. ~ ↑ Z 84 b
Miete, die, -, -n | **mieten** | **Mieter**
Migräne, die, -, -en (einseitiger Kopfschmerz)
Mikrobe, die, -, -n (Kleinstlebewesen)
Mikrochip (winziges elektronisches Bauelement)
Mikroelektronik | **Mikrofilm**
Mikrofon od. **Mikrophon,** das, -s, -e (Umwandler von akustischen in elekt. Schwingungen) ↑ S. 230, *Merke*
Mikroskop, das, -s, -e (Vergrößerungsgerät) | **mikroskopieren** | **mikroskopisch**
Mikrowellenherd
Milan, der, -s, -e (ein Greifvogel); der Rote Milan ↑ Z 64
Milbe, die, -, -n (Kleinstspinne)
Milch, die, - | **milchig**
mild[e] | **Milde,** die, - | **mildern**
Milieu [mi'li̯øː], das, -s, -s (Umwelt, Umgebung) | **milieubedingt**
Militär, das, -s (Soldatenstand; Heer) | **militärisch** | **Militarismus,** der, - | **militaristisch** ↑ Z 115
Milliarde, die, -, -n | **Milligramm,** das, -s, -e | **Millimeter,** der od. das, -s, - | **Million,** die, -, -en; eine ~ | **Millionär,** der, -s, -e (ein sehr reicher Mann) | **millionenfach**
Milz, die, -, -en (ein Organ)
Mimik, die, - (Mienenspiel) | **mimisch**
Mimose, die, -, -n (eine Pflanze) | **mimosenhaft** (empfindlich)
minder; mehr oder ~; ~ wichtig | **minderbedeutend** | **Minderheit** | **minderjährig** | **mindern** | **minderwertig** | **Minderzahl,** die, -; in der ~ sein | **mindeste;** das Mindeste; nicht im/zum Mindesten od. mindesten ↑ Z 55, 115 | **mindestens** ↑ Z 115
Mine, die, -, -n (1. Bergwerk – 2. Sprengkörper – 3. Bleistift-, Kugelschreibereinlage)
Mineral, das, -s, Plur. Mineralien [..ĭən] (Bestandteil der Erdkruste)
minimal (geringfügig) | **Minimum,** das, -s, Plur. Minima (kleinster Wert)
Minister (Regierungsmitglied) | **Ministerin** | **Ministerium,** das, -s, Plur. Ministerien [..ĭən] ↑ Z 115
mint (hellgrün)
Minuend, der, -en, -en (die zu vermindernde Zahl) | **minus** (weniger, abzüglich)
Minute, die, -, -n | **minutenlang;** eine minutenlange Pause, aber: eine drei Minuten lange Pause | **...minütig;** z. B. fünfminütig od. 5-minütig (5 Minuten dauernd); eine fünfminütige Pause | **minütlich** (jede Minute) | **...minütlich;** z. B. fünfminütlich od. 5-minütlich (alle 5 Minuten wiederkehrend); in fünfminütlichem Wechsel ↑ Z 108 | **minuziös** od. **minutiös** (peinlich genau)
mir; ~ nichts, dir nichts
Mirabelle, die, -, -en (eine Pflaumenart)
mischen | **Mischung**
miserabel (erbärmlich, schlecht)
missachten; jmdn. ~ | **Missachtung**
Missbehagen, das, -s
Missbildung
missbilligen | **Missbilligung**
Missbrauch, der, -s | **missbrauchen**
Missetat (eine schlechte, verwerfliche Tat) | **Missetäter**
missfallen; jmdm. ~ | **Missfallen,** das, -s | **missfällig**
missgestaltet
missgestimmt
missglücken ↑ Z 116

missgönnen; jmdm. etwas ~
Missgriff
Missgunst | **missgünstig** ↑ Z 115
misshandeln; jmdn. ~ | **Misshandlung**
Mission (Auftrag) | **Missionar** | **missionieren**
Misskredit; jmdn. in ~ bringen (jmdn. verleumden)
misslich (unangenehm)
misslingen
missmutig
missraten (nicht gelingen)
misstrauen; jmdm. ~ | **Misstrauen,** das, -s | **misstrauisch**
missverständlich | **Missverständnis** | **missverstehen;** jmdn. ~
Mist, der, -[e]s
Mistel, die, -, -n (eine immergrüne Pflanze) ↑ Z 115
mit; ~ dem Auto
mitarbeiten (dauernd Mitarbeiter sein), aber: mit arbeiten (auch arbeiten) | **Mitarbeiter** | **Mitarbeiterin**
mitbringen; jmdm. etwas ~ | **Mitbringsel,** das, -s, - (das Mitgebrachte)
miteinander; ~ auskommen/gehen
mitfahren; er will ~ | **Mitfahrer**
mitfühlend; am mitfühlendsten | **Mitgefühl**
Mitglied | **Mitgliedschaft**
mithilfe od. **mit Hilfe;** etwas ~ od. ~ ~ der Erläuterungen besser verstehen
Mitleid, das, -[e]s; in einem ~ erregenden od. mitleiderregenden Zustand ↑ Z 93 | **mitleidig** | **mitleid[s]los**
Mitmensch
mitreisen (mitfahren)
mitreißen (begeistern)
mitsamt (gemeinsam mit)
Mittag, der, -s, -e; gegen ~; eines Mittags; wir machen ~; heute ~; Samstagmittag; an einem Samstagmittag | **mittäglich** | **mittags,** aber: des Mittags; samstagmittags; samstags mittags
Mittäter | **Mittäterschaft,** die, -
Mitte, die, -, -n; in der ~
mitteilen (melden) | **mitteilsam** | **Mitteilung**
mittel; mittlere; mittelste | **Mittel,** das, -s, - | **Mittelalter,** das, -s | **mittelalterlich** | **mittelbar** | **mittelmäßig** | **mittels;** ~ des Wassers; ~ Flugzeugen | **mitten;** ~ in der Stadt | **mittendrin** | **Mitternacht;** um ~; heute ~ | **mitternächtlich** | **mitternachts** | **mittlerweile** | **Mittwoch,** der, -[e]s, -e ↑ Dienstag | **mittwochs** ↑ dienstags
mitunter (zuweilen)
mitwirken; bei etwas/an etwas ~
Mitwisser
mixen (Getränke mischen) | **Mixer**
Möbel, das, -s, - | **mobil** (beweglich) | **Mobiliar,** das, -s, -e (Hausrat) | **mobilisieren** (in Bewegung setzen) | **möblieren** (mit Möbeln ausstatten); ein möbliertes Zimmer
modal (die Art und Weise bezeichnend) | **Modalbestimmung** (Umstandsbestimmung der Art u. Weise)
Mode, die, -, -n | **Model,** das, -s, -s (Fotomodell, Mannequin) | **Modell,** das, -s, -e (Muster, Vorbild, Entwurf, Nachbildung) | **modellieren** (formen)
Modem, das, -s, -s (Zusatzgerät zum Übertragen von Daten zwischen Computern über die Telefonleitung)
Moder, der, -s (Fäulnis) | **mod[e]rig**
[1]**modern** (faulen); es modert
[2]**modern** (zeitgemäß, modisch) | **modernisieren**

Modern Jazz ['mɔdərn'dʒɛs] (nach 1945 entstandener Jazzstil)
modisch
[1]**Modul,** der, -s, -n (Verhältniszahl; Materialkonstante)
[2]**Modul,** das, -s, -e (Speichermedium für Videospiele, komplexes Bauteil in der Elektronik)
Modus, der, -, Plur. Modi (Art und Weise; Aussageweise)
Mofa, das, -s, -s (Kurzwort für *motorisiertes Fahrrad*)
mogeln (schummeln, nicht korrekt handeln)
mögen; du magst; du mochtest; du möchtest; gemocht; das hätte ich sehen ~
möglich; so viel wie od. als ~; so gut wie od. als ~; alles Mögliche tun; sein Möglichstes versuchen; im Rahmen des Möglichen ↑ Z 55 | **möglichenfalls** | **möglicherweise** | **Möglichkeit;** nach ~ | **möglichst;** ~ bald
Mohn, der, -[e]s, -e
Möhre, die, -, -n od. **Mohrrübe,** die, -, -n
Mokassin, der, -s, -s (eine Schuhart)
Mokka, der, -s, -s (starker Kaffee)
Molch, der, -[e]s, -e (ein Lurch)
Mole, die, -, -n (Hafenmauer)
Molekül, das, -s, -e (kleinstes Teilchen einer chem. Verbindung) | **molekular**
Molkerei, die, -, -en
Moll, das, -; f-Moll, a-Moll-Akkord ↑ Z 104, 108
mollig (rundlich; behaglich, warm)
[1]**Moment,** der, -[e]s, -e (Augenblick, Zeitpunkt) | **momentan** (augenblicklich)
[2]**Moment,** das, -[e]s, -e (Beweggrund; Merkmal)
Monarch, der, -en, -en (gekröntes Staatsoberhaupt) | **Monarchie,** die, -, Plur. Monarchien (Staatsform mit einem Monarchen an der Spitze)
Monat, der, -[e]s, -e | **monatelang** | **...monatig;** z. B. dreimonatig od. 3-monatig (drei Monate dauernd, drei Monate alt) ↑ Z 108 | **...monatlich;** z. B. dreimonatlich od. 3-monatlich (alle drei Monate wiederkehrend) ↑ Z 108
Mönch, der, -[e]s, -e (im Kloster lebender Angehöriger eines Ordens)
Mond, der, -[e]s, -e
Mongolei | **mongolisch**
Monitor, der, -s, Plur. Monitore[n] (Kontrollgerät beim Fernsehen)
monofon od. **monophon** (einkanalig)
Monogramm, das, -s, -e (Namenszeichen)
Monolog, der, -s, -e (Selbstgespräch)
Monopol, das, -s, -e (Recht auf Alleinhandel; Vorrecht, alleiniger Anspruch)
monoton (eintönig)
Monsun, der, -s, -e (ein Wind der Tropenzone)
Montag ↑ Dienstag
Montage [mɔn'ta:ʒə], die, -, -n (Aufbau, Zusammenbau, z. B. einer Maschine)
montags ↑ dienstags
Monteur [mɔn'tø:r], der, -s, -e (Montagefacharbeiter) | **montieren**
Monument, das, -[e]s, -e (Denkmal) | **monumental** (gewaltig, großartig)
Monster, das, -, - (ein Ungeheuer)
Moor, das, -[e]s, -e | **Moorbad** | **moorig**
Moos, das, -es, -e | **moosgrün**
Moped, das, -s, -s
Mopp, der, -s, -s (Wollbesen)
Mops, der, -es, Plur. Möpse (eine Hunderasse)

Moral, die, - (Sittlichkeit) | **moralisch** | **moralisieren** | **Moralist** | **Moralpredigt**

Moräne, die, -, -n (vom Gletschereis abgelagerter Gesteinsschutt)

Morast, der, -[e]s, Plur. -e od. Moräste (sumpfige schwarze Erde) | **morastig** ↑ Z 115

Morchel, die, -, -n (ein Pilz)

Mord, der, -[e]s, -e | **morden** | **Mörder** | **mörderisch**

Morelle, die, -, -n (Kirsche); Schattenmorelle (Sauerkirsche)

morgen; ~ Abend/Mittag/Nacht; ~ früh, auch: Früh; die Modelle von ~; bis ~, aber: bis zum Morgen

[1]**Morgen,** der, -s, - (Tagesanfang); gegen ~; eines Morgens; heute ~; Montagmorgen; der Montagmorgen

[2]**Morgen,** das, - (die Zukunft); das Heute und das ~ ↑ Z 55

morgendlich | **morgens;** ~ früh; aber: des Morgens | **morgig;** der morgige Tag

morsch

Morsealphabet (Alphabet für die Telegrafie) | **morsen** (etwas durch Morsezeichen übermitteln)

Mörser (1. Gefäß zum Zerkleinern – 2. ein schweres Geschütz)

Mörtel, der, -s, - (Gemisch aus Wasser, Sand u. Bindemittel)

Mosaik, das, -s, -en (aus farbigen Steinchen zusammengesetztes Bild) | **mosaikartig**

Moschee, die, -, Plur. Moscheen (islam. Bethaus)

Moslem od. **Muslim,** der, -s, -s (Anhänger des Islams)

Most, der, -[e]s, -e (Fruchtsaft)

Motel, das, -s, -s (in der Nähe von Autobahnen, Fernstraßen usw. gelegenes Hotel, besonders für Autoreisende)

Motiv, das, -s, -e (Ursache, Beweggrund; Thema eines Musikstücks) | **motivieren** (begründen)

Motor, der, -s, Plur. Motoren | **motorisch** | **motorisiert** | **Motorrad** | **Motorroller**

Motte, die, -, -n

Motto, das, -s, -s (Denk-, Leitspruch)

Mountainbike od. **Mountain-Bike** [ˈmauntinbaik], das, -s, -s (Geländefahrrad)

Möwe, die, -, -n

MP3 (Verkleinerung von Musikdateien) | **MP3-Format,** das, -s, -e | **MP3-Player** [..ple:ər], der, -s, - (Abspielgerät für MP3-Dateien)

Mücke, die, -, -n ↑ Z 116

mucken (halblaut aufbegehren) ↑ Z 116 | **Mucks;** keinen ~ tun | **mucksen** | **mucksmäuschenstill**

müde | **Müdigkeit,** die, -

Muffe, die, -, -n (Rohransatzstück)

Muffel, das, -s, - od. **Mufflon,** das, -s, -s (ein Wildschaf)

Mühe, die, -, -n | **mühelos** | **mühen, sich** (Akk.)

Mühle, die, -, -n

mühsam | **mühselig**

Mulatte, der, -n, -n (Nachkomme eines schwarzen u. eines weißen Elternteils)

Mulde, die, -, -n | **muldenförmig**

Mull, der, -[e]s, -e (ein Baumwollgewebe)

Müll, der, -[e]s (Kehricht, Abfall) | **Müllcontainer**

Müller

multikulturell (viele Kulturen umfassend)

Multimedia (Zusammenspiel von Bild, Ton, Daten usw.)

Multiplikation | **multiplizieren**

Mumie [..ĭə], die, -, -n (vor Verwesung geschützter Leichnam)

Mumps, der, - (eine Infektionskrankheit)

Mund, der, -es, Plur. Münder | **Mundart** | **mundartlich**
munden (schmecken) | **münden** (einmünden)
Mundharmonika
mündig (volljährig) | **Mündigkeit,** die, -
mündlich | **mundtot;** jmdn. ~ machen | **Mündung**
Munition, die, -, -en (mit Sprengstoff gefüllte Patronen)
munkeln (heimlich etwas sagen)
munter
Münze, die, -, -n (1. Geldstück – 2. Geldprägestätte) | **münzen;** das ist auf dich gemünzt
mürbe; ~ sein/werden | **mürbemachen;** jmdn. ~ (aufreiben, zum Aufgeben bringen) ↑ Z 84 b | **Mürb[e]teig**
murmeln
Murmeltier
murren | **mürrisch**
Mus, das, -es, -e | **musartig**
Muschel, die, -, -n | **muschelförmig**
Museum, das, -s, Plur. Museen
Musical [ˈmju:zikəl], das, -s, -s (heiteres musikal. Bühnenwerk)
Musik, die, - | **musikalisch** (musikbegabt) | **Musikant,** der, -en, -en | **Musiker,** der, -s, - | **musisch** (die Künste betreffend; künstlerisch) | **musizieren**
Muskel, der, -s, -n | **Muskulatur,** die, -, -en | **muskulös**
Muslim ↑ Moslem
Muss, das, - (Zwang)
Muße, die, - (freie Zeit); mit ~
müssen; du musst; du musstest; du müsstest; gemusst; du hast gemusst, aber: du hättest es tun ~
müßig (untätig; überflüssig); ~ sein; eine müßige Frage | **Müßiggang,** der, -[e]s | **müßiggehen** (faulenzen)
Muster, das, -s, - | **mustergültig** | **musterhaft** | **mustern;** jmdn. ~ | **Musterung** ↑ Z 115
Mut, der, -[e]s; guten Mutes sein; zu Mute od. zumute | **mutig** | **mutlos** | **Mutlosigkeit,** die, - | **mutmaßen** (vermuten) | **mutmaßlich** (vermutlich)
[1]**Mutter,** die, -, Plur. Mütter
[2]**Mutter,** die, -, -n (Schraubenteil)
mütterlich | **Muttermal,** das, -[e]s, -e | **mutterseelenallein**
Mutwille, der, -ns | **mutwillig**
Mütze, die, -, -n
Myrre od. **Myrrhe,** die, -, -n (ein Duftharz)
Myrte, die, -, -n (ein immergrüner Strauch)
Mystik | **mystisch** (geheimnisvoll) ↑ Z 115
Mythologie, die, -, Plur. Mythologien (Götterlehre; Sagenkunde)
Myzel, das, -s, Plur. Myzelien [..ĭən] (Pilzgeflecht)

N

Nabe, die, -, -n (Mittelhülse bei Rädern)
Nabel, der, -s, -
nach; ~ dem Fest; ~ Hause od. nachhause
nachäffen; jmdn. ~
nachahmen; jmdn. ~ | **nachahmenswert** | **Nachahmung**
Nachbar, der, Gen. -n od. -s, Plur. -n | **Nachbarin** | **nachbarlich** | **Nachbarschaft**
Nachbildung
nachdem; je ~; ~ er gegangen war, aber: nach dem Essen
nachdenken | **nachdenklich**
Nachdruck; mit ~ | **nachdrücklich**
nacheifern; jmdm. ~
nacheinander; ~ gehen/kommen

nacherzählen | **Nacherzählung**
nachfolgen | **nachfolgend;** im Nachfolgenden; das Nachfolgende; Nachfolgendes ↑ Z 55 | **Nachfolger,** der, -s, -
nachforschen
nachgeben | **nachgiebig** | **Nachgiebigkeit**
nachhaltig
nachher
nachhinein; im Nachhinein (hinterher, nachträglich)
nachkommen | **Nachkomme,** der, -n, -n | **Nachkommenschaft**
nachlassen | **nachlässig** | **Nachlässigkeit**
Nachmittag; am ~; des Nachmittags; morgen ~; Sonntagnachmittag; an einem Sonntagnachmittag | **nachmittäglich** | **nachmittags;** ~ um drei; sonntagnachmittags; sonntags ~ um drei
Nachnahme, die, -, -n
Nachname, der, -ns, -n
Nachricht, die, -, -en
nachsehen; jmdm. etwas ~ | **Nachsehen,** das, -s; das ~ haben | **Nachsicht,** die, - | **nachsichtig**
Nachsilbe
nächst; der nächste Tag; der/die/das Nächste; als Nächstes; fürs Nächste ↑ Z 55; das nächste Beste, aber: der Nächstbeste; am nächsten
nachstehend; im Nachstehenden (weiter unten) ↑ Z 55
nächstens | **Nächstliegende,** das, -n
Nacht, die, -, Plur. Nächte; heute/morgen ~; des Nachts, aber: nachts; Gute ~ sagen od. gute ~ sagen; über ~, aber: nachtsüber ↑ Z 72, 96
Nachteil, der, -[e]s, -e | **nachteilig**
Nachtigall, die, -, -en
nächtigen (übernachten) | **nächtlich**
Nachtrag, der, -[e]s, Plur. Nachträge | **nachträglich**
nachts, aber: des Nachts | **nachtsüber** ↑ Z 72, 96
Nachweis, der, -es, -e | **nachweisbar** | **nachweisen** (beweisen); jmdm. etwas ~ | **nachweislich**
Nachwelt, die, -
nachzahlen | **nachzählen** | **Nachzahlung**
Nachzügler (jmd., der verspätet eintrifft)
Nacken, der, -s, - (hinterer Teil des Halses) ↑ Z 116
nackt od. **nackend** ↑ Z 116
Nadel, die, -, -n | **nadelförmig** | **nadeln;** die Fichte nadelt
Nagel, der, -s, Plur. Nägel | **nageln** | **nagelneu**
nagen | **Nagetier**
nah[e]; die nahe Umgebung, aber: der Nahe Osten ↑ Z 64; von ~ und fern ↑ Z 78a; von Nahem od. nahem ↑ Z 78b; ~ daran; ~ liegen (in der Nähe) ↑ Z 86, ↑ aber: naheliegen; ein ~ liegender od. naheliegender Ort ↑ Z 93, aber: ein naheliegender Gedanke | **Nähe,** die, -; aus nächster ~ | **nahebringen** (jmdm. etwas erläutern, Verständnis wecken) ↑ Z 84b | **nahegehen** (innerlich ergreifen) ↑ Z 84b | **nahekommen** (fast gleich sein; vertraut werden) ↑ Z 84b | **nahelegen** (empfehlen) ↑ Z 84b | **naheliegen;** eine Vermutung, die naheliegt; eine naheliegende Frage, ↑ aber: nahe | **nahen, sich** (Akk.) | **nahestehen** (befreundet/verbunden sein) ↑ Z 84b | **nahetreten** (beleidigen); jmdm. ~, aber: jmdm. zu nahe treten
nähen
näher; des Näheren; alles Nähere ↑ Z 56; man weiß nichts Näheres; ~ kommen/treten (näher heran) ↑ Z 86, ↑ aber: näherkommen, nähertreten | **näherbringen** (verständ-

lich machen, erklären) ↑ Z 84b | **näherkommen;** sich ~ (besser kennen lernen) ↑ Z 84b | **nähertreten** (sich mit etwas beschäftigen) ↑ Z 84b | **nahezu**

nähren | **nahrhaft** | **Nahrung**

Naht, die, -, Plur. Nähte | **nahtlos**

naiv (natürlich; kindlich)

Name, der, -ns, -n od. **Namen,** der, -s, -; im ~ | **namenlos** | **namentlich**

nämlich; der/die/das Nämliche ↑ Z 55

Napf, der, -[e]s, Plur. Näpfe

Nappaleder

Narbe, die, -, -n | **narbig**

Narkose, die, -, -n (Betäubung)

Narr, der, -en, -en | **närrisch** (töricht, unsinnig); närrisches Zeug reden

Narzisse, die, -, -n (eine Blume)

naschen | **naschhaft**

Nase, die, -, -n | **naseweis;** ~ sein | **Nashorn**

nass; nasser od. nässer; nasseste od. nässeste, aber: das Nass ↑ Z 55 | **Nässe,** die, - | **nässen** | **nasskalt**

Nation (Staatsvolk) | **national;** nationale Frage | **Nationalhymne** | **Nationalität,** die, -, -en (Zugehörigkeit zu einer Nation)

Natrium, das, -s (ein chem. Element)

Natter, die, -, -n

[1]**Natur,** die, -, -en (Wesensart)

[2]**Natur,** die, - (Landschaft)

Naturell, das, -s, -e (Veranlagung) | **naturgemäß** | **naturgetreu** | **natürlich** | **Natürlichkeit** | **Naturwissenschaft**

Navelorange

Navigation (Kursbestimmung) | Navigator, der, -s, Plur. Navigatoren

Nazi, der, -s, -s (Kurzwort für *Nationalsozialist*)

Nebel, der, -s, - | **neb[e]lig**

neben; ~ mir; ~ mir stehen; ~ mich stellen | **nebenan** | **nebenbei** | **nebenberuflich** | **nebeneinander;** ~ herlaufen; das Nebeneinander | **nebeneinanderlegen** | **nebeneinanderliegen** | **nebeneinandersitzen** | **nebeneinanderstellen** ↑ Z 84e | **nebenher** | **nebenherfahren** | **nebenherlaufen** | **nebensächlich**

nebenstehend; im Nebenstehenden; Nebenstehendes

nebst; ~ seinem Bruder

Necessaire ↑ Nessessär

necken; jmdn. zum Spaß ~ | **neckisch** ↑ Z 116

Neffe, der, -n, -n

negativ (verneinend, ergebnislos); eine negative Zahl | **Negativ,** das, -s, -e (Gegenbild)

nehmen; du nimmst; du nahmst; du nähmest; genommen; nimm!

Nehrung (Landzunge)

Neid, der, -[e]s | **neiden;** jmdm. etwas ~ | **neidisch** | **neidlos**

Neige, die, -, -n (Rest); zur ~ gehen | **neigen;** zu etwas ~; sich (Akk.) ~ | **Neigung**

nein; das Nein; mit einem Nein antworten; Nein sagen od. ~ sagen; mit Nein stimmen ↑ Z 55

Nektar, der, -s, -e (Blütenabsonderung)

Nektarine, die, -, -n (Pfirsichart mit glatthäutigen Früchten)

Nelke, die, -, -n (1. eine Blume – 2. ein Gewürz)

nennen; du nennst; du nanntest; du nenntest; genannt; nenn[e]! | **nennenswert** | **Nenner**

Neon, das, -s (ein chem. Element; Edelgas)

neppen (übervorteilen)

Neptun, der, -s (1. ein Planet – 2. griech. Gott des Meeres)

Nerv [nɛrf], der, -s, -en | **Nervensystem** | **nervig** (sehnig) | **nervlich** (das Nervensystem betreffend) | **nervös** [..v..] (nervenschwach, reizbar) | **Nervosität** [..v..], die, -
Nerz, der, -es, -e (ein Pelztier; ein Pelz)
Nessessär od. **Necessaire** [nesɛˈsɛ:r], das, -s, -s (Behältnis für Toiletten- und Nähutensilien)
Nest, das, -[e]s, -er
nett (freundlich, sympathisch)
netto (rein, nach Abzug der Verpackung od. der Unkosten) | **Nettomasse** (Masse ohne Verpackung)
Netz, das, -es, -e | **netzartig**
neu; neuer; neu[e]ste; ~ eröffnet od. neueröffnet; das ~ eröffnete od. neueröffnete Geschäft ↑ Z 94; das neue Jahr; von Neuem od. neuem ↑ Z 78b; aufs Neue versuchen; etwas/nichts Neues ↑ Z 56, 78; das Neue Testament ↑ Z 64 | **neuartig** | **neuerdings** (seit Kurzem) | **Neugier[de],** die, - | **neugierig** | **Neuigkeit** (neue Nachrichten) | **neulich** (unlängst) | **Neuling**
neun ↑ acht | **Neun,** die, -, -en ↑ Acht | **neunmalklug** (überklug) | **neunzehn** | **Neunzehn,** die, -, -en | **neunzig** | **Neunzig,** die, -, -en
neutral (unbeteiligt; unparteiisch) | **Neutralität,** die, -
Neutron, das, -s, Plur. Neutronen (ungeladener Atomkernbaustein)
Neutrum, das, -s, Plur. Neutra (sächl. Geschlecht; sächl. Substantiv)
Neuzeit, die, - | **neuzeitlich**
Newton [ˈnju:tən], das, -s, - (Einheit der Kraft)
nicht; ~ einmal; ~ mal; gar ~; ~ wahr?; berufstätige und ~ berufstätige od. nichtberufstätige Frauen; ein ~ leitender od. nichtleitender Stoff; ~ rostender od. nichtrostender Stahl; eine ~ zutreffende od. nichtzutreffende Bemerkung
Nichte, die, -, -n
nichtig; null und ~ | **nichts;** für/um ~; ~ als Ärger; ~ ahnen/sagen; ~ ahnend/sagend od. nichtsahnend, nichtssagend ↑ Z 93 | **Nichts,** das, -; vor dem ~ stehen | **nichtsdestoweniger** | **nichtsnutzig**
Nickel, das, -s (ein Metall; ein chem. Element) ↑ Z 116
nicken ↑ Z 116
nie; ~ und nimmer
nieder; auf und ~; das Auf und Nieder
niederdrückend; am niederdrückendsten ↑ Z 116
niedergeschlagen
niederlassen; sich ~
Niederschlag
Niedersachsen | **niedersächsisch**
niederschreiben | **Niederschrift**
niederträchtig | **Niederträchtigkeit**
niedlich
niedrig; Hoch und Niedrig sind als Gäste geladen
niemals
niemand; Gen. -[e]s, Dat. - od. -em, Akk. - od. -en; ~ anderes, auch: Anderes ↑ Z 77; ~ Bekanntes; ein Niemand
Niere, die, -, -n
nieseln (fein regnen); es nieselt
niesen
Niet, der, -[e]s, -e (Metallbolzen)
Niete, die, -, -n (Los, das nichts gewinnt)
nieten | **niet- und nagelfest**
Nikotin, das, -s (Giftstoff im Tabak)
nimmer; nie und ~ | **nimmermehr**

Nippel, der, -s, - (Rohrverbindungsstück)

nippen

nirgends | **nirgend[s]wo**

Nische, die, -, -n (Vertiefung in einer Mauer od. Wand)

nisten ↑ Z 115 | **Nistkasten**

Nitrat, das, -[e]s, -e (Salz der Salpetersäure) | **Nitrid,** das, -[e]s, -e (Metall-Stickstoff-Verbindung)

Niveau [..'vo:], das, -s, -s (Höhenstufe; Rang, Gesichtskreis)

Nixe, die, -, -n (ein Wassergeist)

nobel (vornehm, großzügig)

Nobelpreis [..'bɛl..]

noch; ~ einmal/mal, auch: nochmal | **nochmals**

Nocken, der, -s, - (Vorsprung an einer Scheibe) ↑ Z 116

Nomade, der, -n, -n (Angehöriger eines nichtsesshaften Hirtenstammes)

Nomen, das, -s, Plur. - od. Nomina (Substantiv, Nennwort) | **Nominativ,** der, -s, -e (1. Fall)

Nonne, die, -, -n (im Kloster lebende Angehörige eines Ordens)

nonstop (ohne Halt); ~ fliegen | **Nonstopflug** (Flug ohne Zwischenlandung)

Noppe, die, -, -n (Knoten in Geweben u. Garnen)

Nord; ~ und Süd | **Norden,** der, -s; aus dem ~ | **nördlich** | **nordöstlich** | **Nordpol,** der, -s | **Nordrhein-Westfalen** | **nordrhein-westfälisch** | **nordwärts** | **nordwestlich**

nörgeln (in kleinlicher Weise kritisieren)

Norm, die, -, -en (Regel; Vorbild; Vorschrift) | **normal** (üblich; vorschriftsmäßig) | **normalerweise** | **normalisieren** | **normen** (einheitlich vorschreiben) | **normieren** (einheitl. gestalten, vereinheitlichen) | **normwidrig** (gegen die Norm)

Norwegen | **norwegisch**

Nostalgie, die, -, Plur. Nostalgien (Sehnsucht nach Vergangenem)

Not, die, -, Plur. Nöte; ~ leiden; ~ leidend od. notleidend ↑ Z 93; die ~ Leidenden auch: Notleidenden; ~ lindern; ~ lindernd od. notlindernd ↑ Z 93; in ~ sein, aber: not sein/werden; in Nöten sein, aber: vonnöten sein (↑ nottun)

Notar, der, -s, -e (Amtsperson zur Beurkundung von Rechtsgeschäften)

notdürftig (knapp, behelfsmäßig)

Note, die, -, -n; halbe Note; aber: Viertelnote

Notebook ['no:tbʊk], das, -[s], -s (tragbarer Computer)

Notfall; im ~ | **notfalls** | **notgedrungen**

notieren (aufzeichnen); sich etwas Wichtiges ~

nötig, das Nötigste; es fehlt am Nötigsten; das ist am nötigsten | **nötigen** (auffordern; zwingen); jmdn. ~ | **nötigenfalls**

Notiz, die, -, -en (Aufzeichnung, Nachricht)

notlanden ↑ Z 82 | **Notlandung** | **Notstand** | **Notstromaggregat** | **nottun;** schnelle Hilfe tut not ↑ Z 84a | **Notwehr;** in ~ handeln | **notwendig;** das Notwendigste mitnehmen ↑ Z 55 | **Notwendigkeit**

Nougat ['nu:gat] ↑ Nugat

Novelle, die, -, -n (kleine Prosaerzählung)

November, der, -[s], -

Nuance [ny'ɑ̃:sə], die, -, -n (feiner Unterschied)

nüchtern

Nudel, die, -, -n

Nugat od. **Nougat,** das od. der, -s, -s (ein Konfekt)

null; ~ und nichtig; eins zu ~; ~ Fehler haben; durch ~ teilen; unter ~ sinken; gleich ~ sein; zu ~ werden; in ~ Komma nichts ↑ acht | **Null,** die, -, -en (Zahl, Nullpunkt, etwas Wertloses); eine Zahl mit drei Nullen; er ist eine ~; die Ziffer ~ ↑ Acht

Numerale, das, -s, Plur. Numeralien [..ĭən] (Zahlwort) | **Numerus,** der, -, Plur. Numeri (Bezeichnung für Einzahl u. Mehrzahl) | **Nummer,** die, -, -n (Zahl); ~ drei | **nummerieren** | **Nummerierung**

nun; von ~ an | **nunmehr**

nur; ~ Gutes; ~ noch

Nuss, die, -, Plur. Nüsse

Nüster, die, -, -n (Nasenloch des Pferdes) ↑ Z 115

Nut, die, -, -en od. **Nute,** die, -, -n (Furche, Fuge)

Nutria, die, -, -s (Biberratte)

nutz; zu nichts ~ od. nütze sein; sich etwas zunutze od. zu Nutze machen ↑ Z 96, *Merke* | **nutzbar;** ~ machen | **nutzbringend;** am nutzbringendsten | **nutzen** od. **nützen** | **Nutzen,** der, -s; es ist von ~ | **nützlich** | **Nützlichkeit,** die, - | **nutzlos** | **Nutzlosigkeit,** die, - | **Nutznießer,** der, -s, - (jmd., der den Nutzen von etwas hat) | **Nutzung**

Nylon [ˈnailɔn], das, -[s] (eine Kunstfaser)

O

o; o ja!; o nein!; o weh! (↑ oder: oh ja! ...)

Oase, die, -, -n (Vegetationsinsel in der Wüste)

ob; als ~

Obacht, die, -; ~ geben; in ~ nehmen

Obelisk, der, -en, -en (Spitzpfeiler)

oben; nach ~; von ~; ~ sein/bleiben/stehen; der ~ stehende od. obenstehende Artikel ↑ Z 93; das ~ Stehende, auch: Obenstehende; ~ Stehendes, auch: Obenstehendes | **obenan** | **obenauf** | **obendrein** | **Ober** | **Oberfläche** | **oberflächlich** | **Oberflächlichkeit** | **oberhalb;** ~ des Dorfes | **Oberleitungsomnibus** ↑ Obus | **Oberschule** | **oberst** (ganz oben) | **Oberst,** der, Gen. -s od. -en, Plur. -en (ein Offiziersrang)

obgleich

Obhut, die, - (Fürsorge, Schutz); etwas in/unter seine ~ nehmen

Objekt, das, -[e]s, -e (1. Gegenstand, Sache – 2. Satzglied) | **objektiv** (sachlich) | **Objektiv,** das, -s, -e (dem Objekt zugekehrtes Linsensystem eines opt. Gerätes) | **Objektivität** die, -

Oboe, die, -, -n (ein Holzblasinstrument)

obschon

Observatorium, das, -s, Plur. Observatorien [..ĭən] (Sternwarte)

Obst, das, -[e]s, Plur. Obstsorten

Obus, der, Gen. - od. -ses, Plur. -se (Kurzwort für *Oberleitungsomnibus*)

obwohl | **obzwar**

Ochse, der, -n, -n

[1]**Ocker,** der, -s, - (ein Mineral)

[2]**Ocker,** der od. das, -s, - (gelbbraune Farbe) | **ockergelb**

Ode, die, -, -n (feierl. Gedicht)

öd[e] (unfruchtbar; gering bewachsen) | **Öde,** die, -, -n

oder; entweder ... oder, aber: das Entweder-oder ↑ Z 55; ~ Ähnliches

Ofen, der, -s, Plur. Öfen

Off, das, - (Unsichtbarbleiben des Sprechers); aus dem ~ sprechen

offen; ~ (freimütig, ehrlich) gestanden od. offengestanden ↑ Z 93; ~ bleiben; die Fenster ~ halten/lassen ↑ Z 86, ↑ aber: offenhalten, offenlassen; die Tür soll ~ bleiben/stehen ↑ Z 86, aber: offenbleiben, offenstehen | **offenbar** | **offenbaren** | **offenbleiben;** die Frage muss ~ ↑ Z 84b | **offenhalten;** sich eine Entscheidung ~ ↑ Z 84b | **Offenheit,** die, - | **offenherzig** | **offenkundig** | **offenlassen** (noch nicht festlegen) ↑ Z 84b | **offensichtlich** | **offenstehen;** es soll dir ~ (überlassen sein) ↑ Z 84b

offensiv (angreifend) | **Offensive,** die, -, -n (Angriff)

öffentlich | **Öffentlichkeit,** die, -

offiziell (amtlich)

Offizier, der, -s, -e

öffnen | **Öffner** | **Öffnung**

o-förmig od. **O-förmig**

oft; des Öfteren | **oftmals**

oh!; oh, ist das schön!; oh ja!; oh nein!; oh weh! (↑ oder: o ja! ...)

Ohm, das, -[s], - (Einheit des elektr. Widerstands); das ohmsche od. Ohm'sche Gesetz ↑ Z 113, *Merke*

ohne; ~ dich; ~ mich; ~ Weiteres od. weiteres ↑ Z 78b; das ist nicht ~ (die Sache ist bedenklich) | **ohnedies** (sowieso) | **ohneeinander** | **ohnegleichen** | **ohnehin**

Ohnmacht, die, -, -en (Anfall von Bewusstlosigkeit) | **ohnmächtig**

Ohr, das, -[e]s, -en | **Öhr,** das, -[e]s, -e (Loch in Nadel) | **Ohrfeige** | **ohrfeigen;** jmdn. ~

Okkupation (Besitzergreifung; Besetzung fremden Staatsgebietes) | **okkupieren**

Ökonomie, die, - (Wirtschaftlichkeit; Wirtschaftswissenschaft) | **ökonomisch**

Oktave [..və], die, -, -n (Intervall von acht Tönen)

Oktober, der, -[s], -

Okular, das, -s, -e (dem Betrachter zugekehrtes Linsensystem eines opt. Gerätes)

Öl, das, -[e]s, -e | **ölig**

Oldtimer ['o:ldtaimər], der, -s, - (Fahrzeug aus der Frühzeit des Fahrzeugbaus)

oliv (olivenfarbig) | **Olive,** die, -, -n (Frucht des Ölbaumes) | **olivgrün**

Olymp, der, -s (Berg in Griechenland) | **Olympiade,** die, -, -n (Olympische Spiele) | **olympisch;** das olympische Feuer, aber: die Olympischen Spiele ↑ Z 64

Oma, die, -, -s

Omelett, das, -[e]s, Plur. -e od. -s (Eierkuchen)

Omnibus, der, -ses, -se

Onkel, der, -s, -

Opa, der, -s, -s

Open-Air-Festival ['o:p(ə)nɛ:(r)..] (Veranstaltung im Freien)

Oper, die, -, -n (musikal. Bühnenwerk)

Operation (1. chirurg. Eingriff – 2. Verfahren)

Operette, die, -, -n (heiteres musikal. Bühnenwerk)

operieren (verfahren; eine Operation durchführen)

Opfer, das, -s, - | **opfern;** sich (Akk.) ~

opponieren (widersprechen) | **Opposition** (Gegnerschaft, Gegengruppe; Widerstand)

opportun (augenblicklich günstig) | **Opportunismus,** der, -

Optik, die, - (Lehre vom Licht) | **Optiker** (jmd., der opt. Geräte herstellt bzw. verkauft)

optimal (sehr gut; bestens) | **Optimismus,** der, - (Lebensbejahung) | **Optimist** | **optimistisch** ↑ Z 115

optisch; ein optisches Gerät
Orakel, das, -s, - (rätselhafter Ausspruch)
Orange ['oraŋʒə], die, -, -n (Apfelsine) | **orange[n]farbig**
Orang-Utan, der, -s, -s (ein Menschenaffe)
Orbitalstation (die Erde umkreisende Raumstation)
Orchester [..'kɛs..], das, -s, - (Gemeinschaft einer größeren Zahl von Instrumentalmusikern)
Orchidee [ɔrçi..], die, -, -n (eine Blume)
Orden, der, -s, - (Ehrenzeichen)
ordentlich
Order, die, -, -n (Befehl; Bestellung) | **ordern**
ordinär (gewöhnlich, unanständig)
Ordinate, die, -, -n (senkr. Achse des Koordinatensystems)
ordnen | **Ordner** (Mappe zum Abheften von Schriftstücken | **Ordnung**
Ordonnanz od. **Ordonanz,** die, -, -en (zur Befehlsübermittlung abkommandierter Soldat)
Organ, das, -s, -e | **Organisation** | **organisatorisch** | **organisch** (belebt) | **organisieren** | **Organismus,** der, -, Plur. Organismen (einheitl. gegliedertes Ganzes; Lebewesen)
Orgel, die, -, -n (großes Tasteninstrument)
Orient ['o:riɛnt], der, -s (Morgenland; Vorder- u. Mittelasien) | **orientalisch** | **orientieren;** sich (Akk.) ~ | **Orientierung**
Original, das, -s, -e (Urbild, Urschrift) | **original** (ursprünglich, echt); ~ Nürnberger Lebkuchen | **originell** (eigenartig; einzigartig; komisch)
Orkan, der, -s, -e (stärkster Sturm)
Ornament, das, -[e]s, -e (Verzierung, Schmuck)
Ort, der, -[e]s, -e | **orten**
Orthografie od. **Orthographie,** die, -, Plur. Orthografien od. Orthographien (Rechtschreibung) | **orthografisch** od. **orthographisch** | **Orthopäde,** der, -n, -n (Arzt für Krankheiten des Bewegungsapparates) | **orthopädisch**
örtlich | **Ortschaft**
Öse, die, -, -n (Teil eines Verschlusses)
Ost; ~ und West | **Osten,** der, -s ↑ Z 115
Ostern, das, -; zu ~ ↑ Z 115
Österreich | **österreichisch** ↑ Z 115
östlich | **ostwärts**
[1]**Otter,** der, -s, - (Fischotter)
[2]**Otter,** die, -, -n (eine Giftschlange)
Outfit ['autfit], das, -[s], -s (Kleidung, Aussehen)
Output ['autpʊt], der, -[s], -s (Arbeitsergebnis eines Computers)
Outsider ['autsaidə(r)], der, -s, - (Außenseiter)
Ouvertüre [uvɛr..], die -, -n (musikalisches Eröffnungsstück)
oval (eiförmig)
Ovation [..v..] (begeisterter Beifall)
Overall ['o:vərɔ:l], der, -s, -s (einteiliger Anzug)
Oxid, das, -[e]s, -e (Verbindung mit Sauerstoff) | **oxidieren** | **Oxidation**
Ozean, der, -s, -e (Weltmeer); der Atlantische ~ ↑ Z 64
Ozon, das, -s, (besondere Form des Sauerstoffs) | **Ozonloch** (Zerstörung der oberen Schichten der Erdatmosphäre)

P

paar; ein ~ (einige) Leute; mit ein ~ Worten; ein paarmal, bei besonderer Betonung: ein ~ Mal | **Paar,** das, -[e]s, -e; ein glückliches ~; ein ~ Strümpfe (zwei zusammengehörige Strümpfe), ↑ aber: Pärchen ↑ Z 8 | **paarig** | **Paarung** | **paarweise;** ~ antreten

Pacht, die, -, -en | **pachten** | **Pächter**

Päckchen, das, -s, - | **packen** ↑ Z 116 | **Packpapier** | **Packung**

Pädagoge, der, -n, -n (Erzieher, Lehrer) | **Pädagogin** | **pädagogisch** (erzieherisch)

Paddel, das, -s, - (kurzes Ruder) | **paddeln**

Paella [pa'ɛlja], die, -, -s (Reisgericht mit verschiedenen Sorten Fleisch und Fisch)

Paket, das, -[e]s, -e

Pakt, der, -[e]s, -e (Vertrag) | **paktieren** (gemeinsame Sache machen)

Palais [..'lɛ:], das, -, - (Schloss, Palast) | **Palast,** der, -es, Plur. Paläste

Palästina (Gebiet zwischen Mittelmeer u. Jordan) | **Palästinenser**

Palette, die, -, -n (1. Stapelplatte – 2. Gerät des Kunstmalers)

Palisade, die, -, -n (aus Pfählen bestehendes Hindernis) | **Palisander,** der, -s, - (ein tropisches Edelholz)

Palme, die, -, -n (ein tropischer Baum)

Pampa, die, -, -s (Steppe in Argentinien und Uruguay)

Pampelmuse, die, -, -n (eine Zitrusfrucht)

Pamphlet, das, -[e]s, -e (Flug-, Streitschrift)

panieren; Schnitzel ~

Panik, die, -, -en (plötzl. Schrecken; Verwirrung) | **panisch;** panische Angst

Panne, die, -, -n (Schaden; Störung)

Panorama, das, -s, Plur. Panoramen (Rundsicht)

Panter od. **Panther** (eine Raubkatze)

Pantoffel, der, -s, -n | **Pantolette,** die, -, -n (pantoffelartiger Schuh)

Panzer | **panzern;** sich (Akk.) ~

Papa, der, -s, -s

Papagei, der, Gen. -en od. -s, Plur. -en (ein in den Tropen lebender Vogel)

Papaya, die, -, -s (der Melone ähnliche Frucht)

Papier, das, -s, -e | **papieren** (aus Papier) | **Pappe,** die, -, -n

Pappel, die, -, -n (ein Laubbaum)

pappen (kleistern) | **pappig** | **Pappmaschee** od. **Pappmaché,** das, -s, -s (formbare Papiermasse)

Paprika, der, -s, -[s] (ein Gewürz; ein Gemüse)

Papst, der, -[e]s, Plur. Päpste (Oberhaupt der kath. Kirche) | **päpstlich**

Parabel, die, -, -n (1. lehrhafte Erzählung – 2. ein Kegelschnitt)

Parade, die, -, -n (Heer-, Flottenschau)

Paradies, das, -es, -e | **paradiesisch**

paradox (wirklich od. scheinbar widersinnig)

Paraffin, das, -s, -e (wachsähnliches Gemisch)

Paragliding [..glaidiŋ], das, -s (Fliegen mit fallschirmähnl. Gleitsegeln)

Paragraf od. **Paragraph,** der, -en, -en (kleiner Abschnitt in Gesetzen u. Verträgen)

parallel (gleich laufend) ~ schalten/laufen; ~ laufend/geschaltet od. parallellaufend, parallelgeschaltet ↑ Z 93; ~ laufende od. parallellaufende Linien; ~ geschaltete od. parallelgeschaltete Widerstände | **Parallele,** die, -, -n | **Parallelogramm,** das, -s, -e | **Parallelschaltung**

paraphieren (Verträge vorläufig unterzeichnen)
Parasit, der, -en, -en (Schmarotzer) | **parasitär** (schmarotzerhaft)
parat (bereit, gebrauchsfertig); etwas ~ haben
Pärchen, das, -s, - ↑ aber: Paar
Parfüm, das, -s, Plur. -s od. -e | **parfümieren;** sich (Akk.) ~
Park, der, -[e]s, Plur. -s od. -e
Parka, der, -s, -s (fast knielanger warmer Anorak mit Kapuze)
parken
Parkett, das, -[e]s, Plur. -e od. -s (getäfelter Fußboden)
Parlament, das, -[e]s, -e (Volksvertretung) | **Parlamentarier** [..ĭər], der, -s, -
Parodie, die, -, Plur. Parodien (komische Umdichtung ernster Dichtung) | **parodieren;** jmdn. ~ | **parodistisch** ↑ Z 115
Parole, die, -, -n (Losung, Kennwort)
Part, der, -s, -s (Teil, Anteil)
Partei | **parteiisch** (voreingenommen) | **parteilich** (Partei ergreifend)
parterre [..ˈtɛr] (zu ebener Erde gelegen); ~ wohnen | **Parterre,** das, -s [..ˈtɛr], -s [..ˈtɛrs] (Erdgeschoss)
Partie, die, -, Plur. Partien (Ausflug; Teil; Spiel) | **partiell** (teilweise, anteilig)
[1]**Partikel,** die, -, -n (nicht beugbares Wort)
[2]**Partikel,** das, -s, - (Elementarteilchen)
Partikularismus, der, - (Kleinstaaterei)
Partisan, der, Gen. -s od. -en, Plur. -en (bewaffneter Widerstandskämpfer in einem von feindl. Truppen besetzten Gebiet)
Partitur, die, -, -en (Gesamtheit aller Notenstimmen)
Partizip, das, -s, -ien [..ĭən] (Mittelwort)
Partner | **Partnerin**
Party [ˈpa:(r)ti:], die, -, -s (zwangloses privates Fest)
Parzelle, die, -, -n (Grund-, Flurstück)
Pascal, das, -s, - (Einheit des Drucks); pascalsches od. Pascal'sches Gesetz ↑ Z 113, *Merke*
Pass, der, Gen. Passes, Plur. Pässe (1. schmaler Gebirgsübergang – 2. behördl. Ausweis)
Passage [paˈsa:ʒə], die, -, -n (Durchgang) | **Passagier** [..ˈʒi:r], der, -s, -e | **Passant,** der, -en, -en (Vorübergehender; Fußgänger)
Passat, der, -[e]s, -e (ein Tropenwind)
passen; ich passe; du passt; zu jmdm. ~
passierbar | **passieren** (1. vorübergehen, durchqueren – 2. geschehen)
Passion (Leidensgeschichte Christi; Leidenschaft) | **Passionsfrucht** (tropische Frucht, aus deren Kernen der Maracuja-Saft gewonnen wird)
passiv (untätig) | **Passiv,** das, -s, -e (Handlungsrichtung des Verbs; Leideform) | **passivisch** | **Passivität,** die, - (Untätigkeit)
Paste, selten: Pasta, die, -, -n (streichbare Masse) | **Pastellfarbe** ↑ Z 115
Pastete, die, -, -n (eine Fleisch- od. Fischspeise in Teighülle) ↑ Z 115
Pastor, der, -s, Plur. Pastoren (ev. od. kath. Geistlicher) | **Pastorin**
Patchwork [ˈpɛtʃvœ:(r)k], das, -s, -s (aus bunten Flicken zusammengesetzter Stoff)
Pate, der, -n, -n (Taufzeuge)
Patent, das, -[e]s, -e (Schutzrecht für Erfindungen)

Pater, der, -s, Plur. - u. Patres (Ordensgeistlicher)
Pathos, das, - (Ergriffenheit)
Patient [..'tsĭɛnt], der, -en, -en (Kranker in ärztl. Behandlung) | **Patientin**
Patriot, der, -en, -en (Vaterlandsfreund) | **Patriotin** | **patriotisch**
Patrizier [..ĭər], der, -s, - (altröm. Adliger; reicher Bürger im Mittelalter)
Patrone, die, -, -n (Geschosshülse; Tintenbehälter)
patzen (fehlerhaft arbeiten) | **patzig** (unfreundlich, frech)
Pauke, die, -, -n (ein Orchesterinstrument) | **pauken** (Pauke schlagen; umgangssprachl. für angestrengt lernen)
pausbäckig ↑ Z 116
pauschal (alles zusammen; rund)
Pause, die, -, -n (Ruhezeit) | **pausenlos** | **pausieren** (ruhen; zeitweilig aufhören)
Pavian, der, -s, -e (ein Affe)
Pavillon ['pavɪljɔ̃:], der, -s, -s (kleines Gartenhaus)
Pazifik, der, -s (Kurzwort für *Pazifischer Ozean*)
Pech, das, -[e]s, -e | **pechschwarz**
Pedal, das, -s, -e
Pedant, der, -en, -en (kleinlicher, übertrieben genauer Mensch) | **pedantisch**
Pegel, der, -s, - (Wasserstandsmesser; Höhe einer physikal. Größe)
peilen (Richtung, Ort od. Tiefe bestimmen)
Pein, die, - | **peinigen;** jmdn. ~ | **peinlich** (unangenehm, beschämend)
Peitsche, die, -, -n | **peitschen**
Pelerine, die, -, -n (Umhang)
Pelikan, der, -s, -e (ein Wasservogel)
Pelle, die, -, -n (Schale, Haut) | **pellen** | **Pellkartoffel**
Pelz, der, -es, -e | **pelzig**
Pendel, das, -s, - (schwingender Körper) | **pendeln**
penibel (peinlich genau)
Pension [paŋ'zĭo:n], die, -, -en (1. Ruhestand; Ruhegehalt – 2. Fremdenheim)
Pensum, das, -s, Plur. Pensen od. Pensa (best. Aufgabe; Lehrstoff)
Pep, der, -[s] (Schwung, Elan) | **peppig** (mit Pep)
per (durch, mit); ~ Bahn
perfekt (gültig; vollkommen) | **Perfekt,** das, -[e]s, -e (eine Zeitform des Verbs, vollendete Gegenwart)
Perforation (Lochung) | **perforieren** (lochen; durchbohren)
Pergament, das, -[e]s, -e (bearbeitete Tierhaut; alte Handschrift auf Tierhaut)
Periode, die, -, -n (Zeitabschnitt) | **periodisch**
Peripherie, die, -, Plur. Peripherien (Umkreis)
Perle, die, -, -n | **perlen;** es perlt | **Perlmutt,** das, -s (Innenschicht von Muscheln)
permanent (dauernd, anhaltend)
perplex (verblüfft, bestürzt)
Person, die, -, -en | **Personal,** das, -s (Belegschaft) | **persönlich** | **Persönlichkeit**
Perspektive, die, -, -n (Aussicht, Durchblick, Raumsicht; Aussicht für die Zukunft)
Perücke, die, -, -n (Haarersatz) ↑ Z 116
Pessimist (Schwarzseher) | **pessimistisch** ↑ Z 115
Pest, die, - (eine Infektionskrankheit)
Petersilie [..ĭə], die, -, -n
Petrolchemie (auf Erdöl u. Erdgas beruhende Industrie) | **Petroleum,** das, -s
Petunie [..ĭə], die, -, -n (eine Blume)

Pfad, der, -[e]s, -e
Pfahl, der, -[e]s, Plur. Pfähle
Pfalz, die, -, -en (im Mittelalter Sitz der dt. Könige u. Kaiser) | **Pfalzgraf**
Pfand, das, -[e]s, Plur. Pfänder | **pfänden** | **Pfändung**
Pfanne, die, -, -n
Pfarrer (ev. od. kath. Geistlicher)
Pfau, der, -[e]s, -en
Pfeffer (ein Gewürz) | **Pfefferminz,** das, -es, -e (eine Süßigkeit) | **Pfefferminz,** der, -es, -e (ein Likör) | **Pfefferminze,** die, - (eine Heilpflanze) | **pfeffern**
Pfeife, die, -, -n | **pfeifen;** du pfeifst; du pfiffst; du pfiffest; gepfiffen; pfeif[e]!
Pfeil, der, -[e]s, -e
Pfeiler (Stütze)
Pfennig, der, -s, -e; hier liegen 3 Pfennige (3 einzelne Pfennigstücke), aber: 10 Cent sind ungefähr 20 Pfennig
Pferd, das, -[e]s, -e
Pfiff, der, -[e]s, -e
Pfifferling, der, -s, -e (ein Pilz); keinen ~ wert sein
pfiffig (schlau) | **Pfiffikus,** der, -, -se (schlauer Mensch)
Pfingsten, das; zu ~ ↑ Z 115
Pfirsich, der, -s, -e
Pflanze, die, -, -n | **pflanzen** | **pflanzlich** | **Pflanzung**
Pflaster, das, -s, - (Heilverband; Straßenbelag) | **pflastern;** die Straße ~ ↑ Z 115
Pflaume, die, -, -n
Pflege, die, - | **pflegen;** jmdn. ~ | **Pfleger** | **Pflegerin** | **pfleglich;** etwas ~ behandeln
Pflicht, die, -, -en | **pflichtbewusst** | **pflichtgemäß**
Pflock, der, -[e]s, Plur. Pflöcke (dicker, kurzer Pfahl) ↑ Z 116
pflücken ↑ Z 116
Pflug, der, -[e]s, Plur. Pflüge | **pflügen** | **Pflugschar,** die, -, -en
Pforte, die, -, -n (kleine Tür in einer Mauer od. im Zaun) | **Pförtner,** der, -s, -
Pfosten, der, -s, -; die ~ des Treppengeländers ↑ Z 115
Pfote, die, -, -n
Pfriem, der, -[e]s, -e (Ahle)
pfropfen (einen Baum durch ein Reis veredeln)
Pfropfen, der, -s, - (Kork, Stöpsel)
Pfuhl, der, -[e]s, -e (Sumpf)
pfui!
Pfund, das, -[e]s, -e (= 500 Gramm; veraltete Masseeinheit) | **pfundweise**
Pfusch, der, -[e]s (schlechte Arbeit) | **pfuschen**
Pfütze, die, -, -n
Phänomen, das, -s, -e (seltenes Ereignis)
Phantasie ↑ Fantasie | **phantasieren** ↑ fantasieren | **phantastisch** ↑ fantastisch ↑ Z 115
Pharao, der, -s, Plur. Pharaonen (altägypt. Königstitel)
Pharmaindustrie (Arzneimittelindustrie) | **Pharmazeut,** der, -en, -en (Arzneikundiger) | **Pharmazie,** die, - (Arzneimittelkunde)
Phase, die, -, -n (Abschnitt, Zustand; Schwingungszustand) | **...phasig** (z. B. dreiphasig od. 3-phasig)
Philharmonie, die, -, Plur. ...ien
Philosophie, die, - (Streben nach Erkenntnis des Zusammenhangs der Dinge) | **philosophisch**
phlegmatisch (schwerfällig, träge)
Phon... ↑ Fon...
Phosphat, das, -[e]s, -e (Düngesalz) | **Phosphor,** der, -s (ein chem. Element)
Photo ↑ Foto
Phrase, die, -, -n (Redewendung; leere Redensart) | **phrasenhaft**

Physik, die, - | **physikalisch** | **Physiker**
Pianist (Klavierspieler, -künstler) | **piano** (leise); ~ spielen | **Piano,** das, -s, -s (1. Klavier – 2. leises Spielen od. Singen)
Pickel, der, -s, - (1. leichte Spitzhacke – 2. Hautpustel) ↑ Z 116
picken ↑ Z 116
piepen | **piepsen** | **piepsig**
Pier, der, -s, Plur. -e od. -s (Hafendamm, Landungsbrücke)
Pigment, das, -[e]s, -e (Farbstoff)
pikant (scharf gewürzt; anregend)
Pike, die, -, -n (Spieß) | **piken** (stechen) | **piksen**
pikieren (umpflanzen)
Pilger (Wallfahrer) | **Pilgerin**
Pille, die, -, -n (kugelförmiges Arzneimittel)
Pilot, der, -en, -en (Flugzeugführer) | **Pilotfilm** (Testfilm für eine Serie)
Pilz, der, -es, -e
Pinguin, der, -s, -e (ein Vogel der Antarktis)
pink (rosa) | **Pink,** das, -s, -s (ein kräftiges Rosa)
Pinsel, der, -s, - | **pinseln**
Pinzette, die, -, -n (kleine Greifzange, Federzange)
Pionier, der, -s, -e (Soldat der techn. Truppe; übertragen für Wegbereiter, Vorkämpfer) | **Pionierleistung**
Pipeline ['paiplain], die, -, -s (Erdöl-, Erdgasleitung)
Pipette, die, -, -n (Saugrohr)
Pirat, der, -en, -en (Seeräuber)
Pirogge, die, -, -n (russische Pastetenart)
Pirol, der, -s, -e (ein Singvogel)
pirschen (schleichen)
Pistazie, die, -, -n (Baum mit essbarem Samen; Samen dieses Baumes) ↑ Z 115
Piste, die, -, -n (Spur; Startbahn) ↑ Z 115
Pistole, die, -, -n (kurze Handfeuerwaffe) ↑ Z 115
Pizza, die, -, Plur. -s od. Pizzen (ein Gebäck mit Tomaten, Käse u. a.)
plädieren (sich für etwas einsetzen)
Plage, die, -, -n | **plagen;** sich ~
Plakat, das, -[e]s, -e | **Plakette,** die, -, -n (Abzeichen)
plan (eben) | **Plan,** der, -[e]s, Plur. Pläne (1. Ebene, Kampfplatz – 2. Entwurf, Karte; Absicht)
Plane, die, -, -n (Decke)
planen (beabsichtigen; planmäßig entwerfen)
Planet, der, -en, -en (Wandelstern) | **Planetarium,** das, -s, Plur. Planetarien [..ĭən] (Gerät zur Veranschaulichung der Gestirne; Halle für diese Geräte)
planieren (einebnen)
Planke, die, -, -n (Bretterwand)
Plankton, das, -s (Gesamtheit der im Wasser lebenden niederen Lebewesen)
Planschbecken od. **Plantschbecken** | **planschen** od. **plantschen**
Plantage [..'ta:ʒə], die, -, -n (größere Pflanzung)
plantschen ↑ **planschen**
Planung
plappern
plärren
Plasma, das, -s, Plur. Plasmen (1. lebende Substanz – 2. elektrisch leitendes Gas)
Plast, der, -[e]s, -e (Kunststoff) | **Plastik,** die, -, -en (Werk eines Bildhauers) | **Plastilin,** das, -s (Knetmasse) | **plastisch** (körperlich; anschaulich) ↑ Z 115
Platane, die, -, -n (ein Laubbaum)
Plateau [..'to:], das, -s, -s (Hochebene, Hochfläche)
Platin, das, -s (ein chem. Element; ein Edelmetall)
plätschern

platt (flach); ~ drücken/machen od. plattdrücken, plattmachen (ebnen) ↑ Z 86, ↑ aber: plattmachen | **Platt,** das, -[s] (der niederdt. Dialekt) | **plattdeutsch** | **Platte,** die, -, -n | **Plätte,** die, -, -n (Bügeleisen) | **plätten** (bügeln)| **plattmachen** (zerstören) ↑ Z 84 b
Platz, der, -es, Plur. Plätze; ~ finden/haben/nehmen/machen
platzen
platzieren (Platz anweisen)
plaudern
Plausch, der, -[e]s, -e | **plauschen** (plaudern)
plausibel (einleuchtend)
Play-back od. **Playback** ['ple:bɛk], das, -, -s (Einblenden von vorgefertigten Bild- oder Tonaufnahmen)
Plebejer, der, -s, - (Angehöriger der Unterschicht im alten Rom)
pleite; ~ sein | **Pleite,** die, -, -en; ~ machen | **pleitegehen** ↑ Z 84 b
Pleuel, der, -s, - (Schubstange)
Plissee, das, -s, -s (gepresste Falten in einem Stoff) | **plissieren**
Plombe, die, -, -n (Bleiverschluss an Waren; Zahnfüllung) | **plombieren**
Plötze, die, -, -n (ein Fisch)
plötzlich
plump (unförmig, grob, schwerfällig)
Plunder, der, -s (wertloses Zeug) | **plündern** (ausrauben)
Plural, der, -s, -e (Mehrzahl)
plus (mehr, zuzüglich) | **Plus,** das, - ↑ Z 55
Plüsch, der, -[e]s, -e (ein Gewebe)
Plusquamperfekt, das, -s, -e (eine Vergangenheitsform des Verbs, vollendete Vergangenheit)
plustern; die Federn ~ (sträuben) ↑ Z 115
Pluto, der, -s (ein Planet)
Pneu, der, -s, -s (Autoreifen)
pochen
Pocke, die, -, -n (Impfpustel) | **Pocken** (Plur.) (eine Infektionskrankheit) ↑ Z 116
Podest, das od. der, -[e]s, -e (erhöhter Tritt; kleines Podium)
Podium, das, -s, Plur. Podien [..ĭən]
Poem, das, -s, -e (Gedicht, Dichtung) | **Poesie,** die, -, -n (Dichtkunst, Dichtung) | **Poet,** der, -en, -en (lyrischer Dichter) | **poetisch**
Pogrom, der od. das, -s, -e (Ausschreitungen gegen Minderheiten)
Pointe [po'ɛ̃:tə], die, -, -n (Überraschungseffekt)
Pokal, der, -s, -e (prunkvolles Trinkgefäß; Sportpreis)
Pol, der, -s, -e (Endpunkt der Erdachse) | **polar** (entgegengesetzt wirkend; an den Polen) | **Polarität,** die, -, -en (Gegensätzlichkeit) | **Polarkreis**
Polder (eingedeichtes Land)
Polen
polieren (Glanz verleihen, glätten)
Poliklinik | **Politesse,** die, -, -n (Hilfspolizistin)
Politik, die, - | **Politiker** | **Politikerin** | **politisch**
Politur, die, -, -en (Poliermittel; Glanz)
Polizei, die, - | **polizeilich** | **Polizist** | **Polizistin** ↑ Z 115
Polka, die, -, -s (ein Tanz)
Pollen, der, -s, - (Blütenstaub)
polnisch
Polster, das, -s, - | **polstern** ↑ Z 115
Polterabend (Abend vor der Hochzeit) | **poltern**
Polyamid, das, -[e]s, -e (ein elastischer, Faden bildender Kunststoff)
Polyäthylen (fachspr. *Polyethylen*), das, -s, -e (ein Kunststoff)
Polyester, der, -s, - (ein Kunststoff)
polyfon od. **polyphon** (mehrstimmig)
Polyp, der, -en, -en (ein Seetier mit Fangarmen) | **polypenartig**

polyphon ↑ polyfon
Polyvinylchlorid [..v..], das, -[e]s (ein Kunststoff)
Pommes frites [pɔm'frit] (Plur.) (in Fett gebackene Kartoffelstäbchen)
Pony, das, -s, -s
Pop, der, -[s] (Kurzwort für *Popmusik*) | **Popkonzert**
Popeline, die, -, - (ein Stoffgewebe)
populär (volkstümlich) | **Popularität,** die, -
Pore, die, -, -n (kleinste Hautöffnung) | **porig** | **porös** (durchlässig)
Porree, der, -s, -s (eine Gemüsepflanze)
Portable ['pɔ(r)təb(ə)l], der od. das, -s, -s (tragbares Rundfunk- od. Fernsehgerät)
Portal, das, -s, -e (Haupteingang)
Portemonnaie [pɔrtmɔ'ne:] ↑ Portmonee
Portier [..'ti̯e:], der, -s, -s (Pförtner)
Portion (Anteil, Teil, abgemessene Menge) | **portionsweise**
Portmonee od. **Portemonnaie** [pɔrtmɔ'ne:], das, -s, -s (Geldbörse)
Porto, das, -s, -s (Postgebühr)
Porträt [..'trɛ:], das, -s, -s (Bildnis) | **porträtieren;** jmdn. ~
Portugal | **portugiesisch**
Porzellan, das, -s, -e
Posaune, die, -, -n (ein Blechblasinstrument)
Pose, die, -, -n (gekünstelte Stellung)
Position (Lage, Stellung)
positiv (bejahend, günstig, gewiss); ein positives Beispiel
[1]**Positiv,** das, -s, -e (vom Negativ gewonnenes Bild)
[2]**Positiv,** der, -s, -e (Grundstufe bei der Steigerung)
Posse, die, -, -n (lustiger Streich)
Possessivpronomen (besitzanzeigendes Fürwort)
possierlich (drollig, spaßhaft)
Post, die, - | **Postamt**
Posten, der, -s, -; ~ stehen | **Poster** ['po:stər], das od. der, -s, - (großes, dekorativ wirkendes Bild) | **postieren** (aufstellen); jmdn. ~ ↑ Z 115
Potential ↑ Potenzial
potentiell ↑ potenziell
Potenz, die, -, -en (Produkt aus gleichen Faktoren); zur ~ erheben
Potenzial od. **Potential,** das, -s, -e (Leistungsfähigkeit; Maß für die Stärke eines Kraftfeldes)
potenziell od. **potentiell** (möglich)
Potpourri ['pɔtpuri], das, -s, -s (aus verschiedenen Melodien zusammengestelltes Musikstück)
Pottwal, der, -[e]s, -e
Poularde [pu'lardə], die, -, -n (Masthuhn)
Pracht, die, - | **prächtig** | **prachtvoll**
Prädikat, das, -[e]s, -e (1. Satzaussage – 2. Rangbezeichnung; Zensur) | **prädikativ;** prädikativer Gebrauch des Adjektivs
Präfix, das, -es, -e (Vorsilbe)
prägen
prägnant (kurz, treffend)
prähistorisch (vorgeschichtlich) ↑ Z 115
prahlen | **Prahlerei** | **prahlerisch**
Praktikant, der, -en, -en (Teilnehmer an einem Praktikum) | **Praktiker** | **Praktikum,** das, -s, Plur. Praktika | **praktisch** | **praktizieren**
Praline, die, -, -n (eine mit Schokolade überzogene Süßigkeit)
prall (voll, straff) | **Prall,** der, -[e]s, -e (Stoß) | **prallen**
Prämie [..mi̯ə], die, -, -n (Belohnung, Preis) | **prämieren** od. **prä-**

miieren | **Prämierung** od. **Prämiierung**
prangen
Pranke, die, -, -n (Klaue, Tatze)
Präparat, das, -[e]s, -e (Arzneimittel, Medikament; Schaustück aus der Tier- od. Pflanzenwelt) | **präparieren** (vorbereiten; haltbar machen)
Präposition (Verhältniswort) | **präpositional;** präpositionales Objekt
Prärie, die, -, Plur. Prärien (Grassteppe in Nordamerika)
Präsens, das, - (eine Zeitform des Verbs, Gegenwart)
Präsent, das, -[e]s, -e (Geschenk) | **präsentieren** (vorzeigen)
Präsident, der, -en, -en (Staatsoberhaupt; Vorsitzender) | **präsidieren** (den Vorsitz führen) | **Präsidium,** das, -s, Plur. Präsidien [..ĭən] (Vorsitz)
prasseln; es prasselt
prassen (schlemmen)
Präteritum, das, -s, Plur. Präterita (Vergangenheitsform des Verbs)
Praxis, die, -, Plur. Praxen (Tätigkeit, Ausübung; Räume für die Berufsausübung, z. B. des Arztes)
präzis[e] (genau, exakt) | **präzisieren** (genau bestimmen) | **Präzision**
predigen | **Predigt,** die, -, -en
Preis, der, -es, -e | **Preisausschreiben**
Preiselbeere
preisen; du preist; du priesest; du priesest; gepriesen; preis[e]!
preisgeben (nicht mehr an etwas festhalten; verraten); etwas ~; ich gebe preis; ich habe preisgegeben ↑ Z 84d
preisgünstig ↑ Z 115 | **preiswert**
prellen | **Prellung**
Premiere [prəˈmĭɛːrə], die, -, -n (Erstaufführung)
[1]**Presse,** die, - (Gesamtheit der Zeitungen)
[2]**Presse,** die, -, -n (Gerät zum Auspressen) | **pressen;** du presst; du presstest; du presstest; gepresst; press[e]! | **Pressluft**
prickeln; es prickelt | **prickelnd;** am prickelndsten ↑ Z 116
Priel, der, -[e]s, -e (schmaler Wasserlauf im Watt)
Priester | **Priesterin** ↑ Z 115
prima (erstklassig); die Äpfel sind ~
Primel, die, -, -n (eine Blume)
primitiv (einfach; ursprünglich)
Primzahl (Zahl, die sich nur durch 1 u. durch sich selbst teilen lässt)
Printer (automatisches Kopiergerät, Drucker)
Prinz, der, -en, -en | **Prinzessin**
Prinzip, das, -s, Plur. Prinzipien [..ĭən] (Grundsatz) | **prinzipiell** (grundsätzlich)
Prise, die, -, -n; eine ~ Salz
Prisma, das, -s, Plur. Prismen (ein geometr. Körper; Strahlenbrecher)
Pritsche, die, -, -n (Liegegestell aus Brettern)
privat [..v..] (persönlich)
Privileg [..v..], das, -[e]s, Plur. Privilegien [..ĭən], auch: -e (Vorrecht, Sonderrecht)
Probe, die, -, -n; ~ fahren | **proben** | **probeweise** | **probieren** (versuchen)
Problem, das, -s, -e (Fragestellung; noch zu lösende Aufgabe) | **Problematik,** die, -, -en (Schwierigkeit) | **problematisch**
Produkt, das, -[e]s, -e (Erzeugnis; Ergebnis der Multiplikation) | **Produktion** | **produktiv** (schöpferisch) | **Produktivität,** die, - | **Produzent,** der, -en, -en (Hersteller, Erzeuger) | **produzieren**

Professor, der, -s, Plur. Professoren (Hochschullehrer; Titel für verdiente Lehrkräfte, Forscher u. a.) | **Professorin**

Profi, der, -s, -s (Berufssportler; Fachmann)

Profil, das, -s, -e (Seitenansicht) | **profiliert** (gerillt; markant)

Profit, der, -[e]s, -e (Vorteil, Gewinn) | **profitieren**

Prognose, die, -, -n (Vorhersage)

Programm, das, -s, -e | **programmgemäß** | **programmieren**

Projekt, das, -[e]s, -e (Plan, Vorhaben, Entwurf) | **projektieren** (planen, entwerfen) | **Projektor,** der, -s, Plur. Projektoren (Bildwerfer) | **projizieren** (darstellen, entwerfen; mit dem Bildwerfer vorführen)

Proklamation (öffentl. Bekanntmachung) | **proklamieren**

Proletariat, das, -[e]s, -e (Gesamtheit der Proletarier) | **Proletarier** [..ĭər], der, -s, - (Angehöriger der wirtschaftl. unselbstständigen, besitzlosen Bevölkerungsschicht) | **proletarisch**

Prolog, der, -[e]s, -e (Vorrede, Einleitung)

Promenade, die, -, -n (Spazierweg in Parkanlagen) | **promenieren**

prominent (bedeutend); eine prominente Persönlichkeit

prompt (sofort, pünktlich)

Pronomen, das, -s, - (Fürwort)

Propaganda, die, - (Werbetätigkeit) | **propagieren** (für etwas werben)

Propeller (Luft-, Schiffsschraube)

Prophet, der, -en, -en (Weissager, Seher) | **prophezeien** (weissagen, voraussagen); jmdm. etwas ~

Proportion (Verhältnis) | **proportional**

Prosa, die, - (Sprache in ungebundener Form) | **prosaisch** (in Prosa abgefasst; übertragen für: nüchtern, alltäglich)

prosit! prost! (wohl bekomm's!)

Prospekt, der, -[e]s, -e (Ankündigung, Werbeschrift)

Protest, der, -[e]s, -e (Einspruch; Widerspruch) | **Protestant,** der, -en, -en | **protestantisch** | **protestieren;** gegen etwas ~ ↑ Z 115

Prothese, die, -, -n (künstliches Körperteil; Zahnersatz)

Protokoll, das, -s, -e (Tagungsbericht, förmliche Niederschrift) | **protokollieren**

Proton, das, -s, Plur. Protonen (positiv geladener Atomkernbaustein)

protzen; du protzt | **protzig** (angeberisch)

Proviant [..v..], der, -s, -e (Mundvorrat)

Provinz [..v..], die, -, -en (Landesteil)

Provision [..v..] (Vergütung, Vermittlungsgebühr)

Provokation [..v..] (Herausforderung) | **provokatorisch** | **provozieren;** jmdn. ~

Prozent, das, -[e]s, -e (Hundertstel) | **...prozentig,** z. B. fünfprozentig od. 5-prozentig od. 5%ig ↑ Z 108, 109 | **prozentual**

Prozess, der, -es, -e (1. Verlauf, Entwicklung – 2. Gerichtsverfahren)

Prozession (feierl. kirchl. Umzug)

Prozessor, der, -s, Plur. Prozessoren (zentraler Teil – Hauptrechner – eines Computers)

prüfen | **Prüfung**

Prügel (Plur.) | **prügeln;** jmdn. ~

Prunk, der, -[e]s, | **prunkvoll**

Pseudonym, das, -s, -e (Deckname)

Pubertät, die, - (Zeit der eintretenden Geschlechtsreife)

Publicity [pa'blɪsɪti], die, - (Reklame) | **Publikation** (Veröffentlichung) | **publik;** etwas ~ machen od. publikmachen ↑ Z 87

Publikum das, -s (Zuschauer-, Zuhörermenge)

Pudding, der, -s, Plur. -s od. -e

Pudel, der, -s, - (eine Hunderasse)

Puder | **pudern**

Pulli, der, -s, -s | **Pullover**

Puls, der, -es, -e (Aderschlag) | **pulsen** od. **pulsieren** (rhythmisch schlagen, klopfen)

Pult, das, -[e]s, -e

Pulver [..f..], das, -s, - | **pulv[e]rig** | **pulverisieren** (zu Staub zerkleinern)

Pumpe, die, -, -n | **pumpen**

Pumpernickel, der, -s, - (ein Roggenschrotbrot) ↑ Z 116

Pumps [pœmps], der, -, - (Damenschuh mit höherem Absatz)

Punker [ˈpankər] (durch sein Aussehen protestierender Jugendlicher)

Punkt, der, -[e]s, -e; ~ acht Uhr | **punktieren** (tüpfeln) | **pünktlich** | **Pünktlichkeit,** die, -

Punsch, der, -[e]s, -e (ein heißes alkoholhaltiges Getränk)

Pupille, die, -, -n (Sehloch, Sehöffnung im Auge)

Puppe, die, -, -n

pur (rein); pures Gold

Püree, das, -s, -s (Brei)

Purpur, der, -s (ein roter Farbstoff) | **purpurrot**

Purzelbaum | **purzeln**

pusseln (herumbasteln)

Pustel, die, -, -n (Eiterbläschen) ↑ Z 115

pusten ↑ Z 115

Puszta, die, -, Plur. Puszten (Grassteppe in Ungarn)

Pute, die, -, -n (Truthenne) | **Puter,** der, -s, - | **puterrot**

Putsch, der, -[e]s, -e (polit. Handstreich)

Putz, der, -es | **putzen;** du putzt

putzig (drollig)

puzzeln [ˈpas(ə)ln, auch: ˈpus(ə)ln], (ein Puzzle zusammensetzen) | **Puzzle** [ˈpas(ə)l, auch: ˈpus(ə)l], das, -s, -s (ein Geduldsspiel)

Pyjama [pyˈdʒa:ma], der, -s, -s (Schlafanzug)

Pyramide, die, -, -n (ägypt. Grabbau; geometr. Körper) | **pyramidenförmig**

Q

Quader (geometr. Körper; rechteckiger Steinblock) | **Quadrant,** der, -en, -en (Viertelkreis) | **Quadrat,** das, -[e]s, -e (gleichseitiges Rechteck) | **quadratisch** | **quadrieren** (eine Zahl mit sich selbst multiplizieren), aber: das Quadrieren ↑ Z 55

quaken

Qual, die, -, -en | **quälen** | **Quälerei**

Qualifikation (Befähigung, Ausbildung) | **qualifizieren** (jmdn. ausbilden); sich (Akk.) ~ | **Qualifizierung** | **Qualität,** die, -, -en (Beschaffenheit; Güte) | **qualitativ** (gütemäßig)

Qualle, die, -, -n (gallertartiges Meerestier)

Qualm, der, -[e]s | **qualmen**

Quäntchen, das, -s, - (kleine Menge); ein ~ Glück

Quantität, die, -, -en (Menge, Größe) | **quantitativ** (mengenmäßig | **Quantum,** das, -s, Plur. Quanten (abgemessene Menge, Anzahl)

Quarantäne [karan..], die, -, -n (Absonderung u. Beobachtung von Personen, die Infektionskrankheiten verschleppen könnten)

Quark, der, -s

Quartal, das, -s, -e (Vierteljahr)

Quartett, das, -[e]s, -e (1. Musikstück für 4 Instrumente; eine Gruppe von 4 Musikern – 2. ein Kartenspiel)
Quartier, das, -s, -e (Unterkunft)
Quarz, der, -es, -e (ein Mineral) | **Quarzuhr**
quasi (lat. gewissermaßen)
quasseln (törichtes Zeug reden)
Quaste, die, -, -n (Troddel, Schleife) ↑ Z 115
Quatsch, der, -[e]s (dummes Gerede) | **quatschen**
Quecke, die, -, -n (ein Unkraut) ↑ Z 116
Quecksilber, das, -s (ein chem. Element)
Quelle, die, -, -n
¹**quellen** (in Wasser weichen lassen); du quellst; du quelltest; du quelltest; gequellt; quell[e]!
²**quellen** (sprudeln); du quillst; du quollst; du quöllest; gequollen; quill!
queng[e]lig | **quengeln** (drängelnd, nörgelnd um etwas bitten)
quer; ~ gehen/legen/liegen ↑ Z 86; ~ (über die Straße) gehen; den Teppich ~ legen, ↑ aber: quergehen, querlegen; ~ gestreift od. quergestreift ↑ Z 93; kreuz und ~ | **Quere,** die, -; in die ~ kommen | **querfeldein** | **quergehen** (misslingen) ↑ Z 84 b, ↑ aber: quer | **querlegen, sich** (Akk.) (sich widersetzen) ↑ Z 84 b, ↑ aber: quer | **Querschnitt**
quetschen | **Quetschung**
quicklebendig | **Quickstepp** [..stɛp], der, -s, -s (ein Tanz)
quieken
quietschen
Quintett, das, -[e]s, -e (Musikstück für 5 Instrumente; Gruppe von 5 Musikern)
Quirl, der, -[e]s, -e | **quirlen**
quitt (ausgeglichen, fertig); mit jmdm. ~ sein
Quitte, die, -, -n (eine Birnenart) | **quitte[n]gelb**
quittieren (den Empfang bescheinigen) | **Quittung**
Quiz [kvɪs], das, - (Frage-und-Antwort-Spiel) | **quizzen**
Quote, die, -, -n (Anteil, Teilbetrag) | **Quotient,** der, -en, -en (Ergebnis einer Division)

R

Rabatt, der, -[e]s, -e (Preisnachlass)
Rabatte, die, -, -n (Einfassungsbeet)
Rabe, der, -n, -n | **rabenschwarz**
Rache, die, - | **rächen;** sich (Akk.) ~; sich an jmdm. ~
Rachen, der, -s, -
Rad, das, -[e]s, Plur. Räder; ~ fahren/schlagen; ~ fahrend, schlagend od. radfahrend, radschlagend ↑ Z 93
Radargerät (Gerät zur Standortbestimmung von Flugzeugen u. Schiffen)
radeln (Rad fahren) | **Radfahren,** das, -s; beim/vom/zum Radfahren ↑ Z 55 | **Radfahrer**
radial (strahlenförmig)
radieren | **Radiergummi** | **Radierung** (ein Kunstwerk)
Radieschen, das, -s, -
radikal (gründlich; rücksichtslos)
Radio, das, -s, -s
radioaktiv | **Radioaktivität,** die, - (Aussendung von Strahlen bei der Umwandlung von Atomkernen)
Radium, das, -s (ein chem. Element)
Radius, der, -, Plur. Radien [..ĭən] (halber Durchmesser)
raffen
Raffinerie, die, -, Plur. Raffinerien (industrielle Anlage zur Reini-

gung von Zucker od. Rohöl) | **raffiniert** (1. gereinigt – 2. durchtrieben, schlau)
Rage ['ra:ʒə], die, - (Wut, Raserei); jmdn. in ~ bringen
Ragout [ra'gu:], das, -s, -s (würziges Gericht aus Fleisch- od. Fischstückchen)
Rahe, die, -, -n (Querstange am Mast von Segelschiffen)
Rahm, der, -[e]s (Sahne)
rahmen | **Rahmen,** der, -s, -
Rain, der, -[e]s, -e (Ackergrenze)
räkeln, sich (Akk.) od. **rekeln, sich** (genüsslich strecken)
Rakete, die, -, -n (Flugkörper, Feuerwerkskörper)
Rallye ['rali, auch: 'rɛli], die, -s, -s (Autosternfahrt)
rammen
Rampe, die, -, -n (schiefe Ebene, Auffahrt)
ramponieren (beschädigen)
Ranch [rɛntʃ], die, -, -[e]s (nordamerikanische Farm)
Rand, der, -[e]s, Plur. Ränder; außer ~ und Band sein; zu Rande od. zurande kommen ↑ Z 96, *Merke*
randalieren (lärmen)
Rang, der, -[e]s, Plur. Ränge; jmdm. den ~ ablaufen
rangieren [raŋ'ʒi:..] | **Rangierbahnhof**
Ranke, die, -, -n (ein Pflanzenteil)
Ränke (Plur.) (Listen, böse Anschläge); ~ schmieden
Ranzen, der, -s, -
ranzig (unangenehm riechend u. schmeckend); die Butter ist ~
rapid[e] (überaus schnell)
Rappe, der, -n, -n (schwarzes Pferd)
Rapport, der, -[e]s, -e (dienstl. Meldung, Bericht; Berichterstattung)
Raps, der, -es, -e (eine Ölfrucht)
rar (selten) | **Rarität,** die, -, -en (Seltenheit)
rasch
rascheln
rasen
Rasen, der, -s, -
rasend (wütend)
rasieren; sich (Akk.) ~
Raspel, die, -, -n (ein Werkzeug) | **raspeln**
Rasse, die, -, -n
rasseln; ich rass[e]le
rassig
Rast, die, -, -en; ohne ~ und Ruh
Raster, der od. das, -s, - (feines Liniennetz zur Zerlegung eines Bildes in Bildpunkte) ↑ Z 115
rastlos
[1]**Rat,** der, -[e]s, Plur. Ratschläge; ~ holen/suchen; ~ suchend od. ratsuchend ↑ Z 93; die ~ Suchenden od. die Ratsuchenden; jmdn. um ~ fragen; jmdn. zu Rate od. zurate ziehen; mit sich zu Rate od. zurate gehen ↑ Z 96, *Merke*
[2]**Rat,** der, -[e]s, Plur. Räte (Gremium od. Person, z. B. Stadtrat)
Rate, die, -, -n (Teilzahlung)
raten; du rätst; du rietst; du rietest; geraten; rat[e]!
Ration (zugeteiltes Maß) | **rational;** eine rationale Zahl | **rationalisieren** (Arbeitsvorgänge zweckmäßiger gestalten) | **rationell** (zweckmäßig, sparsam); ~ arbeiten
ratlos | **Ratlosigkeit,** die, -
Ratschlag
Rätsel, das, -s, -; ~ raten, aber: das Rätselraten ↑ Z 55 | **rätselhaft** | **rätseln**
Ratte, die, -, -n
rattern
rau; rauer, raueste
Raub, der, -[e]s, -e
raubeinig (äußerlich grob, aber im Grunde gutmütig)
rauben | **Räuber** | **räuberisch**

Rauch, der, -[e]s | **rauchen** | **räucherig** | **räuchern** | **rauchig**
Rauchware (Pelzware)
Raufbold, der -[e]s, -e | **raufen;** sich (Akk.) mit jmdm. ~; sich (Dat.) die Haare ~
Raum, der, -[e]s, Plur. Räume | **räumen** | **räumlich**
Raupe, die, -, -n | **raupenartig**
Raureif
Rausch, der, -[e]s, Plur. Räusche
rauschen
räuspern, sich (Akk.)
Raute, die, -, -n (1. Heilpflanze – 2. geometrische Figur) | **rautenförmig**
Ravioli [..v..] (Plur.) (gefüllte kleine Nudelteigtaschen)
Razzia, die, -, Plur. Razzien [..ĭən] (überraschende Polizeiaktion)
Reagenzglas, auch: Reagensglas (Prüfglas, Probierglas, z. B. für chemische Versuche) | **reagieren;** auf etwas ~ | **Reaktion** (Rück-, Gegenwirkung; chemische Umwandlung; Gesamtheit der rückschrittlichen Kräfte) | **reaktionär** (rückschrittlich) | **Reaktionär,** der, -s, -e
real (wirklich) | **Realschule** | **realisieren** | **Realismus,** der, - (Wirklichkeitssinn; eine Kunstrichtung) | **realistisch** | **Realität,** die, -, -en (Tatsache, Wirklichkeit)
Rebe, die, -, -n
Rebell, der, -en, -en (Aufständischer, Aufrührer) | **rebellieren** | **Rebellion** | **rebellisch**
Rebhuhn
Receiver [riˈsiːvə(r)], der, -s, - (Satellitenempfänger; Empfänger und Verstärker für Hi-Fi-Wiedergabe)
Rechen, der, -s, - (Harke)
Rechenschaft, die, - | **rechnen;** mit etwas ~; auf jmdn. ~ | **Rechner** | **rechnerisch** | **Rechnung**
recht (richtig, passend); ~ sein; ~ od. Recht behalten/bekommen/geben/haben/tun; du hast ~ od. Recht; ich muss dir ~ od. Recht geben; aber: das Rechte tun ↑ Z 55; es geschieht ihm ~; das ist nur ~ und billig; es jmdm. ~ machen | **Recht,** das, -[e]s, -e; ~ od. recht behalten/bekommen/geben/haben/tun; sie behält ~ od. recht mit ihrer Vermutung; mit ~; von Rechts wegen; im ~ sein; zu ~ bestehen | **Rechte,** die, -n, -n (rechte Hand; rechts stehende Partei oder Gruppe); sie saß zu meiner Rechten | **Rechteck** | **rechteckig** | **rechtens** (rechtmäßig); es ist ~ | **rechtfertigen;** sich ~ | **Rechtfertigung** | **rechthaberisch** | **rechtlich** | **rechtlos** | **Rechtlosigkeit,** die, - | **rechtmäßig** | **Rechtmäßigkeit** | **rechts** | **Rechtsanwalt** | **Rechtsaußen,** der, -, - (ein Fußballspieler), aber: er spielt rechts außen | **rechtsherum** | **rechtswidrig** | **rechtwinklig** | **rechtzeitig**
Reck, das, -[e]s, Plur. -e, auch: -s (ein Turngerät)
Recorder ↑ Rekorder
Recycling [riˈsaiklɪŋ], das, -s (Wiederverwertung benutzter Rohstoffe)
Redakteur [..ˈtøːr], der, -s, -e (jmd., der in Presse, Verlagen, Rundfunk und Fernsehen Manuskripte bearbeitet od. ausarbeitet) | **Redakteurin** | **Redaktion**
Rede, die, -, -n; jmdn. zur ~ stellen | **reden;** gut ~ haben; von sich ~ machen | **Redner**
Reduktion (Zurückführung, Umwandlung) | **reduzieren** (mindern, zurückführen, einschränken)
redundant (überflüssig)

Reede, die, -, -n (Ankerplatz vor dem Hafen) | **Reederei** (Schifffahrtsunternehmen)
reell (wirklich, zuverlässig, ehrlich, redlich); reelle Zahlen
Reep, das, -[e]s, -e (Seil, Tau)
Referat, das, -[e]s, -e | **Referent** (Vortragender) | **Referentin** | **referieren**
reflektieren (zurückstrahlen, spiegeln) | **Reflex,** der, -es, -e (Widerschein; unwillkürl. Ansprechen auf einen Reiz) | **Reflexion** (Rückstrahlung von Licht, Schall u. a.) | **reflexiv** (rückbezüglich) | **Reflexivpronomen** (rückbezügliches Fürwort)
Reform, die, -, -en (Umgestaltung) | **Reformation,** die, - (christl. Glaubensbewegung im 16. Jh.)
Refrain [rəˈfrɛ̃ː], der, -s, -s (Kehrreim)
Regal, das, -s, -e
Regatta, die, -, Plur. Regatten (Bootswettfahrt)
rege; ~ sein/werden
Regel, die, -, -n | **regellos** | **regelmäßig** | **Regelmäßigkeit** | **regeln** | **regelrecht** | **Reg[e]lung** | **regelwidrig**
regen; sich (Akk.) ~
Regen, der, -s, -
regenerieren (erneuern); sich ~
Regent, der, -en, -en (Herrscher)
Regie [reˈʒiː], die, - (Spielleitung)
regieren; der Regierende Bürgermeister (in Berlin) | **Regierung**
Regiment, das, -[e]s, -er (größere Truppeneinheit)
Region (Landschaft, Bereich) | **regional**
Regisseur [reʒiˈsøːr], der, -s, -e (Spielleiter)
Register, das, -s, - (Verzeichnis) | **registrieren** (in Listen eintragen) ↑ Z 115
regnen | **regnerisch**
regulär (vorschriftsmäßig, regelmäßig) | **regulieren** (ordnen)
Reh, das, -[e]s, -e
Reibeisen (ein Küchengerät) | **reiben;** du reibst; du riebst; du riebest; gerieben; reib[e]! | **Reibung** | **reibungslos**
reich; ~ geschmückt/verziert od. reichgeschmückt, reichverziert ↑ Z 93; die ~ geschmückte od. reichgeschmückte Tafel | **Reich,** das, -[e]s, -e; Arm und ~ | **Reiche,** der u. die, -n, -n
reichen (1. sich erstrecken – 2. geben)
reichhaltig | **reichlich;** auf das/aufs Reichlichste od. reichlichste ↑ Z 57 | **Reichtum,** der, -s, Plur. Reichtümer
reif
Reif, der, -[e]s (Raureif)
Reife, die, - (das Reifsein) | **reifen** (reif werden)
Reifen, der, -s, -
Reigen, der, -s, - (ein Tanz)
Reihe, die, -, -n; außer der ~ | **reihenweise**
Reiher (ein Storchvogel) | **...reihig,** z. B. zweireihig od. 2-reihig ↑ Z 108
Reim, der, -[e]s, -e; ein lustiger ~ | **reimen;** sich (Akk.) ~
rein; ~ halten ↑ Z 86; ~ machen od. reinmachen (säubern) ↑ Z 87, aber: den Ball reinmachen (umgangssprachl.: ins Tor schießen); ins Reine bringen/kommen/schreiben; mit jmdm. im Reinen sein ↑ Z 55 | **reingolden**
reinigen | **Reinigung** | **reinlich**
reinseiden
[1]**Reis,** das, -es, -er (kleiner Zweig)
[2]**Reis,** der, -es (eine Getreideart)
Reise, die, -, -n | **reisefertig** | **reisen** | **Reisende,** der u. die, -n, -n
Reisig, das, -s (dürre Zweige)

reißen; du reißt; du rissest; du rissest; gerissen; reiß[e]! | **reißend;** am reißendsten | **Reißverschluss**

reiten; du reitest; du ritt[e]st; du rittest; geritten; reit[e]! | **Reiter**

Reiz, der, -es, -e | **reizbar** | **reizen** | **reizend;** am reizendsten | **reizvoll**

rekeln, sich (Akk.) od. ↑ **räkeln, sich**

Reklame, die, -, -n (Werbung); für etwas ~ machen | **Reklamation** | **reklamieren** (beanstanden; Einspruch erheben)

rekonstruieren (wiederherstellen, nachbilden) | **Rekonstruktion**

Rekord, der, -[e]s, -e (jeweils beste Leistung in einer best. Sportart); ein olympischer ~

Rekorder, auch: Recorder (Gerät zur elektromagnetischen Speicherung von Bild- u. Tonsignalen)

Rekrut, der, -en, -en (Soldat in der ersten Zeit der Ausbildung)

Rektor, der, -s, Plur. Rektoren (Leiter einer Hochschule)

relativ (bezüglich, verhältnismäßig) | **Relativpronomen** (bezügl. Fürwort)

Relief, das, -s, Plur. -s od. -e (Halbplastik)

Religion | **religiös**

Reling, die, -, Plur. -s (Schiffsgeländer)

remis [rə'mi:] (unentschieden) | **Remis,** das, -, - od. -en (unentschiedenes Spiel)

Remoulade [remu..], die, -, -n (eine Kräutermajonäse)

Ren [re:n] od. [rɛn], das, -s, -e (eine Hirschart; Haustier der Lappen)

Renaissance [rənɛ'sɑ̃:s], die, - (1. kulturelle Bewegung im 14.–16. Jh. – 2. Wiederaufleben)

rennen; du rennst; du ranntest; du renntest; gerannt; renn[e]! | **Rennen,** das, -s, -

renommieren (prahlen)

renovieren (erneuern); die Wohnung ~ | **Renovierung**

rentabel (einträglich) | **Rente,** die, -, -n (ein festes Einkommen)

rentieren (Gewinn bringen); sich (Akk.) ~ (sich lohnen) | **Rentner** | **Rentnerin**

Reparatur, die, -, -en (Ausbesserung) | **reparieren**

Repertoire [..'toɑ:r], das, -s, -s (Spielplan)

Reportage [..'ta:ʒə], die, -, -n (aktueller Bericht) | **Reporter,** der, -s, - (Berichterstatter) | **Reporterin**

Repräsentant, der, -en, -en (Vertreter, Abgeordneter) | **repräsentieren** (etwas darstellen)

Reproduktion (Nachbildung; Vervielfältigung)

Reptil, das, -s, Plur. Reptilien [..ĭən] od. -e (Kriechtier)

Republik, die, -, -en

Reservat, das, -s, -e (Schutzgebiet für Wildtiere od. Eingeborene)

Reserve [..v..], die, -, -n (1. Zurückhaltung – 2. Vorrat – 3. nicht aktive Wehrpflichtige) | **reservieren** (aufbewahren, zurücklegen, bestellen) | **Reservist** (Soldat der Reserve) | **Reservoir** [..vo'a:r], das, -s, -e (Sammelbecken, Behälter, Speicher)

Residenz, die, -, -en (Wohnsitz des Staatsoberhauptes, eines Fürsten; Hauptstadt) | **residieren**

resignieren (aufgeben)

resolut (entschlossen) | **Resolution** (Beschluss, Entschließung)

Resonanz, die, -, -en (Widerhall; das Mittönen; Verständnis)

Respekt, der, -[e]s | **respektieren** (achten); jmdn. ~ | **respektlos**

Rest, der, -[e]s, -e

Restaurant [rɛsto'rɑ̃:], das, -s, -s (Gaststätte) ↑ Z 115

restlich | **restlos**
Resultat, das, -[e]s, -e (Ergebnis) | **resultieren;** aus etwas ~
Resümee, das, -s, -s (Zusammenfassung, Übersicht)
retten; jmdn. ~ | **Retter**
Rettich, der, -s, -e
Rettung | **Rettungsboot** | **rettungslos**
Retusche, die, -, -n (Nachbesserung) | **retuschieren**
Reue, die, - | **reuen;** es reut mich | **reuevoll** | **reumütig**
Reuse, die, -, -n (Korb zum Fischfang)
Revanche [re'vã:ʃ(ə)], die, -, -n (Rache, Vergeltung) | **revanchieren, sich** (Akk.)
revidieren (nachsehen, prüfen; korrigieren)
Revier [re'vi:r], das, -s, -e (Bezirk, Gebiet)
Revision [revi..] (Überprüfung)
Revolte [..v..], die, -, -n (Aufruhr, Auflehnung, Empörung) | **revoltieren** | **Revolution;** die Französische ~ von 1789 ↑ Z 64 | **revolutionär** | **Revolutionär,** der, -s, -e | **Revolutionärin**
Revolver [re'vɔlvər] (kurze Handfeuerwaffe)
Revue [rə'vy:], die, -, -n (bebilderte Zeitschrift; musikal. Schau)
Rezept, das, -[e]s, -e (Arznei-, Kochvorschrift)
reziprok (wechselseitig); reziproke Zahlen
Rezitation (künstlerischer Vortrag, z. B. eines Gedichts) | **rezitieren**
Rhabarber, der, -s
Rhesusaffe, der, -n, -n | **Rhesusfaktor** (erbliches Merkmal der roten Blutkörperchen)
Rheuma, das, -s (Kurzwort für Rheumatismus) | **Rheumatismus** (Gelenkschmerzen)
rhombisch (rautenförmig) | **Rhombus,** der, -, Plur. Rhomben (gleichseitiges Parallelogramm)
rhythmisch | **Rhythmus,** der, -, Plur. Rhythmen (regelmäßige Wiederkehr; geregelter Wechsel; taktmäßige Gliederung eines Musikstücks)
richten | **Richter** | **Richterin** | **richtig;** ~ gehen/machen ↑ Z 86; eine ~ gehende od. richtiggehende Uhr ↑ Z 93; die Uhr ~ stellen od. richtigstellen ↑ Z 87, ↑ aber: richtigstellen; der/die/das Richtige ↑ Z 55; es ist das Richtigste, was er tun kann ↑ Z 57 | **richtiggehend** (regelrecht); eine richtiggehende Verschwörung | **Richtigkeit,** die, - | **richtigstellen** (klarstellen, korrigieren) ↑ Z 84b | **Richtung**
Ricke, die, -, -n (weibl. Reh) ↑ Z 116
riechen; du riechst; du rochst; du röchest; gerochen; riech[e]!
Riefe, die, -, -n (Längsrinne; Streifen)
Riege, die, -, -n (Turnerabteilung)
Riegel, der, -s, -
Riemen, der, -s, - (1. ein Lederstreifen – 2. ein Ruder)
Riese, der, -n, -n | **riesengroß** | **riesenhaft** | **riesig**
Riff, das, -[e]s, -e (Felsenklippe)
Rille, die, -, -n | **rillig**
Rind, das, -[e]s, -er
Rinde, die, -, -n
Ring, der, -[e]s, -e
ringen; du ringst; du rangst; du rängest; gerungen; ring[e]!
rings | **ringsherum** | **ringsum** | **ringsumher**
Rinne, die, -, -n | **rinnen;** es rinnt; es rann; es ränne; geronnen; rinn[e]! | **Rinnsal,** das, -[e]s, -e (ein schmales, sacht fließendes Gewässer)
Rippe, die, -, -n

Risiko, das, -s, Plur. -s od. Risiken (Gefahr; Wagnis) | **riskant** (gefährlich) | **riskieren** (wagen); etwas ~

Rispe, die, -, -n (ährenähnl. Blütenstand)

Riss, der, -es, -e | **rissig**

Rist, der, -es, -e (Fuß-, Handrücken)

Ritt, der, -[e]s, -e | **Ritter** | **ritterlich** | **Rittertum,** das, -s | **rittlings** (wie im Reitsitz); sich ~ auf die Bank setzen

Ritze, die, -, -n | **ritzen**

Rivale [..v..], der, -n, -n (Mitbewerber, Gegner) | **Rivalität,** die, -

Riviera [..v..], die, - (Küstengebiet am Mittelmeer)

Robbe, die, -, -n (ein Seesäugetier) | **robben**

Roboter (elektron. Automat) | **Robotertechnik**

robust (kräftig, stark)

röcheln

[1]**Rock,** der, -[e]s, Plur. Röcke

[2]**Rock,** der, -[s] (eine Form moderner Tanz- u. Unterhaltungsmusik) | **Rock and Roll** od. **Rock 'n' Roll,** ['rɔk (ɛ)n(d) 'ro:l] der, - - -[s] (stark rhythmisierter amerikanischer Tanz); Rock-and-Roll-Musiker od. Rock-'n'-Roll-Musiker | **Rocker,** der, -s, - (motorisierte jugendliche Rowdys) | **Rockmusik**

Rodel, der, -s, - (Rodelschlitten) | **rodeln**

roden (urbar machen)

Rogen, der, -s, - (Fischeier)

Roggen, der, -s (eine Getreideart)

roh | **Rohheit** | **Rohkost** | **Rohling,** der, -s, -e (1. ein brutaler Mensch – 2. ein noch nicht bearbeitetes Werkstück – 3. noch nicht beschriebene CD od. DVD)

Rohr, das, -[e]s, -e | **Röhre,** die, -, -n | **Röhricht,** das, -s, -e (Rohrdickicht)

Rohstoff

Rokoko, das, -s (Kunststil des 18. Jh.)

Rolle, die, -, -n | **rollen** | **Roller** | **rollern**

Rollo od. **Rollo,** das, -s, -s (aufrollbarer Fenstervorhang)

Roman, der, -s, -e (umfangreiche Erzählung)

Romanik, die, - (Kunststil vom 11.–13. Jh.) | **romanisch;** ein romanisches Bauwerk

Romantik, die, - (eine Kunstepoche im 19. Jh.) | **romantisch** (gefühlsbetont; abenteuerlich)

Romanze, die, -, -n (lyrisches Gedicht; Lied)

[1]**Römer** (Bewohner Roms)

[2]**Römer** (Kelchglas)

röntgen (mit Röntgenstrahlen durchleuchten) | **Röntgenuntersuchung**

Roquefort ['rɔkfo:r], der, -s, -s (ein französischer Käse)

rosa ↑ blau | **Rosa,** das, -s, ↑ Blau | **rosafarben** od. **rosafarbig** | **rosarot**

Rose, die, -, -n | **Rosette,** die, -, -n (Verzierung in Rosenform) | **rosig**

Rosine, die, -, -n (getrocknete Weinbeere)

Ross, das, -es, -e (Pferd)

[1]**Rost,** der, -es, -e (gitterartige Unterlage)

[2]**Rost,** der, -[e]s (Oxidschicht auf Eisen) | **rosten** ↑ Z 115

rösten ↑ Z 115

rostig ↑ Z 115

rot ↑ blau; röter, röteste; die ~ glühende od. rotglühende Sonne ↑ Z 93; der rote Faden, aber: die Rote Waldameise; der Rote Planet (Mars) ↑ Z 64 | **Rot,** das, -s (rote Farbe) ↑ Blau | **rotbraun** | **Röte,** die, - | **Rötel,** der, -s, - (rotes Mineral) | **Röteln** (Plur.) (eine Kinderkrankheit) | **röten**

rotieren (umlaufen, sich drehen); eine rotierende Scheibe
Roulade [ru..], die, -, -n (zusammengerollte, gefüllte Fleischscheibe)
Route ['ru:tə], die, -, -n (vorgeschriebener Weg; Reiseplan)
Routine [ru..], die, - (Fertigkeit) | **routiniert** (gewandt)
Rowdy ['raudi], der, -s, -s (Rohling, Raufbold)
Rübe, die, -, -n
Rubrik, die, -, -en (Abteilungsspalte)
ruck! hau ~ ! | **Ruck,** der, -[e]s, -e | **ruckartig** | **rucken** ↑ Z 116
rücken; jmdm. zu Leibe ~ ↑ Z 116
Rücken, der, -s, - ↑ Z 116 | **rückgängig;** ~ machen | **Rückgrat,** das, -[e]s, -e | **Rückhalt** (Hilfe) | **rückhaltlos** (ohne Vorbehalt); ~ offen sein | **Rückkehr,** die, - | **rücklings;** jmdn. ~ (von hinten) angreifen | **Rückschritt,** der, -[e]s, -e | **rückschrittlich** | **Rücksicht,** die, -, -en; mit ~ auf | **Rücksichtnahme,** die, - | **rücksichtslos** | **rücksichtsvoll** | **rückständig** | **Rückständigkeit,** die, - | **rückwärts** | **rückwärtsfallen** ↑ Z 84e | **rückwärtsgehen** ↑ Z 84e
Rudel, das, -s, -; ein ~ Wölfe
Ruder, das, -s, - | **rudern**
Ruf, der, -[e]s, -e | **rufen;** du rufst; du riefst; du riefest; gerufen; ruf[e]!
Rüge, die, -, -n (Ermahnung) | **rügen;** jmdn. ~
Ruhe, die, - | **ruhelos** | **ruhen;** jmdn. ~ lassen ↑ Z 88; die Arbeit ~ lassen od. ruhenlassen ↑ Z 89 | **ruhig;** ~ bleiben/sein; ein Bein ~ stellen od. ruhigstellen ↑ Z 87, ↑ aber: ruhigstellen | **ruhigstellen;** jmdn. ~
Ruhm, der, -[e]s | **rühmen;** sich (Akk.) ~; sich seiner Leistungen ~ | **rühmlich** (lobenswert); eine rühmliche Ausnahme | **ruhmlos** | **ruhmreich**
rühren | **rührend;** am rührendsten | **rührig** (eifrig) | **rührselig** (in übertriebener Weise Rührung zeigend); ein rührseliges Stück
Ruin, der, -s (Zusammenbruch) | **Ruine,** die, -, -n (verfallenes Gebäude; Trümmer) | **ruinieren** (zerstören)
Rum, der, -s, -s (ein Branntwein)
Rumänien | **rumänisch**
Rummel, der, -s (Gedränge, Lärm) | **Rummelplatz** (Jahrmarkt)
rumoren
Rumpelkammer
Rumpf, der, -[e]s, Plur. Rümpfe | **rümpfen;** die Nase ~
Rumpsteak [..ste:k], das, -s, -s (kurz gebratene Rindfleischscheibe)
rund; ~ sein | **Runde,** die, -, -n | **runden** (rund machen) | **Rundfunk,** der, -s | **rundheraus;** etwas ~ sagen | **rundherum** | **rundlich** | **rundum** | **Rundung** | **rundweg** (klar, unumwunden)
Runzel, die, -, -n | **runz[e]lig** | **runzeln;** die Stirn ~
Rüpel, der, -s, -; ein frecher ~ | **rüpelhaft** (flegelhaft)
rupfen; ein Hühnchen mit jmdm. ~
ruppig (grob; unhöflich)
Rüsche, die, -, -n (gefältelter Besatz)
Ruß, der, -es
Rüssel, der, -s, -
rußen; es rußt | **rußig** (mit Ruß bedeckt)
russisch | **Russland**
rüsten ↑ Z 115
Rüster, die, -, -n (Ulme) ↑ Z 115
Rute, die, -, -n
rustikal (ländlich, bäuerlich)
rutschen | **rutschig**
rütteln

S

Saal, der, -[e]s, Plur. Säle
Saarland | **saarländisch**
Saat, die, -, -en
Säbel, der, -s, -
Sabotage [..'ta:ʒə], die, -, -n (vorsätzl. Beschädigung od. Zerstörung von wirtschaftl. u. militär. Einrichtungen) | **sabotieren;** die Arbeit ~
Sache, die, -, -n | **sachlich** | **sächlich;** sächliches Geschlecht
Sachsen | **Sachsen-Anhalt** | **sachsen-anhaltisch** od. **sachsen-anhaltinisch** | **sächsisch**
sacht[e] (sanft, leise)
Sack, der, -[e]s, Plur. Säcke
säen; du säst; du sätest; du sätest; gesät; säe!
Safari, die, -, -s (mehrtägige Gruppenreise in Afrika)
Safe [se:f], der od. das, -s, -s (Geldschrank)
Saft, der, -[e]s, Plur. Säfte | **saftig**
Sage, die, -, -n; eine mittelalterliche ~
Säge, die, -, -n (ein Werkzeug)
sagen
sägen
sagenhaft (unglaublich, unerhört)
Sahne, die, - | **sahnig**
Saison [zɛ'ʒɔŋ], die, -, -s (Hauptreisezeit)
Saite, die, -, -n (gedrehter Darm; gezogener Metalldraht auf Streich- u. Zupfinstrumenten)
Sakko, der od. das, -s, -s (Jackett)
sakral (den Gottesdienst betreffend) | **Sakrament,** das, -[e]s, -e (eine gottesdienstl. Handlung)
Salami, die, -, -[s] (eine Dauerwurst)
Salat, der, -[e]s, -e
Salbe, die, -, -n
Salbei, der, -s (eine Heilpflanze)
Saline, die, -, -n (Anlage zur Salzgewinnung)
Salmiak, der, auch: das, -s (eine Ammoniakverbindung) | **Salmiakgeist** (eine Ammoniaklösung)
Salmonellen (Plur.) (Darmkrankheiten verursachende Bakterien)
Salon [za'lɔŋ], der, -s, -s (Friseur-, Modegeschäft)
Saloon [səlu:n], der, -s, -s
salopp (ungezwungen; nachlässig); ~ gekleidet sein
Salpeter, der, -s (Salz der Salpetersäure)
Salto, der, -s, Plur. -s od. Salti (Überschlagsprung)
Salut, der, -[e]s, -e (Begrüßungsschießen) | **salutieren** (militärischer Ehrengruß)
Salz, das, -es, -e | **salzen;** die Suppe ~ | **salzig**
Sämaschine | **Samen,** der, -s, - | **Sämerei** | **sämig** (dickflüssig) | **Sämling,** der, -s, -e
sammeln | **Sammler,** der, -s, - | **Sammlung**
Samstag (Sonnabend) ↑ Dienstag **samstags** ↑ dienstags
samt; ~ dem Geld
Samt, der, -[e]s, -e (ein Gewebe) | **samtig** | **samtweich**
sämtlich
Sanatorium, das, -s, Plur. Sanatorien [..ĭən] (Heilstätte)
Sand, der, -[e]s, -e
Sandale, die, -, -n | **Sandalette,** die, -, -n (sandalenartiger Sommerschuh)
sandfarben | **sandig**
Sandwich ['zɛntvɪtʃ], das od. der, Gen. -[e]s od. -, Plur. -[e]s od. -e (belegte Weißbrotschnitte)
sanft
Sänger | **Sängerin**
sanieren (gesund machen; in einen ordentl. Zustand bringen) | **sanitär** (gesundheitlich); sanitäre Einrichtungen | **Sanitäter**

Sankt (heilig); ~ Nikolaus; die Sankt-Nikolaus-Kirche od. St.-Nikolaus-Kirche
Saphir, der, -s, -e (ein Edelstein)
Sardelle, die, -, -n (ein Heringsfisch)
Sardine, die, -, -n (kleiner Heringsfisch)
Sarg, der, -[e]s, Plur. Särge
sarkastisch (spöttisch, höhnisch) ↑ Z 115
Satan, der, -s, -e (Teufel, böser Geist; auch für: böser Mensch) | **satanisch** (besonders boshaft)
Satellit, der, -en, -en (Mond; künstl. Erdbegleiter)
Satin [za'tɛ̃], der, -s, -s (Gewebe mit glänzender Oberfläche)
Satire, die, -, -n (Spottgedicht) | **Satiriker** | **satirisch** (spöttisch; auf witzige Art Kritik übend; auch: lächerlich machend)
satt; ~ sein/werden; ich bin es ~; ~ machen od. sattmachen ↑ Z 87; sich ~ essen od. sattessen ↑ Z 87
Sattel, der, -s, Plur. Sättel | **satteln;** das Pferd ~
satthaben; etwas ~ ↑ Z 84e
sättigen
Sattler (Handwerker, der Lederwaren herstellt)
sattsehen; sich nicht ~ können ↑ Z 84e
Saturn, der, -s (ein Planet)
Satz, der, -es, Plur. Sätze | **Satzglied** | **Satzzeichen**
Sau, die, -, Plur. -en od. Säue
sauber; ~ halten/schreiben ↑ Z 86; ~ machen od. saubermachen ↑ Z 87 | **Sauberkeit,** die, - | **säuberlich** | **säubern**
Sauce ['zo:sə] ↑ Soße
sauer | **säuerlich** (leicht sauer) | **säuern** | **Sauerstoff,** der, -[e]s (ein chem. Element) | **Sauerstoffflasche*** ↑ Z 34
saufen
saugen | **säugen** | **Säuger** (Säugetier) | **Säugling,** der, -s, -e (Kind im 1. Lebensjahr)
Säule, die, -, -n | **säulenförmig**
Saum, der, -[e]s, Plur. Säume; der ~ der Tischdecke
säumen (1. Stoff einfassen – 2. zögern)
Sauna, die, -, Plur. -s od. Saunen (finnisches Dampfbad)
Säure, die, -, -n | **säurehaltig**
Saurier, der, -s, - (ausgestorbene Riesenechse)
säuseln | **sausen;** in Saus und Braus leben
Savanne [..v..], die, -, -n (trop. Grassteppe)
Saxofon od. **Saxophon,** das, -s, -e (ein Blasinstrument)
S-Bahn (Schnellbahn)
Scampi (Plur.) (eine Art kleine Krebse)
scannen ['skɛnən] (mit einem Scanner abtasten) | **Scanner** ['skɛnər], der, -s, - (elektronisches Lesegerät)
schaben | **Schaber**
Schabernack, der, -[e]s, -e; ~ treiben
schäbig (ärmlich; gemein; geizig)
Schablone, die, -, -n (ausgeschnittene Vorlage) | **schablonenhaft**
Schach, das, -s, -s; ~ spielen; jmdn. in ~ halten | **schachmatt**
Schacht, der, -[e]s, Plur. Schächte (Teil eines Bergwerks)
Schachtel, die, -, -n
schade; es ist ~, dass ..., aber: es ist sein Schaden
Schädel, der, -s, -
schade; es ist ~ | **schaden;** jmdm. ~ | **Schaden,** der, -s, Plur. Schäden; ~ nehmen; zu ~ kommen | **Schadenfreude** | **schadhaft** | **Schädigung** | **schädlich** |

Schädling, der, -s, -e | **schadlos;** sich an etwas ~ halten
Schaf, das, -[e]s, -e | **Schäfer**
[1]**schaffen** (arbeiten); du schaffst; du schafftest; du schafftest; geschafft; schaff[e]!; er schaffte Rat; er hat Ordnung geschafft
[2]**schaffen** (schöpferisch gestalten); du schaffst; du schufst; du schüfest; geschaffen; schaff[e]!; er schuf ein Kunstwerk; er hat einen Roman geschaffen
Schaffner
Schafott, das, -[e]s, -e (Gerüst für Hinrichtungen)
Schaft, der, -[e]s, Plur. Schäfte
Schakal, der, -s, -e (eine Wildhundart)
schal (fade, abgestanden)
Schal, der, -s, Plur. -s od. -e
Schale, die, -, -n | **schälen**
Schalk, der, -[e]s, Plur. -e od. Schälke (Schelm) | **schalkhaft**
Schall, der, -[e]s, Plur. -e od. Schälle | **schalldicht** | **schallen;** es schallt
Schalmei (ein Blasinstrument)
schalten | **Schalter** | **Schaltung**
Schaluppe, die, -, -n (ein Küstenfahrzeug; Beiboot)
Scham, die, - | **schämen, sich** (Akk.); sich vor jmdm. ~ | **schamhaft** | **schamlos**
Schamotte, die, - (feuerfester Ton)
Schande, die, -; ~ machen; zu Schanden od. zuschanden machen/werden ↑ Z 96, *Merke*; zu meiner ~ muss ich gestehen, dass ... | **schändlich** (niederträchtig) | **Schandtat**
Schänke od. **Schenke,** die, -, -n (Gaststätte)
Schanze, die, -, -n (Sprungschanze)
Schar, die, -, -en
Schäre, die, -, -n (kleine Felseninsel od. Klippe vor der skandinavischen Küste)
scharen, sich (Akk.); sich um jmdn. ~ | **scharenweise**
scharf; schärfer; schärfste; ein Messer ~ machen od. scharfmachen ↑ Z 87, ↑ aber: scharfmachen | **Schärfe,** die, -, -n | **schärfen;** das Messer ~ | **scharfkantig** | **scharfmachen;** jmdn. ~ (aufhetzen; sexuell erregen)
Scharfsinn, der, -[e]s | **scharfsinnig;** eine scharfsinnige Bemerkung
Scharlach, der, -s (eine Infektionskrankheit)
Scharlatan, der, -s, -e (Betrüger)
Scharnier, das, -s, -e (drehbares Gelenk, z. B. bei Türen)
scharren
Scharte, die, -, -n (Einschnitt, Einkerbung); eine ~ auswetzen (umgangssprachl. für: einen Fehler wiedergutmachen) | **schartig**
Schatten, der, -s, - | **schattig**
Schatulle, die, -, -n (Geld-, Schmuckkästchen)
Schatz, der, -es, Plur. Schätze | **schätzen;** jmdn. ~; jmdn. ~ lernen ↑ Z 88 | **Schätzung** | **schätzungsweise**
Schau, die, -, -en (Ausstellung)
Schauder | **schauderhaft** | **schaudern;** mir od. mich schaudert
schauen
Schauer (1. Schreck – 2. kurzer Regen) | **schauerlich** | **schauern;** mir od. mich schauert (mich fröstelt)
Schaufel, die, -, -n | **schaufeln**
Schaukel, die, -, -n | **schaukeln**
Schaum, der, -[e]s, Plur. Schäume | **schäumen** | **schaumig**
Schauspiel | **Schauspieler** | **Schauspielerin**
Scheck, der, -s, -s (Zahlungsanweisung)
scheckig (gefleckt) ↑ Z 116

scheel; jmdn. ~ (missgünstig, neidisch) ansehen; ~ blicken; ~ blickend od. scheelblickend ↑ Z 93
Scheffel, der, -s, - (ein altes Hohlmaß) | **scheffeln**
Scheibe, die, -, -n | **scheibenförmig**
Scheich, der, -s, -s (ein Titel in arabischen Ländern)
Scheide, die, -, -n | **scheiden;** du scheidest; du schiedst; du schiedest; geschieden; scheid[e]!; sich ~ lassen | **Scheidung**
Schein, der, -[e]s, -e | **scheinbar** (nur dem Scheine nach); er hat nur ~ recht, in Wirklichkeit liegt die Sache anders, ↑ auch: anscheinend | **scheinen;** du scheinst; du schienst; du schienest; geschienen; schein[e]! | **scheinheilig** (heuchlerisch)
Scheit, das, -[e]s, Plur. -e od. -er; ein paar Scheite Holz
Scheitel, der, -s, -
scheitern; an etwas ~
Schelf, der od. das, -s, -e (Flachmeer entlang der Küste)
Schelle, die, -, -n (kleine Glocke) | **schellen**
Schelm, der, -[e]s, -e | **schelmisch** (verschmitzt)
Schelte, die, -, -n (Tadel) | **schelten;** du schiltst; du schaltst; du schöltest; gescholten; schilt! jmdn. ~
Schema, das, -s, Plur. -s od. Schemata (anschauliche Darstellung; Muster) | **schematisch** | **Schematismus,** der, -
Schemel, der, -s, - (einfache Sitzgelegenheit ohne Lehne)
Schemen, der, -s, - (Schatten; Gespenst) | **schemenhaft**
Schenke ↑ **Schänke**
Schenkel, der, -s, - | **...schenk[e]lig,** z. B. gleichschenk[e]lig
schenken; jmdm. etwas ~
Scherbe, die, -, -n
Schere, die, -, -n
[1]**scheren** (abschneiden); du scherst; du schorst od. schertest; du schörest; geschoren od. geschert; scher[e]!
[2]**scheren** (kümmern, angehen); was schert es dich?; sich (Akk.) ~
Scherz, der, -es, -e; im ~ | **scherzen** | **scherzhaft**
scheu ; ~ sein/werden; ~ machen od. scheumachen ↑ Z 87 | **Scheu,** die, -; ~ haben | **scheuchen** | **scheuen;** sich (Akk.) ~
scheuern
Scheune, die, -, -n
Scheusal, das, -s, -e (abstoßender, Ekel erregender Mensch) | **scheußlich**
Schi ↑ Ski
Schicht, die, -, -en | **schichten** | **...schichtig,** z. B. dreischichtig od. 3-schichtig ↑ Z 108
schick od. **chic** [ʃɪk]; die Bluse ist ~
schicken; sich (Akk.) ~; sich in etwas ~ (sich damit abfinden) ↑ Z 116 | **Schicksal,** das, -s, -e
schieben; du schiebst; du schobst; du schöbest; geschoben; schieb[e]! | **Schieber** | **Schiebung**
Schiedsrichter
schief; die schiefe Ebene; jmdn. ~ ansehen; ~ liegen/wachsen; ein Teppich, der schief liegt ↑ Z 86, ↑ aber: schiefliegen; ~ gewickelt od. schiefgewickelt ↑ Z 93; ~ treten od. schieftreten; er hat die Schuhe ~ getreten od. schiefgetreten ↑ Z 87
Schiefer (ein Gestein); das Schieferdach | **schief[e]rig** | **schiefern** (aus Schiefergestein)
schiefgehen (misslingen) | **schieflachen;** über den Clown konnten sich die Kinder ~ | **schiefliegen** (sich irren) ↑ Z 84e
schiefwink[e]lig

schielen
Schienbein | **Schiene,** die, -, -n | **schienen** (mit Schienen versehen); den Arm ~
schießen; du schießt; du schossest; du schössest; geschossen; schieß[e]!
Schiff, das, -[e]s, -e | **Schifffahrt*** ↑ Z 34 | **Schiff[s]bau,** der, -[e]s | **schiffbrüchig** | **schiffen** | **Schiffswerft**
Schikane, die, -, -n (Bosheit; im Sport: eingebaute Schwierigkeit) | **schikanieren;** jmdn. ~
Schikoree ↑ Chicorée
[1]**Schild,** der, -[e]s, -e (eine Schutzwaffe)
[2]**Schild,** das, -[e]s, -er (Erkennungs-, Hinweiszeichen; Aushängeschild)
schildern; seine Erlebnisse ausführlich ~ | **Schilderung**
Schilf, das, -[e]s, -e | **schilfig**
schillern
[1]**Schimmel,** der, -s, - (weißes Pferd)
[2]**Schimmel,** der, -s (Pilzüberzug) | **schimm[e]lig** | **schimmeln;** es schimmelt
Schimmer | **schimmern**
Schimpanse, der, -n, -n (ein Menschenaffe)
schimpfen
Schindel, die, -, -n (Holzziegel)
Schinken, der, -s, -
Schippe, die, -, -n | **schippen** (schaufeln)
Schirm, der, -[e]s, -e
Schlacht, die, -, -en
schlachten | **Schlächter** (Fleischer)
Schlacke, die, -, -n (Ofenrückstand, z. B. beim Schmelzen) ↑ Z 116
Schlaf, der, -[e]s
Schläfe, die, -, -n (Teil des Gesichtes) | **schlafen;** du schläfst; du schliefst; du schliefest; geschlafen; schlaf[e]!
schlaff
schlaflos | **Schlaflosigkeit,** die, - | **schläfrig** | **schlaftrunken** | **schlafwandeln;** mit schlafwandlerischer Sicherheit
Schlag, der, -[e]s, Plur. Schläge | **schlagen;** du schlägst; du schlugst; du schlügest; geschlagen; schlag[e]! | **Schlager** (ein Lied, das in Mode ist) | **Schlägerei** | **schlagfertig;** ~ sein (stets sofort treffend u. witzig antworten können)
Schlamassel, der u. das, -s (ein schlimmes, unglückliches Durcheinander)
Schlamm, der, -[e]s, Plur. -e od. Schlämme | **schlammig** | **Schlämmkreide**
schlampig (nachlässig)
Schlange, die, -, -n; ~ stehen ↑ Z 85 | **schlängeln, sich** (Akk.)
schlank; ~ machen od. schlankmachen ↑ Z 87
schlapp (schlaff) | **schlappmachen** (zusammenbrechen) | **Schlappe,** die, -, -n (Niederlage)
schlau
Schlauch, der, -[e]s, Plur. Schläuche
Schlaufe, die, -, -n (Schlinge)
Schlauheit | **Schlaumeier**
schlecht; ~ gelaunt/beraten/bezahlt od. schlechtgelaunt, schlechtberaten, schlechtbezahlt ↑ Z 93; ein ~ bezahlter od. schlechtbezahlter Job; in diesen Schuhen kann ich ~ gehen ↑ Z 86; ich hörte, dass es ihr ~ geht od. schlechtgeht ↑ Z 84c; der Monteur hat seine Arbeit ~ gemacht (schlecht ausgeführt) ↑ Z 86, ↑ aber: schlechtmachen; das ist ~, aber: etwas Schlechtes ↑ Z 56 | **schlechthin** (ganz u. gar) | **schlechtmachen;** jmdn. ~ ↑ Z 84b | **schlechtreden;** eine Sache ~ ↑ Z 84b
schlecken | **Schleckerei** ↑ Z 116

Schlegel, der, -s, - (ein Werkzeug zum Schlagen)
Schlehe, die, -, -n (ein Strauch)
schleichen; du schleichst; du schlichst; du schlichest; geschlichen; schleich[e]! | **Schleicher**
Schlei, der, -[e]s, -e (ein Fisch) od. **Schleie,** die, -, -n
Schleier | **schleierhaft** (rätselhaft)
Schleife, die, -, -n
¹**schleifen** (schärfen); du schleifst; du schliffst; du schliffest; geschliffen; schleif[e]!
²**schleifen** (über den Boden ziehen; dem Boden gleichmachen); du schleifst; du schleiftest; du schleiftest; geschleift; schleif[e]!
Schleim, der, -[e]s, -e | **schleimig**
schleißen; Federn ~ (Federn vom Kiel trennen)
schlemmen (üppig essen) | **Schlemmerei**
schlendern
schlenkern
Schleppe, die, -, -n | **schleppen** | **Schlepper** | **Schlepptau;** ins ~ nehmen
Schleswig-Holstein | **schleswig-holsteinisch**
Schleuder, die, -, -n | **schleudern**
schleunig (sehr schnell); schleunigst
Schleuse, die, -, -n | **schleusen**
schlicht | **schlichten** | **Schlichtung**
Schlick, der, -[e]s, -e (Schlamm) | **schlickern** ↑ Z 116
schließen; du schließt; du schlossest; du schlössest; geschlossen; schließ[e]! | **schließlich**
Schliff, der, -[e]s, -e (der Schleifvorgang; die erzeugte geschliffene Fläche)
schlimm; ~ stehen/werden; es ist das Schlimmste, dass ... ↑ Z 57; etwas/nichts Schlimmes; auf das/aufs Schlimmste gefasst sein; auf das/aufs Schlimmste od. schlimmste (sehr schlimm) zugerichtet werden ↑ Z 57 | **schlimmstenfalls**
Schlinge, die, -, -n
Schlingel, der, -s, -
schlingen (1. einen Knoten schlingen – 2. schnell essen); du schlingst; du schlangst; du schlängest; geschlungen; schling[e]!
schlingern; das Schiff schlingert
Schlips, der, -es, -e
Schlitten, der, -s, -; ~ fahren, aber: das Schlittenfahren ↑ Z 55, 85 | **schlittern**
Schlittschuh; ~ laufen, aber: das Schlittschuhlaufen ↑ Z 55, 85
Schlitz, der, -es, -e | **schlitzen**
schlohweiß
Schloss, das, -es, Plur. Schlösser
Schloße, die, -, -n (Hagelkorn)
Schlosser (ein Handwerker)
Schlot, der, -[e]s, -e (Schornstein)
schlott[e]rig | **schlottern** (zittern)
Schlucht, die, -, -en (ein tiefes enges Tal)
schluchzen (krampfhaft weinen)
Schluck, der, -[e]s, Plur. -e od. Schlücke | **Schluckauf,** der, -s od. **Schlucken,** der, -s | **schlucken** ↑ Z 116 | **schluckweise** (in Schlucken)
schlud[e]rig (nachlässig) | **schludern** (nachlässig arbeiten)
Schlummer, der, -s | **schlummern**
Schlund, der, -[e]s, Plur. Schlünde
schlüpfen | **schlüpfrig** (glatt) | **Schlupfwespe** | **Schlupfwinkel**
schlurfen (schleppend gehen) | **schlürfen** (geräuschvoll trinken)
Schluss, der, -es, Plur. Schlüsse | **Schlüssel,** der, -s, - | **schlussfolgern** | **Schlussfolgerung** | **schlüssig;** sich über etwas ~ werden
Schmach, die, - (Demütigung, Kränkung)
schmachten | **schmächtig** (dünn, schmal)

schmackhaft
schmähen | **schmählich** (schändlich, schmachvoll) | **Schmähung**
schmal | **schmälern** (verringern)
Schmalz, das, -es, -e | **Schmalzgebäck**
schmarotzen (auf Kosten anderer leben) | **Schmarotzer**
Schmaus, der, -es, Plur. Schmäuse | **schmausen**
schmecken ↑ Z 116
Schmeichelei | **schmeichelhaft** | **schmeicheln;** jmdm. ~ | **Schmeichler** | **schmeichlerisch**
schmeißen (umgangssprachl. für *werfen*); du schmeißt; du schmissest; er schmiss; geschmissen; schmeiß!
Schmelz, der, -es, -e | **schmelzbar** | **Schmelze,** die, -, -n | **Schmelzkäse**
[1]**schmelzen** (flüssig machen); du schmelzt od. schmilzt; du schmelztest od. schmolzest; du schmölzest; geschmolzen; schmelze! od. schmilz!
[2]**schmelzen** (flüssig werden); der Schnee schmilzt; er ist geschmolzen
Schmerz, der, -es, -en | **schmerzen;** es schmerzt mich, dass ..., aber: die Wunde schmerzt; mir schmerzt der Kopf | **schmerzhaft;** die Behandlung war sehr ~ | **schmerzlich** | **schmerzstillend;** ein schmerzstillendes Medikament, aber: ein den Schmerz stillendes Medikament ↑ Z 92, 93
Schmetterling, der, -s, -e
schmettern
Schmied, der, -[e]s, -e | **schmiedbar** | **Schmiede,** die, -, -n | **schmieden**
schmiegen | **schmiegsam**
Schmiere, die, -, -n (Schmiermittel) | **schmieren** | **schmierig**
Schminke, die, -, -n | **schminken;** sich (Akk.) ~
Schmirgel, der, -s (ein Schleifmittel) | **schmirgeln**
schmollen
schmoren
schmuck; ~ sein | **Schmuck,** der, -[e]s | **schmücken** ↑ Z 116 | **schmucklos**
Schmuggel, der, -s (Schleichhandel) | **schmuggeln** | **Schmuggler**
schmunzeln
Schmutz, der, -es | **schmutzen** | **schmutzig;** ~ graues Wetter
Schnabel, der, -s, Plur. Schnäbel
Schnalle, die, -, -n | **schnallen**
schnalzen; mit der Zunge ~
schnappen | **Schnapper**
Schnaps, der, -es, Plur. Schnäpse
schnarchen
schnarren
schnattern
schnauben; sich (Akk.) ~
schnaufen
Schnauze, die, -, -n | **schnäuzen;** sich (Akk.) ~
Schnecke, die, -, -n ↑ Z 116
Schnee, der, -s | **schneeweiß**
Schneide, die, -, -n | **schneiden;** du schneidest; du schnittst; du schnittest; geschnitten; schneid[e]! | **Schneider** | **Schneiderin** | **schneidern**
schneien; es schneit
Schneise, die, -, -n
schnell; ~ laufen ↑ Z 86 | **Schnelle,** die, -, -n; etwas auf die ~ erledigen | **schnellen** | **schnellfüßig** | **Schnelligkeit** | **Schnellläufer*** ↑ Z 34 | **Schnellzug**
Schnepfe, die, -, -n (ein Vogel)
Schnippchen; jmdm. ein ~ schlagen | **schnippisch** (kurz angebunden)
schnippeln od. **schnipseln**
Schnitt, der, -[e]s, -e | **Schnitte,** die, -, -n (eine Scheibe Brot) |

schnittig (sportlich, rassig) | **Schnittlauch,** der, -[e]s | **Schnitzel,** das, -s, - | **schnitzeln** | **schnitzen** | **Schnitzer** | **Schnitzerei** (Schnitzarbeit)
schnöd[e] (niederträchtig)
Schnorchel, der, -s, - (Rohr zum Luftholen beim Tauchen)
Schnörkel, der, -s, - | **schnörk[e]lig**
schnüffeln | **Schnüffler**
Schnupfen, der, -s, -
schnuppern (schnüffeln)
Schnur, die, -, Plur. Schnüre | **schnüren** | **schnurgerade;** eine ~ Straße
Schnurrbart | **schnurren**
Schnürsenkel, der, -s, - | **schnurstracks**
Schober (abgedeckter Heuhaufen; kleine Feldscheune)
Schock, der, -[e]s, Plur. -s od. -e | **schockieren** (in Entrüstung versetzen); jmdn. ~ ↑ Z 116
Schöffe, der, -n, -n (ehrenamtl. Richter) | **Schöffin**
Schokolade, die, -, -n | **schokoladen** (aus Schokolade) | **schokoladefarben** | **Schokoladenguss**
Scholle, die, -, -n (1. Erdklumpen – 2. ein Fisch)
schon
schön; die schöne Frau; die Schöne; das Schönste kommt zuletzt; etwas Schönes ↑ Z 55, 56; auf das/aufs Schönste od. schönste schmücken ↑ Z 57; sich ~ machen od. schönmachen ↑ Z 87
schonen; sich ~
schönfärben (etwas günstiger darstellen) ↑ Z 84b, aber: schön färben od. schönfärben (mit schönen Farben versehen) ↑ Z 87 | **Schönheit** | **schöntun** (schmeicheln)
Schonung | **schonungslos** | **Schonungslosigkeit,** die, - | **Schonzeit**
Schopf, der, -[e]s, Plur. Schöpfe
schöpfen | **Schöpfer** | **schöpferisch** | **Schöpfung**
Schoppen, der, -s, - (Weinmaß)
Schorf, der, -[e]s, -e
Schornstein, der, -[e]s, -e
Schoß [ˈʃoːs], der, -es, Plur. Schöße
Schössling, der, -s, -e (junger Pflanzentrieb)
Schote, die, -, -n
Schott, das, -[e]s, -en od. -e (Querwand im Schiff)
Schotter (zerkleinerte Steine) | **schottern;** die Straße ~
schottisch | **Schottland**
schraffieren (stricheln) | **Schraffierung** od. **Schraffur**
schräg; ~ halten/laufen/legen ↑ Z 86; ~ gedruckt/laufend od. schräggedruckt, schräglaufend ↑ Z 93; ~ stellen od. schrägstellen ↑ Z 87 | **Schräge,** die, -, -n | **Schrägstrich**
Schramme, die, -, -n | **schrammen**
Schrank, der, -[e]s, Plur. Schränke
Schranke, die, -, -n
Schräubchen | **Schraube,** die, -, -n | **schrauben** | **Schraubendreher** | **Schraubstock**
Schreck, der, -[e]s, -e od. **Schrecken,** der, -s, - | **schrecken** (in Schrecken versetzen); du schreckst; du schrecktest; du schrecktest; geschreckt; schreck[e]! ↑ auch: erschrecken ↑ Z 116 | **schreckhaft** | **schrecklich;** auf das/aufs Schrecklichste od. schrecklichste zugerichtet sein ↑ Z 57
Schrei, der, -[e]s, -e
schreiben; du schreibst; du schriebst; du schriebest; geschrieben; schreib[e]!; über etwas ~ | **Schreiben,** das, -s, - (Schriftstück) | **Schreibmaschine**
schreien; du schreist; du schriest; du schrieest; geschrie[e]n; schrei[e]!

schreiten; du schreitest; du schrittst; du schrittest; geschritten; schreit[e]!
Schrift, die, -, -en | **schriftlich** | **Schriftsteller** | **Schriftstellerin**
schrill | **schrillen;** es schrillt
Schrimp od. **Shrimp** [ʃr..], der, -s, -s (eine kleine Krabbe)
Schritt, der, -[e]s, -e; auf ~ und Tritt; ~ fahren/halten | **Schritttempo*** ↑ Z 34 | **schrittweise**
schroff
schröpfen; jmdn. ~
Schrot, das od. der, -[e]s, -e (1. kleine Bleikugeln – 2. grob gemahlenes Getreide)
Schrott, der, -[e]s (Altmetall)
schrubben (reinigen) | **Schrubber** (Scheuerbürste)
Schrulle, die, -, -n (Laune, komischer Einfall) | **schrullig**
schrump[e]lig | **schrumpeln**
schrumpfen
schruppen (behobeln)
Schub, der, -[e]s, Plur. Schübe | **Schublade,** die, -, -n | **schubsen** (stoßen)
schüchtern; ~ sein
Schuft, der, -[e]s, -e (gemeiner Mensch) | **schuftig**
Schuh, der, -[e]s, -e | **Schuhmacher**
Schukostecker (Stecker mit Schutzkontakt) ↑ Z 116
Schuld, die, -, -en; es ist meine ~; ~ geben/haben/tragen; keine Schuld haben, aber: an etwas schuld sein; sich etwas zu Schulden od. zuschulden kommen lassen ↑ Z 96, *Merke* | **schuldbewusst,** aber: sich seiner Schuld bewusst sein | **schulden;** jmdm. etwas ~ | **schuldig;** jmdn. ~ sprechen od. schuldigsprechen ↑ Z 84c | **schuldlos**
Schule, die, -, -n | **Schüler** | **Schülerin** | **schulisch** | **Schulleiter** | **Schulleiterin**
Schulter, die, -, -n
Schummelei | **schummeln**
Schund, der, -[e]s (Wertloses)
Schuppe, die, -, -n (Haut-, Hornplättchen) | **schuppen** (Fischschuppen entfernen)
Schuppen, der, -s, - (Raum für Holz u. a.)
schuppig
schüren; das Feuer ~
schürfen
Schurke, der, -n, -n (gewissenloser Mensch) | **schurkisch**
Schurz, der, -es, -e | **Schürze,** die, -, -n
Schuss, der, -es, Plur. Schüsse; in ~ (in Ordnung) haben/halten;
Schüssel, die, -, -n
schuss[e]lig (fahrig, vergesslich)
Schuster ↑ Z 115
Schutt, der, -[e]s
Schüttelfrost | **schütteln** | **schütten**
Schutz, der, -es
Schütz, das, -es, -e (ferngesteuerter Schalter)
Schütze, der, -n, -n (Schießender)
schützen | **schutzimpfen** | **Schützling,** der, -s, -e | **schutzlos**
schwach; schwächer; schwächste; eine ~ bevölkerte od. schwachbevölkerte Gegend ↑ Z 93; ein ~ begabter od. schwachbegabter Schüler ↑ Z 93; | **Schwäche,** die, -, -n | **schwächlich** | **Schwächling,** der, -s, -e
Schwade, die, -, -n od. **Schwaden,** der, -s, - (1. Reihe abgemähten Grases od. Getreides – 2. fetzenartig dahinziehender Dampf od. Rauch)
Schwager, der, -s, Plur. Schwäger | **Schwägerin**
Schwalbe, die, -, -n
Schwall, der, -[e]s, -e
Schwamm, der, -[e]s, Plur. Schwämme | **schwammig**

Schwan, der, -[e]s, Plur. Schwäne | **schwanen;** mir schwant (ich ahne)
schwanger | **Schwangerschaft**
Schwank, der, -[e]s, Plur. Schwänke (scherzhafte volkstüml. Erzählung) | **schwanken;** die Bäume ~ im Wind | **Schwankung**
Schwanz, der, -es, Plur. Schwänze
Schwarm, der, -[e]s, Plur. Schwärme; ein ~ Fische | **schwärmen;** von etwas ~ | **Schwärmer** | **schwärmerisch**
Schwarte, die, -, -n | **schwartig**
schwarz; schwärzer; schwärzeste ↑ blau; ans schwarze od. Schwarze Brett bringen ↑ Z 76; das schwarze Schaf; ein schwarzer Tag; die schwarze Liste; der schwarze od. Schwarze Peter (Kartenspiel); der schwarze Tee; die schwarze Magie; ~ auf weiß, aber: das Schwarze Meer; die Schwarze Witwe (eine Spinne); die Schwarze Johannisbeere ↑ Z 64 | **Schwarz,** das -[e], ↑ Blau; ins Schwarze treffen; aus ~ Weiß machen ↑ Z 55 | **schwarzarbeiten** (unerlaubt arbeiten) ↑ Z 84b | **schwarzsehen** (ohne Genehmigung fernsehen; pessimistisch sein) ↑ Z 84b
schwatzen | **schwatzhaft**
Schwebe, die, -; in der ~ halten | **schweben**
Schweden | **schwedisch**
Schwefel, der, -s (ein chem. Element) | **schwefelhaltig** | **schwef[e]lig;** schwef[e]lige Säure
Schweif, der, -[e]s, -e | **schweifen**
schweigen; du schweigst; du schwiegst; du schwiegest; geschwiegen; schweig[e]! | **Schweigen,** das, -s | **schweigsam**
Schwein, das, -[e]s, -e
Schweiß, der, -es | **schweißen** | **Schweißer** | **schweißtriefend**
Schweiz, die, - | **schweizerisch**
schwelen (glimmen)
schwelgen
Schwelle, die, -, -n
schwellen (sich ausdehnen); du schwillst; du schwollst; du schwöllest; geschwollen; schwill! | **Schwellung**
Schwemme, die, -, -n (Badeplatz für das Vieh) | **schwemmen** | **Schwemmland**
schwenken | **Schwenkung**
schwer; ~ arbeiten/bestrafen/verletzen/verwunden ↑ Z 86; ~ behindert/verletzt/verwundet od. schwerbehindert, schwerverletzt, schwerverwundet ↑ Z 93; ein ~ verständliches od. schwerverständliches Buch ↑ Z 94 | **schwerfallen;** das wird dir nicht ~ ↑ Z 84b | **schwerfällig** (langsam, nicht gewandt) | **schwerhörig** | **schwerlich** (kaum) | **schwermütig** | **schwerstbehindert;** der/die Schwerstbehinderte ↑ Z 55
Schwert, das, -[e]s, -er
schwertun, sich (Akk.); sich mit etwas ~ ↑ Z 84b | **schwerwiegend;** ich habe schwerwiegende Bedenken, aber: ein schwer wiegendes od. schwerwiegendes Paket ↑ Z 93
Schwester, die, -, -n ↑ Z 115
Schwibbogen (Lichterbogen)
Schwiegereltern (Plur.)
Schwiele, die, -, -n | **schwielig**
schwierig | **Schwierigkeit**
schwimmen; du schwimmst; du schwammst; du schwömmest od. schwämmest; geschwommen; schwimm[e]! | **Schwimmer** | **Schwimmerin** | **Schwimmmeisterschaften*** ↑ Z 34
Schwindel, der, -s | **schwind[e]lig** | **schwindeln;** mir schwindelt od. es schwindelt mir

schwinden; du schwindest; du schwandst; du schwändest; geschwunden; schwind[e]!

Schwindler

Schwinge, die, -, -n (Flügel) | **schwingen;** du schwingst; du schwangst; du schwängest; geschwungen; schwing[e]! | **Schwingung**

schwirren

schwitzen; du schwitzt

schwören; du schwörst; du schworst od. schwurst; du schwürest; geschworen; schwör[e]!; auf jmdn. ~

schwul (umgangssprachl. für *homosexuell*)

schwül | **Schwüle,** die, - (feuchtwarme Luft)

schwülstig (überladen, weitläufig) ↑ Z 115

Schwung, der, -[e]s, Plur. Schwünge; in ~ bringen/kommen | **schwungvoll**

Schwur, der, -[e]s, Plur. Schwüre

Sciencefiction od. **Science-Fiction** [ˈsai̯ənsˈfɪkʃ(ə)n], die, - (utopische Literatur) | **Sciencefictionfilm** od. **Science-Fiction-Film**

sechs ↑ acht | **Sechs,** die, -, -en ↑ Acht

Sediment, das, -[e]s, -e (Ablagerung)

[1]**See,** der, -s, -n (Binnengewässer)

[2]**See,** die, - (Meer) | **Seeelefant*** | **Seehund** | **Seeigel** | **seekrank**

Seele, die, -, -n

Seemann, der, -[e]s, Plur. Seeleute | **Seemeile,** die, -, -n

Segel, das, -s, - | **segelfliegen** (nur im Infinitiv!) | **segeln**

Segen, der, -s, -

Segment, das, -[e]s, -e (Kreis- od. Kugelabschnitt)

sehen; du siehst; du sahst; du sähest; gesehen; sieh! | **sehenswert** | **sehenswürdig**

Sehne, die, -, -n

sehnen, sich (Akk.); sich nach etwas ~

sehnig

sehnlich | **Sehnsucht,** die, - | **sehnsüchtig**

sehr; so/zu ~; noch nie hatte sie sich so ~ auf die Ferien gefreut, aber als Konjunktion: sosehr; sosehr ich mich auch beeilte, der Bus war weg ↑ Z 96

seicht (flach)

seid; ~ herzlich gegrüßt; ~ ihr es?, aber: seit gestern

Seide, die, -, -n | **seiden** (aus Seide) | **seidig** (wie Seide)

Seife, die, -, -n

seihen

Seil, das, -[e]s, -e; am ~ ziehen; auf dem ~ laufen/tanzen | **seilen** | **seilspringen** (vorwiegend im Infinitiv und Partizip II!) | **seiltanzen** (vorwiegend im Infinitiv und Partzip II!); sie konnte gut seiltanzen; ich habe seilgetanzt

sein; ich bin; du bist; er ist; wir sind; ihr seid; sie sind; ich sei; du seist; er sei; wir seien; ihr seiet; sie seien; etwas ~ lassen od. seinlassen ↑ Z 89 | **Sein,** das, -s

seine od. **seinige;** es ist das Seine od. Seinige (Besitz); es sind die Seinen/Seinigen od. seinen/seinigen (seine Angehörigen) ↑ Z 55, aber: Jörgs Gepäck ist wieder da, ausgerechnet das seine/das seinige war verschwunden | **seinerseits** | **seinerzeit** | **seinesgleichen** | **seinethalben** | **seinetwegen** | **seinetwillen;** um ~

Seismograf od. **Seismograph,** der, -en, -en (Gerät zum Aufzeichnen von Erdbeben) ↑ S. 230, *Merke*

seit; ~ gestern | **seitdem;** ~ geht es ihm besser, aber: seit dem Regen

Seite, die, -, -n; zur ~ treten; auf Seiten od. aufseiten; von Seiten

od. vonseiten ↑ Z 65, *Merke* | **Seitenhalbierende,** die, -n, -n | **seitens;** ~ der Eltern
seither
seitlich | **seitwärts**
Sekante, die, -, -n (Gerade, die eine Kurve schneidet)
Sekret, das, -[e]s, -e (Absonderung)
Sekretär, der, -s, -e | **Sekretariat,** das, -[e]s, -e (Geschäftsstelle) | **Sekretärin**
Sekt, der, -[e]s, -e (Schaumwein)
Sekte, die, -, -n (kleinere Glaubensgemeinschaft)
Sektion (Abteilung, Gruppe) | **Sektor,** der, -s, Plur. Sektoren (Sachgebiet; Kreisausschnitt)
Sekunde, die, -, -n | **sekundenlang;** sekundenlange Spannung, aber: 5 Sekunden lang | **sekündlich** od. **sekundlich** (in jeder Sekunde)
selb...; im selben Augenblick | **selber** | **selbst;** ~ gebacken/geschneidert/gestrickt od. selbstgebacken, selbstgeschneidert, selbstgestrickt ↑ Z 93 | **selbstständig** od. **selbständig** | **Selbstständigkeit** od. **Selbständigkeit,** die, - | **Selbstbeherrschung** | **selbstbewusst** | **Selbstbewusstsein** | **selbstgefällig** | **selbstkritisch** | **Selbstlaut** | **selbstlos** | **Selbststudium,** das, -s | **selbstsüchtig** (auf den eigenen Vorteil bedacht sein) | **selbstverständlich** | **Selbstverständlichkeit,** die, -
selig; ~ sein; ~ machen od. seligmachen ↑ Z 87 | **Seligkeit** | **seligpreisen** | **seligsprechen;** der Papst hat ihn seliggesprochen ↑ Z 84 b
Sellerie, der, -[s], -s od. die, -, Plur. - od. Sellerien
selten; am seltensten | **Seltenheit**
Selters | **Selter[s]wasser**
seltsam
Semester, das, -s, - (Studienhalbjahr) ↑ Z 115
Semikolon, das, -s, -s
Seminar, das, -s, -e (Übungskurs)
Semmel, die, -, -n
Senat, der, -[e]s, -e (Rat im alten Rom; Richterkollegium; Regierungs-, Verwaltungsbehörde) | **Senator,** der, -s, Plur. Senatoren | **Senatorin**
senden; du sendest; du sandtest od. sendetest; du sendetest; gesandt od. gesendet; send[e]! | **Sender** | **Sendung**
Senf, der, -[e]s, -e
sengen
Seniorenheim (Altersheim)
Senke, die, -, -n (flache Erdvertiefung) | **senken** | **senkrecht** | **Senkrechte,** die, -n, -n | **Senkung**
Sensation (Aufsehen erregendes Ereignis) | **sensationell**
Sense, die, -, -n
sensibel (empfindlich, feinfühlig)
sentimental (gefühlvoll, rührselig)
separat (abgesondert, einzeln)
September, der, -[s], -
Serenade, die, -, -n (Abendständchen)
Serie [..rĭə], die, -, -n | **serienweise**
Serpentine, die, -, -n (Kehrschleife, Windung)
Serum, das, -s, Plur. Seren od. Sera (Impfstoff)
Servelatwurst ↑ Zervelatwurst
Server [ˈsœ:(r)vər], der, -s, - (Datenanbieter in einem Computernetz)
[1]**Service** [ˈsœ:(r)vɪs], der, -, -s (Kundendienst)
[2]**Service** [zɛrˈvi:s], das, Gen. - od. -s, Plur. - [..ˈvi:s, auch: ..ˈvi:sə] (Tafelgeschirr) | **servieren** | **Serviette,** die, -, -n
Sessel, der, -s, - | **sesshaft**

Set, das, -[s], -s (etwas Zusammengehöriges)
setzen | **Setzling,** der, -s, -e
Seuche, die, -, -n
seufzen | **Seufzer**
Sex, der, -[es] (Geschlechtlichkeit, Geschlechtsverkehr)
Sextant, der, -en, -en (Winkelmessinstrument) | **Sextett,** das, -[e]s, -e (Musikstück für 6 Instrumente; Gruppe von 6 Musikern)
Sexualität, die, - | **Sexualerziehung** | **sexuell** | **sexy** (geschlechtl. anziehend)
Shampoo [ˈʃampu] od. **Shampoon** [ʃɛmˈpu:n], das, -s, -s (Haarwaschmittel)
Shirt [ʃœ:(r)t], das, -s, -s (kurzärmeliges Baumwollhemd)
Shop [ʃɔp], der, -s, -s (Laden, Geschäft)
Shorts [ʃo:(r)ts] (Plur.) (kurze sportl. Hosen)
Shorty [ˈʃɔ:(r)ti], das, auch: der, -s, -s (Schlafanzug mit kurzer Hose)
Show [ʃo:], die, -, -s (Schau, Unterhaltungsprogramm)
Shrimp od. ↑ **Schrimp**
Sibirien [..ĭən] | **sibirisch**
sich
Sichel, die, -, -n | **sichelförmig**
sicher; ~ gehen/stellen/sein ↑ Z 86, 90, aber: ↑ sichergehen, sicherstellen; ein ~ wirkendes od. sicherwirkendes Mittel ↑ Z 93; auf Nummer Sicher od. ~ gehen; es ist das Sicherste, wenn wir ... ↑ Z 57 | **sichergehen** (Gewissheit haben); wir müssen ~, dass alle ihre Regensachen dabeihaben ↑ Z 84b, aber: es wird sicher gehen, dass ... | **Sicherheit** | **sicherheitshalber** | **sicherlich** (gewiss) | **sichern;** das Fahrrad ~ | **sicherstellen** (sichern, feststellen, in polizeilichen Gewahrsam nehmen) ↑ Z 84b, aber: sicher stellen (sicher aufstellen) ↑ Z 86 | **Sicherung**
Sicht, die, -; in ~ | **sichtbar**
sichten (aussondern; sehen)
sickern (langsam, spärlich rinnen) ↑ Z 116
sie; ~ (die Kinder) üben, aber: jmdn. Sie nennen ↑ Z 55 | **Sie** (Anrede)
Sieb, das, -[e]s, -e
[1]**sieben** (durchsieben)
[2]**sieben** ↑ acht | **Sieben,** die, -, Plur. - od. -en ↑ Acht | **siebzehn** | **Siebzehn,** die, -, -en | **siebzig** | **Siebzig,** die, -, -en
sieden (kochen) | **Siedepunkt**
Siedler | **Siedlung**
Sieg, der, -[e]s, -e
Siegel, das, -s, -
siegen | **Sieger**
sieh[e]!; ~ oben; ~ unten
Signal, das, -s, -e | **signalisieren;** jmdm. etwas ~
Silage [..ˈla:ʒə], die, - (Gärfutter)
Silbe, die, -, -n
Silber, das, -s (ein chem. Element; ein Edelmetall) | **silberfarben** od. **silberfarbig** | **silbern** (aus Silber)
...silbig, z. B. dreisilbig od. 3-silbig ↑ Z 108
Silhouette [ziluˈɛtə], die, -, -n (Schattenbild)
silieren (Futter säuern, haltbar machen) | **Silo,** der od. das, -s, -s (Großspeicher, Gärfutterbehälter)
Silvester [..v..], der od. das, -s, - (letzter Tag im Jahr) ↑ Z 115
simpel (einfach, einfältig)
Sims, der od. das, -es, -e (waagerechter Mauervorsprung)
Simulant, der, -en, -en (jmd., der eine Krankheit vortäuscht) | **simulieren**
Sinfonie od. **Symphonie,** die, -, Plur. Sinfonien od. Symphonien

(großangelegtes Orchesterwerk) | **sinfonisch** od. **symphonisch**
singen; du singst; du sangst; du sängest; gesungen; singe!
[1]**Single** ['sɪŋ(ə)l], der, -[s], -s (alleinstehender Mensch)
[2]**Single** ['sɪŋ(ə)l], das, -[s], -[s] (Einzelspiel)
Singular, der, -s, -e (Einzahl) | **singulär** (einzeln, vereinzelt)
sinken; du sinkst; du sank[e]st; du sänkest; gesunken; sink[e]!
Sinn, der, -[e]s, -e; ~ geben/haben; von Sinnen sein | **sinnen;** du sinnst; du sannst; du sännest; gesonnen; sinn[e]! | **Sinnesorgan** | **sinngemäß** | **sinnlos** | **sinnverwandt**
Sippe, die, -, -n
Sirene, die, -, -n
Sirup, der, -s, -e
Sitte, die, -, -n
Situation (Sachlage)
Sitz, der, -es, -e | **sitzen;** du sitzt; du saßest, auch: saßt; du säßest; gesessen; sitz[e]!; ~ bleiben (nicht aufstehen) ↑ Z 88; ~ bleiben od. sitzenbleiben (nicht versetzt werden) ↑ Z 89 | **Sitzung**
Skala, die, -, Plur. Skalen (Stufenfolge, Reihe; Maßeinteilung) | **Skale,** die, -, -n (Maßeinteilung an Messgeräten)
Skandal, der, -s, -e (anstößiges Ereignis) | **skandalös**
Skandinavien [..vĭən] | **skandinavisch**
Skat, der, -[e]s, -e
Skateboard ['ske:tbɔ:(r)d], das, -s, -s (Rollerbrett)
Skelett, das, -[e]s, -e
skeptisch (zweifelnd, misstrauisch)
Sketsch od. **Sketch** [skɛtʃ], der, -[e]s, -e (kurzes dramat. Spiel)
Ski [ʃi:], auch: Schi, der, -s, -er od. -; ~, auch: Schi fahren/laufen, aber: das Skilaufen, auch: Schilaufen ↑ Z 55, 85
Skinhead ['skɪnhɛd], der, -s, -s (Jugendlicher mit kahl geschorenem Kopf, zu Gewalttätigkeit neigend)
Skizze, die, -, -n | **skizzieren** (entwerfen)
Sklave, der, -n, -n | **Sklaverei** | **sklavisch**
Skorpion, der, -s, -e (ein Spinnentier)
Skrupel, der, -s, - (Zweifel, Bedenken) | **skrupellos** (rücksichtslos)
Skulptur, die, -, -en (Bildhauerwerk)
Slalom, der, -s, -s (Torlauf)
slawisch; slawische Sprachen
Slip, der, -s, -s (Unterhöschen)
Slowakei, die, - | **slowakisch**
Slum [slam], der, -s, -s (Elendsviertel)
Smaragd, der, -[e]s, -e (ein Edelstein) | **smaragden**
Smog, der, -[e]s, -s (Industrienebel)
Smoking, der, -s, -s
SMS [esem'es], die, - (per Mobilfunk verschickte Kurznachricht)
Snowboard ['sno:bɔ:(r)d], das, -s, -s (ein Wintersportgerät)
so; ~ etwas; ~ schnell wie od. als möglich; ~ genannt od. sogenannt ↑ Z 93; der ~ genannte od. sogenannte Held; ~ bald als od. wie möglich
sobald; ~ wir fertig sind, ..., aber: so bald werden wir heute nicht fertig ↑ Z 96
Socke, die, -, -n ↑ Z 116
Sockel, der, -s, - (Unterbau; unterer Mauervorsprung) ↑ Z 116
sodann
sodass od. **so dass**
Sodawasser
soeben
Sofa, das, -s, -s
sofern

sofort
Softeis | **Software** [..wɛ:r], die, -, -s (Programme für Computer)
Sog, der, -[e]s, -e
sogar
sogleich
Sohle, die, -, -n (1. Fuß- od. Talsohle – 2. im Bergwerk untere Begrenzung einer Grube)
Sohn, der, -[e]s, Plur. Söhne
solang[e]; ~ ich da bin, habe ich …, aber: du hast mich so lang[e] warten lassen ↑ Z 96
Solarenergie | **Solarzelle**
solch; solcher; solche; solches; ein solcher; solcher feste Karton od. ~ fester Karton; solche festen Kartons od. ~ feste Kartons | **solcherlei**
Sold, der, -[e]s, -e (Lohn des Soldaten) | **Soldat,** der, -en, -en | **Söldner**
Sole, die, -, -n (Salzlösung)
solid[e] (fest; gediegen) | **solidarisch** (füreinander einstehend) | **Solidarität,** die, -
Solist, der, -en, -en | **Solistin** ↑ Z 115
Soll, das, -[s], -s; ~ und Haben
sollen; du hast das gesollt, aber: du hättest es machen ~
solo (allein); ~ tanzen | **Solo,** das, -s, Plur. -s od. Soli (künstler. Einzelvortrag); ein ~ spielen
somit; ~ ist alles getan, aber: ich nehme das gleich so mit (ohne Verpackung)
Sommer | **sommerlich** | **Sommer[s]zeit**
Sonate, die, -, -n (ein Musikstück)
Sonde, die, -, -n (ein Gerät für Untersuchungen)
sonderbar (merkwürdig) | **sonderlich** (besonders); von etwas nicht ~ begeistert sein | **sondern** | **sonders;** samt und ~ | **sondieren** (ausforschen, untersuchen)
Sonett, das, -[e]s, -e (eine Gedichtform)
Song, der, -s, -s (Lied)
Sonnabend ↑ Dienstag | **sonnabends** ↑ dienstags
Sonne, die, -, -n | **sonnen, sich** (Akk.) | **sonnenklar** | **sonn[en]verbrannt** | **sonnig** | **Sonntag** ↑ Dienstag | **sonntäglich** | **sonntags** ↑ dienstags | **sonn- und feiertags** ↑ Z 110
sonst; ~ jemand/wie/was
sooft; ~ ich dich gesehen habe, …, aber: ich habe dich schon so oft gesehen ↑ Z 96
Sopran, der, -s, -e (hohe Frauenstimme)
Sorbe, der, -n, -n (Angehöriger einer westslaw. Volksgruppe) | **sorbisch;** die sorbische Sprache ↑ deutsch
Sorge, die, -, -n; ~ tragen | **sorgen;** sich (Akk.) ~; sich um jmdn. ~ | **Sorgfalt,** die, - | **sorgfältig** | **sorglos** | **sorgsam**
Sorte, die, -, -n | **sortieren** | **Sortiment,** das, -[e]s, -e (Warenangebot)
sosehr; ~ ich das begrüße, …, aber: er strengte sich so sehr an, dass … ↑ Z 96
Soße, die, -, -n, auch: Sauce
Sound [saund od. ..t], der, -s, -s (Klangwirkung der Musik)
Souvenir [zuvə'ni:r], das, -s, -s (Andenken)
Souveränität [zuvə..], die, - (Unabhängigkeit)
soviel; ~ ich weiß, ist …, aber: er hat so viel Zeit; halb/doppelt so viel; so viel wie od. als möglich; so viel für heute
soweit; ~ ich sie kenne, …, aber: es ist so weit; er warf den Ball so weit, dass … ↑ Z 96
sowenig; ~ ich verstehen kann, dass …, aber: du hast so wenig gegessen

sowie; ~ Näheres bekannt wird, aber: so wie er solltest du handeln
sowieso
sowohl; ~ ... als od. wie auch ...
sozial (gesellschaftlich, gemeinschaftlich); ~ handeln/denken ↑ Z 86 | **sozialdemokratisch;** eine sozialdemokratische Partei | **Sozialhilfe** | **Sozialismus,** der, - | **sozialistisch** ↑ Z 115
sozusagen
Spachtel, der, -s, - od. die, -, -n (ein Werkzeug) | **spachteln**
Spagat, der od. das, -[e]s, -e (eine Beinspreizübung)
Spagetti od. **Spaghetti** [..'gɛti:], (Plur.)
spähen | **Späher**
Spalt, der, -[e]s, -e (schmale, längliche Öffnung) | **Spalte,** die, -, -n | **spalten**
Span, der, -[e]s, Plur. Späne
Spange, die, -, -n
Spanien [..ĭən] | **spanisch**
Spann, der, -[e]s, -e | **Spanne,** die, -, -n | **spannen** | **spannend;** am spannendsten, aber: etwas Spannendes lesen | **Spannung**
sparen
Spargel, der, -s, -
spärlich
Sparre, die, -, -n od. **Sparren,** der, -s, - (Gebälk im Dachstuhl)
sparsam
Sparte, die, -, -n (Abteilung; Fach; Gebiet)
Spaß, der, -es, Plur. Späße | **spaßen** | **spaßeshalber** | **spaßhaft** | **spaßig**
spät; von früh bis ~
Spatel, der, -s, - od. die, -, -n (schmaler, flacher Stab zum Auftragen von Salben u. Ä.)
Spaten, der, -s, -
späterhin | **spätestens** ↑ Z 115
Spatz, der, -en, -en
spazieren; ~ fahren/gehen ↑ Z 88 | **Spaziergang**
Specht, der, -[e]s, -e
Speck, der, -[e]s, -e | **speckig** ↑ Z 116
Speer, der, -[e]s, -e; den ~ werfen, aber: das Speerwerfen ↑ Z 55
Speiche, die, -, -n
Speichel, der, -s
Speicher | **speichern**
speien; du speist; du spiest; du spiest; gespien; spei[e]!
Speise, die, -, -n | **speisen**
Spektakel, der, -s, - (Lärm, Krach) | **spektakeln** | **spektakulär** (Aufsehen erregend)
Spektrum, das, -s, Plur. Spektren, (durch Lichtzerlegung entstehendes Farbband)
Spekulation (gewagtes Geschäft; Berechnung ohne Grundlagen) | **spekulieren** (auf etwas rechnen)
Spelze, die, -, -n (Teil der Getreideähre)
Spende, die, -, -n | **spenden** | **spendieren**
Sperber, der, -s, - (ein Greifvogel) | **Sperling,** der, -s, -e
sperrangelweit | **Sperre,** die, -, -n | **sperren;** sich (Akk.) ~ | **sperrig** | **Sperrung**
Spesen (Plur.) (Unkosten)
spezialisieren; sich (Akk.) ~; sich auf etwas ~ | **Spezialist** (Fachmann, Facharbeiter) | **Spezialität,** die, -, -en (Besonderheit, Liebhaberei) | **speziell** (besonders, einzeln, eigens); im Speziellen | **spezifisch**
Sphäre, die, -, -n (Himmelskugel; Bereich) | **sphärisch**
Spiegel, der, -s, - | **spiegelglatt** | **spiegeln;** sich (Akk.) ~ | **Spieg[e]lung**
Spiel, das, -[e]s, -e | **spielen;** Fußball/Klavier ~ | **Spielerei** | **spielerisch**

Spieß, der, -es, -e | **spießen**
Spinat, der, -[e]s, -e
Spindel, die, -, -n
Spinne, die, -, -n | **spinnefeind;** jmdm. ~ sein | **spinnen;** du spinnst; du spannst; du spönnest; gesponnen; spinn[e]!
Spion der, -s, -e (Späher, Horcher, heiml. Kundschafter; Beobachtungsglas in der Tür) | **Spionage** [..ˈna:ʒə], die, - (Späherdienst) | **spionieren**
Spirale, die, -, -n | **spiralförmig** od. **spiralig**
Spiritus, der, -, -se (Alkohol)
Spital, das, -s, Plur. Spitäler (Krankenhaus)
spitz | **Spitz,** der, -es, -e (ein Hund) | **spitzbübisch** | **spitze;** das ist ~ | **Spitze,** die, -, -n | **Spitzel,** der, -s, - (Spion) | **spitzen** | **spitzfindig** | **spitzwink[e]lig**
Spleen [ʃpli:n], der, -s, Plur. -e od. -s (Schrulle, Verschrobenheit) | **spleenig**
Splint, der, -[e]s, -e (Sicherungsstift)
Splitter | **splittern;** es splittert
Spoiler [ˈʃpɔy̯lə(r)], der, -s, - (Luftleitblech)
sponsern (fördern); der Betrag wird gesponsert | **Sponsor,** der, -s, Plur. Sponsoren (Förderer, Geldgeber)
spontan (von selbst)
sporadisch (vereinzelt)
Spore, die, -, -n (Fortpflanzungszelle bestimmter Pflanzen)
Sporn, der, -[e]s, Plur. Sporen | **spornstreichs**
Sport, der, -[e]s | **Sportgemeinschaft** | **Sportler** | **Sportlerin** | **sportlich**
Spot [spɔt], der, -s, -s (kurzer Werbetext od. -film)
Spott, der, -[e]s | **spötteln** (gutmütig spotten) | **spotten** | **spöttisch**
Sprache, die, -, -n | **sprachlich** | **sprachlos**
Spray [ʃpre:], der od. das, -s, -s (Zerstäuber; Sprühnebel)
sprechen; du sprichst; du sprachst; du sprächest; gesprochen; sprich!; über jmdn. ~; ~ lernen ↑ Z 88 | **Sprecher**
spreizen
sprengen | **Sprengung**
sprenk[e]lig | **sprenkeln**
Spreu, die, -
Sprichwort, das, -[e]s, Plur. Sprichwörter | **sprichwörtlich**
sprießen (hervorwachsen); es sprießt; es spross; es sprösse; gesprossen; sprieß[e]!
Springbrunnen | **springen;** du springst; du sprangst; du sprängest; gesprungen; spring[e]! | **Springer**
Sprint, der, -s, -s (Kurzstreckenlauf) | **sprinten** | **Sprinter**
Spritze, die, -, -n | **spritzen** | **spritzig**
spröd[e] (nicht elastisch)
Spross, der, -es, -e[n] (Pflanzentrieb; Nachkomme) | **Sprosse,** die, -, -n | **Sprössling,** der, -s, -e
Sprotte, die, -, -n (ein Fisch)
Spruch, der, -[e]s, Plur. Sprüche
Sprudel, der, -s, - | **sprudeln**
sprühen
Sprung, der, -[e]s, Plur. Sprünge | **sprunghaft**
spucken ↑ Z 116
Spuk, der, -[e]s, -e | **spuken;** es spukt
Spule, die, -, -n | **spulen**
spülen | **Spülung**
Spund, der, -[e]s, -e (Fassverschluss)
Spur, die, -, -en | **spürbar** | **spüren** | **spurlos**
Spurt, der, -[e]s, -s (Tempobeschleunigung) | **spurten**

sputen, sich (Akk.) (sich beeilen)
Staat, der, -[e]s, -en | **staatlich**
Stab, der, -[e]s, Plur. Stäbe | **Stabhochspringen,** das, -s
stabil (beständig; fest) | **stabilisieren** | **Stabilität,** die, -
Stachel, der, -s, -n | **stach[e]lig** | **stacheln**
Stadion, das, -s, Plur. Stadien [..ĭən] (Anlage für sportl. Wettkämpfe)
Stadium, das, -s, Plur. Stadien [..ĭən] (Zustand; Entwicklungsstufe)
Stadt, die, -, Plur. Städte | **städtisch** | **Stadtteil,** der, -[e]s, -e
Staffel, die, -, -n | **Staffellauf**
stagnieren (stocken)
Stahl, der, -[e]s, Plur. Stähle | **stahlblau** | **stählen;** seine Kräfte ~ | **stählern** (aus Stahl)
staken
Stall, der, -[e]s, Plur. Ställe | **Stalllaterne*** ↑ Z 34
Stamm, der, -[e]s, Plur. Stämme | **stammen** | **stammverwandt**
stampfen
Stand, der, -[e]s, Plur. Stände; einen schweren ~ haben; außer ~ od. außerstand setzen; außer Stande od. außerstande sein; in ~ od. instand halten/setzen; zu Stande od. zustande bringen/kommen ↑ Z 96, *Merke*
Standard, der, -s, -s (Richtschnur, Normalmaß)
Standarte, die, -, -n (kleine Fahne)
Ständer, der, -s, - | **standhaft** | **standhalten;** es hat standgehalten | **ständig** (ununterbrochen)
Standing Ovations [ˈstɛndiŋ oˈveːʃənz], (großer Beifall im Stehen)
Stange, die, -, -n | **Stängel,** der, -s, -
Stanniol, das, -s, -e (Metallfolie)
stanzen
Stapel, der, -s, - | **stapeln**
stapfen
[1]**Star,** der, -[e]s, -e (ein Vogel)
[2]**Star,** der, -[e]s, -e (eine Augenkrankheit)
[3]**Star,** der, -s, -s (berühmte Persönlichkeit)
stark; stärker, stärkste; sich ~ fühlen; jmdn. ~ machen od. starkmachen ↑ Z 87, ↑ aber: starkmachen; ~ besiedelt/bevölkert/verschmutzt od. starkbesiedelt, starkbevölkert, starkverschmutzt ↑ Z 93; ~ besiedelte od. starkbesiedelte Landstriche | **Stärke,** die, -, -n | **stärken;** sich (Akk.) ~ | **starkmachen;** sich (Akk.) für etwas/jmdn. ~ ↑ Z 84 b
starr | **starren**
Start, der, -[e]s, -s | **starten**
Station (Haltestelle, Bahnhof) | **stationieren**
statisch (ruhend)
Statist, der, -en, -en (Nebenfigur) | **Statistik,** die, -, -en (zahlenmäßige Aufstellung) | **statistisch** ↑ Z 115
Stativ, das, -s, -e (Gestell für Apparate)
statt ↑ anstatt; an Eides ~; ~ meiner; ~ dass | **Statt,** die, -; an meiner ~ | **Stätte,** die, -, -n; an historischer ~ weilen | **stattfinden;** das Konzert findet statt | **stattgeben** | **statthaft**
stattlich (ansehnlich)
Statue, die, -, -n (Standbild) | **Statuette,** die, -, -n (kleines Standbild)
Statur, die, -, -en (Gestalt)
Statut, das, -[e]s, -en (Satzung, Gesetz)
Stau, der, -[e]s, Plur. -s od. -e (Stillstand; Fahrzeugstau)
Staub, der, -[e]s, Plur. -e od. Stäube; ~ saugen od. staubsaugen, aber: das Staubsaugen ↑ Z 55
Staubecken
stauben | **staubig**

stauchen
Staude, die, -, -n
stauen
staunen
Stauung
Steak [ste:k], das, -s, -s (eine kurz gebratene Fleischscheibe)
Stechbeitel, der, -s, - (ein Werkzeug zum Stemmen)
stechen; du stichst; du stachst; du stächest; gestochen; stich!
[1]**stecken** (pflanzen); du steckst; du stecktest; du stecktest; gesteckt; steck[e]! ↑ Z 116
[2]**stecken** (festsitzen); du steckst; du stecktest od. stakst; du stecktest od. stäkest; gesteckt; steck[e]!; ~ bleiben/lassen; ihr dürft den Schlüssel nicht ~ lassen ↑ Z 88 | **Stecken,** der, -s, - (Stock) | **Stecker,** der, -s, - ↑ Z 116 | **Steckling,** der, -s, -e
Steg, der, -[e]s, -e | **Stegreifspiel**
stehen; du stehst; du stand[e]st; du ständest od. stündest; gestanden; steh[e]!; dort ~ bleiben/lassen ↑ Z 88; die Uhr ist ~ geblieben od. stehengeblieben ↑ Z 89; sich einen Bart ~ lassen od. stehenlassen ↑ Z 89 | **Stehleiter**
stehlen; du stiehlst; du stahlst; du stählest; gestohlen; stiehl [nicht]!
steif; die Sahne ~ schlagen od. steifschlagen ↑ Z 87
Steig, der, -[e]s, -e | **steigen;** du steigst; du stiegst; du stiegest; gestiegen; steig[e]! | **steigern** | **Steigerung;** die ~ der Adjektive | **Steigung;** die Straße hat eine geringe ~
steil
Stein, der, -[e]s, -e | **steinern** (aus Stein) | **steinig;** ein steiniger Weg
Stelle, die, -, -n; an ~ od. anstelle eines Beispiels ↑ Z 96, *Merke* | **stellen** | **Stellung** | **Stellvertreter**
Stelze, die, -, -n | **stelzen**
stemmen; sich (Akk.) ~ | **Stemmmeißel*** ↑ Z 34
Stempel, der, -s, - | **stempeln**
Stenografie od. **Stenographie,** die, -, Plur. Stenografien od. Stenographien (Kurzschrift) | **stenografieren** od. **stenographieren** | **Stenotypistin** ↑ Z 115
Stepp, der, -s, -s | ~ tanzen
Steppe, die, -, -n (baumlose Ebene)
steppen (nähen)
Stepptanz
sterben; du stirbst; du starbst; du stürbest; gestorben; stirb! | **sterbenskrank** | **sterblich**
Stereoanlage | **Stereofonie** od. **Stereophonie,** die, - (räumlich wirkende Tonübertragung) ↑ S. 230, *Merke*
Stereophonie ↑ Stereofonie
steril (keimfrei) | **sterilisieren** (haltbar machen)
Stern, der, -[e]s, -e | **stern[en]klar** | **sternförmig** | **Sternschnuppe**
stetig | **stets**
[1]**Steuer,** das, -s, - (Lenkvorrichtung)
[2]**Steuer,** die, -, -n (Abgabe)
Steuermann | **steuern**
Steward [ˈstju:ə(r)t], der, -s, -s (Fahrgastbetreuer auf Schiffen u. Flugzeugen) | **Stewardess** [ˈstju:ə(r)ˈdɛs], die, -, Plur. Stewardessen
Stich, der, -[e]s, -e | **sticheln** (mit kleinen Stichen nähen; auch: kleine boshafte Bemerkungen machen) | **Stichwort,** das, -[e]s, Plur. Stichworte (kurze Notizen aus wichtigen Wörtern; Einsatzworte für Schauspieler) od. Stichwörter (Einträge in einem Wörterbuch, Lexikon)
sticken | **Sticker** (Aufkleber) | **Stickerei** ↑ Z 116 | **Stickgarn**

stickig; die Luft ist ~ ↑ Z 116 | **Stickstoff** | **stickstofffrei*** ↑ Z 34
Stiefel, der, -s, - | **Stiefelette,** die, -, -n (Halbstiefel) | **stiefeln**
Stiefmütterchen (eine Blume)
Stiege, die, -, -n (1. Treppe – 2. Lattenkiste)
Stieglitz, der, -es, -e (ein Vogel)
Stiel, der, -[e]s, -e | **...stielig,** z. B. langstielig
Stier, der, -[e]s, -e
stieren (starren)
[1]**Stift,** der, -[e]s, -e (Bleistift, Nagel; Lehrling)
[2]**Stift,** das, -[e]s, -e (fromme Stiftung) | **Stiftskirche**
stiften (gründen, spenden); ~ gehen (ausreißen, flüchten)
Stil, der, -[e]s, -e (Darstellungsweise, z. B. Schreibart, Redeweise, Bauart); ↑ aber: Stiel | **stilisiert** (stark vereinfachend dargestellt) | **Stilistik,** die, - (Stilkunde, Stillehre) | **stilistisch** ↑ Z 115
still; ~ bleiben/sein/werden ↑ Z 86 | **Stille,** die, -; im Stillen | **stillen** (Säuglinge nähren) | **stillhalten** (erdulden) ↑ Z 84b, aber: still halten (ruhig halten) ↑ Z 86 | **Stillleben*,** das, -s, - ↑ Z 34 (Darstellung lebloser Gegenstände in der Malerei) | **stilllegen*** (außer Betrieb setzen) | **stillliegen*** (außer Betrieb sein) ↑ Z 34, 84b, aber: still liegen (reglos liegen) ↑ Z 86 | **Stillschweigen,** das, -s; ~ bewahren | **stillschweigend** | **Stillstand,** der, -[e]s | **stillstehen** (zum Stillstand gekommen sein) ↑ Z 84b, aber: still stehen (ruhig stehen) ↑ Z 86
Stimme, die, -, -n | **stimmen;** es stimmt; für etwas ~; ein Instrument ~ | **stimmhaft** | **stimmlich** | **stimmlos** | **Stimmung**
stinken
Stipendium, das, -s, Plur. Stipendien [..ĭən] (Geldbeihilfe für Schüler u. Studenten)
Stirn, die, -, -en
stöbern
stochern
Stock, der, -[e]s, Plur. Stöcke od. (bei Häusern) Stockwerke
stocken (nicht vorangehen; stockig werden); aber: ins Stocken kommen ↑ Z 55, 116 | **stockfinster** | **Stockung** ↑ Z 116
Stoff, der, -[e]s, -e | **Stofffetzen*,** der, -s, - ↑ Z 34 | **stofflich** | **Stoffwechsel**
stöhnen
Stolle, die, -, -n od. **Stollen,** der, -s, - (ein Weihnachtsgebäck) | **Stollen,** der, -s, - (waagerechter Gang im Bergwerk)
stolpern
stolz | **Stolz,** der, -es | **stolzieren** (stolz einherschreiten)
stop (auf Verkehrsschildern), aber: stopp! (halt!)
stopfen
stopp! (halt) | **Stopp,** der, -s, -s
Stoppel, die, -, -n | **stopp[e]lig**
stoppen (anhalten) | **Stoppschild** | **Stoppuhr**
Stöpsel, der, -s, -
Stör, der, -[e]s, -e (ein Fisch)
Storch, der, -[e]s, Plur. Störche
Store [ʃto:r], der, -s, -s (Gardine)
stören; jmdn. ~ | **Störenfried,** der, -[e]s, -e
stornieren (rückgängig machen)
störrisch
Störung
Story [ˈstɔ:ri], die, -, -s (Kurzgeschichte)
Stoß, der, -es, Plur. Stöße | **stoßen;** du stößt; du stießest auch: stießt; du stießest; gestoßen; stoß[e]!
stottern
stracks (geradewegs, sofort)

strafbar | **Strafe,** die, -, -n | **strafen;** jmdn. ~
straff | **straffen**
sträflich | **Sträfling,** der, -s, -e | **straflos;** ~ ausgehen | **strafversetzen;** er ist strafversetzt worden
Strahl, der, -[e]s, -en | **strahlen** | **strahlend;** am strahlendsten
Strähne, die, -, -n | **strähnig**
stramm; an einem Seil ~ ziehen ↑ Z 86; ein Seil ~ ziehen od. strammziehen ↑ Z 87 | **strammstehen** ↑ Z 84 b
strampeln
Strand, der, -[e]s, Plur. Strände | **stranden** (Schiffbruch erleiden)
Strang, der, -[e]s, Plur. Stränge
Strapaze, die, -, -n (große Anstrengung) | **strapazieren** | **strapaziös**
Straße, die, -, -n
Strategie, die, -, Plur. Strategien
sträuben; sich (Akk.) ~; sich gegen etwas ~
Strauch, der, -[e]s, Plur. Sträucher | **straucheln** (stolpern) | **strauchig**
1**Strauß,** der, -es, Plur. Sträuße (Blumenstrauß)
2**Strauß,** der, -es, -e (ein Vogel)
Strebe, die, -, -n (schräge Stütze) | **streben;** nach etwas ~ | **strebsam**
Strecke, die, -, -n | **strecken** | **streckenweise** ↑ Z 116
Streich, der, -[e]s, -e | **streicheln** | **streichen;** du streichst; du strichst; du strichest; gestrichen; streich[e]! | **Streichholz**
Streife, die, -, -n (Polizeistreife) | **Streifen,** der, -s, - | **streifig**
Streik, der, -[e]s, -s | **streiken** | **Streikende,** der u. die, -n, -n
Streit, der, -[e]s, -e | **streiten;** du streitest; du strittst; du strittest; gestritten; streit[e]!; um etwas ~ | **streitig;** jmdm. etwas ~ machen | **streitlustig** ↑ Z 115 | **streitsüchtig**
streng; ~ nehmen/sein ↑ Z 86; ~ genommen od. strenggenommen ↑ Z 93 | **Strenge,** die, -
Stress, der, -es | **Stresssituation*** ↑ Z 34
Stretch [strɛtʃ], der, -[e]s, -es (ein elastisches Gewebe)
Streu, die, -, -en | **streuen**
Streusel, der od. das, -s, -
Streuung
Strich, der, -[e]s, -e | **stricheln**
Strick, der, -[e]s, -e | **stricken** ↑ Z 116
striegeln
Striemen, der, -s, -
strikt (streng, genau); ein striktes Verbot
strittig; eine strittige Frage
Stroh, das, -[e]s | **strohig**
Strolch, der, -[e]s, -e | **strolchen**
Strom, der, -[e]s, Plur. Ströme | **stromab[wärts];** ~ fahren | **stromauf[wärts];** ~ fahren | **strömen** | **Strömung**
Strophe, die, -, -n (Gedichtabschnitt) | **...strophig,** z. B. vierstrophig od. 4-strophig ↑ Z 108
strotzen
strubb[e]lig
Strudel, der, -s, -
Struktur, die, -, -en (Gefüge; Aufbau)
Strumpf, der, -[e]s, Plur. Strümpfe
Strunk, der, -[e]s, Plur. Strünke (dicker Pflanzenstängel, z. B. vom Kohl)
struppig
Stube, die, -, -n
Stuck, der, -[e]s (Decken- od. Wandverzierung) | **Stuckateur,** der, -s, -e (Stuckarbeiter)
Stück, das, -[e]s, -e | **stückeln** | **Stück[e]lung** | **stückweise**
Student, der, -en, -en | **Studentin** | **Studie** [..ĭə], die, -, -n (Entwurf; Untersuchung); eine wissen-

schaftliche ~ | **studieren** | **Studio,** das, -s, -s (Atelier; Musik-, Film-, Rundfunk- u. Fernsehaufnahmeraum) | **Studium,** das, -s, Plur. Studien [..ĭən]

Stufe, die, -, -n | **stufenförmig** | **stufig**

Stuhl, der, -[e]s, Plur. Stühle | **Stuhllehne**

stülpen

stumm

Stümper (Nichtskönner) | **stümperhaft** | **stümpern** (schlecht arbeiten; pfuschen)

stumpf | **Stumpf,** der, -[e]s, Plur. Stümpfe (Überbleibsel) | **stumpfwink[e]lig**

Stunde, die, -, -n; eine viertel ~ od. eine Viertelstunde ↑ Z 73 | **stundenlang,** aber: eine Stunde lang | **...stündig,** z. B. dreistündig od. 3-stündig (3 Stunden dauernd) ↑ Z 108 | **stundenweise** | **stündlich** (jede Stunde) | **...stündlich,** z. B. dreistündlich od. 3-stündlich (alle 3 Stunden wiederkehrend) ↑ Z 108

Stunt [stʌnt], der, -s, -s (gewagtes Kunststück in einem Film)

Stups, der, -es, -e | **stupsen** (stoßen); jmdn. ~

stur (hartnäckig; eigensinnig)

Sturm, der, -[e]s, Plur. Stürme | **stürmen** | **Stürmer** | **stürmisch**

Sturz, der, -es, Plur. Stürze | **stürzen;** ich stürze; du stürzt

Stute, die, -, -n

Stütze, die, -, -n

stutzen

stützen; sich (Akk.) ~; sich auf jmdn. ~

stutzig; ~ machen

Stützpunkt

stylen [ˈstai̯lən] (entwerfen, gestalten) | **Styling** [ˈstailɪŋ], das, -s, -s (äußere Gestaltung)

Subjekt, das, -[e]s, -e (Satzglied) | **subjektiv** (persönlich, nicht sachlich)

substantiell ↑ substanziell

Substantiv, das, -s, -e (Haupt-, Dingwort, Nomen) | **substantivieren** (zum Hauptwort machen) | **Substantivierung** | **substantivisch**

Substanz, die, -, -en (das Wesentliche, das Stoffliche) | **substanziell** od. **substantiell** (wesentlich)

Subtrahend, der, -en, -en (abzuziehende Zahl) | **subtrahieren** (abziehen) | **Subtraktion**

Subtropen (Plur.) (zwischen Tropen u. gemäßigter Zone liegende Gebiete) | **subtropisch**

Subvention [..v..] (Unterstützung aus öffentl. Mitteln) | **subventionieren**

Suche, die, -; auf die ~ gehen; auf der ~ sein | **suchen;** nach etwas ~

Sucht, die, -, Plur. Suchten od. Süchte (krankhaftes Verlangen nach etwas) | **süchtig**

Süd; Nord und ~ | **Süden,** der, -s; aus dem ~ | **südlich** | **südöstlich** | **Südpol,** der, -s | **südwärts** | **südwestlich**

Suffix, das, -es, -e (Nachsilbe)

suggerieren; jmdm. etwas ~ (einreden)

sühnen

Sulfat, das, -[e]s, -e (Salz der Schwefelsäure) | **Sulfid,** das, -[e]s, -e (eine Schwefelverbindung) | **Sulfit,** das, -s, -e (Salz der schwefligen Säure)

Sultan, der, -s, -e (ein islamischer Herrschertitel)

Sultanine, die, -, -n (große Rosine)

Sülze, die, -, -n

Summand, der, -en, -en (hinzuzuzählende Zahl) | **Summe,** die, -, -n

summen; eine Melodie ~
summieren (zusammenzählen)
Sumpf, der, -[e]s, Plur. Sümpfe | **sumpfig**
Sünde, die, -, -n | **sündhaft;** ~ teuer
super (hervorragend)
Superlativ, der, -s, -e (Meiststufe)
Suppe, die, -, -n
Surfbrett ['sœ:(r)f..] (Brett zum Wellenreiten) | **surfen** (1. auf dem Surfbrett fahren – 2. im Internet nach etw. suchen) | **Surfing,** das, -s (das Wellenreiten)
surren
süß; süßer, süßeste | **süßen** (süß machen) | **Süßigkeit** | **süßlich** | **süßsauer** od. **süß-sauer**
Sweatshirt ['swɛtʃœ:(r)t], das, -s, -s (weit geschnittener Baumwollpullover)
Swimmingpool od. **Swimming-Pool** ['swimiŋpu:l], der, -s, -s (Schwimmbecken)
Symbiose, die, -, -n (Zusammenleben ungleicher Organismen zu beiderseitigem Nutzen)
Symbol, das, -s, -e (Merkmal, Sinnbild) | **symbolisch** (sinnbildlich) | **symbolisieren** (sinnbildlich darstellen)
Symmetrie, die, -, Plur. Symmetrien | **symmetrisch**
Sympathie, die, -, Plur. Sympathien | **sympathisch** | **sympathisieren** (mitfühlen; übereinstimmen); mit jmdm. ~
Symphonie od. ↑ **Sinfonie** | **symphonisch** od. ↑ **sinfonisch**
Symptom, das, -s, -e (Anzeichen)
Synagoge, die, -, -n (Versammlungsort der jüdischen Gemeinde)
synchron [..k..] (gleichzeitig, gleichlaufend)
synonym (sinnverwandt) | **Synonym,** das, -s, -e | **Synonymwörterbuch**
Syntax, die, - (Satzlehre)
Synthese, die, -, -n (Vereinigung von Teilen zu einem Ganzen; Aufbau einer Verbindung) | **synthetisch** (1. zusammenfassend – 2. künstlich hergestellt)
System, das, -s, -e | **Systematik,** die, -, -en | **systematisch** ↑ Z 115
Szene, die, -, -n (Bühne; Schauplatz, Abschnitt eines Bühnenwerkes; Vorgang) | **szenisch**

T

Tabak, der, -s, -e
tabellarisch | **Tabelle,** die, -, -n
Tablett, das, -[e]s, Plur. -s od. -e | **Tablette,** die, -, -n
tabu (unantastbar); das ist ~ | **Tabu,** das, -s, -s (etwas, wovon man nicht sprechen darf)
Tacho, der, -s, -s (Kurzwort für: *Tachometer*) | **Tachometer,** der od. das, -s, - (Geschwindigkeitsmesser)
Tadel, der, -s, - | **tadellos** | **tadeln;** jmdn. ~
Tafel, die, -, -n | **tafeln** (speisen) | **Täfelung** (Holzverkleidung)
Taft, der, -[e]s, -e (ein Seidengewebe)
Tag, der, -[e]s, -e; am ~ zuvor; jmdm. Guten od. guten ~ sagen; zu Tage od. zutage bringen/fördern/kommen ↑ Z 96, *Merke* | **tagaus, tagein** | **tagelang,** aber: 8 Tage lang | **...tägig,** z. B. achttägig od. 8-tägig (8 Tage dauernd) ↑ Z 108 | **täglich** | **...täglich,** z. B. achttäglich od. 8-täglich (alle 8 Tage wiederkehrend) ↑ Z 108 | **tags;** ~ zuvor/darauf | **tagsüber** | **tagtäglich** | **Tagung**
Taifun, der, -s, -e (ein Wirbelsturm)
Taiga, die, - (Nadelwaldgürtel, bes. in Sibirien)
Taille ['taljə], die, -, -n (schmalste Stelle des Rumpfes)

Takt, der, -[e]s, -e (Zeitmaß; Feingefühl)

Taktik, die, -, -en (geschicktes Vorgehen) | **taktisch**

taktlos | **taktvoll**

Tal, das, -[e]s, Plur. Täler

Talent, das, -[e]s, -e (hohe Begabung, besondere Fähigkeit) | **talentiert**

Talg, der, -[e]s, -e | **Talgdrüse**

Talisman, der, -s, -e (Glücksbringer)

Talkshow od. **Talk-Show** [ˈtɔːkʃoː], die, -, -s (Unterhaltungssendung, in der interviewt wird)

Talon [taˈlɔ̃ː], der, -s, -s (Wertmarke)

Tang, der, -[e]s, -e (Meeresalge)

Tangente, die, -, -n (Gerade, die eine Kurve berührt) | **tangieren** (berühren; betreffen)

Tango, der, -s, -s (ein Tanz)

Tank, der, -s, -s (Großbehälter für Flüssigkeiten) | **tanken** | **Tanker** | **Tankstelle** | **Tankwart**

Tanne, die, -, -n

Tante, die, -, -n

Tanz, der, -es, Plur. Tänze | **Tänzchen** | **tanzen** | **Tänzer** | **Tänzerin**

Tapet; etwas aufs ~ bringen (zur Sprache bringen)

Tapete, die, -, -n | **tapezieren**

tapfer | **Tapferkeit,** die, -

tappen | **täppisch** | **tapsen** (plump auftreten) | **tapsig**

Tarif, der, -s, -e (Lohn-, Gebührensatz)

tarnen; sich (Akk.) ~ | **Tarnung**

Tasche, die, -, -n

Tässchen | **Tasse,** die, -, -n

Tastatur, die, -, -en | **Taste,** die, -, -n | **tasten** ↑ Z 115

Tat, die, -, -en | **Täter** | **tätig** (eine Tätigkeit ausüben); unermüdlich ~ sein | **Tätigkeit** | **Tatkraft,** die, - | **tatkräftig** | **tätlich** (handgreiflich); ~ werden

tätowieren (Zeichnungen mit Farbe in die Haut einritzen)

Tatsache | **tatsächlich**

tätscheln

Tatze, die, -, -n

1**Tau,** der, -[e]s (Niederschlag)

2**Tau,** das, -[e]s, -e (starkes Seil)

taub; sich ~ stellen

Taube, die, -, -n

tauchen | **Taucher**

tauen; es taut

Taufe, die, -, -n | **taufen**

taugen | **tauglich** | **Tauglichkeit,** die, -

taum[e]lig | **taumeln**

Tausch, der, -es, -e | **tauschen**

täuschen; sich (Akk.) ~; sich nicht ~ lassen; sich in jmdm. ~ | **Täuschung**

tausend; ~ Euro; einige tausend/Tausend Menschen; ein paar tausend/Tausend

1**Tausend,** die, -, -en (Name für die Zahl)

2**Tausend,** das, -s, - (Maßangabe); das ist ein ~ Schrauben (genau 1000), aber Groß- oder Kleinschreibung bei Mengenangaben, die nicht als Zahl schreibbar sind; einige/mehrere ~ od. tausend; ein paar ~ od. tausend Menschen; Tausende/tausende von Menschen; Tausende und Abertausende od. tausende und abertausende | **Tausender** | **tausenderlei** | **tausendfach** | **tausendmal** | **tausendste;** vom Hundertsten ins Tausendste kommen ↑ Z 115

Taxe, die, -, -n (festgesetzter Preis) | **Taxi,** das, -s, -s | **taxieren** (schätzen)

Team [tiːm], das, -s, -s (Mannschaft; Arbeitsgruppe); im ~ arbeiten

1**Technik,** die, - (Gesamtheit aller techn. Verfahren)

²**Technik,** die, -, -en (Herstellungsweise)

Techniker | **technisch;** eine technische Hochschule, aber: die Technische Hochschule Darmstadt ↑ Z 64

Techno [ˈtɛkno:], das od. der, -[s] (moderne Musik auf elektronischer Basis)

Technologie, die, -, Plur. Technologien

Tee, der, -s, -s; schwarzer ~

Teen [ti:n], der, -s, -s u. **Teenager** [ti:ne:dʒə(r)], der, -s, - (Jugendliche[r] zwischen 13 u. 19 Jahren) | **Teenie** od. **Teeny** [ˈti:ni], der, -s, -s (jüngerer, besonders weibl. Teen)

Teer, der, -[e]s, -e | **teeren;** das Dach ~ | **teerig**

Teich, der, -[e]s, -e

Teig, der, -[e]s, -e

¹**Teil,** das, -[e]s; er hat sein[en] ~; ich für mein[en] ~

²**Teil,** der, -[e]s, -e | **teilbar** | **teilen** | **teilhaben;** an etwas ~; ich habe teil | **...teilig,** z. B. zweiteilig od. 2-teilig ↑ Z 108 | **Teilnahme,** die, - | **teilnahmslos** | **teilnehmen** ↑ Z 84a | **teils;** ~ ..., ~ ... | **...teils,** z. B. einesteils; ander[e]nteils; größtenteils | **teilweise**

Teint [tɛ̃:], der, -s, -s (Gesichtsfarbe)

Telefax, das, -, -[e] (Fernkopie, Fernkopierer) | **telefaxen**

Telefon, das, -s, -e | **Telefonat,** das, -[e]s, -e (Telefongespräch) | **telefonieren** | **telefonisch** | **telegrafieren,** auch: telegraphieren | **Telegramm,** das, -s, -e | **Teleskop,** das, -s, -e (Fernrohr)

Teller

Tempel, der, -s, -; ein griechischer ~

Temperament, das, -[e]s, -e (Wesen eines Menschen; Lebhaftigkeit) | **temperamentvoll** | **Temperatur,** die, -, -en (Wärmegrad, -zustand) | **temperieren** (die Temperatur regeln)

Tempo, das, -s, Plur. -s od. Tempi | **temporal** (zeitlich) | **Temporalbestimmung** (Umstandsbestimmung der Zeit) | **Tempus,** das, -, Plur. Tempora (Zeitform des Verbs)

Tendenz, die, -, -en (Entwicklungsrichtung, Neigung)

Tender, der, -s, - (Vorratswagen der Dampflokomotive)

tendieren (zu etwas neigen)

Tennis, das, - (ein Ballspiel)

Tenor, der, -s, Plur. Tenöre (hohe Männerstimme)

Tenor, der, -s (Inhalt; Sinn)

Teppich, der, -s, -e

Term, der, -s, -e (Glied einer Formel, besonders einer Summe)

Termin, der, -s, -e (festgesetzter Tag, Zeitpunkt) | **termingemäß**

Terpentin, das, -s, -e (ein Lösungs- u. Reinigungsmittel)

Terrain [..ˈrɛ̃:], das, -s, -s (Gebiet, Gelände)

Terrarium, das, -s, Plur. Terrarien [..ĭən] (Behälter für Kriechtiere u. Lurche)

Terrasse, die, -, -n (stufenförmige Erhebung)

Terrier [..iər], der, -s, - (eine Hunderasse)

Terrine, die, -, -n (Suppenschüssel)

territorial (zu einem Gebiet gehörend) | **Territorium,** das, -s, Plur. Territorien [..ĭən] (Grund; Bezirk)

Terror, der, -s (Schreckensherrschaft) | **terrorisieren**

Test, der, -[e]s, -s (Probe, Experiment)

Testament, das, -[e]s, -e (letztwillige Verfügung) ↑ Z 115

testen; jmdn. ~; etwas ~ ↑ Z 115

Tetraeder, das, -s, - (Vierflächner)

teuer; teurer, teuerste
Teufel, der, -s, - | **teuflisch**
Text, der, -[e]s, -e
Textilien [..ĭən] (Plur.)
Theater, das, -s, -
Theke, die, -, -n (Schanktisch)
Thema, das, -s, Plur. Themen | **Thematik,** die, -, -en (Themenstellung) | **thematisch**
Theologe, der, -n, -n | **Theologie,** die, -, Plur. Theologien (Religionswissenschaft) | **Theologin** | **theologisch**
theoretisch (rein gedanklich) | **Theorie,** die, -, Plur. Theorien
Therapie, die, -, Plur. Therapien (Krankenbehandlung)
Therme, die, -, -n (heiße Quelle) | **thermisch** (die Wärme betreffend) | **Thermometer,** das, -s, - | **Thermoplast,** der, -[e]s, -e (bei hohen Temperaturen formbarer Kunststoff) | **Thermosflasche** | **Thermostat,** der, -[e]s od. -en, -en (Temperaturregler) ↑ Z 115
These, die, -, -n (Leitsatz, Behauptung)
Thriller [ˈθrɪl..], der, -s, - (auf Sensationseffekte und Spannung abzielender Film, Roman u. Ä.)
Thron, der, -[e]s, -e | **thronen**
Thunfisch ↑ Tunfisch
Thüringen | **thüringisch**
ticken ↑ Z 116
Ticket, das, -s, -s (Einlass-, Fahrkarte) ↑ Z 116
tief; ~ empfinden/erschüttern/sitzen ↑ Z 86; ~ empfunden/erschüttert/betroffen od. tiefempfunden, tieferschüttert, tiefbetroffen ↑ Z 93; auf das/aufs Tiefste od. tiefste betroffen | **Tief,** das, -s, -s (Tiefdruckgebiet; Fahrrinne) | **tiefblau** | **Tiefdruck** | **Tiefe,** die, -, -n | **tiefernst** | **tiefgefroren**
Tiegel, der, -s, -
Tier, das, -[e]s, -e | **tierisch**
Tiger
tilgen
Tinktur, die, -, -en (aus tier. od. pflanzl. Stoffen gewonnener Auszug)
Tinte, die, -, -n
Tipp, der, -s, -s (Wink, Hinweis)
tippen (wetten; leicht berühren)
tipptopp (tadellos)
Tisch, der, -[e]s, -e | **Tischler**
Titel, der, -s, - (Aufschrift, Überschrift; Rangbezeichnung)
Toast [to:st], der, -[e]s, Plur. -e od. -s (1. geröstetes Weißbrot – 2. Trinkspruch) | **toasten** ↑ Z 115
toben
Tochter, die, -, Plur. Töchter
Tod, der, -[e]s, -e ↑ aber: Tote | **todelend** | **todernst** | **Todesanzeige** | **Todesfall** | **todesmutig** | **todkrank** | **tödlich** | **todmüde** | **todsicher** | **todunglücklich** | **todwund**
Toilette [toaˈlɛtə], die, -, -n
tolerant (duldsam) | **Toleranz,** die, -
toll | **tollen** | **tollkühn** | **Tollpatsch,** der, -es, -e | **Tollwut** | **tollwütig**
Tölpel, der, -s, - (unbeholfener Mensch) | **tölpelhaft**
Tomate, die, -, -n
[1]**Ton,** der, -[e]s, -e (Gestein)
[2]**Ton,** der, -[e]s, Plur. Töne (Laut) | **tonangebend** | **Tonart** | **Tonband** | **tönen**
Tonnage [..ˈna:ʒə], die, - (Rauminhalt eines Schiffes) | **Tonne,** die, -, -n | **tonnenweise**
Top, das, -s, -s (ärmelloses Oberteil)
Topf, der, -[e]s, Plur. Töpfe | **Töpfer** | **Topfpflanze**
Topografie od. **Topographie,** die, -, Plur. Topografien od. Topographien
[1]**Tor,** das, -[e]s, -e (große Tür)

[2]**Tor,** der, -en, -en (törichter Mensch)
Torf, der, -[e]s, -e (ein Brennstoff)
töricht
torkeln (taumeln)
Torte, die, -, -n
Tortellini, Plur. (gefüllte ringförmige Nudeln)
Tortilla [..'tilja], die, -, -s (ein Fladenbrot)
tosen
tot ↑ aber: Tod; ~ fahren/schlagen od. totfahren, totschlagen ↑ Z 87; ~ geboren od. totgeboren ↑ Z 93; sich ~ stellen
total (völlig); eine totale Niederlage
Tote, der u. die, -n, -n ↑ aber: Tod | **töten** | **totenblass** | **totenstill** | **totlachen, sich** (Akk.) ↑ Z 84 b
Toto, das, -s, -s
totschweigen ↑ Z 84 b | **Tötung**
Tour [tu:r], die, -, -en; in einer ~ | **Tourist** (Ausflügler, Wanderer, Reisender) | **Touristik,** die, - ↑ Z 115
Trab, der, -[e]s; ~ laufen
Trabant, der, -en, -en (Begleiter; künstl. Erdmond)
traben | **Traber** (ein Pferd)
Tracht, die, -, -en
trachten; nach etwas ~
Tradition (Überlieferung) | **traditionell** (herkömmlich)
Trafo, der, -[s], -s (Kurzwort für *Transformator*)
träge
Trage, die, -, -n | **tragen;** du trägst; du trugst; du trügest; getragen; trag[e]! | **Träger**
Trägheit, die, -
Tragik, die, - (schicksalhaftes Leid) | **tragisch** (erschütternd) | **Tragödie** [..ĭə], die, -, -n (Trauerspiel)
Trainer ['trɛ:nər] | **Trainerin** | **trainieren** | **Training,** das, -s, -s (systematische Vorbereitung, meist auf einen Wettkampf) | **Trainingsanzug**
traktieren (schlecht behandeln); jmdn. ~
Traktor, der, -s, Plur. Traktoren
trällern
Tramp [trɛmp], der, -s, -s (Landstreicher, Gelegenheitsarbeiter) | **trampen** (per Anhalter fahren)
trampeln | **Trampelpfad,** der, -s, -e
Tran, der, -[e]s, -e (flüssiges Fett von Seesäugetieren u. Fischen)
Träne, die, -, -n | **tränen;** die Augen ~
Trank, der, -[e]s, Plur. Tränke | **Tränke,** die, -, -n (Tränkplatz für Tiere) | **tränken;** das Vieh ~
Transformator, der, -s, Plur. Transformatoren (Umspanner) ↑ Trafo
Transistor, der, -s, Plur. Transistoren (ein Halbleiterbauelement) | **Transistorradio** (mit Transistoren ausgestattetes Radio) ↑ Z 115
Transit, der, -s, -e (Durchreise) | **Transitverkehr**
transparent (durchscheinend) | **Transparent,** das, -[e]s, -e (Spruchband)
Transplantation (Verpflanzung von Geweben od. Organen) | **transplantieren**
Transport, der, -[e]s, -e | **transportabel** (tragbar, beweglich) | **transportieren**
Trappe, die, -, -n (ein Vogel)
Trapez, das, -es, -e (1. Viereck mit 2 parallelen, aber ungleich langen Seiten – 2. Schaukelreck)
Trasse, die, -, -n (Verlauf eines Verkehrsweges)
Traube, die, -, -n
trauen; sich (Akk.) ~; jmdm. ~; du traust dich; ich traue mich (selten auch: mir) nicht, vom Zehnmeterbrett zu springen ↑ auch: getrauen

Trauer, die, - | **trauern;** um etwas ~; um jmdn. ~
Traufe, die, -, -n; vom Regen in die ~ kommen (von einem Übel in ein noch schlimmeres)
träufeln (Flüssigkeit auf od. in etwas tropfen lassen)
Traum, der, -[e]s, Plur. Träume | **träumen;** von etwas ~ | **Träumer** | **träumerisch** | **traumhaft**
traurig | **Traurigkeit**
Trauung
Treck, der, -s, -s (Zug von Menschen; Fuhrwerkskolonne) | **Trecker** (Zugmaschine) | **Trecking** ↑ Z 116 ↑ Trekking
treffen; du triffst; du trafst; du träfest; getroffen; triff! | **Treffen,** das, -s, - | **trefflich** | **Treffpunkt**
treiben; du treibst; du triebst; du triebest; getrieben; treib[e]! | **Treiben,** das, -s, -
Trecking od. **Trekking,** das, -s, -s, (mehrtägige Wanderung od. Fahrt durch unwegsames Gebiet)
Trenchcoat ['trɛntʃko:t], der, -[s], -s (Wettermantel)
Trend, der, -s, -s (Richtung einer Entwicklung)
trennbar | **Trennbarkeit,** die, - | **trennen** | **Trennung**
treppauf, treppab | **Treppe,** die, -, -n
Tresen, der, -s, - (Ladentisch)
Tresor, der, -s, -e (gesicherter Geldschrank)
Tresse, die, -, -n (Borte)
treten; du trittst; du tratst; du trätest; getreten; tritt!
treu; ~ bleiben ↑ Z 86; ~ ergeben od. treuergeben ↑ Z 93 | **Treue,** die, - | **treuherzig** | **treulos**
Triangel, der, -s, - (ein Musikinstrument)
Tribunal, das, -s, -e (Gericht[shof]) | **Tribüne,** die, -, -n (Zuschauerbühne)
Tribut, der, -[e]s, -e (Zwangsabgabe; schuldige Hochachtung) | **tributpflichtig**
Trichter | **trichterförmig**
Trick, der, -s, -s (Kunstgriff)
Trieb, der, -[e]s, -e
triefen; du triefst; du trieftest (auch: troffst); du triefest; getrieft (auch: getroffen)
triftig; ein triftiger Grund
Trikot [..'ko:], das, -s, -s (Sporthemd); das gelbe od. Gelbe ~ ↑ Z 76 | **Trikotage** [..'ta:ʒə], die, -, -n (Wirkware)
Triller | **trillern** | **Trillerpfeife**
Trilogie, die, -, Plur. Trilogien (dreiteiliges Werk)
trinken; du trinkst; du trank[e]st; du tränkest; getrunken; trink[e]!
Trio, das, -s, -s (Musikstück für 3 Instrumente; Gruppe von 3 Musikern)
trippeln
Tritt, der, -[e]s, -e
Triumph, der, -[e]s, -e (großer Sieg; Erfolg) | **triumphieren;** über etwas/jmdn. ~
trivial [..v..] (platt, abgedroschen) | **Trivialliteratur**
trocken; ~ bleiben/sein/werden (vor Nässe geschützt) ↑ Z 86; ~ reiben/schleudern od. trockenreiben, trockenschleudern ↑ Z 87; auf dem Trock[e]nen sitzen (nicht weiterkönnen); seine Schäfchen ins Trockene bringen (sich abgesichert haben) ↑ Z 55 | **trockenlegen;** einen Sumpf ~ (entwässern) | **trocknen** ↑ Z 116
Troddel, die, -, -n (Quaste)
trödeln
Trog, der, -[e]s, Plur. Tröge
trollen, sich (Akk.)
Trommel, die, -, -n | **trommeln**
Trompete, die, -, -n (ein Blechblasinstrument)

Tropen (Plur.) (Zone in Äquatornähe)
Tropf, der, -[e]s, Plur. Tröpfe (armseliger Mensch); ein armer ~ | **tröpfeln;** es tröpfelt | **tropfen** | **Tropfen,** der, -s, - | **tropfenweise** | **tropfnass**
Trophäe, die, -, -n (Beutestück)
Trost, der, -es | **trösten;** jmdn. ~ ↑ Z 115 | **tröstlich** | **trostlos**
Trott, der, -[e]s, -e (Gangart)
Trottel, der, -s, - (einfältiger Mensch) | **trotten**
trotz; ~ des Regens; ~ allem | **Trotz,** der, -es | **trotzdem** | **trotzen** | **trotzig** | **Trotzkopf**
trüb[e]
Trubel, der, -s
trüben | **Trübsal,** die, -, -e | **trübselig** | **trübsinnig** | **Trübung**
Trug, der, -[e]s; alles Lug und ~ | **trügen;** du trügst; du trogst; du trögest; getrogen; trüg[e]! | **trügerisch** | **Trugschluss**
Truhe, die, -, -n
Trümmer (Plur.)
Trumpf, der, -[e]s, Plur. Trümpfe
Trunk, der, -[e]s, Plur. Trünke
Trupp, der, -s, -s | **Truppe,** die, -, -n
Truthahn
tschechisch | **Tschechien** [..ĭən]
tschüs! od. **tschüss!** (umgangssprachl.: Auf Wiedersehen!)
T-Shirt [ˈtiːʃœː(r)t], das, -s, -s (leichtes, meist kurzärmliges Oberteil)
Tsunami, der, -, -s (Flutwelle, die durch ein Seebeben ausgelöst wird)
Tuba, die, -, Plur. Tuben (ein Blechblasinstrument)
Tube, die, -, -n
Tuberkulose, die, -, -n (eine Lungenkrankheit)
Tuch, das, -[e]s, Plur. Tücher
tüchtig | **Tüchtigkeit,** die, -
Tücke, die, -, -n | **tückisch** ↑ Z 116
tüfteln (grübeln)
Tugend, die, -, -en | **tugendhaft**
Tüll, der, -s, -e (ein Gewebe)
Tulpe, die, -, -n (eine Blume)
tummeln, sich (Akk.)
Tumor, der, -s, Plur. -e od. **Tumoren** (eine Geschwulst)
Tümpel, der, -s, - (kleines, oft morastiges Gewässer)
Tumult, der, -[e]s, -e (Lärm)
tun; ich tue; du tust; du tat[e]st; du tätst; getan; tu[e]!
Tünche, die, -, -n | **tünchen**
Tundra, die, -, Plur. Tundren (Kältesteppe um das Nordpolarmeer)
tunen [ˈtjuːnən] (eine Leistung nachträglich steigern) | **Tuner** [ˈtjuːnə(r)], der, -s, - (Kanalwähler)
Tunfisch od. **Thunfisch,** der, -[e]s, -e
Tunke, die, -, -n | **tunken;** in etwas ~
Tunnel, der, -s, -[s]
tüpf[e]lig | **tüpfeln** | **tupfen** | **Tupfen,** der, -s, - (kleiner runder Fleck) | **Tupfer** (Wattebausch)
Tür, die, -, -en
Turban, der, -s, -e (eine Kopfbedeckung)
Turbine, die, -, -n (eine Kraftmaschine)
Türkei, die, - | **türkisch**
Turm, der, -[e]s, Plur. Türme | **türmen** (aufschichten; ausreißen) | **turmhoch**
turnen | **Turnen,** das, -s | **Turner** | **Turnerin** | **Turnier,** das, -s, -e (sportl. Wettspiel)
Tusch, der, -[e]s, -e; einen ~ blasen
Tusche, die, -, -n (Zeichentinte)
tuscheln
tuschen | **Tuschfarbe**
Tüte, die, -, -n
tuten
Twen, der, -[s], -s (Mensch im Alter von 20 bis 29 Jahren)

Twist, der, -es, -e (ein Garn)
Typ, der, -s, -en od. **Typus,** der, -, Plur. Typen (Bauart, Modell, umgangssprachl. für Mensch, Person)
Typhus, der, - (eine Infektionskrankheit)
typisch
Tyrann, der, -en, -en (Gewaltherrscher) | **Tyrannei** | **tyrannisch** (gewaltsam, willkürlich) | **tyrannisieren** (rücksichtslos behandeln; unterdrücken); jmdn. ~

U

U-Bahn (Untergrundbahn) | **U-Bahn-Station** ↑ Z 104, 106
übel; übler; übelste; ~ sein/werden; ~ riechen ↑ Z 86; ~ riechend od. übelriechend ↑ Z 93; ~ nehmen od. übelnehmen ↑ Z 84c; ~ gelaunt od. übelgelaunt ↑ Z 93 | **Übel,** das, -s, -; es ist von od. vom ~ | **übelnehm[er]isch** | **Übeltäter** | **übelwollen;** jmdm. ~ ↑ Z 84b
üben
über; die Lampe hängt ~ dem Tisch; die Lampe ~ den Tisch hängen
überall | **überallhin**
überanstrengen, sich (Akk.) | **Überanstrengung**
überarbeiten; den Aufsatz ~; sich ~
überaus (sehr)
Überbleibsel, das, -s, - (Rest)
Überblick | **überblicken** ↑ Z 116
überbringen; jmdm. etwas ~
überdies, auch: **überdies**
Überdruss, der, -es | **überdrüssig**
übereinander; ~ sprechen; sich ~ ärgern | **übereinanderlegen** ↑ Z 84e | **übereinanderschreiben** ↑ Z 84b | **übereinanderstellen** ↑ Z 84b
übereinkommen | **Übereinkommen,** das, -s, - | **Übereinkunft,** die, -, Plur. Übereinkünfte
übereinstimmen; mit jmdm. ~ | **Übereinstimmung**
Überfall
überflügeln; jmdn. ~
Überfluss, der, -es | **überflüssig**
überhandnehmen; es wird ~ ↑ Z 84d
überhängen
überhaupt
überheblich (anmaßend)
überholen; jmdn. ~
überlegen; jmdm. ~ sein; ich überlege | **Überlegenheit,** die, - | **überlegt** (sorgsam)
überlisten; jmdn. ~ ↑ Z 115
Übermaß, das, -es; im ~ | **übermäßig**
übermitteln; jmdm. etwas ~ | **Übermittlung**
übermorgen; ~ früh; ~ Mittag ↑ auch: gestern
Übermut, der, -[e]s | **übermütig**
übernachten | **Übernachtung**
Übernahme, die, -, -n
überqueren
überraschen; jmdn. ~ | **Überraschung**
überreden; jmdn. ~ | **Überredung**
überrunden; jmdn. ~
Überschuss, der, -es, Plur. Überschüsse | **überschüssig**
Überschwang, der, -[e]s (Übermaß); im ~ | **überschwänglich**
überschwemmen | **Überschwemmung**
übersehbar | **übersehen;** einen Fehler ~
Übersicht, die, -, -en | **übersichtlich** | **Übersichtlichkeit,** die, -
überspannt
überspielen; ein Musikstück von der CD auf Kassette ~
übertragen; jmdm. eine Aufgabe ~

übervorteilen; jmdn. ~
überwältigen (bezwingen), jmdn. ~
überwiegend, auch: **überwiegend**
überzählig
überzeugen; jmdn. ~ | **Überzeugung**
üblich; das Übliche
U-Boot (Unterseeboot) ↑ Z 106
übrig; ~ bleiben/haben/lassen/sein ↑ Z 86; es sind viele Nudeln ~ geblieben, Geld ~ haben/lassen ↑ Z 86; mir ist nichts anderes ~ geblieben od. übriggeblieben ↑ Z 84c; nichts für jmdn./etwas ~ haben od. übrighaben ↑ Z 84c; das Übrige; alles Übrige; im Übrigen; ein Übriges tun ↑ Z 55 | **übrigens**
Übung
Ufer, das, -s, -
u-förmig od. **U-förmig**
Uhr, die, -, -en
Uhu, der, -s, -s
Ukraine | **ukrainisch**
Ulk, der, -[e]s, -e | **ulkig**
Ulme, die, -, -n (ein Laubbaum)
Ultimatum, das, -s, Plur. Ultimaten (letzte Aufforderung)
Ultrakurzwelle | **Ultraschall,** der, -[e]s | **ultraviolett**
um; ~ das Haus gehen; eine Kette ~ den Hals tragen
umarmen | **Umarmung**
umeinander; sich ~ kümmern | **umeinanderlaufen** ↑ Z 84e
Umfang, der, -[e]s | **umfangreich**
Umgang, der, -[e]s | **umgänglich**
Umgebung
umhin | **umhinkommen** | **umhinkönnen;** er konnte nicht umhin; er hat nicht umhingekonnt ↑ Z 84d
Umkehr, die, - | **umkehrbar** | **umkehren**
Umschweife (Plur.); ohne ~ (offen u. ohne zu zögern)
umso; ~ mehr; ~ weniger
umsonst
Umstand | **umständlich**
umstehend; Umstehendes (das auf der folgenden Seite Stehende)
umstritten; die Frage ist ~
Umsturz, der, -es, Plur. Umstürze
Umwelt
umzäunen
umzingeln
unabänderlich, auch: **unabänderlich**
unabhängig
unablässig, auch: **unablässig**
unaufhaltsam, auch: **unaufhaltsam**
unaufhörlich, auch: **unaufhörlich**
unausbleiblich, auch: **unausbleiblich**
unauslöschlich, auch: **unauslöschlich**
unaussprechlich, auch: **unaussprechlich**
unausstehlich, auch: **unausstehlich**
unbändig
unbedacht
unbehelligt, auch: **unbehelligt**
unbeholfen; ~ sein
unbeirrbar, auch: **unbeirrbar** | **unbeirrt,** auch: **unbeirrt**
unbekannt; eine Anzeige gegen ~ | **unbekannterweise**
unbekümmert, auch: **unbekümmert**
unbeschwert
unbestimmt
und; ~ Ähnliches; ~ so fort; ~ so weiter; ~ zwar
undurchdringlich, auch: **undurchdringlich**
unendlich; unendliche Mal; bis ins Unendliche gehen ↑ Z 55
unentgeltlich, auch: **unentgeltlich** (ohne Entgelt)
unentwegt, auch: **unentwegt**
unerlässlich, auch: **unerlässlich**
unermesslich, auch: **unermesslich;** bis ins Unermessliche reichen

unermüdlich, auch: **unermüdlich**
unersättlich, auch: **unersättlich**
unerschrocken; am unerschrockensten; ~ sein ↑ Z 116
unerschütterlich, auch: **unerschütterlich**
unfair [ˈʊnfɛːr] (unerlaubt, regelwidrig)
Unfall, der, -[e]s, Plur. Unfälle
unförmig (formlos, plump)
Unfug, der, -[e]s
ungarisch | **Ungarn**
ungeachtet; ~ dessen
ungebräuchlich
ungebührlich
ungefähr, auch: **ungefähr** | **ungefährlich**
ungeheuer, auch: **ungeheuer;** ins Ungeheure steigern ↑ Z 55 | **Ungeheuer,** das, -s, - | **ungeheuerlich**
ungehörig | **Ungehörigkeit**
ungeniert [..ʒe..]
ungenutzt
ungerade
ungeschlacht (plump, grob)
ungeschoren; jmdn. ~ lassen (jmdn. verschonen)
Ungetüm, das, -[e]s, -e (ein Ungeheuer)
ungewiss; ein ungewisses Schicksal; jmdn. im Ungewissen lassen; ins Ungewisse fahren ↑ Z 55
ungewöhnlich
Ungeziefer, das, -s (schädl. schmarotzende Insekten)
ungezogen; ~ sein
ungläubig (zweifelnd) | **unglaublich** (unglaubhaft; empörend); in ~ kurzer Zeit
Unglück, das, -[e]s, -e | **unglücklich** | **unglücklicherweise**
Ungunst; zu Ungunsten od. zuungunsten, aber: zu seinen Ungunsten
unheimlich, auch: **unheimlich**
Uniform, die, -, -en
Union (Vereinigung, Bund)
universal od. **universell** (gesamt; umfassend) | **Universität,** die, -, -en (eine Hochschule) | **Universum,** das, -s (das Weltall)
Unke, die, -, -n (ein Froschlurch)
unklar; eine unklare Antwort; im Unklaren bleiben/lassen/sein ↑ Z 55
unlängst
unmittelbar
unmöglich; das ist ~; etwas Unmögliches verlangen ↑ Z 55
unmotiviert [..v..]
Unmut, der, -[e]s
unnahbar
unnötig | **unnötigerweise**
unpässlich (unwohl)
Unrat, der, -[e]s (Schmutz)
unrecht; ~ sein; sie hat ~ gehandelt (falsch gehandelt); ~ od. Unrecht behalten/bekommen/geben/haben/tun; jmdm. ~ od. Unrecht geben/tun; du hast ~ od. Unrecht | **Unrecht,** das, -[e]s ↑ unrecht; jmdm. ein ~ [an]tun; im ~ sein; zu ~ | **unrechtmäßig**
Unruhe, die, -, -n
uns; ~ allen
unsagbar, auch: **unsagbar** od. **unsäglich,** auch: **unsäglich**
unschätzbar, auch: **unschätzbar;** von unschätzbarem Wert
unscheinbar
unschlüssig (unentschlossen)
unser; ~ Land; das ist ~; diese Bücher sind die Unseren od. unseren; das Unsere od. unsere | **unsrige;** es sind die unsrigen od. Unsrigen (unsere Angehörigen) ↑ Z 55, 75 | **unsereiner** od. **unsereins** | **unser[er]seits** od. **unsrerseits** | **unser[e]sgleichen** od. **unsresgleichen** | **unsertwillen;** um ~

Unsinn, der, -[e]s | **unsinnig**
unstet (ruhelos)
unstimmig | **Unstimmigkeit**
unten; ~ bleiben/liegen/stehen; ~ genannt/stehend od. untengenannt, untenstehend ↑ Z 93; der ~ stehende od. untenstehende Satz; das ~ Stehende od. das Untenstehende | **untenan**
unter; ~ dem Baum stehen; sich ~ den Baum stellen; ~ der Hand (heimlich)
unterbrechen; jmdn. ~ | **Unterbrechung**
unterbreiten; jmdm. einen Vorschlag ~
unterdessen
untereinander; ~ teilen | **untereinanderschreiben** ↑ Z 84e | **untereinanderstehen** ↑ Z 84e | **untereinanderstellen** ↑ Z 84e
Untergrund, der, -[e]s
unterhalb; ~ des Dorfes
unterhalten; sich (Akk.) ~ | **unterhaltsam** | **Unterhaltung**
unterjochen
Unterkunft, die, -, Plur. Unterkünfte
Unterlage
unterlassen; etwas ~
unterlegen; etwas ~ | **unterlegen;** ~ sein | **unterliegen;** jmdm. ~
Unterricht, der, -[e]s | **unterrichten;** jmdn. ~
Unterschied, der, -[e]s, -e | **unterschiedlich**
Unterschlupf | **unterschlüpfen**
unterschreiben; einen Brief ~ | **Unterschrift**
unterste; der ~ Ast, aber: das Unterste zuoberst kehren ↑ Z 55, 115
unterstellen; ich habe mich untergestellt | **unterstellen;** jmdm. etwas ~ | **Unterstellung**
unterstreichen | **Unterstreichung**
unterstützen; jmdn. ~ | **Unterstützung**
Untertan, der, -s, -en
unterteilen
unterwegs
unterweisen
unterwerfen | **unterwürfig,** auch: **unterwürfig**
untragbar, auch: **untragbar** (unerträglich)
unüberwindlich, auch: **unüberwindlich**
unumgänglich, auch: **unumgänglich** (nicht zu vermeiden)
unumschränkt, auch: **unumschränkt** (uneingeschränkt)
unumstößlich, auch: **unumstößlich** (endgültig)
unumwunden, auch: **unumwunden** (freiheraus, offen)
unverbesserlich, auch: **unverbesserlich**
unverblümt (offen)
unverdient, auch: **unverdient**
unverfroren, auch: **unverfroren** (unverschämt, frech)
unverhofft, auch: **unverhofft**
unverhohlen, auch: **unverhohlen** (freimütig, offen)
unvermeidlich, auch: **unvermeidlich**
unvermittelt (plötzlich)
unvermutet
unverrichtet; unverrichteter Dinge
unverschämt
unversehens, auch: **unversehens** (unvermutet, plötzlich)
unversehrt (unverletzt)
unverständig (unklug) | **unverständlich**
unverträglich
unverzüglich, auch: **unverzüglich** (sofort)
unvorhergesehen (nicht vorgesehen)
unwegsam (nicht begehbar, nicht befahrbar)
unweit; ~ des Dorf[e]s; ~ vom Dorf[e]

unwiderlegbar, auch: **unwiderlegbar**
unwiderruflich, auch: **unwiderruflich**
unwiderstehlich, auch: **unwiderstehlich**
unwiederbringlich, auch: **unwiederbringlich** (verloren, vergangen)
unwillig; etwas ~ tun
unwirsch (mürrisch, barsch)
unwirtlich (unbewohnt, rau)
unwissend; am unwissendsten | **unwissentlich** (nicht bewusst)
unwohl; ~ sein
unzählig; unzählige Besucher/Mal[e]; Unzählige kamen zum Konzert ↑ Z 55
unzertrennlich, auch: **unzertrennlich**
unzulänglich (unzureichend)
unzulässig
üppig
Urahn[e] (Vorfahre) | **uralt**
Uran, das, -s (ein chem. Element); uranhaltig | **Uranus,** der, - (ein Planet)
uraufführen; ein Theaterstück ~ | **Uraufführung**
urbar (nutzbar); ~ machen od. urbarmachen ↑ Z 87
urgeschichtlich (vorgeschichtlich)
Urin, der, -s, -e (Harn)
Urkunde, die, -, -n | **urkundlich**
Urlaub, der, -[e]s, -e
Urne, die, -, -n (1. Aschengefäß – 2. Behälter für Stimmzettel)
urplötzlich (ganz plötzlich)
Ursache | **ursächlich**
Urstromtal
Ursprung | **ursprünglich**
Urteil, das, -s, -e | **urteilen;** über etwas ~; über jmdn. ~
Urwald
urwüchsig
Urzeit (Vorzeit)
User [ˈjuːzə(r)], der, -s, - (jmd., der Drogen nimmt; Datenverarbeitung: Benutzer, Anwender)
Utensilien [..ĭən] (Plur.) (Gebrauchsgegenstände)
Utopie, die, -, Plur. Utopien (fantastische, [noch] unerfüllbare Vorstellung; Traum) | **utopisch** (erträumt; [noch] unerfüllbar)

V

vag od. **vage** (ungewiss)
Vagabund, der, -en, -en (Landstreicher)
Vakuum, das, -s, Plur. Vakua od. Vakuen (luftleerer Raum)
Valenz [v..], die, -, -en (Wertigkeit)
Valuta [v..], die, -, Plur. Valuten (Geld in ausländ. Währung)
Vanille [vaˈnɪlə, auch: vaˈnɪljə], die, - (ein Gewürz)
variabel (veränderlich) | **Variable,** die, -n, -n (veränderliche Größe) | **Variante,** die, -, -n (Abweichung)
Varietee od. **Varieté** [variəˈteː], das, -s, -s (Schaubühne für artistische, gesangliche, tänzerische Darbietungen)
variieren
Vasall [v..], der, -en, -en (Lehnsmann, Gefolgsmann)
Vase [v..], die, -, -n
Vater, der, -s, Plur. Väter | **Vaterland** | **vaterländisch** | **väterlich**
Vatikan [v..], der, -s (Residenz des Papstes in Rom) | **vatikanisch** [v..]
Vegetation [v..] (Pflanzenwelt) | **vegetieren** (kümmerlich dahinleben)
Veilchen, das, -s, - | **veilchenblau**
[1]**Velours** [vəˈluːr], der, -s (samtiges Gewebe)
[2]**Velours** [vəˈluːr], das, -s (samtartiges Leder)

Vene [v..], die, -, -n (ein Blutgefäß)
Ventil [v..], das, -s, -e | **Ventilator,** der, -s, Plur. Ventilatoren (Gerät zur Bewegung von Luft)
Venus [v..], die, - (ein Planet; römische Liebesgöttin)
verabscheuen; etwas ~ | **verabscheuungswürdig**
verabschieden; sich (Akk.) ~
verachten; jmdn. ~ | **verächtlich** | **Verachtung**
verallgemeinern | **Verallgemeinerung**
Veranda [v..], die, -, Plur. Veranden
veränderlich | **verändern;** sich (Akk.) ~ | **Veränderung**
veranstalten | **Veranstaltung**
verantworten | **verantwortlich;** jmdn. ~ machen | **Verantwortung** | **verantwortungsbewusst**
verargen (übel nehmen)
verärgern; jmdn. ~ | **Verärgerung**
verarmen
verästeln, sich (Akk.) | **Veräst[e]lung** ↑ Z 115
Verb, das, -s, -en (Tätigkeitswort) | **verbal** (als Verb gebraucht; wörtlich; mündlich)
Verband, der, -[e]s, Plur. Verbände
verbannen; jmdn. ~ | **Verbannung**
verbessern; ich verbessere od. verbessre | **Verbesserung**
verbeugen, sich (Akk.) | **Verbeugung**
verbieten; jmdm. etwas ~
verbinden
verbissen (hartnäckig; zäh; zornig); ~ sein
verbitten, sich (Dat.); sich etwas ~
verbläuen
verbleiben
verblüffen; jmdn. ~ | **verblüffend;** am verblüffendsten | **Verblüffung**
verblühen
verbohrt (engstirnig)
verborgen (1. verleihen – 2. versteckt); ~ sein; im Verborgenen bleiben/blühen ↑ Z 55
Verbot, das, -[e]s, -e
Verbrauch, der, -[e]s | **verbrauchen**
verbrechen | **Verbrechen,** das, -s, - | **Verbrecher** | **verbrecherisch**
verbünden, sich (Akk.) | **Verbundenheit,** die, - | **Verbündete,** der u. die, -n, -n
Verdacht, der, -[e]s | **verdächtig** | **verdächtigen;** jmdn. ~ | **Verdächtigung**
verdammen | **verdammt** (umgangssprachl. für: *sehr*); ~ schnell
verdampfen
verdanken; jmdm. etwas ~
verdattert (verwirrt)
verdauen | **verdaulich** | **Verdauung**
Verderb, der, -s; auf Gedeih und ~ | **verderben** (1. vernichten – 2. umkommen; schlecht werden); du verdirbst; du verdarbst; du verdürbest; verdorben; verdirb! | **Verderben,** das, -s | **verderblich**
verdeutlichen; jmdm. etwas ~ | **Verdeutlichung**
verdienen
[1]**Verdienst,** der, -[e]s, -e (Einkommen)
[2]**Verdienst,** das, -[e]s, -e (Leistung)
verdienstvoll | **verdient;** die Strafe ist ~
verdoppeln | **Verdopp[e]lung**
verdorben; ~ sein
verdorren
verdrängen
verdrehen | **Verdrehung**
verdrießen; es verdrießt mich | **verdrießlich** | **Verdruss,** der, -es, -e
verdünnen | **Verdünnung**
verdunsten | **Verdunstung** ↑ Z 115
verdursten ↑ Z 115

verdutzt (verwirrt)
veredeln | **Vered[e]lung**
verehren; jmdn. ~ | **Verehrung**
Verein, der, -[e]s, -e; im ~ mit | **vereinbaren** | **vereinigen** | **Vereinigung**
vereinzelt; vereinzelte Niederschläge, aber: Vereinzelte fanden sich ein ↑ Z 55
vereiteln; etwas ~
verfahren (vorgehen, handeln); ich werde so ~; sich ~ (falsch fahren) | **Verfahren,** das, -s, -
Verfall, der, -[e]s; dem ~ preisgeben | **verfallen;** auf etwas ~; etwas ~ lassen
verfassen | **Verfasser** | **Verfassung** | **verfassungswidrig**
verfilmen | **Verfilmung**
verfilzen
verflüchtigen; sich (Akk.) ~
verflüssigen
verfolgen; jmdn. ~ | **Verfolger** | **Verfolgung**
verfrachten
verfrüht
Vergangenheit | **vergänglich**
Vergaser
vergeben; jmdm. ~ | **vergebens** (vergeblich) | **vergeblich**
vergegenwärtigen (sich etwas deutlich aus der Erinnerung vorstellen); sich (Dat.) etwas ~
vergehen (aufhören, vorübergehen) | **Vergehen,** das, -s, - (eine strafbare Handlung)
vergelten; jmdm. etwas ~ | **Vergeltung**
vergessen; du vergisst; du vergaßest; du vergäßest; vergessen; vergiss! | **Vergessenheit,** die, -; in ~ geraten | **vergesslich** | **Vergesslichkeit**
vergeuden | **Vergeudung**
vergewissern, sich; ich vergewissere od. vergewissre mich
vergiften | **Vergiftung**
Vergissmeinnicht, das, -[e]s, -[e]
Vergleich, der, -[e]s, -e | **vergleichen**
vergnügen, sich (Akk.) | **Vergnügen,** das, -s, - | **vergnügt**
vergolden | **vergoldet**
vergönnen; sich etwas ~
vergröbern
vergrößern | **Vergrößerung**
verhaften | **Verhaftung**
Verhältnis | **verhältnismäßig** | **Verhältniswort**
Verhängnis | **verhängnisvoll**
verharren
verhasst; am verhasstesten
verheeren (verwüsten) | **verheerend;** am verheerendsten
verhehlen (verheimlichen); jmdm. etwas ~
verheimlichen; jmdm. etwas ~
verheiraten; sich (Akk.) ~
verhindern | **Verhinderung**
verhöhnen; jmdn. ~
Verhör, das, -[e]s, -e | **verhören;** jmdn. ~
verhungern
verhüten | **Verhütung**
verirren, sich (Akk.) | **Verirrung**
verjüngen; sich (Akk.) ~
Verkauf | **verkaufen** | **Verkäufer** | **Verkäuferin** | **verkäuflich**
Verkehr, der, -[e]s | **verkehren** | **verkehrswidrig** | **verkehrt;** seine Antwort ist ~
verkleiden; sich (Akk.) ~
verkleinern
verkneifen
verknoten
verknüpfen
verkrampft (unnatürlich, nicht locker)
verkriechen, sich (Akk.)
verkühlen, sich (Akk.) (sich erkälten)
verkürzen
Verlag, der, -[e]s, -e

verlangen; nach etwas ~ | **Verlangen,** das, -s, - | **verlängern** | **Verlängerung** | **verlangsamen**
Verlass, der, -es | **verlassen;** ~ sein; sich (Akk.) ~; sich auf jmdn. ~ | **verlässlich** (zuverlässig)
verlauten; etwas ~ lassen
verlegen; ~ sein; die Sachen ~ | **Verlegenheit**
verleiden; jmdm. eine Sache ~
Verleih, der, -[e]s, -e | **verleihen;** jmdm. einen Preis ~ | **Verleihung**
verletzen; jmdn. ~ | **verletzend;** am verletzendsten | **Verletzte,** der u. die, -n, -n | **Verletzung**
verleumden; jmdn. ~ | **verleumderisch**
verlieben, sich (Akk.)
verlieren; du verlierst; du verlorst; du verlörest; verloren; verlier[e]! | **Verlierer**
Verlies, das, -es, -e (Kerker)
verloben; sich (Akk.) ~ | **Verlobte,** der u. die, -n, -n
verlogen; ~ sein
verlohnen (lohnen); sich (Akk.) ~; es verlohnt sich nicht
verloren; ~ geben/gehen od. verlorengeben, verlorengehen ↑ Z 84c; der Schlüssel ist ~ gegangen od. verlorgengegangen
verlosen
Verlust, der, -[e]s, -e
vermachen | **Vermächtnis**
vermählen; sich (Akk.) ~ | **Vermählung**
vermehren | **Vermehrung**
vermeiden
vermeintlich
Vermerk, der, -[e]s, -e | **vermerken**
vermessen; ~ (überheblich) sein
vermindern
vermischen
vermissen; jmdn. ~ | **Vermisste,** der u. die, -n, -n
vermitteln | **Vermittlung**
vermodern
vermögen | **Vermögen,** das, -s, - | **vermögend;** am vermögendsten
vermuten | **vermutlich** | **Vermutung**
vernachlässigen | **Vernachlässigung**
vernarben
vernehmen; jmdn. ~ | **vernehmlich** | **Vernehmung**
verneinen | **Verneinung**
Vernunft, die, - | **vernünftig**
veröffentlichen | **Veröffentlichung**
verordnen | **Verordnung**
verpflichten; sich (Akk.) ~; sich zu etwas ~ | **Verpflichtung**
verpönt (untersagt; verachtet); ~ sein
Verrat, der, -[e]s | **verraten;** jmdn. ~ | **Verräter**
verreisen
verrenken; sich (Akk.) ~ | **Verrenkung**
verrichten; eine Arbeit ~
verringern | **Verringerung**
verrosten ↑ Z 115
verrotten (verfaulen, zerfallen)
verrücken ↑ Z 116 | **verrückt**
Vers, der, -es, -e (Zeile im Gedicht)
Versand, der, -[e]s (das Versenden von Waren u. Ä.)
versäumen | **Versäumnis**
verschalen (mit Brettern verkleiden)
verscheiden (sterben)
verschieden; ~ sein ↑ Z 90; ~ groß/lang; ~ lange Stifte; verschiedene Male/Mal; Verschiedene gingen; die Verschiedensten kamen; Verschiedenes ging uns durch den Kopf ↑ Z 55 | **verschiedenartig** | **verschiedenerlei** | **verschiedentlich**
verschlechtern
verschleiern
Verschleiß, der, -es, -e (Abnutzung) | **verschleißen**
verschließen

verschlimmern
verschlucken ↑ Z 116
Verschluss
verschmähen
verschmelzen
verschmitzt (schlau; schelmisch)
verschnüren
verschollen (seit längerer Zeit vermisst); ~ sein
verschonen
verschränken (kreuzweise übereinanderlegen); die Arme ~
verschroben (wunderlich, seltsam); ~ sein
verschütten
verschweigen
verschwenden | **verschwenderisch** | **Verschwendung**
verschwiegen; ~ sein; am verschwiegensten
verschwinden
verschwommen; ~ sein
verschwören | **Verschwörer,** der, -s, -
versehen; sich mit etwas ~ | **Versehen,** das, -s, -; aus ~ | **versehentlich** (aus Versehen)
versenden
versengen (anbrennen)
versenken; sich (Akk.) ~ (sich vertiefen)
versessen; auf etwas ~ sein
versetzen | **Versetzung** | **versetzungsgefährdet**
versichern; ich versichere dir, dass ...; ich versichere dich meiner Anteilnahme | **Versicherung**
versiegeln
versiegen (austrocknen)
versinken
versklaven | **Versklavung**
versöhnen | **versöhnlich** | **Versöhnung**
versorgen
verspäten, sich (Akk.) | **Verspätung**
versperren
versprechen; jmdm. etwas ~ | **Versprechen,** das, -s, -
Verstand, der, -[e]s | **verständig** (klug, besonnen) | **verständigen;** jmdn. ~; sich (Akk.) ~ | **verständlich** (klar) | **Verständnis** | **verständnisvoll**
verstärken | **Verstärkung**
Versteck, das, -[e]s, -e; ~ spielen | **verstecken;** sich (Akk.) ~ ↑ Z 116
verstehen; sich (Akk.) ~; sich auf etwas ~
versteifen; sich (Akk.) ~; sich auf etwas ~
versteinert; er saß wie ~ (vor Schreck starr)
verstellen; sich ~; die Tür ~
verstimmt (auch für *verärgert*)
verstockt (uneinsichtig, starrsinnig)
verstohlen (heimlich)
verstorben; ~ sein | **Verstorbene,** der u. die, -n, -n
verstört (verwirrt, erschüttert)
Versuch, der, -[e]s, -e | **versuchen** | **versuchsweise**
versunken; in etwas ~ sein
vertagen; eine Versammlung ~
vertäuen (ein Schiff mit Tauen festmachen)
verteidigen; jmdn. ~ | **Verteidigung**
verteilen | **Verteilung**
vertiefen; sich (Akk.) ~; sich in ein Buch ~ | **Vertiefung**
vertikal [v..] (senkrecht) | **Vertikale,** die, -, -n
Vertrag, der, -[e]s, Plur. Verträge | **vertragen;** sich (Akk.) ~; sich gut miteinander ~ | **verträglich**
vertrauen; jmdm. ~ | **Vertrauen,** das, -s; ~ erwecken; ~ erweckend od. vertrauenerweckend ↑ Z 93; im ~ | **vertraut;** mit jmdm. ~ sein
Vertreter
vertrösten; jmdn. ~ ↑ Z 115

vertuschen; einen Vorfall ~
verübeln; jmdm. etwas ~
verunglimpfen (schmähen, beleidigen)
verunglücken
verunreinigen
verunstalten
verursachen
verurteilen; jmdn. ~; etwas ~ | **Verurteilung**
vervielfachen | **vervielfältigen**
vervollkommnen; sich (Akk.) ~
vervollständigen | **Vervollständigung**
verwahren; sich (Akk.) ~; sich gegen etwas ~
verwalten | **Verwaltung**
verwandeln; sich (Akk.) ~; sich in etwas ~ | **Verwandlung**
verwandt; er ist mit ihm ~ | **Verwandte,** der u. die, -n, -n | **Verwandtschaft** | **verwandtschaftlich**
verwechseln | **Verwechs[e]lung**
verwegen (tollkühn); ~ sein
verwehren; jmdm. etwas ~
verweigern; jmdm. etwas ~ | **Verweigerung**
Verweis, der, -es, -e (1. Hinweis – 2. Tadel, Warnung) | **verweisen** (1. einen Hinweis geben – 2. verbieten, tadeln); auf etwas ~
verwelken
verwendbar | **verwenden** | **Verwendung**
verwerfen | **verwerflich** (verurteilenswert)
verwesen (sich auflösen, zersetzen) | **Verwesung**
verwickeln | **Verwick[e]lung** ↑ Z 116
verwildern
verwirklichen | **Verwirklichung**
verwirren | **Verwirrung**
verwischen
verwittern | **Verwitterung**
verwitwet (Witwe od. Witwer sein)
verwöhnen; jmdn. ~
verworren (unklar); ~ sein
verwunden | **Verwundete,** der u. die, -n, -n | **Verwundung**
verwundern; sich (Akk.) ~
verwüsten | **Verwüstung** ↑ Z 115
verzagen | **verzagt** (mutlos)
verzaubern | **Verzauberung**
verzehren (essen u. trinken)
Verzeichnis
verzeihen; jmdm. ~ | **verzeihlich** | **Verzeihung**
verzetteln (vertun); sich (Akk.) ~
Verzicht, der, -[e]s, -e | **verzichten;** auf etwas ~
verzieren | **Verzierung**
verzögern | **Verzögerung**
verzweifeln | **Verzweiflung**
vespern (einen Imbiss einnehmen)
Veteran [v..], der, -en, -en (Erprobter; Altbewährter)
Vetter, der, -s, -n (Cousin)
v-förmig od. **V-förmig**
Vibration (Schwingung) | **vibrieren**
Video, das, -s, -s (Kurzwort für *Videofilm*) | **Videorekorder** od. **Videorecorder**
Vieh, das, -[e]s | **viehisch**
viel; ~ befahren/gelesen/sagend/versprechend od. vielbefahren, vielgelesen, vielsagend, vielversprechend ↑ Z 93; ein ~ sagender od. vielsagender Blick; ~ zu viel; ~ zu wenig; in vielem, auch: in Vielem; das viele, auch: das Viele; die vielen, auch: die Vielen; vieles, auch: Vieles ↑ Z 77 | **vieldeutig** | **vielerlei** | **vielerorts** | **vielfach** | **Vielfache,** das, -n; um das ~ vergrößern; um ein Vielfaches größer ↑ Z 55 | **Vielfalt,** die, - | **vielfältig** | **vielleicht** | **vielmals** | **vielmehr** (eher: im Gegenteil), aber: er hat viel mehr als du ↑ Z 96 | **vielseitig**

vier ↑ acht | **Vier,** die, -, -en ↑ Acht | **viertel;** eine ~ Million | **Viertel,** das, -s, -; [ein] ~ vor eins, aber: wir treffen uns um viertel eins; eine Viertelstunde od. viertel Stunde
Vietnam [v..] | **vietnamesisch**
Villa [v..], die, -, Plur. Villen
violett [v..] ↑ blau | **Violett,** das, -s, ↑ Blau
Violine [v..], die, -, -n (Geige) | **Violoncello,** das, -s, Plur. -s od. ..celli (ein Streichinstrument)
virtuos [v..] (techn. meisterhaft) | **Virtuose,** der, -n, -n (hervorragender Instrumentalist)
Virus [v..], das od. der, -, Plur. Viren (ein Krankheitserreger)
Visier, das, -s, -e (Teil des mittelalterl. Helmes; Zielvorrichtung) | **visieren** (auf etwas zielen, sehen)
Visite [v..], die, -, -n (Krankenbesuch des Arztes) | **Visitenkarte**
Visum [v..], das, -s, Plur. Visa od. Visen (Sichtvermerk auf einem Pass)
Vitamin [v..], das, -s, -e (Wirkstoff) | **vitaminhaltig,** aber: Vitamin-B-haltig ↑ Z 106
Vitrine [v..], die, -, -n (Schaukasten)
Vogel, der, -s, Plur. Vögel
Vogt, der, -[e]s, Plur. Vögte (früher: Richter; Verwalter)
Vokabel, die, -, -n
Vokal, der, -s, -e
Volk, das, -[e]s, Plur. Völker | **Volkskunst,** die, - | **Volkslied** | **volkstümlich**
voll; ~ füllen/gießen/laufen/schreiben od. vollfüllen, vollgießen, volllaufen, vollschreiben ↑ Z 87; mit vollem Recht; halb ~ od. halbvoll ↑ Z 94; ins Volle gehen; aus dem Vollen schöpfen; im Vollen leben ↑ Z 55 | **vollauf** | **vollenden** | **vollends**
Volleyball ['vɔli..], der, -[e]s
völlig | **vollkommen** | **vollständig** | **vollzählig** | **vollziehen**
Volt [v..], das, Gen. - od. -[e]s, Plur. - (Einheit der elektr. Spannung)
Volumen [v..], das, -s, - (Rauminhalt)
vom (von dem) | **von;** ~ Vorteil; ~ vornherein ↑ Z 72
voneinander; etwas ~ lernen | **voneinandergehen** (sich trennen) ↑ Z 84e
vonnöten; ~ sein
vonseiten od. **von Seiten;** ~ od. ~ ~ der Eltern ↑ Z 96, *Merke*; aber: von der Seite
vonstattengehen ↑ Z 84d
vor; ~ allem; ~ dir
voran | **vorangehen;** im Vorangehenden ↑ Z 55 | **vorankommen**
voraus; im Voraus; zum Voraus ↑ Z 55 | **vorausgehen** | **voraussetzen** | **voraussichtlich**
vorbei ; ~ sein | **vorbeigehen** (vorübergehen)
vorbereiten; sich (Akk.) ~ | **Vorbereitung**
vorbeugen
Vorbild | **vorbildlich**
vordere | **Vordergrund** | **Vorderrad**
vordringlich
Vordruck, der, -[e]s, -e
voreilig
voreinander; sich ~ hüten/verstecken
voreingenommen (voller Vorurteile sein); ~ sein
vorenthalten; jmdm. etwas ~ (jmdm. etwas ihm Zustehendes nicht geben)
vorerst (erst einmal)
Vorfahr, der, -en, -en od. **Vorfahre,** der, -n, -n (Person, von der jmd. abstammt)
vorfristig ↑ Z 115
Vorgesetzte, der u. die, -n, -n

vorgestern
vorhaben; etwas ~ | **Vorhaben,** das, -s, - (Plan)
vorhanden; ~ sein
vorher | **vorhergehend;** im vorhergehenden Satz; im Vorhergehenden ↑ Z 55 | **vorhersagen** (voraussagen), aber: vorher (früher) sagen ↑ Z 84e
vorig; im vorigen Jahr
vorkommen | **Vorkommen,** das, -s, - | **Vorkommnis** (Ereignis, Vorfall)
vorläufig
vorliebnehmen; mit etwas ~ ↑ Z 84d
Vormittag | **vormittägig** ↑ ...tägig | **vormittäglich** ↑ ...täglich | **vormittags;** morgen Vormittag; des Vormittags ↑ Z 55
vorn; von ~ anfangen
Vorname
vornehm | **vornehmlich**
vornüber | **vornüberbeugen** | **vornüberkippen**
Vorrang, der, -[e]s | **vorrangig** (besonders wichtig)
Vorrat, der, -[e]s, Plur. Vorräte
vorrichten | **Vorrichtung**
vorsagen; jmdm. ~
Vorsatz | **vorsätzlich** (absichtlich)
Vorschein, der, -[e]s; zum ~ kommen
Vorschlag | **vorschlagen;** jmdm. etwas ~
Vorschrift | **vorschriftsmäßig**
Vorsicht, die, - | **vorsichtig** | **vorsichtshalber** (aus Vorsicht)
Vorsilbe
Vorsitzende, der u. die, -n, -n
Vorsprung
Vorstand
Vorteil, der, -s, -e; von ~ sein | **vorteilhaft**
Vortrag, der, -[e]s, Plur. Vorträge
vorüber; ~ sein | **vorübergehen** | **vorübergehend**
Vorurteil (vorgefasste Meinung) | **vorurteilslos** (ohne Vorurteile)
Vorwand, der, -[e]s, Plur. Vorwände
vorwärts | **vorwärtsblicken** ↑ Z 84e | **vorwärtsgehen** (in Blickrichtung gehen; besser werden) ↑ Z 84e
vorweg | **vorwegnehmen**
Vorwort, das, -[e]s, -e (Vorrede)
Vorwurf (Tadel)
vorzüglich (sehr gut)
Vulkan [v..], der, -s, -e (Feuer speiender Berg) | **vulkanisch** | **vulkanisieren;** Gummi ~

W

Waage, die, -, -n (Gerät zur Gewichtsbestimmung) | **waag[e]recht** | **Waag[e]rechte,** die, -n, -n
Wabe, die, -, -n (Honigwabe)
wach; ~ bleiben/sein ↑ Z 86; sich ~ halten ↑ Z 86, ↑ aber: wachhalten; ~ machen/werden od. wachmachen, wachwerden ↑ Z 87; einen Schlafenden ~ rütteln od. wachrütteln ↑ Z 87, ↑ aber: wachrütteln | **Wache,** die, -, -n | **wachen;** über etwas ~ | **wachhalten;** die Erinnerung ~ ↑ Z 84b
Wacholder (ein Strauch)
wachrütteln; die Öffentlichkeit ~ (warnen) ↑ Z 84b
Wachs, das, -es, -e
wachsam | **Wachsamkeit,** die, -
[1]**wachsen** (größer werden); du wächst; du wuchsest; du wüchsest; gewachsen; wachs[e]!
[2]**wachsen** (mit Wachs glätten); du wachst; wachstest; du wachstest; gewachst; wachs[e]!; die Skier ~ | **wächsern** (aus Wachs)
Wachstum, das, -s
Wachtel, die, -, -n (ein Feldhuhn)
Wächter
wack[e]lig | **wackeln** ↑ Z 116
Wade, die, -, -n

Waffe, die, -, -n
Waffel, die, -, -n
wag[e]halsig | **wagen;** sich ~; ich wage mich herunterzuspringen; etwas ~
wägen (die Masse bestimmen; abwiegen); du wägst; du wogst; du wögest; gewogen; wäg[e]!
Wagen, der, -s, -
Waggon od. **Wagon** [va'gɔŋ od. va'gõ:], der, -s, -s
Wagnis (eine gefährl. Unternehmung)
Wagon ↑ Waggon
Wahl, die, -, -en | **wahlberechtigt** | **wählen;** jmdn. ~ | **Wähler** | **Wählerin** | **wählerisch** (in der Auswahl sehr anspruchsvoll sein) | **wahllos** (ohne zu wählen; unkritisch)
wahnsinnig
wahr (wirklich); nicht ~?; ~ bleiben/sein; etwas für ~ halten; etwas ~ machen od. wahrmachen ↑ Z 87, ↑ aber: wahrsagen
währen (dauern)
während; ~ der Ferien | **währenddessen;** sie hat ~ geschlafen
wahrhaben; etwas nicht ~ wollen (nicht einsehen wollen) ↑ Z 84d | **wahrhaft** | **wahrhaftig** | **Wahrheit** | **wahrheitsgemäß**
wahrnehmbar | **wahrnehmen** (bemerken) ↑ Z 84d | **Wahrnehmung**
wahrsagen (prophezeien) ↑ Z 84d
wahrscheinlich | **Wahrscheinlichkeit**
Währung (gesetzl. Zahlungsmittel)
Wahrzeichen; der Bär ist das ~ von Berlin
Waise, die, -, -n (elternloses Kind)
Wal, der, -[e]s, -e (ein Meeressäugetier)
Wald, der, -[e]s, Plur. Wälder | **waldig**
walken (kneten, verfilzen)
Walkie-Talkie ['vɔ:ki'tɔ:ki], das, -[s], -s (tragbares Funksprechgerät)
Walkman ['vɔ:kmən], der, -s, Plur. Walkmen (kleines tragbares Gerät mit Kopfhörern zum Abspielen von Kassetten)
Wall, der, -[e]s, Plur. Wälle (Erdaufschüttung)
wallen (sprudeln)
Wallfahrt
Walnuss
Walross (eine Robbe)
Walze, die, -, -n | **walzen** | **wälzen** | **walzenförmig** | **Walzer,** der, -s, - (ein Tanz)
Wand, die, -, Plur. Wände
Wandel, der, -s | **wandeln**
Wanderer | **wandern** | **Wanderung**
Wandlung
Wange, die, -, -n
wankelmütig | **wanken**
wann; dann und ~
Wanne, die, -, -n
Wanze, die, -, -n (ein Ungeziefer)
Wappen, das, -s, - | **wappnen;** sich (Akk.) ~; sich mit Geduld ~
Ware, die, -, -n
warm; wärmer; wärmste; auf kalt und ~ reagieren; das Essen ~ halten ↑ Z 86, ↑ aber: warmhalten; Essen ~ machen od. warmmachen ↑ Z 87 | **Wärme,** die, -, -n | **wärmen;** sich (Akk.) ~ | **warmhalten;** sich jmdn. ~ ↑ Z 84b
warnen; jmdn. ~ | **Warnung**
warten; auf jmdn. ~; etwas ~ (pflegen); jmdn. ~ lassen | **Wärter**
warum
Warze, die, -, -n (eine Hautwucherung)
was; ~ für ein; alles, ~ du ...; das Schönste, ~ es gab
Wäsche, die, -, -n | **waschen;** du wäschst; du wuschest; du wüschest; gewaschen; wasch[e]! | **Wäscherei**

Wasser, das, -s, Plur. - od. (für Abwasser usw.) Wässer; ein ~ abweisendes od. wasserabweisendes Material ↑ Z 93 | **wasserdicht** | **wässern** (in Wasser legen) | **wäss[e]rig**

waten

watscheln | **watsch[e]lig**

[1]**Watt,** das, -[e]s, -en (Wattenmeer)

[2]**Watt,** das, -s, - (Einheit der Leistung)

Watte, die, -, -n

weben | **Weber** | **Weberei**

Wechsel, der, -s, - | **Wechselgeld** | **wechselhaft** | **wechseln;** das Geld ~ | **Wechselstrom**

wecken | **Wecker** ↑ Z 116

Wedel, der, -s, - | **wedeln**

weder; ~ ... noch ...; das Wedernoch

weg; ~ damit! | **Weg,** der, -[e]s, -e; im Wege stehen, aber: etwas zu Wege od. zuwege bringen ↑ Z 96, *Merke* | **wegen;** ~ des schlechten Wetters od. des schlechten Wetters ~, umgangssprachlich auch mit Dativ: ~ dem schlechten Wetter, ~ dir (für *deinetwegen*); ~ Mangels an Beweisen | **weggehen** | **wegnehmen** | **wegstehlen, sich** (Akk.) (sich heimlich entfernen) | **wegwerfen**

weh; ~ sein/werden; ~ tun od. wehtun ↑ Z 84c | **wehen** | **wehleidig** (übertrieben empfindlich) | **wehmütig** (ein wenig traurig)

[1]**Wehr,** die, -, -en (Verteidigung)

[2]**Wehr,** das, -[e]s, -e (Stauanlage)

wehren; sich (Akk.) ~; sich gegen etwas ~ | **wehrlos**

Weib, das, -[e]s, -er | **weiblich**

weich; ~ fallen/sitzen/sein ↑ Z 86; ~ klopfen/kochen/machen od. weichklopfen, weichkochen, weichmachen ↑ Z 87, ↑ aber: weichklopfen; ein ~ gekochtes od. weichgekochtes Ei

Weiche, die, -, -n (Umstellvorrichtung bei Gleisen)

weichen (weggehen); nicht von der Stelle ~

weichklopfen; jmdn. ~ (zum Nachgeben bringen)

Weide, die, -, -n (1. ein Baum – 2. Grasland) | **weiden;** die Schafe ~

weigern; sich ~ | **Weigerung**

weihen | **Weihnachten,** das; zu ~ | **weihnachtlich** | **Weihnachtszeit**

weil | **Weile,** die, -; eine kleine ~

Wein, der, -[e]s, -e | **Weinbrand**

weinen; über etwas ~ | **weinerlich** (kläglich; dem Weinen nahe)

weise (klug) | **weisen;** du weist; du wiesest; du wiesest; gewiesen; weis[e]!; jmdm. den Weg ~ | **Weisheit** | **weismachen** (vormachen); jmdm. etwas ~ ↑ Z 84d

weiß; ein ~ blühender od. weißblühender Baum ↑ Z 93 | **weißlich**

weit; ~ bringen/gehen/laufen; sie hat es ~ gebracht; das geht zu ~ ↑ Z 86; ~ gehend/verzweigt od. weitgehend, weitverzweigt ↑ Z 93; ein ~ verzweigtes od. weitverzweigtes Netz; bei Weitem od. weitem; ohne Weiteres od. weiteres; bis auf Weiteres od. weiteres ↑ Z 78b; des Weiteren; im Weiteren; alles Weitere ↑ Z 55 | **weitaus** | **Weite,** die, -, -n | **weiten;** sich (Akk.) ~ | **weiter** | **weiterbilden, sich** (Akk.) (fortbilden) | **weitergehen** | **weiterhelfen;** jmdm. ~ | **weiterleiten** | **weitermachen;** die Arbeit ~, aber: die Schuhe weiter machen (weiten) ↑ Z 84e | **weitersprechen** | **weitgehend** ↑ weit | **weitläufig** (geräumig, ausgedehnt); der Garten ist ~ | **weitschweifig** (umständlich, langatmig)

Weizen, der, -s | **Weizenmehl**
welch; welche, welcher, welches; welches schöne Bild od. ~ schönes Bild; welche schönen Bilder od. ~ schöne Bilder
welk | **welken**
Welle, die, -, -n | **wellen;** sich (Akk.) ~ | **wellenförmig** | **Wellensittich** | **wellig**
Welt, die, -, -en | **Weltall** | **weltberühmt** | **Weltkrieg;** der Erste ~; der Zweite ~ | **weltlich** | **Weltmeister** | **Weltraum** | **weltweit**
wem | **wen**
Wende, die, -, -n | **Wendeltreppe** | **wenden** (in eine andere Richtung zeigen); du wendest; du wandtest od. wendetest; gewandt od. gewendet; wend[e]!; sich (Akk.) ~; sich gegen etwas ~ | **wendig** (gewandt, flink) | **Wendung**
wenig; ~ befahren/gelesen od. wenigbefahren, weniggelesen ↑ Z 93; ein ~ gelesenes od. weniggelesenes Buch; das wenige, auch: das Wenige; die wenigen, auch: die Wenigen; ein weniges; auch: ein Weniges ↑ Z 77 | **wenigstens** ↑ Z 115
wenn; ~ möglich
wer
werben; du wirbst; du warbst; du würbest; geworben; wirb! | **Werbung**
werden; du wirst; du wurdest; du würdest; geworden od. worden; werde!; zu etwas ~; es ist schön geworden, aber: er ist gefangen worden
werfen; du wirfst; du warfst; du würfest; geworfen; wirf!
Werft, die, -, -en (Anlage zum Schiffbau)
Werk, das, -[e]s, -e; zu Werke gehen | **Werkstatt,** die, -, Plur. Werkstätten
Wermut, der, -[e]s (eine Heilpflanze, ein alkohol. Getränk)
wert; es ist nichts ~; ~ sein ↑ Z 90 | **Wert,** der, -[e]s, -e; auf etwas ~ legen | **wertlos** | **wertvoll**
Wesen, das, -s, -; viel ~ machen | **wesentlich;** im Wesentlichen; das Wesentliche; nichts Wesentliches ↑ Z 55, 56
weshalb
Wespe, die, -, -n
wessen
West; Wind aus ~
Weste, die, -, -n ↑ Z 115
Westen, der, -s | **westlich** ↑ Z 115
Westover [vɛst'o:vər], der, -s, - (ärmelloser Pullover) ↑ Z 115
Wette, die, -, -n | **wetteifern** | **wetten**
Wetter, das, -s, - | **wetterleuchten;** es wetterleuchtet | **Wettervorhersage**
wettlaufen | **wettmachen** (ausgleichen) ↑ Z 84d | **Wettstreit** | **wetttauchen*** ↑ Z 34
Whiskey od. **Whisky** ['wɪski], der, -s, -s (Branntwein aus Getreide)
Wicht, der, -[e]s, -e (Kobold)
wichtig; etwas/sich (Akk.) ~ nehmen; es ist ~, dass ..., aber: nichts Wichtiges vergessen ↑ Z 55 | **Wichtigkeit** | **wichtigmachen, sich** (Akk.) | **Wichtigtuer** | **wichtigtuerisch**
wickeln ↑ Z 116
wider (gegen); ~ besseres Wissen, aber: das Für und Wider ↑ Z 55, ↑ auch: wieder
widerfahren; mir ist etwas Schlimmes ~
Widerhall, der, -[e]s, -e (Echo)
widerlegen; jmdn. od. etwas ~
widerlich (ekelhaft)
widerrechtlich (ungesetzlich)
Widerrede; keine ~
widerrufen (Gesagtes od. Geschriebenes für falsch erklären)

widersetzen, sich (Akk.) (Widerstand leisten)
Widersinn | **widersinnig**
widerspenstig (nicht fügsam) ↑ Z 115
widerspiegeln; sich (Akk.) ~ | **Widerspieg[e]lung**
widersprechen; jmdm. ~ | **Widerspruch** | **widersprüchlich** | **widerspruchslos**
Widerstand | **Widerstandsbewegung** | **widerstandsfähig** | **Widerstandsfähigkeit** | **Widerstandskampf** | **Widerstandskämpfer** | **Widerstandskämpferin** | **widerstehen**
widerstreben (entgegenwirken); es widerstrebt mir
widerwärtig (widerlich)
widerwillig (lustlos)
widmen; sich (Akk.) ~; sich jmdm. ~ | **Widmung**
wie ; so schnell ~ od. als möglich; ~ oft; ~ sehr; ~ lange ist es her!; ~ viel/viele; ~ viel ist drei mal fünf?; es ist erstaunlich, ~ viel besser es jetzt geht; ~ weit; ~ weit ist es wohl bis zum Ziel?; ~ weit kann man sehen?, aber: ich weiß nicht, wieweit das stimmt (inwieweit, in welchem Umfang)
wieder (nochmals, erneut, zurück); für nichts und ~ nichts; hin und ~ (gelegentlich) ↑ auch: wider
Wiederaufbau
wiederbekommen (zurückerhalten), aber: er wird den Auftrag nicht wieder bekommen ↑ Z 84e
wiederbringen; du musst das Buch ~ (zurückbringen); aber: sie kann ihr das Essen wieder (nochmals) bringen ↑ Z 84e
wiedergeben (zurückgeben; darbieten); ein Zitat wörtlich ~; jmdm. etwas ~, aber: sie hat ihr die Schlüssel schon wieder (nochmals) gegeben ↑ Z 84e
wiederhaben (zurückhaben); ich möchte das Buch ~
wiederherstellen (in den früheren Zustand bringen), aber: wieder herstellen (erneut anfertigen) ↑ Z 84e
wiederholen | **Wiederholung**
Wiederkäuer
wiederkehren
wiederkommen
wiedersehen; wir werden uns ~, aber: bald kann ich wieder sehen ↑ Z 84e | **Wiedersehen,** das, -s, -; jmdm. Auf ~ od. auf ~ sagen
wiederum
Wiege, die, -, -n
[1]**wiegen** (schaukeln); du wiegst; du wiegtest; du wiegtest; gewiegt; wieg[e]!
[2]**wiegen** (wägen, das Gewicht feststellen); du wiegst; du wogst; du wögest; gewogen; wieg[e]!
wiehern
Wiese, die, -, -n
Wiesel, das, -s, - (eine Marderart)
wieso
wieweit (inwieweit), aber: wie weit ist es noch?
wild; ~ sein/leben/wachsen ↑ Z 86; ~ lebend/wachsend od. wildlebend, wildwachsend ↑ Z 93; ~ wachsende od. wildwachsende Brombeeren | **Wild,** das, -[e]s | **Wildbret,** das, -s | **wildfremd** (völlig fremd) | **Wildnis,** die, -, -se
Wille, der, -ns; der letzte ~ ↑ Z 76; beim besten Willen | **willen;** um Gottes ~; um seiner selbst ~, aber: um seinetwillen | **willig**
willkommen; jmdn. ~ heißen
willkürlich (nach eigenem Ermessen; beliebig)
wimmeln; es wimmelt
wimmern
Wimpel, der, -s, -
Wimper, die, -, -n
Wind, der, -[e]s, -e

Windbreaker [..bre:kər], der, -s, - (Wetterjacke)

Winde, die, -, -n (1. Hebevorrichtung – 2. eine Kletterpflanze)

Windel, die, -, -n | **winden** (drehen); du windest; du wandest; du wändest; gewunden; wind[e]!

windig | **Windpocken** (Plur.) (eine Kinderkrankheit) | **windstill** | **windsurfen** [..sœ:(r)fən] (meist nur im Infinitiv gebraucht)

Windung

Wink, der, -[e]s, -e

Winkel, der, -s, - | **Winkelhalbierende,** die, -n, -n | **wink[e]lig**

winken; jmdm. ~

winseln

Winter | **winterlich** | **wintern;** es wintert

Winzer (Weinbauer)

winzig; ~ sein

Wipfel, der, -s, -

Wippe, die, -, -n | **wippen**

wir; ~ beide; ~ Großen; ~ Deutsche[n]

Wirbel, der, -s, - | **wirbeln**

wirken | **wirklich** | **Wirklichkeit** | **wirksam** (erfolgreich wirkend); das Medikament ist ~ | **Wirkung** | **wirkungslos**

wirr | **Wirrwarr,** der, -s

Wirsing, der, -s (eine Kohlart)

Wirt, der, -[e]s, -e | **Wirtin** | **Wirtschaft** | **wirtschaften** | **wirtschaftlich**

Wisent, der, -s, -e (ein Wildrind)

Wismut, das, -[e]s (ein chem. Element)

wispern

Wissbegier[de], die, - | **wissen;** du weißt; du wusstest; du wüsstest; gewusst; wisse!; von etwas ~ | **Wissen,** das, -s; meines Wissens; wider besseres ~ | **Wissenschaft** | **wissenschaftlich** | **wissenswert** | **wissentlich** (bewusst, absichtlich)

wittern | **Witterung**

Witwe, die, -, -n | **Witwer,** der, -s, -

Witz, der, -es, -e | **Witzbold,** der, -[e]s, -e | **witzig**

wo; ~ immer | **woanders** | **woandershin** | **wobei**

Woche, die, -, -n | **Wochentag** | **wöchentlich** (jede Woche) | **...wöchentlich,** z. B. dreiwöchentlich od. 3-wöchentlich (alle 3 Wochen wiederkehrend) ↑ Z 108 | **...wöchig,** z. B. ein dreiwöchiges od. 3-wöchiges Kind (3 Wochen alt) ↑ Z 108

wodurch | **wofür**

Woge, die, -, -n | **wogen**

woher | **wohin** | **wohingegen**

wohl; ~ oder übel; mir ist ~; ~ sein; ~ ergehen/fühlen od. wohlergehen, wohlfühlen ↑ Z 84c; ~ durchdacht/klingend/versorgt od. wohldurchdacht, wohlklingend, wohlversorgt ↑ Z 93; ein ~ schmeckendes od. wohlschmeckendes Gericht ↑ Z 93; er ist mir ~ gesinnt ↑ Z 86 | **Wohl,** das, -[e]s; zum ~ | **wohlgefällig** | **wohlgemut** | **wohlgesinnt** ↑ wohl | **wohlig** | **Wohltat** | **wohltuend** | **wohltun** | **wohlweislich** (aus gutem Grund); er schwieg ~ | **wohlwollend**

wohnen | **wohnlich** | **Wohnung**

wölben | **Wölbung**

Wolf, der, -[e]s, Plur. Wölfe

Wolke, die, -, -n | **wolkenlos**

Wolle, die, -, -n

¹**wollen** (aus Wolle); eine wollene Jacke

²**wollen;** du willst; du wolltest; du wolltest; gewollt; wolle!

womit | **womöglich** | **wonach**

Wonne, die, -, -en | **wonnig**

woran | **worauf** | **woraus** | **worin**

Workshop [ˈwœ:(r)kʃɔp], der, -s, -s (Seminar, Arbeitsgruppe)

Wort, das, -[e]s, Plur. Wörter u. Worte; mit anderen Worten; ~ halten; jmdm. gute Worte geben, aber: einzelne Wörter herausschreiben; mit anderen Worten, aber: die aufgeführten Wörter | **wortbrüchig** | **wortkarg** | **wörtlich;** die wörtliche Rede | **wortlos** | **Wortschatz,** der, -es, Plur. ..schätze | **wortwörtlich;** etwas ~ wiedergeben
worüber | **worum** | **worunter**
wovon | **wozu**
Wrack, das, -[e]s, -s (stark beschädigtes Schiff)
wuchtig
wühlen
Wulst, der, -es, Plur. Wülste | **wulstig** ↑ Z 115
wund; sich die Füße ~ laufen od. wundlaufen ↑ Z 87; sich ~ reiben od. wundreiben ↑ Z 87 | **Wunde,** die, -, -n
Wunder, das, -s, -; sein blaues ~ erleben; ~ was glauben | **wunderbar** | **wundern, sich** (Akk.); sich über etwas ~ | **wunderschön** | **wundervoll**
Wunsch, der, -es, Plur. Wünsche | **wünschen;** jmdm. etwas ~ | **wunschlos**
Würde, die, -, -n | **würdig** | **würdigen;** jmdn. keines Blickes ~ | **Würdigung**
Wurf, der, -[e]s, Plur. Würfe | **Würfel,** der, -s, - | **würfeln**
würgen
Wurm, der, -[e]s, Plur. Würmer | **wurmen;** es wurmt mich
Wurst, die, -, Plur. Würste | **Würstchen**
Würze, die, -, -n | **Wurzel,** die, -, -n | **würzen** | **würzig**
wüst | **Wüste,** die, -, -n ↑ Z 115
Wut, die, - | **wüten** | **wütend;** am wütendsten | **wutentbrannt**

X

X, das; ein ~ für ein U vormachen | **x-Achse** | **X-Beine** | **x-beinig** od. **X-beinig** | **x-beliebig** | **x-fach** | **x-Fache,** das, -n | **x-förmig** od. **X-förmig** | **x-mal** ↑ Z 106; das x-te Mal
Xylofon od. **Xylophon,** das, -s, -e (ein Musikinstrument)

Y

Yacht ↑ Jacht
Yoga ↑ Joga
Yo-Yo ↑ Jo-Jo
Ypsilon, das, -[s], -s (Buchstabe); das *y* in *Syrien*

Z

Zacke, die, -, -n od. **Zacken,** der, -s, - | **zackig;** zackige Felsen ↑ Z 116
zaghaft (sehr vorsichtig, schüchtern)
zäh | **zähflüssig** | **Zähheit** od. **Zähigkeit,** die, -
Zahl, die, -, -en | **zahlen** | **zählen** | **zahlenmäßig** | **Zähler** | **zahllos** | **zahlreich** | **Zahlwort**
zahm | **zähmen;** ein Tier ~
Zahn, der, -[e]s, Plur. Zähne
Zander (ein Fisch)
Zange, die, -, -n
Zank, der, -[e]s | **zanken;** sich (Akk.) ~; sich mit jmdm. ~ | **zänkisch** | **zanksüchtig**
Zapfen, der, -s, -
zapp[e]lig | **zappeln**
Zar, der, -en, -en (ein früherer Herrschertitel) | **Zarin** | **zaristisch**
zart | **zartblau** | **zärtlich** | **Zärtlichkeit**
Zauber | **Zauberei** | **zaubern**
zaudern (zögern)

Zaum, der, -[e]s, Plur. Zäume (Kopfriemenzeug für Pferde); im ~ halten | **zäumen** | **Zaumzeug**
Zaun, der, -[e]s, Plur. Zäune
zausen
Zebra, das, -s, -s (afrikan. Wildpferd)
Zecke, die, -, -n (parasitisch lebende Milbe) ↑ Z 116
Zehe, die, -, -n od. **Zeh,** der, -s, -en
zehn ↑ acht | **Zehn,** die, -, -en ↑ Acht | **Zehner** | **zehntens**
zehren; lange von etwas ~ können
Zeichen, das, -s, - | **zeichnen** | **Zeichnung**
zeigen; sich (Akk.) ~ | **Zeiger**
Zeile, die, -, -n
Zeisig, der, -s, -e (ein Finkenvogel)
zeit; ~ meines Lebens, aber: zeitlebens | **Zeit,** die, -, -en; eine ~ lang od. Zeitlang; eine kurze ~ lang; zurzeit (gerade jetzt), aber: zur Zeit Goethes; beizeiten; jederzeit; seinerzeit; zuzeiten (bisweilen), aber: zu Zeiten Goethes ↑ Z 72; Z 96, *Merke* | **zeitgemäß** | **zeitig;** ~ aufstehen | **zeitlebens** | **Zeitung** | **zeitweilig** (zeitlich begrenzt; für kurze Zeit); er war ~ abwesend | **zeitweise** (für eine Weile); die Straße war wegen des Unwetters ~ nicht befahrbar
Zelle, die, -, -n | **...zellig,** z. B. einzellig | **Zellkern**
Zellophan, auch: Cellophan, das, -s (eine klare Folie)
Zellulose (fachsprachl. *Cellulose*), die, -, -n (Bestandteil der pflanzl. Zellwände)
Zelt, das, -[e]s, -e | **zelten** | **Zeltlager** | **Zeltplane,** die, -, -n
Zement, der, -[e]s, -e | **zementieren**
Zenit, der, -s (höchster Punkt des Himmelsgewölbes)
zensieren | **Zensur,** die, -, -en
Zentimeter, der od. das, -s, - | **Zentimetermaß**
Zentner, der, -s, - (veraltete Maßeinheit) | **zentnerschwer** | **zentnerweise**
zentral (in der Mitte) | **Zentrale,** die, -, -n | **Zentralisation** | **Zentrifuge,** die, -, -n (Schleuder) | **zentrisch** | **Zentriwinkel** (Mittelpunktswinkel) | **Zentrum,** das, -s, Plur. Zentren (Mitte; Innenstadt)
Zepter, das, -s, - (Herrscherstab)
zerbrechen | **zerbrechlich** (leicht zerbrechend)
zerbröckeln ↑ Z 116
Zeremonie, die, -, Plur. Zeremonien | **zeremoniell** (feierlich)
Zerfall, der, -[e]s | **zerfallen**
zerfurcht; eine zerfurchte Stirn
zerkleinern
zerklüftet; zerklüftetes Gestein
zerknirscht
zerlumpt
zermartern; sich (Akk.) ~; sich (Dat.) den Kopf ~
zermürben
zerplatzen
zerreißen
zerren
zerrissen; ~ sein
zerschmettern
zerschneiden
zersetzen
zersplittern
zerstäuben
zerstören | **Zerstörung**
zerstreuen; sich (Akk.) ~ | **zerstreut;** ~ sein | **Zerstreuung**
zertrümmern
Zervelatwurst, auch: Servelatwurst
zetern (schimpfen, schreien)
Zettel, der, -s, -
Zeug, das, -[e]s, -e | **Zeuge,** der, -n, -n | **Zeugin** | **Zeugnis**
Zickzack, der, -[e]s, -e; im ~ laufen
Ziege, die, -, -n
Ziegel, der, -s, - | **Ziegelei** | **ziegelrot**

ziehen; du ziehst; du zogst; du zögest; gezogen; zieh[e]! | **Ziehung**
Ziel, das, -[e]s, -e | **zielen** | **ziellos** | **zielstrebig**
ziemlich
zieren; sich (Akk.) ~ | **zierlich**
Ziffer, die, -, -n; eine römische ~ | **Zifferblatt**
Zigarette, die, -, -n | **Zigarre,** die, -, -n
Zigeuner | **Zigeunerin**
Zille, die, -, -n (Lastkahn)
Zimmer, das, -s, -; eine Dreizimmerwohnung od. eine 3-Zimmer-Wohnung ↑ Z 106
zimperlich (übertrieben empfindlich)
Zimt, der, -[e]s, -e (ein Gewürz)
Zink, das, -[e]s (ein chem. Element)
Zinke, die, -, -n od. **Zinken,** der, -s, - (Zacke)
Zinn, das, -[e]s (ein chem. Element) | **zinnern** (aus Zinn)
Zins, der, -es, -en (Ertrag; Abgabe) | **zinslos** | **Zinssatz**
Zipfel, der, -s, - | **zipf[e]lig**
Zirkel, der, -s, - | **Zirkulation** (Kreislauf, Umlauf) | **zirkulieren;** das Blut zirkuliert
Zirkus, der, -, -se
zirpen
zischen
ziselieren (in Metall graben, stechen)
Zisterne, die, -, -n (Behälter für Regenwasser) ↑ Z 115
Zitadelle, die, -, -n (Festung)
Zitat, das, -[e]s, -e (wörtl. angeführte Belegstelle; Ausspruch)
Zither, die, -, -n (ein Musikinstrument)
zitieren (wörtl. anführen)
Zitrone, die, -, -n | **Zitrusfrüchte** (Plur.) (Apfelsinen, Zitronen u. a.)
zitt[e]rig | **zittern;** mit Zittern und Zagen ↑ Z 55
zivil [..v..] (bürgerlich) | **Zivilisation** | **zivilisiert** | **Zivilist**
Zobel, der, -s, - (ein Pelztier)
Zofe, die, -, -n (Dienerin)
zögern | **Zögerung**
Zoll, der, -[e]s, Plur. Zölle (Abgabe) | **zollfrei** | **Zöllner**
Zone, die, -, -n (Erdgürtel); die gemäßigte ~
Zoo, der, -s, -s | **Zoologe,** der, -n, -n (Tierforscher) | **Zoologie,** die, - (Tierkunde) | **zoologisch;** ein zoologischer Garten, aber: der Zoologische Garten der Stadt Dresden ↑ Z 64 | **Zooorchester*** ↑ Z 34
Zopf, der, -[e]s, Plur. Zöpfe
Zorn, der, -[e]s | **zornig**
zott[e]lig (voller Zotteln, ungepflegt) | **zottig** (unordentlich, ungepflegt); ein zottiger Pelz
zu; ~ Hause od. zuhause bleiben/sein; ~ hoch; ~ zweit; eins ~ vier; ~ viel; ~ wenig; ~ oft; sich etwas ~ eigen machen
zuallererst | **zuallerletzt**
Zubehör, das, -[e]s, -e
zubereiten | **Zubereitung**
zubilligen; jmdm. etwas ~
Zucchini [tsuk..], die, -, - (gurkenähnliches Gemüse)
Zucht, die, -, -en | **züchten** | **Züchtung**
zucken | **zücken** ↑ Z 116
Zucker | **zuck[e]rig** | **zuckern** (süßen) | **zuckersüß** ↑ Z 116
zudringlich
zueinander; 2 Betonungen: ~ finden/kommen/passen/stehen; 1 Betonung: zueinanderfinden, zueinanderkommen, zueinanderpassen, zueinanderstehen ↑ Z 84e
zuerst
Zufall | **zufällig** | **zufälligerweise**
Zuflucht, die, -
zufolge; der Anordnung ~

zufrieden; ~ sein; jmdn. ~ stellen od. zufriedenstellen ↑ Z 84c; ein ~ stellendes od. zufriedenstellendes Ergebnis | **zufriedengeben, sich** (Akk.) | **Zufriedenheit,** die, -
Zufuhr, die, -, -en
Zug, der, -[e]s, Plur. Züge
Zugang | **zugänglich**
zugehörig | **Zugehörigkeit,** die, -
Zügel, der, -s, - | **zügellos** (maßlos, heftig) | **zügeln**
Zugeständnis
zugetan (freundlich gesinnt); jmdm. ~ sein
zugig (windig)
zügig (flott vorangehend)
zugleich
zugrunde od. **zu Grunde;** ~ od. ~ ~ gehen/richten/legen ↑ Z 96, *Merke*
zugunsten od. **zu Gunsten;** ~ od. ~ ~ der Kinder, aber: zu meinen Gunsten ↑ Z 96, *Merke*
zugutehalten ↑ Z 84d | **zugutekommen** ↑ Z 84d | **zu guter Letzt** | **zugutetun** ↑ Z 84d
Zukunft, die, - | **zukünftig**
zulassen | **zulässig** (gesetzlich; möglich, erlaubt) | **Zulassung**
zuleid[e] od. **zu Leide;** niemandem etwas ~ od. ~ ~ tun ↑ Z 96, *Merke*
zuletzt
zuliebe; jmdm. etwas ~ tun; dir ~
zum; ~ Mindesten; ~ ersten Mal[e]; etwas ~ Besten geben
zumachen; die Tür ~, aber: da ist nichts zu machen
zumindest (wenigstens)
zumute od. **zu Mute;** ~ od. ~ ~ sein ↑ Z 96, *Merke* | **zumuten;** jmdm. etwas ~
zunächst
Zunahme, die, -, -n (Vermehrung)
Zuname, der, -ns, -n (Familienname)
zünden | **zündend;** am zündendsten | **Zündung**
Zunft, die, -, Plur. Zünfte (im Mittelalter Organisation der Handwerker u. Ä.)
Zunge, die, -, -n
zunichtemachen ↑ Z 84d | **zunichtewerden** ↑ Z 84d
zunutze od. **zu Nutze;** ~ od. ~ ~ machen ↑ Z 96, *Merke*
zupfen
zur (zu der)
zurande od. **zu Rande;** ~ od. ~ ~ kommen ↑ Z 96, *Merke*
zurate od. **zu Rate;** ~ od. ~ ~ ziehen ↑ Z 96, *Merke*
zurecht | **zurechtfinden, sich** (Akk.) | **zurechtkommen** | **zurechtlegen** | **zurechtweisen;** jmdn. ~
zürnen; jmdm. ~
zurück | **zurückkehren** | **zurücklegen** | **zurückziehen;** sich (Akk.) ~
Zusage, die, -, -n
zusammen | **zusammenbinden** | **zusammenfügen** | **Zusammenhang** | **zusammenhängend** | **zusammenschreiben** | **zusammensetzen** | **zusammentragen** (sammeln), aber: zusammen tragen (gemeinsam tragen) ↑ Z 84e, 86
zusätzlich
zuschanden od. **zu Schanden;** ~ od. ~ ~ machen/werden ↑ Z 96, *Merke*
zuschulden od. **zu Schulden;** sich (Dat.) etwas ~ od. ~ ~ kommen lassen (sich schuldhaft verhalten) ↑ Z 96, *Merke*
Zuschuss, der, -es, Plur. Zuschüsse
zusehends (erkennbar, rasch)
Zustand, der, -[e]s, Plur. Zustände | **zustande** od. **zu Stande;** ~ od. ~ ~ bringen/kommen ↑ Z 96, *Merke* | **zuständig**

zustattenkommen (etwas kommt jmdm. gelegen) ↑ Z 84d
zustecken; jmdm. etwas ~
zutage od. **zu Tage;** ~ od. ~ ~ bringen/fördern/treten ↑ Z 96, *Merke*
zuteilen | **zuteilwerden** ↑ Z 84d
Zutrauen, das, -s | **zutraulich** (voller Zutrauen)
zutreffend
zuungunsten od. **zu Ungunsten;** das Gericht entschied ~ od. ~ ~ des Angeklagten ↑ Z 96, *Merke*
zuverlässig | **Zuverlässigkeit,** die, -
Zuversicht, die, - | **zuversichtlich**
zuvor (vorher)
zuvorkommend (höflich); am zuvorkommendsten
zuwege od. **zu Wege;** ~ od. ~ ~ bringen ↑ Z 96, *Merke*
zuweilen (gelegentlich)
zuwider (widerwärtig); ~ sein/werden | **zuwiderhandeln**
Zwang, der, -[e]s, Plur. Zwänge | **zwängen** | **zwangsläufig** (automatisch; anders nicht möglich)
zwanzig ↑ acht | **Zwanzig,** die, -, -en ↑ Acht
zwar
Zweck, der, -[e]s, -e | **zwecklos** | **zweckmäßig**
zwei ↑ acht; wir sind zu zweit od. zu zweien; herzliche Grüße von uns zweien | **Zwei,** die, -, -en ↑ Acht
Zweifel, der, -s, - | **zweifelhaft** | **zweifellos** | **zweifeln;** an etwas ~ | **zweifelsohne**
Zweig, der, -[e]s, -e
zweite; der/die/das Zweite; als Zweiter am Ziel sein; der ~ Platz, aber: der Zweite Weltkrieg ↑ Z 64 | **zweiteilig** | **zweitens**
Zwerchfell, das, -[e]s, -e
Zwerg, der, -[e]s, -e | **zwerg[en]-haft**
zwicken | **Zwickmühle**
Zwieback, der, -[e]s, Plur. -e od. Zwiebäcke
Zwiebel, die, -, -n
Zwiespalt | **zwiespältig**
Zwietracht, die, -; ~ säen
Zwilling, der, -s, -e
zwingen; du zwingst; du zwangst; du zwängest; gezwungen; zwing[e]! | **zwingend;** am zwingendsten | **Zwinger,** der, -s, -; der Dresdener ~
zwinkern
Zwirn, der, -[e]s, -e
zwischen; ~ die Hefte legen; ~ den Heften liegen
Zwist, der, -es, -e (Streit)
zwitschern
zwölf ↑ acht | **Zwölf,** die, -, -en ↑ Acht | **zwölftens**
zyklisch (kreisförmig, regelmäßig wiederkehrend) | **Zyklon,** der, -s, -e (Wirbelsturm) | **Zyklus,** der, -, Plur. Zyklen (Kreislauf; regelmäßige Wiederkehr)
Zylinder | **...zylindrig,** z. B. vierzylindrig od. 4-zylindrig ↑ Z 108 | **zylindrisch** (walzenförmig)
zynisch (verächtlich)
Zypresse, die, -, -n (ein Nadelbaum)

ABKÜRZUNGSVERZEICHNIS

a. a. O.	am angeführten Ort
Abb.	Abbildung
Abk.	Abkürzung
Abs.	Absender; Absatz
Abschn.	Abschnitt
Abt.	Abteilung
Adr.	Adresse
AG	Aktiengesellschaft
Anh.	Anhang
Anm.	Anmerkung
Art.	Artikel
Aufg.	Aufgabe
Aufl.	Auflage
Ausg.	Ausgabe
b.	bei
Bd.	Band
Bde.	Bände
Bem.	Bemerkung
bes.	besonders
Betr.	Betreff
betr.	betreffend; betreffs
Bez.	Bezeichnung
bez.	bezüglich
b. w.	bitte wenden!
bzw.	beziehungsweise
c, ct	Cent
ca.	zirka
d. Ä.	der Ältere
desgl.	desgleichen
dgl.	dergleichen
d. Gr.	der Große
d. h.	das heißt
d. i.	das ist
Dipl.-Ing.	Diplomingenieur
Dir.	Direktor
d. J.	dieses Jahres; der Jüngere
DJH	Deutsches Jugendherbergswerk
Dr.	Doktor
DRK	Deutsches Rotes Kreuz
dt.	deutsch
€	Euro
ebd.	ebenda
eigtl.	eigentlich
einschl.	einschließlich
entspr.	entsprechend
entw.	entweder
EU	Europäische Union
EUR	Euro
ev.	evangelisch
evtl.	eventuell
Expl.	Exemplar
f.	und folgende (Seite)
Fa.	Firma
fachspr.	fachsprachlich
ff.	und folgende (Seiten)
FH	Fachhochschule
Fr.	Frau
Frl.	Fräulein
GBl.	Gesetzblatt
geb.	geboren
gegr.	gegründet
gesch.	geschieden
gest.	gestorben
gez.	gezeichnet
ggf.	gegebenenfalls
GmbH	Gesellschaft mit beschränkter Haftung
H.	Heft
hg., hrsg.	herausgegeben
Hr.	Herr
i. A.	im Auftrag[e]
i. Allg.	im Allgemeinen
i. J.	im Jahre
ill.	illustriert
Ing.	Ingenieur
Inh.	Inhaber

IOC	Internationales Olympisches Komitee
i. V.	in Vertretung
i. w. S.	im weiteren Sinne
Jg.	Jahrgang
Jh.	Jahrhundert
Kap.	Kapitel
kath.	katholisch
Kfz	Kraftfahrzeug
k. o.	knock-out
led.	ledig
lfd.	laufend
Lit.	Literatur
Lkw/LKW	Lastkraftwagen
lt.	laut
m. a. W.	mit anderen Worten
m. E.	meines Erachtens
MEZ	mitteleuropäische Zeit
Mill., Mio.	Million
Min.	Minute
Mrd.	Milliarde
m. W.	meines Wissens
n. Chr.	nach Christus
n. J.	nächsten Jahres
NOK	Nationales Olympisches Komitee
Nr.	Nummer
od.	oder
o. g.	oben genannt
op.	Opus
Pf	Pfennig
Pkt.	Punkt
Pkw/PKW	Personenkraftwagen
Plur.	Plural
PLZ	Postleitzahl
Prof.	Professor
prot.	protestantisch
Sing.	Singular
s. o.	siehe oben!
sog.	so genannt
St.	Sankt
Std.	Stunde[n]
Str.	Straße
StVO	Straßenverkehrsordnung

s. u.	siehe unten!
svw.	so viel wie
Tab.	Tabelle
Taf.	Tafel
Tel.	Telefon
TH	technische Hochschule
Tsd.	Tausend
TU	technische Universität
u.	und
u. a.	und and[e]re[s]; unter and[e]rem, unter and[e]ren
u. Ä.	und Ähnliche[s]
u. a. m.	und and[e]re[s] mehr
u. desgl. [m.]	und desgleichen [mehr]
u. dgl. [m.]	und dergleichen [mehr]
u. d. M.	unter dem Meeresspiegel
ü. d. M.	über dem Meeresspiegel
u. E.	unseres Erachtens
urspr.	ursprünglich
usf.	und so fort
usw.	und so weiter
u. v. a. [m.]	und viele[s] andere [mehr]
v.	von; vom; vor
v. Chr.	vor Christus
verh.	verheiratet
verw.	verwitwet
Verz.	Verzeichnis
vgl.	vergleiche!
v. H.	vom Hundert
v. J.	vorigen Jahres
v. o.	von oben
v. u.	von unten
Z.	Zahl; Zeile
z. B.	zum Beispiel
Ziff.	Ziffer
z. T.	zum Teil
zz. od. zzt.	zurzeit

REGELTEIL

Regeln zur deutschen Rechtschreibung

Bestandteile des Wortes

Die meisten deutschen Wörter bestehen aus mehreren Bestandteilen: dem Wortstamm (Stammmorphem), an dem man die Hauptbedeutung erkennt, aus Präfixen und (oder) Suffixen (Wortbildungsmorphemen) und Beugungsendungen (Flexionsmorphemen). Es gibt Wörter, die nur aus einem Wortstamm bzw. Stammmorphem bestehen:

das Ei, hell, das Huhn, das Wort

Eine große Anzahl von Wörtern unseres Wortbestandes sind abgeleitet oder zusammengesetzt.

Abgeleitete Wörter

Viele Wörter sind auf unterschiedliche Weise abgeleitet.
Eine Form der Ableitung ist die Verwendung des Wortstammes eines Wortes als Wort einer anderen Wortart:

siegen (Verb)	–	der Sieg (Substantiv)
planen (Verb)	–	der Plan (Substantiv)
spielen (Verb)	–	das Spiel (Substantiv)
tanzen (Verb)	–	der Tanz (Substantiv)

Eine weitere Form ist die Ableitung durch Stammlautveränderung (innere Ableitung):

springen	–	der Sprung
geben	–	die Gabe
ziehen	–	der Zug

Viele Ableitungen sind mithilfe von Präfixen oder (und) Suffixen von einem Wortstamm eines anderen Wortes gebildet:

planen – verplanen – Planung
brauchen – gebrauchen – ungebräuchlich – brauchbar – verbrauchen
achten – beachten – missachten – verachten – Verachtung
heiter – Heiterkeit

Zusammengesetzte Wörter

Eine große Anzahl von Wörtern unseres Wortbestandes sind durch Zusammensetzung entstanden. Bei der Zusammensetzung werden zwei Teilwörter (Bestimmungswort und Grundwort) zu einem neuen Wort mit neuer Bedeutung verbunden. Dabei bestimmt das Bestimmungswort die Bedeutung des Grundwortes näher:

Bestimmungswort	+	Grundwort		
der Schrank	+	die Wand	→	die Schrankwand
klein	+	die Stadt	→	die Kleinstadt
das Veilchen	+	blau	→	veilchenblau
parken	+	der Platz	→	der Parkplatz
fort	+	gehen	→	fortgehen

Das Grundwort bestimmt die Wortart und das Geschlecht des zusammengesetzten Wortes und somit auch seine Groß- oder Kleinschreibung.
Die Teilwörter eines zusammengesetzten Wortes können bereits zusammengesetzt oder abgeleitet sein:

Erfahrung	+	Wert	→	Erfahrungswert
Tauglichkeit	+	Untersuchung	→	Tauglichkeitsuntersuchung
Straßenbahn	+	Haltestelle	→	Straßenbahnhaltestelle

Mitunter sind Grund- und Bestimmungswort durch einen Fugenlaut bzw. Fugenbuchstaben (z. B. *-s-*, *-es-*) miteinander verbunden:

Mannschaft*s*arzt, Freundschaft*s*dienst, Tag*es*licht, Stunde*n*lohn

Zu den Bestandteilen des Wortes gehören auch die Beugungsendungen. Ihre Kenntnis erleichtert die Schreibung der gebeugten Wörter.
Bei der Konjugation von Verben muss man sich vor allem die Schreibung der 2. und 3. Person Singular und der 2. Person Plural einprägen:

du sing[st]	du läuf[st]	du schwimm[st]
er sing[t]	er läuf[t]	er schwimm[t]
ihr sing[t]	ihr lauf[t]	ihr schwimm[t]

Die 2. Person Singular endet statt auf *-st* auf *-t*, wenn der Stamm des Verbs auf *-s*, *-ss*, *-ß*, *-x*, *-z* oder *-tz* endet:

du bläst, du lässt, du büßt ein, du boxt, du heizt, du schwitzt

Bei der Steigerung der Adjektive und der Partizipien ist die Endung des Superlativs *-est* oder *-st* zu beachten:

Adjektive: am schönsten, am höchsten, am heißesten, am breitesten
Partizipien I: am entscheidendsten, am treffendsten
Partizipien II: am entschiedensten, am gefürchtetsten

Die Deklination der Substantive bringt keine rechtschreiblichen Schwierigkeiten mit sich. Bei der Pluralbildung tritt vielfach Umlaut ein:

das Buch	–	die Bücher	der Krug	–	die Krüge
der Mann	–	die Männer	das Tal	–	die Täler
der Hof	–	die Höfe	der Sohn	–	die Söhne
der Baum	–	die Bäume	der Zaun	–	die Zäune

Buchstaben

Zum Schreiben der Wörter verwendet man das Buchstabenalphabet. Die Buchstaben bedeuten Laute – sowohl Vokale als auch Konsonanten –, aber es ist nicht immer so, dass einem bestimmten Laut ein bestimmter Buchstabe entspricht oder dass einem bestimmten Buchstaben bzw. einer bestimmten Buchstabenverbindung ein bestimmter Laut bzw. eine bestimmte Lautverbindung zugeordnet werden kann. So wird z. B. der Laut [ɛ] sowohl in *Eltern* als auch in *älter*, der Laut [ɔy] sowohl in *Leute* als auch in *läuten* und der Laut [ʃ] sowohl in *Schule* als auch in *Stufe* gesprochen. Andererseits wird z. B. die Buchstabenverbindung *ch* in *mich* als [ç] und in *Bach* als [x] und das *s* in der Buchstabenverbindung *sp* in *Wespe* als [s] und in *Spatz* als [ʃ] ausgesprochen.
Für das richtige Schreiben der Wörter genügt es nicht, zu wissen, wie ein Wort gesprochen wird, sondern man muss wissen, wie es geschrieben wird. Da die Wortstämme, die Präfixe, die Suffixe und die Beugungsendungen in vielen Wörtern wiederkehren, muss man sich vor allem die Schreibweise von Wortstämmen, von Präfixen und Suffixen sowie die Beugungsendungen fest einprägen.

Übersicht über verschiedene Buchstaben bzw. Buchstabenverbindungen und ihre Aussprache

Buchstabe/ Buchstaben- verbindung	Laut/ Laut- verbindung	Beispiele
a ah aa	[a:]	baden Bahn Staat
a	[a]	Klasse, Alter, an, ab, das
e eh ee	[e:]	Weg sehen Tee
e ä	[ɛ]	stellen, es kräftig
ä äh	[ɛ:]	spät zählen
e	[ə]	beginnen (unbetontes *e* in Vor- und Nachsilben wird oft nicht gesprochen)

Buchstabe/ Buchstaben-verbindung	Laut/ Laut-verbindung	Beispiele
i ie ih ieh	[iː]	Kino sieben ihr Beziehung
i	[ɪ]	Bitte, in, bis
i	[ĭ]	Petunie
o oh oo	[oː]	Brot wohnen Boot
o	[ɔ]	voll, ob, von
o	[ɔː]	Shorts
u uh	[uː]	Buch Stuhl
u	[ʊ]	Puppe
ö öh	[øː]	lösen fröhlich
ö	[œ]	Löffel
ö	[œː]	T-Shirt
ü üh y	[yː]	Schüler früh Typ
ü y	[ʏ]	Glück Ypsilon
ei ai ey ay	[ai̯]	Wein Mai Meyer Bayern
au	[au̯]	Auge
eu äu oi	[ɔy̯]	heute Träume Boiler
p pp -b	[p]	Oper doppelt gelb
b	[b]	Ober

Buchstabe/ Buchstaben-verbindung	Laut/ Laut-verbindung	Beispiele
t tt -d th dt	[t]	Tür bitte Hund Theorie Stadt
d	[d]	reden
k ck -g c ch	[k]	können Zucker Weg Camping Chrom
g	[g]	liegen
f ff v ph	[f]	Feld hoffen Vater Phantasie
w v (q)u	[v]	Welt Visum bequem
s ss ß	[s]	Haus Tasse reißen
s	[z]	reisen, singen
sch st sp	[ʃ]	Schule Stufe Spiel
j g	[ʒ]	Journalist Etage
ch -ig	[ç]	Licht Leipzig
j	[j]	Jacke
ch	[x]	Buch
n nn	[n]	Name Mann
ng n(k)	[ŋ]	singen Bank

Buchstabe/ Buchstaben-verbindung	Laut/ Laut-verbindung	Beispiele
h	[h]	Hut
x ks cks chs gs	[ks]	Hexe Keks Knicks sechs flugs
z ts tz	[ts]	Zahl vorwärts Katze
qu	[kv]	Quadrat

Schreibung der Vokalbuchstaben

ä – e

Z 1 ▶ Man schreibt *ä,* wenn sich das Wort auf einen Stamm mit *a* zurückführen lässt:

älter – alt, Bäche – Bach, fällen – fallen, erkälten – kalt, belämmert – Lamm, Stängel – Stange, Wasserfälle – Wasserfall, überschwänglich – Überschwang

Z 2 ▶ *ä* schreibt man aber auch in einigen Wörtern, zu denen ein Stamm mit *a* schwer oder nicht mehr erkennbar bzw. überhaupt nicht vorhanden ist:

ächzen, krächzen, lästern, Träne, dämmern, fräsen, Schädel

> In einigen Wörtern schreibt man *e,* obwohl ein Stamm mit *a* vorhanden ist:
>
> abspenstig, Eltern, schwenken

äu – eu

Z 3 ▶ Man schreibt *äu,* wenn sich das Wort auf einen Stamm mit *au* zurückführen lässt:

Pluralbildung			Ableitung		
Häuser	–	Haus	bläulich	–	blau
Häute	–	Haut	Gebäude	–	Bau
Kräuter	–	Kraut	Gemäuer	–	Mauer
Mäuse	–	Maus	Fäulnis	–	faulen

Pluralbildung			Ableitung		
Schläuche	–	Schlauch	Säugling	–	saugen
Sträucher	–	Strauch	träumen	–	Traum

Auch in einigen Wörtern, die nicht auf einen Stamm mit *au* zurückgeführt werden können, steht *äu*:

räuspern, Säule, sträuben

In den folgenden Wörtern steht immer *eu*:

leugnen, Reue, scheuen, seufzen, verleumden, Leute, bedeuten

ai – ei

In den meisten Wörtern schreibt man *ei; ai* steht nur in einer kleinen Anzahl von Wörtern und in deren Ableitungen: ◀ Z 4

Haifisch, Hain, Kaiser, Laich, Mai, Mais

Darüber hinaus steht *ai* in einigen Fremdwörtern: ◀ Z 5

Balalaika, Kai, Taifun

aa – ee – oo

Einige Wörter enthalten im Wortstamm *aa, ee* oder *oo*: ◀ Z 6

Aal, Aas, Haar, Paar, Saal; Beere, Beet, Heer, Klee, leer; Boot, Moos, Moor

Die Doppelschreibung des Vokalbuchstabens tritt auch in Ableitungen ein:

sich aalen, bemoost, entleeren, teeren, verheeren

Bei der Zusammensetzung von Wörtern können drei gleiche Vokalbuchstaben zusammentreffen. Sie werden in jedem Fall geschrieben: ◀ Z 7

Seeelefant, Hawaiiinseln, Zooorchester, Kaffeeersatz

Bei Umlautung wird nur der einfache Vokalbuchstabe geschrieben: ◀ Z 8

das Haar – das Härchen; das Paar – das Pärchen; der Saal – die Säle

Wörter mit *ie* und Wörter mit *h* im Wortstamm

Außer zahlreichen deutschen Wörtern werden alle Fremdwörter auf *-ie, -ier, -ieren* mit *ie* geschrieben (Ausnahme: *das Souvenir*): ◀ Z 9

deutsche Wörter:
Fliege, Sieb, Tier;

Fremdwörter:
Batterie, Biologie, Energie, Phantasie;
Polier, Klavier, Quartier;
buchstabieren, konjugieren, marschieren

Z 10 ▶ *ie* steht in den Präteritumsformen einiger Verben:

blasen	–	er blies	lassen	–	er ließ
laufen	–	er lief	schweigen	–	er schwieg
fallen	–	er fiel	schreien	–	er schrie

Z 11 ▶ *ieh* steht in Stämmen mit *h*:

befehlen	–	er befiehlt	leihen	–	er lieh
sehen	–	er sieht	verzeihen	–	er verzieh

Z 12 ▶ Nur in einigen wenigen Beugungsformen der Personalpronomen wird *ih* geschrieben:

ihr, Ihnen

Z 13 ▶ Einige wenige deutsche Wörter werden nur mit *i* geschrieben:

Biber, Igel, wider (gegen), mir, dir, Augenlid

Z 14 ▶ Vor *l, m, n, r* steht oft *h* im Wortstamm. Eine Regel gibt es dafür nicht:

bohren, Gefahr, Huhn, Lehm, Ohr, Zahl, zahm, Zahn;
die hohlen Bäume, Getreide mahlen, die Mahlzeit

Z 15 ▶ Auch am Ende des Wortstammes steht häufig *h*:

jäh, Kuh, Reh, Stroh;
bejahen, blühen, glühen, gehen, sehen, verzeihen, ziehen

Z 16 ▶ Das *h* bleibt meist auch in gebeugten und abgeleiteten Formen erhalten:

verzeihen – er verzeiht; sich mühen – mühsam

Ausnahmen sind:

blühen – die Blüte; glühen – die Glut

Z 17 ▶ Die schriftliche Form von Fremdwörtern enthält im Allgemeinen nur einfache Vokalbuchstaben (Ausnahmen ↑ Z 9).

Das gilt auch für Fremdwörter auf *-ine, -iv, -il, -in*:

Maschine, Turbine; Stativ, Motiv; stabil, Ventil; Benzin, Termin

auf *-fon*/*-phon, -tion*:

Mikrofon, Telefon, Megaphon, Nation

auf *-al* oder *-ial*:

Lineal, Material

Schreibung der Konsonantenbuchstaben

Wörter mit Verdopplung des Konsonantenbuchstabens

In einer Reihe von Wörtern wird der Konsonantenbuchstabe verdoppelt: ◀ Z 18

Bitte, eggen, Grotte, hoffen, Lappen, Puppe, summen, Waffe, Wette

Bei *k* wird statt Verdopplung *ck*, bei *z* statt Verdopplung *tz* geschrieben: ◀ Z 19

Decke, Hacke, nicken; Hitze, Katze, setzen

n wird in Wörtern mit dem Suffix *-in* im Plural verdoppelt: ◀ Z 20

die Lehrerin – die Lehrerinnen;
die Ärztin – die Ärztinnen

s wird in Wörtern auf *-nis* und *-us* verdoppelt, wenn diese Wörter im Plural gebraucht oder wenn sie gebeugt werden: ◀ Z 21

das Geheimnis – des Geheimnisses – die Geheimnisse;
der Autobus – des Autobusses – die Autobusse

b, d, g – p, t, k

b, d, g klingen am Wort- oder Stammende beim Sprechen wie *p, t, k,* werden aber *b, d, g* geschrieben. Der Wortklang kann beim Schreiben irreführen. Deshalb muss man sich die Schreibweise der Wortstämme fest einprägen: ◀ Z 22

er blieb, Grab, er grub, Kalb, lieb;
Bad, Kleid, Land, Lied;
Berg, er lag, Krieg, Sog

Merke:

Die richtige Schreibung von Wörtern auf *b, d, g* erkennt man besser, wenn man eine gebeugte Form bildet:

der Leib – die Leiber; das Band – die Bänder; der Sieg – die Siege;
blieb – blieben; blind – blinde (Menschen); lag – lagen;
glänzend – glänzende (Kugeln);
hervorragend – hervorragende (Leistungen)

d steht am Ende des Partizips I: ◀ Z 23

bedeutend, glänzend, hervorragend, lachend, lebend, reizend, schreibend, singend

d bleibt auch in den Superlativformen dieser Partizipien erhalten:

am bedeutendsten, am glänzendsten, am reizendsten

> **Merke:**
> Adjektive und Adverbien auf *-en* erhalten im Superlativ kein *d*:
>
> | | | | | | |
> |---|---|---|---|---|---|
> | bescheiden | – | am bescheidensten | erfahren | – | am erfahrensten |
> | entlegen | – | am entlegensten | selten | – | am seltensten |

Z 24 ▶ *d* wird in allen Ableitungen und Zusammensetzungen geschrieben, in denen der Wortstamm *-end (Ende)* vorkommt:

beenden, endgültig, endlich, endlos, Endsilbe, Endspurt, Endstation, Endung, unendlich, verenden, vollends, Wochenende

Z 25 ▶ *t* steht immer im Präfix *ent-*:

Entfernung, entgegen, Entgegnung, entlang, Entnahme, entnehmen, entrosten, entschlossen, entweder, entwenden, Entwurf, unentgeltlich

Z 26 ▶ *t* steht in einigen Wörtern wegen der besseren Aussprache:

anderthalb, eigentlich, gelegentlich, hoffentlich, meinetwegen, öffentlich, versehentlich, wöchentlich

Z 27 ▶ *tt* steht in *statt, Stätte* und deren Ableitungen und Zusammensetzungen:

Werkstatt, an Eides statt, eidesstattlich, stattfinden, anstatt, statthaft, stattlich, stattdessen, Gedenkstätte

Z 28 ▶ *dt* steht in dem Substantiv *Stadt* und dessen Ableitungen und Zusammensetzungen:

Hauptstadt, Stadtbibliothek, Städtchen, Städter, städtisch, Städtebau, am Stadtrand

Z 29 ▶ *d* am Ende eines Wortstammes bleibt vor einem *t* der Beugungsendung erhalten:

senden – er sandte, gesandt, Gesandte, Gesandtschaft;
wenden – er wandte, verwandt, Verwandtschaft

Z 30 ▶ *d* steht in Substantiven und Adjektiven, die mit dem Substantiv *Tod* zusammengesetzt sind:

todbringend, todernst, Todesangst, Todesfall, todesmutig, Todfeind, todkrank, tödlich, todsicher, Todsünde

Z 31 ▶ *t* steht in Wörtern, die mit dem Adjektiv *tot* oder dessen Substantivierung *der Tote* zusammengesetzt sind:

Totenbett, totenblass, totenbleich, Totengräber, totenstill, totfahren, Totgeburt, totsagen, totschweigen

Z 32 ▶ *th* steht nur noch in Fremdwörtern und in einigen Namen:

Apotheke, Athlet, Methode, Theater, Theorie, Thermometer, These, Thron, Zither;
Goethe, Lothar, Luther, Theodor, Thüringen

Zusammentreffen von gleichen Konsonanten

In Ableitungen mit dem Suffix *-heit,* deren Wortstamm auf *h* endet, bleibt das *h* des Wortstammes erhalten: ◀ Z 33

Rohheit, Zähheit

Bei der Zusammensetzung von Wörtern können drei gleiche Konsonantenbuchstaben zusammentreffen. Sie werden in jedem Fall geschrieben: ◀ Z 34

Betttuch, Brennnessel, Fetttopf, Flusssand, Kunststofffolie, Schifffahrt, Schwimmmeisterschaften, Stalllaterne, Stofffetzen

Die folgenden Ausnahmen sollte man sich einprägen: dennoch, Drittel, Mittag

f, ph, v

f steht in deutschen Wörtern und in völlig eingedeutschten Fremdwörtern: ◀ Z 35

Affe, Elefant, Faust, Figur, Flagge, Flieder, fremd, froh, Griff, Hafen, Hoffnung, Käfer, schlaff

v steht nur in wenigen deutschen Wörtern: ◀ Z 36

Vater, Vetter, Vieh, viel, vielleicht, vier, Vogel, Volk, voll, von, vor

v steht außerdem im Präfix *ver-*: ◀ Z 37

Vergaser, vergessen, verlaufen, verlieren, Verlust, Vernunft, Versuch

v steht sonst nur in Fremdwörtern: ◀ Z 38

Nerv, nervös, Pulver, Vase, Vers, Vegetation, Violine, Veranda

ph steht nur in Fremdwörtern: ◀ Z 39

Alphabet, Phrase, Triumph, Physik

Wörter mit den Suffixen *-ig, -lich, -isch*

Viele Adjektive und Adverbien sind mit den Suffixen *-ig, -lich* und *-isch* gebildet:

einig, fleißig, geistig, gütig, zornig;
allmählich, gütlich, höflich, spärlich;
närrisch, kindisch, regnerisch, künstlerisch

Adjektive, die von Ländernamen abgeleitet sind, enden immer auf *-isch* : ◀ Z 40

Finnland – finnisch, Frankreich – französisch, Spanien – spanisch

Das *g* in dem Suffix *-ig* wird am Wortende wie *ch* gesprochen: ◀ Z 41

staubig, fleißig

Merke:
Die richtige Schreibung erkennt man, wenn man das Wort verlängert:

staubig – die staubige Luft;
fleißig – ein fleißiges Mädchen

x, chs, gs, ks, cks

Z 42 ▶ *x* wird nur in einigen wenigen deutschen Wörtern und deren Ableitungen geschrieben:

Axt, Faxen, Hexe, kraxeln, Nixe

Z 43 ▶ *x* wird in vielen Fremdwörtern geschrieben:

Export, Express, Lexikon, Praxis, Text

Z 44 ▶ Mit *chs* schreibt man:

Achse, Achsel, Dachs, Eidechse, Fuchs, Lachs, Ochse, sechs, Wachs, wechseln

Z 45 ▶ Die Buchstabenverbindungen *gs, ks* und *cks* richten sich nach dem Wortstamm:

Flug – flugs; Weg – halbwegs;
verkoken – Koks;
hacken – Häcksel; knicken – Knicks;
du hinkst (Wortstamm *hink* + Endung *-st*)

Z 46 ▶ Das Suffix *-lings* steht in den Wörtern *blindlings, meuchlings, rücklings.* Es darf nicht mit dem Adverb *links* verwechselt werden.

s – ss – ß

Z 47 ▶ *s* steht

- am Wortanfang (*Saft, segeln, Sehne, singen, Sohle, Sohn, Sonne*);
- in manchen Wörtern mit langem Stammvokal (*Faser, grasen, leise, lesen, preisen, Wiese; Maus, Greis, Los*);
- hinter *l, m, n, r* (*Hals, Gämse, Pinsel, Ferse*);
- im Suffix *-nis* und in Wörtern auf *-is, -as, -us* (*Befugnis, Behältnis, Kürbis, Ananas, Globus*).

Z 48 ▶ *ss* steht zwischen zwei Vokalen; der erste wird immer kurz gesprochen:

Drossel, Gasse, wissen, Fassade, passieren, bissig, rissig, massiv

Z 49 ▶ *ss* steht hinter kurzem Vokal am Wortstammende:

Fass – Fässchen, Fluss – Flüsschen, Hass – hässlich;
müssen – sie mussten, wissen – sie wusste, anfassen – sie hat angefasst

Z 50 ▶ *ss* steht in der Konjunktion *dass.*

Merke:

Der Artikel, das Demonstrativpronomen und das Relativpronomen *das* werden immer mit einem *s* geschrieben:

das Haus, das Kind, das Bad
Siehst du das ein?
Wir können mit dem Ergebnis, das wir erreicht haben, zufrieden sein.

Die richtige Schreibweise kann man mithilfe der Ersatzprobe ermitteln, indem man versucht, *dieses* oder *welches* einzusetzen. Ist das möglich, wird *das* mit einem *s* geschrieben:

Das Kind, das (welches) sich verspätet hatte, wurde getadelt.
Ich möchte mir das Buch (dieses Buch) kaufen.

Kann man jedoch weder *dieses* noch *welches* einsetzen, so handelt es sich um die Konjunktion *dass*:

Wir hoffen, dass du morgen kommst.

ss steht im Präfix *miss-*: ◀ Z 51

Missbrauch, missfallen, missraten, Misstrauen, Missverständnis

ß steht in manchen Wörtern hinter langem Vokal oder Zwielaut (Diphthong): ◀ Z 52

bloß, Maß, Ruß, Grieß
mäßig, grüßen, Füße, Blöße, Flößer
außen, äußerlich, heiß

In manchen Wortstämmen wechselt bei Flexion und in Ableitungen die Länge und Kürze des Vokals vor dem *s*-Laut; entsprechend wechselt auch die Schreibung zwischen *ss* und *ß*: ◀ Z 53

fließen – floss – geflossen, der Fluss, das Floß
reißen – riss – gerissen, reißend

Groß- und Kleinschreibung

In der deutschen Sprache stehen Groß- und Kleinschreibung nebeneinander. Substantive werden stets groß-, Wörter aller anderen Wortarten dagegen kleingeschrieben.
Jedes Wort kann zu einem Substantiv werden und wird dann großgeschrieben. Umgekehrt können auch Substantive zu einem Wort einer anderen Wortart werden und werden dann kleingeschrieben.
Es ist nicht immer sofort zu erkennen, ob es sich um ein Substantiv handelt oder um Wörter einer anderen Wortart, ob ein Wort klein- oder großgeschrieben wird. Deshalb ist es ratsam, in Zweifelsfällen im Wörterverzeichnis nachzuschlagen.

Großschreibung

Mit großem Anfangsbuchstaben werden geschrieben:
- Substantive,
- Eigennamen,
- alle Wörter am Satzanfang.

Großschreibung der Substantive (der Nomen)

Z 54 ▶ Alle Substantive (Nomen) schreibt man groß:

Buch, Fremde, Freundlichkeit, Kälte, Partei, Pflege, Schüler

Aber auch alle Wörter anderer Wortarten können zu Substantiven werden. Häufig ist es schwer, sie als Substantive zu erkennen, da sich nicht immer ihre Form verändert und ihre Grundbedeutung nicht immer erhalten bleibt. Substantivierte Wörter anderer Wortarten besitzen die grammatischen Merkmale des Substantivs:

1. Sie können einen Artikel oder eine Präposition bei sich haben:

   eine Drei, das Schöne, beim Lachen

2. Sie können ein Attribut bei sich haben:

   viel Schönes, fleißiges Lernen, gutes Gelingen

3. Sie können dekliniert werden:

   nur Gutes wünschen, sich dem Praktischen zuwenden, Gedrucktes und Geschriebenes

Z 55 ▶ Alle substantivierten Wörter werden großgeschrieben.

- Substantivierte Infinitive und Infinitivgruppen:

  das Schwimmen, beim Schwimmen, am Schwimmen teilnehmen, zum Schwimmen gehen, häufiges Schwimmen, durch das Schwimmen, sein Schwimmen;
  auf Biegen und Brechen, das Autofahren, das Ballspielen, vor dem Schlafengehen

- Substantivierte Adjektive und Partizipien:

  das Gute, Gutes und Böses, das Neue, Neues und Altes, im Großen und Ganzen, im Dunkeln;
  die Reisenden, das Folgende; die Abgeordneten, der Erkrankte

- Substantivierte Pronomen:

  das Du, ein vertrautes Du, Mein und Dein unterscheiden, ein gewisser Jemand
  aber: ich, du, er, wir

- Substantivierte Numeralien:

  die Eins, eine Zwei, die Hundert, eine knappe Drei, ein Achtel;
  Er ist der Erste beim Wettkampf / in der Reihe. Die Miete ist am Dritten des Monats fällig.

- Substantivierte mehrteilige Fügungen, die mit Verben verbunden sind: (Großschreibung des 1. Wortes, der substantivischen Bestandteile und des Infinitivs)

  das Hand-in-Hand-Arbeiten, das In-den-Tag-hinein-Leben;
  das In-Kraft-Treten/Inkrafttreten (des Gesetzes)

- Substantivierte Adverbien, Präpositionen, Konjunktionen und Interjektionen:

  es gibt kein Übermorgen; das Für und Wider genau abwägen; es kommt nicht nur auf das Dass an, sondern auch auf das Wie; ein vielstimmiges Ah

Substantivierte Adjektive und Partizipien schreibt man hinter *alles, etwas, genug, nichts, viel, wenig, allerlei* und ähnlichen Wörtern groß: ◀ Z 56

alles Mögliche, etwas Richtiges, genug Unerfreuliches, nichts Wesentliches, viel Bedeutendes, wenig Sehenswertes, allerlei Schönes

Der Superlativ wird großgeschrieben, wenn die entsprechende Form des Positivs großgeschrieben wird oder wenn ein Substantiv eingesetzt werden kann: ◀ Z 57

Wir haben das Wichtigste (das Wichtige) vergessen.
Er war auf das Schlimmste (eine schlechte Nachricht; etwas Schlimmes) gefasst.
das Schönste, was ich erlebt habe; vor dem Ärgsten bewahren; bis ins Kleinste vorbereiten

Bezeichnungen von Tageszeiten nach *vorgestern, gestern, heute, morgen, übermorgen* werden großgeschrieben: ◀ Z 58

Wir hatten gestern Mittag ein schweres Gewitter.

Wortbestandteile, die am Anfang einer Zusammensetzung mit Bindestrich stehen, die den Charakter eines Substantivs angenommen hat, werden großgeschrieben: ◀ Z 59

der A-cappella-Chor, die X-Beine, die S-Kurve, M-und-S-Reifen

Großschreibung gilt für Substantive, die Bestandteile fester Gefüge sind, aber mit diesen Bestandteilen nicht zusammengeschrieben werden: ◀ Z 60

außer Acht lassen, in Kauf nehmen, zu Hilfe kommen, Auto fahren, Maschine schreiben, Anteil nehmen, Feuer fangen, Gefahr laufen, ins Reine schreiben, Schlitten fahren, Spaß haben

Z 61 ▶ Die Höflichkeitsanrede *Sie,* das dazugehörige Possessivpronomen *Ihr* und deren Beugungsformen werden immer großgeschrieben:

Haben Sie Ihren Ausweis erhalten? Ich danke Ihnen für Ihren Brief.

Auch Anreden wie *Seine Majestät* oder *Eure Exzellenz* und ältere Anredeformen werden großgeschrieben:

Gehe Er und hole den Wein! Frau Mutter, habt Ihr einen Augenblick Zeit?

Z 62 ▶ Die Personalpronomen *du* und *ihr* sowie die entsprechenden Formen *dein, dich, euer, euer* etc. schreibt man klein:

Wo hast du dein Rad abgestellt? Ich glaube, ihr kennt euch schon.

In Briefen kann man *du, dein, ihr, euer* etc. klein- oder großschreiben:

Hallo Elli! Wie geht es dir/Dir und deinem/Deinem Bruder?
Habt ihr/Ihr Lust, uns in den Ferien zu besuchen?
Bis bald, dein/Dein Philipp

Großschreibung der Eigennamen

Z 63 ▶ Eigennamen (Namen von Personen, Institutionen, Gebirgen, Flüssen u. Ä.) werden großgeschrieben:

Klaus, das Pergamonmuseum, das Erzgebirge, die Saale

Z 64 ▶ Adjektive, Partizipien und Numeralien, die Teil eines mehrteiligen Namens sind, werden großgeschrieben:

Kleiner Bär, Großer Wagen (Sternbilder), das Internationale Olympische Komitee, das Deutsche Museum (in München), das Kap der Guten Hoffnung, der Atlantische Ozean, die Mecklenburgische Seenplatte, die Norddeutsche Tiefebene, Schwäbische Alb, das Ägyptische Museum in Berlin; Fliegender Hamburger (ein Zug), Vereinigte Staaten von Amerika; die Zehn Gebote, der Erste Mai (Feiertag), die Sieben Schwaben (Märchen), das Neue Testament

Merke:

Gehören diese Adjektive oder Partizipien jedoch nicht zum Eigennamen, so werden sie kleingeschrieben. Das dabeistehende Substantiv bezeichnet dann einen allgemeinen Begriff (↑ Z 76):

ein internationales Komitee, die deutsche Sprache, ein ägyptisches Kunstwerk; steigende Kosten, veraltete Technik

Z 65 ▶ Adjektive, die von Orts- oder Ländernamen abgeleitet sind und auf *-er* enden, werden großgeschrieben (aber: ↑ Z 79):

Erfurter Blumensamen, Jenaer Glas, Wiener Würstchen, Thüringer Spielwaren, Nürnberger Lebkuchen

Merke:

Von Eigennamen abgeleitete Adjektive auf *-[i]sch* werden in der Regel kleingeschrieben:

lessingsche Fabeln, schillersche Balladen, ohmsches Gesetz

Sie werden nur dann großgeschrieben, wenn die Grundform des Namens durch einen Apostroph verdeutlicht wird:

Lessing'sche Fabeln, Schiller'sche Balladen, Ohm'sches Gesetz

Großschreibung des ersten Wortes eines Satzes, einer Überschrift, eines Titels und nach Doppelpunkt

Das erste Wort am Satzanfang wird großgeschrieben: ◀ Z 66

Heute gehen wir ins Kino. Der Film soll sehr spannend sein.

Das erste Wort eines Titels, einer Überschrift oder einer Aufforderung wird großgeschrieben: ◀ Z 67

Ein Fall für zwei
Gefunden
Für junge Leute
Allmähliche Normalisierung der Lage
Parken verboten!
An alle Teilnehmer
Nicht hinauslehnen!
Das große Kochbuch

Das erste Wort der wörtlichen Rede schreibt man groß: ◀ Z 68

Christian sagte: „Ich hatte eine Angina und hohes Fieber."
„Ich hatte eine Angina und hohes Fieber", sagte Christian, „und musste mehrere Tage im Bett bleiben."

Das erste Wort hinter dem Doppelpunkt schreibt man immer groß, wenn ein vollständiger Satz folgt (aber: ↑ Z 81): ◀ Z 69

Die Sache war ganz einfach: Er hat einen Zwillingsbruder, der ihm zum Verwechseln ähnlich sieht.

Kleinschreibung

Mit Ausnahme des Substantivs schreibt man Wörter aller anderen Wortarten klein. ◀ Z 70

Wortart	Beispiele
Adjektive	groß, gut, reizend, unzählig
Verben	laufen, malen, studieren, vornehmen
Adverbien	heute, oft, sehr, vorgestern
Pronomen	du, mich, unser, welcher
Numeralien	ein, drei, mehrere, viele, sechsfach
Präpositionen	an, hinter, neben, zwischen
Interjektionen	ach, hallo, o weh

Z 71 ▶ Wird das Substantiv zu einer anderen Wortart, so schreibt man es ebenfalls klein. Das betrifft vor allem die Substantive *Angst, Feind, Freund, Leid, Recht, Schaden, Schuld, Wert*. Sie treten meist als nähere Bestimmung zu dem Verb *sein* auf und werden dann kleingeschrieben:

angst sein, feind sein, leid sein/werden, recht sein, schade sein, schuld sein, wert sein

> **Merke:**
>
> Manchmal ist auch Großschreibung möglich. Eine Verneinung mit *kein* verlangt meist Großschreibung, eine Verneinung mit *nicht* Kleinschreibung:
>
> Mir ist *(nicht)* angst.
> aber: Ich habe *(keine)* Angst.
> Er ist *(nicht)* schuld.
> aber: Er hatte *(keine)* Schuld.
> Das ist *(nicht)* schade.
> aber: Es ist mein eigener *(kein)* Schaden.

Z 72 ▶ Aus Substantiven gebildete Adverbien, Zahladverbien und Präpositionen werden kleingeschrieben:

Adverbien:	andernfalls, anfangs, beizeiten, dienstags, eingangs, jederzeit, kopfüber, stromauf, tagelang, zeitlebens, namens, rechtens
Zahladverbien:	diesmal, einmal, fünfmal, mehrmals, ein paarmal, vielmals, x-mal, ein bisschen (= wenig), ein paar (= einige) aber: zum ersten Male, dieses eine Mal, ein Paar Schuhe
Präpositionen:	angesichts, betreffs, dank, kraft, laut, mittels, seitens, trotz, zeit, statt, an ... statt, um ... willen

Z 73 ▶ Aus Substantiven gebildete Bruchzahlwörter werden kleingeschrieben, wenn sie als Attribut vor einer Maßangabe stehen:

ein viertel Meter, neun zehntel Gramm, drei achtel Liter, ein hundertstel Millimeter, in drei viertel Stunden

> **Merke:**
>
> Diese abgeleiteten Zahlwörter werden jedoch großgeschrieben, wenn sie ohne Maßangabe gebraucht werden:
>
> ein Viertel Wein, zwei Drittel der Klasse, ein Sechstel der Menge, ein Fünftel des Gewinns

Z 74 ▶ In festen adverbialen Fügungen aus einer fremden Sprache gilt Kleinschreibung:

a cappella, in flagranti, de facto

Allein stehende Adjektive und Partizipien mit Artikel werden dann kleingeschrieben, wenn ein vorher oder nachher genanntes Substantiv ergänzt werden kann: ◀ Z 75

Dicke Seile sind in der Regel fester als dünne *(Seile).*
Beim Genuss von Pilzen kann schon ein giftiger *(Pilz)* Lebensgefahr bedeuten.

In festen Verbindungen, die keine Eigennamen sind, werden Adjektive kleingeschrieben: ◀ Z 76

das neue Jahr, die wörtliche Rede, der rote Faden, das autogene Training

Zusätzlich zur Kleinschreibung ist in manchen Fachsprachen oder bei idiomatisiertem Gebrauch auch Großschreibung möglich:

die erste/Erste Hilfe, das schwarze/Schwarze Brett, die gelbe/Gelbe Karte, die große/Große Koalition, der goldene/Goldene Schnitt

Die Zahladjektive *viel, wenig; der/die/das eine; der/die/das andere* werden in der Regel kleingeschrieben, bei Substantivierung ist auch Großschreibung möglich: ◀ Z 77

Das wenige (auch: Wenige) war schnell aufgebraucht.
Das eine (auch: Eine) sage ich dir: ...
Die anderen (auch: Anderen) können das bestätigen.

Faustregel: Kleinschreibung ist immer richtig.

Ungebeugte Adjektive in festen Verbindungen mit Präpositionen werden kleingeschrieben: ◀ Z 78a

von nah und fern, über kurz oder lang, schwarz auf weiß, von klein auf, nur gegen bar, durch dick und dünn

Gebeugte Adjektive in festen Verbindungen mit Präpositionen können groß- oder kleingeschrieben werden: ◀ Z 78b

seit Kurzem oder *seit kurzem, von Nahem* oder *von nahem, bis auf Weiteres* oder *bis auf weiteres, ohne Weiteres* oder *ohne weiteres*

Adjektive, die von Orts- oder Ländernamen abgeleitet sind und auf *-isch* enden, werden kleingeschrieben, sofern sie nicht Bestandteil eines Eigennamens sind: ◀ Z 79

der bulgarische Rotwein, das französische Parfüm, finnisches Holz, die norwegischen Fischer, ein japanisches Schiff, die thüringischen Wälder

Kleinschreibung nach der wörtlichen Rede und nach dem Doppelpunkt

Das erste Wort des Einführungssatzes wird kleingeschrieben, wenn ihm die wörtliche Rede vorangeht, selbst dann, wenn sie durch Ausrufe- oder Fragezeichen abgeschlossen wird: ◀ Z 80

„Sei vorsichtig!“, rief er dem Freund zu.
„Habt ihr die Aufgabe verstanden?“, fragte die Lehrerin.

Z 81 ▶ Das erste Wort hinter dem Doppelpunkt wird kleingeschrieben, wenn Aufzählungen folgen, auf die zusammenfassend hingewiesen wird:

Ingrid hat zu Hause folgende Pflichten: die Blumen gießen, die Schuhe putzen, das Geschirr abtrocknen.

Getrennt- und Zusammenschreibung

Die Getrennt- und Zusammenschreibung betrifft die Schreibung von Wörtern, die im Text nebeneinanderstehen und sich aufeinander beziehen. Gehören diese Wörter zu einer Wortgruppe, so schreibt man sie voneinander getrennt. Sind sie Bestandteile von Zusammensetzungen, dann schreibt man sie zusammen. Manchmal können dieselben Wörter sowohl eine Wortgruppe als auch eine Zusammensetzung bilden. Ob sie als Wortgruppe oder aber als Zusammensetzung verwendet werden, kann manchmal davon abhängen, was der Schreibende ausdrücken möchte.
Eine Reihe von Regeln soll mit ihren formalen Merkmalen entscheiden helfen, ob man in dem betreffenden Fall getrennt oder ob man zusammenschreiben muss. So wird z. B. stets zusammengeschrieben, wenn einer der beiden Bestandteile als selbstständiges Wort nicht vorkommt, wie bei *wissbegierig*. Stets getrennt geschrieben wird z. B., wenn einer der beiden Bestandteile erweitert ist, wie bei *viele Kilometer weit* statt *kilometerweit* oder *irgend so ein* statt *irgendein*.
Bei den verschiedenen Wortarten sind besondere Bedingungen zu beachten.

Verben

Zusätzlich zur Einteilung in Wortgruppen, z. B. *in die Ferne sehen,* und Zusammensetzungen, z. B. *fernsehen,* unterscheidet man beim Verb noch trennbare und untrennbare Zusammensetzungen:
Bei untrennbaren Zusammensetzungen bleibt die Reihenfolge der einzelnen Bestandteile immer unverändert:

schlussfolgern – sie schlussfolgert richtig, er hat schon richtig geschlussfolgert

Bei trennbaren Zusammensetzungen ändert sich die Reihenfolge der einzelnen Bestandteile:

hinzukommen – das kommt hinzu, das ist hinzugekommen, das scheint hinzuzukommen, dieser Punkt kommt erschwerend hinzu

Z 82 ▶ Substantive, Adjektive oder Partikeln, die mit Verben untrennbare Zusammensetzungen bilden, werden zusammengeschrieben:

Substantiv + Verb

brandmarken, handhaben, kopfrechnen, lobpreisen, maßregeln, schlafwandeln, wetterleuchten, wetteifern

> **Merke:**
>
> Manchmal stehen Zusammensetzung und Wortgruppe nebeneinander:
>
> *gewährleisten* oder *Gewähr leisten;* sie gewährleistet, dass ..., sie leistet Gewähr dafür, dass ...

Adjektiv + Verb

frohlocken, langweilen, liebäugeln, liebkosen, vollbringen, vollenden, weissagen

Partikel + Verb (bei Betonung des Verbs)

durchbrechen (sie durchbrechen die Barriere), hintergehen, übersetzen, umfahren, unterstellen, widersprechen, wiederholen, überbringen, übertreiben

Wenn die Betonung auf dem Verb liegt, schreibt man auch die gebeugte Form der Zusammensetzung zusammen: ◄ Z 83

überbringen – ich überbringe; übertreiben – ich übertreibe

> **Merke:**
>
> Einige dieser Verben können sowohl als untrennbare als auch als trennbare Zusammensetzungen vorkommen. Meist liegt dann ein Bedeutungsunterschied vor. Auch hier gibt die Betonung Hinweise, ob es sich um trennbare oder um untrennbare Zusammensetzungen handelt:
>
> einen Text übersetzen – jemanden mit dem Boot übersetzen;
> es hat mich kalt überlaufen – die Milch wird überlaufen

Substantive, Adjektive oder Partikeln können mit Verben auch trennbare Zusammensetzungen bilden: ◄ Z 84

Substantiv + Verb ◄ Z 84a

heimbringen (ich bringe heim), heimfahren, heimzahlen, irrewerden, preisgeben, standhalten, stattfinden, teilhaben, teilnehmen, wettmachen

Adjektiv + Verb ◄ Z 84b

Aus der Verbindung von Adjektiv und Verb ergibt sich eine neue, übertragene Bedeutung:

alleinstehen (= ohne Partner leben), bloßstellen, fernsehen, festsetzen (= bestimmen), freisprechen (= für nicht schuldig erklären), glattgehen (= gelingen), gutschreiben (= anrechnen), krankschreiben, sich leichttun, schiefgehen (= misslingen), schwarzsehen, weichklopfen (= zum Nachgeben bringen)

Z 84c ▶ Manchmal kann man nicht entscheiden, ob eine übertragene Bedeutung entsteht oder nicht. Dann ist sowohl Getrennt- als auch Zusammenschreibung möglich:

bekannt geben/bekanntgeben, lieb haben/liebhaben, übel nehmen/übelnehmen, weh tun/wehtun, es sich leicht machen/leichtmachen, zufrieden stellen/zufriedenstellen

Z 84d ▶ Unselbstständiger Wortteil + Verb

Der erste Bestandteil kommt nicht als selbstständiges Wort vor:

abhandenkommen, anheimstellen, fehlgehen, fehlschlagen, feilbieten, kundtun, überhandnehmen, vonstattengehen, vorliebnehmen, weismachen, zugutehalten, zugutekommen, zunichtemachen, zupasskommen

Z 84e ▶ Partikel + Verb

Trennbare Zusammensetzungen mit Verben können zum Beispiel die folgenden Bestandteile bilden:

ab-, abwärts-, an-, aneinander-, auf-, aufeinander-, aufwärts-, aus-, auseinander-, bei-, beieinander-, beisammen-, da-, dabei-, dafür-, dagegen-, daher-, dahin-, dahinter-, daneben-, dar-, darauf-, darauflos-, darin-, darüber-, darum-, darunter-, davon-, davor-, dawider-, dazu-, dazwischen-, dort-, drauf-, drauflos-, draus-, drin-, drüber-, drum-, drunter-, durch-, ein-, einher-, empor-, entgegen-, entlang-, entzwei-, fort-, gegen-, gegeneinander-, gegenüber-, her-, herab-, heran-, herauf-, heraus-, herbei-, herein-, hernieder-, herüber-, herum-, herunter-, hervor-, herzu-, hier-, hierher-, hin-, hinab-, hinan-, hinauf-, hinaus-, hindurch-, hinein-, hintan-, hintenüber-, hinter-, hinterdrein-, hintereinander-, hinterher-, hinüber-, hinunter-, hinweg-, hinzu-, ineinander-, inne-, los-, mit-, nach-, nebenher-, nieder-, ran-, rückwärts-, über-, überein-, übereinander-, um-, umher-, umhin-, unter-, vor-, voran-, vorauf-, voraus-, vorbei-, vorher-, vornüber-, vorüber-, vorwärts-, vorweg-, weg-, weiter-, wider-, wieder-, zu-, zurecht-, zurück-, zusammen-, zuvor-, zuwider-, zwischen-

abändern, abwärtsgehen, aneinanderlegen, anstellen, aufgehen, auseinandersetzen, austeilen, beieinanderstehen, beipflichten, beisammensitzen

Merke:

Bei einigen dieser Verben gibt es auch Getrenntschreibungen. Oft gibt die Betonung einen Hinweis auf die Schreibung. Bei einer Betonung wird zusammengeschrieben, bei zwei Betonungen getrennt:

aneinander-
Wir haben die Tische aneinandergestellt.
Ihr habt die ganze Zeit aneinander vorbeigeredet.

dabeibleiben – dabei bleiben
Ich möchte gern noch ein Weilchen dabeibleiben (bei den anderen).
Ich muss dabei bleiben, dass …

Wortgruppen aus Substantiv + Verb werden getrennt geschrieben: ◀ Z 85

Angst haben, Auto fahren, Einfluss nehmen, Folge leisten, Glück haben, Platz machen, Schlange stehen, Schuld tragen, Ski laufen, Sorge tragen

Wortgruppen aus Adjektiv + Verb werden getrennt geschrieben, wenn beide Teile ihre konkrete Bedeutung behalten: ◀ Z 86

allein stehen (einzeln), gut aussehen, gut schreiben (mit einem Stift), hell leuchten, laut sprechen, schief singen, schnell gehen, schräg stehen, tief fallen

Verbindungen aus Adjektiv + Verb können getrennt oder zusammengeschrieben werden, wenn das Adjektiv das Ergebnis des Vorgangs beschreibt (resultatives Prädikativ): ◀ Z 87

klein schneiden / kleinschneiden, hart kochen / hartkochen, lang ziehen / langziehen, blond färben / blondfärben, trocken reiben / trockenreiben, kaputt machen / kaputtmachen, den König matt setzen / mattsetzen

Aber: Wenn das Adjektiv erweitert oder gesteigert ist, muss getrennt geschrieben werden:

sehr klein schneiden, kleiner schneiden, lang und länger ziehen

Auch wenn das Adjektiv mehrteilig ist, wird getrennt geschrieben:

superklein schneiden, steinhart kochen, hellblond färben, schachmatt setzen

Treffen zwei Verben aufeinander, wird getrennt geschrieben (↑ 89): ◀ Z 88

angeln gehen, baden gehen, impfen lassen, kommen sehen, lieben lernen, spazieren gehen, sprechen lernen, stiften gehen

Wenn sich aus der Verbindung aus Verb + *lassen* oder *bleiben* eine neue, übertragene Bedeutung ergibt, kann man getrennt oder zusammenschreiben: ◀ Z 89

sitzen bleiben/sitzenbleiben (= nicht versetzt werden),
eine Bemerkung fallen lassen/fallenlassen (= äußern),
jemanden stehen lassen/stehenlassen (= nicht mehr beachten)

Behält die Verbindung ihre konkrete Bedeutung, muss getrennt geschrieben werden (↑ 88):

Kann ich auf diesem Platz sitzen bleiben?
Pass auf, dass du die Flaschen nicht fallen lässt.
Dein Fahrrad kannst du hier stehen lassen.

Ein Sonderfall ist *kennen lernen*. Diese Verbindung kann getrennt oder zusammengeschrieben werden:

Sie haben sich bei der Fußball-WM kennen gelernt / kennengelernt.

Verbindungen mit *sein* gelten nicht als Zusammensetzung, sie werden also stets getrennt geschrieben: ◀ Z 90

da sein, fertig sein, zufrieden sein, zurück sein

Z 91 ▶ Ein Verb bleibt auch dann getrennt bzw. zusammengeschrieben, wenn es als Infinitiv mit *zu* oder als Partizip II gebraucht wird:

darüber lachen – darüber zu lachen – darüber gelacht
zusammen essen – zusammen zu essen – zusammen gegessen
darüberlegen – darüberzulegen – darübergelegt
zusammenzucken – zusammenzuzucken – zusammengezuckt

Adjektive und Partizipien

Bei Adjektiven und Partizipien sind zwei Gruppen zu unterscheiden: Zusammensetzungen und Wortgruppen.

Z 92 ▶ Zusammensetzungen, bei denen der erste Teil für eine Wortgruppe steht, schreibt man zusammen:

angsterfüllt (= von Angst erfüllt), freudestrahlend (= vor Freude strahlen), hitzebeständig (= gegen Hitze beständig), blutdrucksenkend (= den Blutdruck senken), schmerzstillend (= den Schmerz stillen)
aber:
Eisen verarbeitend/eisenverarbeitend (= Eisen verarbeiten),
Zeit sparend/zeitsparend (= Zeit sparen)

Zusammensetzungen aus gleichrangigen Adjektiven und mehrteiligen Zahlen unter einer Million schreibt man zusammen:

blaugrau, nasskalt, dummdreist; dreizehn, siebentausend

Merke:

Zusammengeschrieben werden Wörter mit Fugenelement:

altersschwach, anlehnungsbedürftig, lebenslustig, landeskundlich

Z 93 ▶ Verbindungen aus Einzelwort und Partizip, die wie ein Adjektiv gebraucht werden, können getrennt oder zusammengeschrieben werden. Mit Zusammenschreibung kann man deutlich machen, dass man die beiden Wörter als einen eng zusammengehörenden Begriff betrachtet:

Feuer speiende oder feuerspeiende Drachen, Erfolg versprechende oder erfolgversprechende Pläne, ein gut gemeinter oder gutgemeinter Rat, dünn verstrichene oder dünnverstrichene Farbe, ein voll beladener oder vollbeladener Wagen

Wenn das erste Wort erweitert oder gesteigert ist, muss getrennt geschrieben werden:

großen Erfolg versprechende Pläne, dünn und gleichmäßig verstrichene Farbe, noch dünner verstrichene Farbe, ein zu voll beladener Wagen

Wenn die Verbindung als Ganzes gesteigert oder erweitert ist, muss zusammengeschrieben werden:

erfolgversprechendere Pläne, äußerst erfolgversprechende Pläne

Verbindungen aus Adjektiv + Adjektiv können getrennt oder zusammengeschrieben werden, wenn das erste Adjektiv graduierend (abstufend) und nicht gesteigert oder erweitert ist: ◀ Z 94

leicht verständlich/leichtverständlich	(aber: noch leichter verständlich)
eng verwandt/engverwandt	(aber: enger verwandt)
schwer verletzt/schwerverletzt	(aber: sehr schwer verletzt)
hoch begabt/hochbegabt	(aber: höher begabt)

Substantive (Nomen)

Substantive, Adjektive, Verbstämme, Pronomen oder Partikeln können mit Substantiven Zusammensetzungen bilden. Man schreibt sie ebenso wie mehrteilige Substantive zusammen: ◀ Z 95

Kirschbaum, Sonnenblume, Schulklasse, Hauptbahnhof;
Leerlauf, Faultier, Grünkohl, Schwarzwurzel;
Vergissmeinnicht, Stelldichein

Andere Wortarten

Mehrteilige Adverbien, Konjunktionen, Präpositionen und Pronomen werden zusammengeschrieben, wenn die einzelnen Bestandteile in ihrer Wortart, Wortform oder Bedeutung nicht mehr deutlich zu erkennen sind. ◀ Z 96

Adverbien

bergauf, kopfüber; landaus, landein; stromaufwärts, stromabwärts, tagsüber, zweifelsohne, indessen, allerdings, keinesfalls, ehrenhalber, manchmal, erstmals, einigermaßen, allerorten, mancherorts, allseits, ebenso, einesteils, seitwärts, deinetwegen, unterwegs, alldieweil, bisweilen, klugerweise, jederzeit, beizeiten, allzu, beileibe, derart, irgendwann, nichtsdestoweniger, zuletzt

Konjunktionen

sobald, solange, sooft, sosehr, soviel, soweit, sowenig

Präpositionen

anhand, infolge, inmitten, zufolge, zuliebe

Pronomen

irgendein, irgendetwas, irgendjemand

Merke:

In folgenden Fällen ist Getrennt- und Zusammenschreibung möglich:

anstelle – an Stelle; aufgrund – auf Grund; aufseiten – auf Seiten; mithilfe – mit Hilfe; vonseiten – von Seiten; zugunsten – zu Gunsten; zuungunsten – zu Ungunsten; zulasten – zu Lasten

außerstand setzen – außer Stand setzen; außerstande sein – außer Stande sein; infrage stellen – in Frage stellen; instand setzen – in Stand setzen; zugrunde gehen – zu Grunde gehen; zuleide tun – zu Leide tun; zumute sein – zu Mute sein; zunutze machen – zu Nutze machen; zurande kommen – zu Rande kommen; zuschanden machen – zu Schanden machen; zuschulden kommen lassen – zu Schulden kommen lassen; zustande bringen – zu Stande bringen; zutage fördern/treten – zu Tage fördern/treten; zuwege bringen – zu Wege bringen

Schreibung von Straßennamen

Z 97 ▶ Straßennamen folgen den Regeln der Getrennt- und Zusammenschreibung.

Straßennamen schreibt man zusammen, wenn das Grundwort (*-straße, -gasse, -platz, -allee, -ring, -damm, -ufer, -graben, -steg, -chaussee, -markt, -brücke* u. a.) mit einem Personennamen, einem anderen Substantiv oder einem ungebeugten Adjektiv zusammengesetzt ist:

Leibnizring, Beethovenplatz, Schillerbrücke, Weberstraße; Bergstraße, Linsengasse, Strandpromenade, Weidendamm; Grünstraße, Neumarkt

Z 98 ▶ Straßennamen, bei denen das Bestimmungswort aus mehreren Teilen besteht, schreibt man mit Bindestrichen (Durchkopplungsbindestrich). Die Bindestriche kennzeichnen die Einheit des Namens:

Carl-Maria-von-Weber-Platz, Dr.-Robert-Koch-Allee, Friedrich-Schiller-Straße, Geschwister-Scholl-Straße, Käthe-Kollwitz-Ring

Z 99 ▶ Getrennt schreibt man Straßennamen mit Präpositionen:

Am Hirschgraben, An der Märchenwiese, Hinter der Stadtmauer, Unter den Linden

Z 100 ▶ Getrennt schreibt man Straßennamen mit gebeugtem Adjektiv:

Breite Straße, Große Bleiche, Kleine Budengasse, Lange Gasse, Langer Graben, Oberer Wallgraben

Z 101 ▶ Getrennt schreibt man Straßennamen mit nachgestelltem Attribut:

Platz der Republik, Straße des 17. Juni

Z 102 ▶ Getrennt schreibt man Straßennamen mit Ableitungen auf *-er* und *-isch* (*-esch*) von Orts- und Ländernamen:

Arnstädter Weg, Berliner Chaussee, Nordhäuser Straße, Französische Straße, Bulgarische Straße

Bindestrich

Der Bindestrich wird verwendet, um lange und unübersichtliche Zusammensetzungen zu gliedern oder Missverständnisse zu vermeiden: ◀ Z 103

Arbeiter-Unfallversicherungsgesetz, ein deutsch-russisches Wörterbuch, Haushalts-Mehrzweckküchenmaschine;
Hoch-Zeit, Musiker-Leben, Musik-Erleben

Der Bindestrich wird gesetzt, um mehrere Substantive oder Adjektive, die eine Einheit bilden, zu verbinden: ◀ Z 104

a-Moll-Konzert, Goethe-Schiller-Archiv, Hals-Nasen-Ohren-Arzt, Soll-Ist-Vergleich, Kühl-Gefrier-Kombination, ein 2-Euro-Stück

Der Bindestrich kann gesetzt werden, wenn durch Zusammensetzungen 3 gleiche Buchstaben aufeinandertreffen: ◀ Z 105

Kaffee-Ernte, See-Elefant, Tee-Ei, Stall-Laterne, Schluss-Signal, Klemm-Mappe

Der Bindestrich steht in Zusammensetzungen mit Einzelbuchstaben, Abkürzungen und Initialwörtern: ◀ Z 106

D-Zug, F-Loch, x-beliebig, x-mal, Dativ-e, Fugen-s, Kfz-Schlosser, UKW-Antenne, ADAC-Atlas, Dipl.-Ing.

Der Bindestrich steht in mehrgliedrigen Zusammensetzungen: ◀ Z 107

eine 3-Zimmer-Wohnung, eine 10-Cent-Marke, das Frage-und-Antwort-Spiel, die 800-Jahr-Feier

Der Bindestrich steht bei Zusammensetzungen mit Ziffern: ◀ Z 108

3-Tonner, 9-jährig, die 9-Jährige, 7-tägig, 18-mal, $^3/_4$-Takt, 8:6-Sieg, 100-prozentig, 25-fach od. 25fach, das 25-Fache od. 25fache
aber: der 68er, ein 32stel, 100%ig

Der Bindestrich steht vor Suffixen, wenn sie mit Einzelbuchstaben verbunden sind: ◀ Z 109

die x-te Auflage, zum x-ten Male, die n-te Potenz

Der Bindestrich wird in Aufzählungen verwendet, damit gleiche Grund- oder Bestimmungswörter nicht noch einmal genannt zu werden brauchen: ◀ Z 110

Feld- und Gartenfrüchte, hell- und dunkelrot, Land- und Wassertiere, Vor- und Nachsilben;
bergauf und -ab, Gepäckannahme und -ausgabe, Zugankunft und -abfahrt

Apostroph (Auslassungszeichen)

Z 111 ▶ Der Apostroph wird gesetzt, wenn der Genitiv von Namen, die auf *s, ß, tz, z* oder *x* enden, zu kennzeichnen ist:

Ines' Anorak, Frau Clauß' Ausweis, Lutz' Fahrrad, Franz' Tennisschläger, Max' Trainingsanzug, Brahms' Sinfonien

Z 112 ▶ Der Apostroph steht für ein ausgelassenes *e* oder *i* und für Auslassungen im Wortinneren:

Wie ist's? 's ist schade darum;
D'dorf (= Düsseldorf), Ku'damm (= Kurfürstendamm)

Z 113 ▶ Der Apostroph steht nicht in den Formen des Imperativs (der Befehlsform) und wenn die Auslassung des *e* innerhalb eines Wortes gebräuchlich ist:

Lass mich! Schreib! Trink!
der andre, ich wandre, zu zwein, die bessren Sachen

Er steht auch nicht für das ausgelassene Schluss-*e* bei Verbformen in schriftlich wiedergegebenen mündlichen Äußerungen:

ich mach, ich werd mal, vielleicht könnt mir mal einer zuhören

Merke:

Der Apostroph kann verwendet werden, um die Grundform eines Namens zu verdeutlichen (s. aber Z 65, *Merke*):

Lessing'sche Fabeln, Schiller'sche Werke, Ohm'sches Gesetz;
Carlo's Taverne

Schreibung von Fremdwörtern

In unsere Muttersprache haben viele Wörter Eingang gefunden, die in ihrer Schreibweise nicht den Regeln unserer Rechtschreibung entsprechen und die durch ungewöhnliche Buchstabenverbindungen und durch fremde Aussprache auffallen. Es sind Wörter, die aus fremden Sprachen übernommen worden sind und noch übernommen werden. Besonders im Bereich der Politik, der Wirtschaft, der Technik, des Militärwesens, der Kunst und des Sports haben sich viele Fremdwörter eingebürgert; sie benennen sehr oft Dinge, für die es keine entsprechenden deutschen Bezeichnungen gibt.
Fremdwörter sollte man jedoch nur verwenden, wenn man sich über ihre Bedeutung im Klaren ist und wenn man sie richtig schreiben bzw. aussprechen kann.

Fremdwörter, die ihre fremde Schreibweise, Betonung und Aussprache beibehalten haben

Schwierige Buchstaben und Buchstabenverbindungen und ihre Aussprache

Schreibung	Aussprache	Beispiele
c	[k]	Camping, Couch
ch	[ʃ]	Chance, Chef
	[k]	Chaos, Chor, Chronik, Orchester
gn	[gˈn]	Signal, Magnesium, Magnet
rh	[r]	Rhabarber, Rheuma, Rhombus, Rhythmus
th	[t]	Apotheke, Athlet, Kathete, Thema
ph	[f]	Phosphor, Phrase, Physik, Strophe
v	[v]	Klavier, Lava, Vase, Verb
ti	[tsj]	Nation, Patient, Sektion
g vor e	[ʒ]	Blamage, Garage, Tonnage
j	[ʒ]	Jalousie, Journal
ill	[lj]	Bouillon, Emaille, Medaille, Taille
ll	[lj]	Billard, Brillant
ai	[ɛ]	Palais, Saison, Training
au, eau, eaux	[o]	Restaurant; Niveau, Plateau; Bordeaux
eu	[ø]	Ingenieur, Milieu, Redakteur
oi	[oa]	Memoiren, Reservoir, Toilette
y	[y]	Dynamit, Pyramide, System, Zylinder
i, ie	[i]	Benzin, Maschine, Mine; Melodie, Garantie
ier	[je]	Atelier, Hotelier, Portier
gui; gue	[gi]; [ge]	Guinea, Guillotine; Guerillakrieg

Fremdwörter, die der deutschen Sprache und der deutschen Orthografie angeglichen worden sind

Neben den Fremdwörtern, die durch ihre fremde Schreibweise, Betonung und Aussprache auffallen, gibt es auch solche, die im Laufe der Zeit in der Aussprache, in der Betonung oder in der Schreibweise den Regeln der deutschen Sprache angeglichen worden sind. Es sind Wörter, die heute häufig nicht mehr als Fremdwörter empfunden werden:

Baracke, Büro, Fassade, Frisör, Krem, Rollo, Scheck, Soße, Streik

Merke:

Bei Fremdwörtern mit den Bestandteilen *-graph, photo-* und *-phon* hat sich in einigen Fällen die Schreibung mit *f* allgemein durchgesetzt, wie *Fotograf, Telefon*. Grundsätzlich gilt: Wenn es bei Fremdwörtern zwei Schreibungen gibt, kann man sich eine aussuchen, also z. B. *Megafon* oder *Megaphon, Geografie* oder *Geographie, Nugat* oder *Nougat*.

Beide Formen sind richtig und gleichberechtigt. In Wörterverzeichnissen wird die angepasste (eingedeutschte) Form meistens als erste genannt.

In einzelnen Wörtern wird oft noch die fremde Schreibweise beibehalten, obwohl diese Wörter selbst bzw. deren Ableitungen und Zusammensetzungen sonst bereits den Regeln der deutschen Rechtschreibung angeglichen sind:

der Club, das Café, der Colorfilm, Chicorée
aber: das Klubhaus, das Kaffeehaus, ein koloriertes Bild, Schikoree

Häufig vorkommende Bestandteile in Fremdwörtern

Da aus fremden Sprachen viele Wörter übernommen wurden, kehren bestimmte Bestandteile immer wieder, sodass durch ihre Kenntnis rechtschreibliche Fehler vermieden werden können.

Übersicht über häufig vorkommende Bestandteile in Fremdwörtern

Bestandteil	Bedeutung	Schreibung
ad-	zu	Addition, Adjektiv, Adverb
an-, ana-	auf, zurück, ohne, nicht	Analphabet, Anarchie; analog, Analyse
aero-	Luft	Aerobik, Aerosalon, Aerosol
agrar-	Landwirtschaft	Agrarreform, Agrarstaat
agro-	Acker, Land	Agrobiologie, Agronom, Agrotechnik
ant-, anti-	gegen	antagonistisch, Antarktis; Antikörper, Antipathie
astro-	Stern	Astronaut, Astronom, Astrophysik
auto-	selbst	Autobiografie, Autodidakt, automatisch
biblio-	Buch	Bibliografie, Bibliothek
bio-	Leben	Biografie, biologisch, Biophysik
chrono-	Zeit	Chronologie, chronologisch, Chronometer

Bestandteil	Bedeutung	Schreibung
de-	herab, weg-, ent-	Definition, deformieren, degradieren
des-	ent-, miss-, un-	desinfizieren, Desinteresse, desorganisieren
dia-	durch, quer	diagonal, Diagramm, Dialekt, Dialog
dis-	ab-, ent-, miss-	Disharmonie, Diskrepanz, Disposition
ego-	ich	Egoist, egoistisch, egozentrisch
elektr[o]-	Strom	elektrisch, Elektrolyse, Elektrizität
epi-	auf, an, bei	Epidemie, Epigramm
ex-	aus, heraus	Exil, Expansion, Exponat, exportieren
extra-	außerhalb	Extrablatt, Extratour
final-	den Schluss bildend	Finalbestimmung, Finalprodukt
geo-	Erde	Geografie, Geologie, Geometrie
human-	menschlich	Humanmedizin, Humanwissenschaften, Humanität
hydro-	Wasser	Hydrokultur, Hydrosphäre
hypo-	unter, unterhalb	Hypotenuse, Hypothek, Hypothese
ideo-	Idee	Ideologie, ideologisch
inter-	zwischen, zusammen	Interesse, interkontinental, international
iso-	gleich, gleichartig	Isobare, isolieren, Isotop
kata-	nieder, herab, gänzlich	Katalog, Katapult, Katastrophe
kausal-	ursächlich	Kausalbestimmung, Kausalgesetz
kosmo-	Welt, Universum	Kosmodrom, Kosmonaut
litho-	Stein	Lithografie, Lithosphäre
makro-	sehr groß	Makrofotografie, Makromolekül
mikro-	sehr klein	Mikroelektronik, Mikroskop
mon-, mono-	ein, allein	Monarch; monoton, Monogramm, Monolog, Monopol
multi-	viel	multinational, Multiplikation
neo-	neu	Neolithikum, Neozoikum
ortho-	richtig	Orthografie, orthopädisch
par-, para-	daneben, längs-, abweichend	Parallele, Parodie; paradox, Paragraf
phil-, philo-	liebend	Philatelie, Philharmonie; Philosoph
poly-	viel	Polyester, polytechnisch
prä-	vor	Präambel, prähistorisch, präparieren, Präposition
pro-	für, vor	Produkt, Prognose, progressiv
psycho-	Seele	Psychologie, Psychotherapie

Bestandteil	Bedeutung	Schreibung
pyro-	Feuer, Hitze	Pyrotechnik
radio-	Strahlung	radioaktiv, Radiologie
re-	zurück, neu, gegen	Reaktion, reformieren, reparieren, reorganisieren
sozial-	gesellschaftlich	sozialpolitisch, Sozialarbeit
stereo-	räumlich	Stereoanlage, Stereofilm, Stereofonie
sub-	unter	Subjekt, subtrahieren, Subvention
super-	über	Superlativ, Supermarkt
sym-, syn-	gleich, gemeinsam	Symmetrie, Sympathie, Symptom; synchron, synonym, Synthese
tele-	fern	telefonieren, Telegramm, Television
thermo-	Wärme	Thermometer, Thermostat
tra-, trans-	jenseits, hinüber	Tradition; transatlantisch, Transit, Transport
ultra-	jenseits	Ultraschall, ultraviolett
zentral-	in der Mitte, hauptsächlich	Zentralstadion, Zentrale, Zentralheizung
zoo-	Tier	Zoologie, Zootechnik

Übersicht über häufig vorkommende Suffixe in Fremdwörtern

-ant	interessant, Praktikant, Repräsentant, tolerant
-anz	Diskrepanz, Dissonanz, Eleganz
-ent	Abiturient, intelligent, konsequent, Konsument
-enz	Frequenz, Konsequenz
-eur	Galvaniseur, Ingenieur, Konstrukteur
-ieren	engagieren, marschieren, rationalisieren
-ik	Fabrik, Mimik, Physik, Republik
-ine	Apfelsine, Kabine, Mandarine, Maschine
-ion, -tion	Illusion, Revision; Nation, Reaktion
-ismus	Optimismus, Humanismus, Realismus
-ist	Idealist, Optimist, Pessimist
-tät	Aktivität, Intensität, Legalität, Universität
-iv, -tiv	intensiv, naiv; informativ
-or, -tor	Aggressor, Professor; Autor, Generator, Motor
-ur, -tur	Rasur; Natur, Reparatur, Struktur

Worttrennung am Zeilenende

Trennung einfacher Wörter

Einfache (also nicht zusammengesetzte) Wörter werden am Zeilenende so getrennt, wie sie sich beim langsamen Sprechen in Silben zerlegen lassen:

fra-gen, grei-fen, Scha-le, Ku-chen, Ru-i-ne

Ein Bindestrich am Zeilenende gilt zugleich als Trennungsstrich.

Für die Trennung einfacher Wörter gelten folgende Regelungen:

Steht in einfachen Wörtern zwischen Vokalbuchstaben ein einzelner Konsonantenbuchstabe, so kommt er bei Trennung auf die neue Zeile. Mehrere Konsonantenbuchstaben zwischen Vokalbuchstaben werden so getrennt, dass nur der letzte Konsonantenbuchstabe auf die neue Zeile gesetzt wird: ◀ Z 114

Rei-he, He-xe, Au-ge, ha-ben;
bin-den, Län-der, han-deln, Kup-pe, ren-nen, städ-tisch, Fin-ger, neb-lig, knusp-rig, Pfört-ner, Müt-ze, krat-zen, sie stütz-ten, er streck-te, sie pack-te, Grü-ße, Stra-ße, er fass-te, sie pass-ten

st wird getrennt: ◀ Z 115

Fens-ter, Hams-ter, ras-ten, ros-ten, schnells-tens
aber: Ge-stalt, Ge-stell, Ge-steck, Ver-stand, be-stimmt (↑ Z 120)

Stehen Buchstabenverbindungen wie *ch, sch, ph, rh, sh* oder *th* für einen Konsonanten, so trennt man sie nicht. Das gilt auch für *ck*: ◀ Z 116

la-chen, wa-schen, Ste-phan, Myr-rhe, Goe-the
Bä-cker, Zu-cker, ha-cken, bra-ckig

Einzelne Vokalbuchstaben können im Wortinnern abgetrennt werden: ◀ Z 117

Ru-i-ne, Li-a-ne, po-e-tisch, cha-o-tisch

Am Wortanfang und -ende dürfen einzelne Vokalbuchstaben nicht abgetrennt werden, auch nicht in Zusammensetzungen:

Abend (nicht: A-bend), Oma (nicht: O-ma), übel (nicht: ü-bel), Kleie (nicht: Klei-e), laue (nicht: lau-e); Elb-ufer (nicht: Elbu-fer), Ur-oma (nicht: Uro-ma)

In Fremdwörtern können Konsonant + *l, n* oder *r* entsprechend der Regel 114 getrennt werden oder sie kommen ungetrennt auf die neue Zeile: ◀ Z 118

nob-le/no-ble, Mag-net/Ma-gnet, Hyd-rant/Hy-drant, Arth-ritis/Ar-thritis, Pub-li-kum/Pu-bli-kum

Merke:

Im Allgemeinen werden einfache Fremdwörter wie deutsche Wörter nach Sprechsilben getrennt:

Cha-rak-ter, Ma-schi-ne, Dy-na-mik

Trennung zusammengesetzter und abgeleiteter Wörter

Z 119 ▶ Bei zusammengesetzten Wörtern sollte man irreführende und sinnentstellende Trennungen vermeiden:

Sprech-erziehung (nicht: Sprecher-ziehung)
Altbau-erhaltung (nicht: Altbauer-haltung)
Musiker-leben (nicht: Musik-erleben)

Z 120 ▶ Zusammensetzungen und Wörter mit Präfix trennt man zwischen den einzelnen Bestandteilen:

Hof-tür, Baum-stamm, Schul-tasche, zusammen-kommen, hell-blau; pro-grammieren, Er-trag, Ge-stell, kom-plett, aus-üben, ent-eilen, an-packen, a-typisch

Die Bestandteile selbst trennt man wie einfache Wörter entsprechend den Regeln 114–118:

Schul-ta-sche, zu-sam-men-kom-men;
pro-gram-mie-ren, ent-ei-len, an-pa-cken, a-ty-pisch

Z 121 ▶ Wörter, die sprachhistorisch oder von der Herkunftssprache aus gesehen Zusammensetzungen sind, aber nicht mehr als solche empfunden oder erkannt werden, kann man entweder nach Z 114–118 oder nach Z 120 trennen:

hi-nauf/hin-auf, da-rum/dar-um, wa-rum/war-um;
an-ei-nan-der/an-ein-an-der, Lie-be-nau/Lie-ben-au;
Hek-tar/Hekt-ar, in-te-res-sant/in-ter-es-sant, Chi-rurg/Chir-urg, Pä-da-gogik/Päd-ago-gik, Chry-san-the-me/Chrys-an-the-me, Mi-kro-skop/Mik-roskop

Abkürzungen und Kurzwörter

In der Schrift werden für häufig wiederkehrende und allgemein bekannte Bezeichnungen Kurzformen verwendet. Man unterscheidet Abkürzungen und Kurzwörter.
Abkürzungen sind Einzelbuchstaben oder Buchstabenfolgen, die für ein Wort stehen. Eine Reihe von Abkürzungen wird mit Punkt geschrieben:

Seite – S., und so weiter – usw., das heißt – d. h., m. E. – meines Erachtens

Andere wieder werden ohne Punkt geschrieben. Dazu gehören die Symbole für die Elemente des Periodensystems und die Einheitenzeichen:

Kalium – K, Natrium – Na; Liter – l, Kilometer – km

Alle Abkürzungen werden stets als vollständige Wörter bzw. Wortgruppen gesprochen:

S. (gesprochen als *Seite*), K (gesprochen als *Kalium*),
km (gesprochen als *Kilometer*), l (gesprochen als *Liter*)

Bei den Kurzwörtern unterscheidet man Buchstabenwörter, Silbenwörter und Kunstwörter.
Buchstabenwörter werden aus den Anfangsbuchstaben der Bestandteile von Zusammensetzungen oder Fügungen gebildet. Sie werden als Buchstabenfolge gesprochen:

Langspielplatte – LP, Lastkraftwagen – Lkw oder LKW, Zweites Deutsches Fernsehen – ZDF, Personenkraftwagen – Pkw oder PKW

Silbenwörter bestehen aus einzelnen Silben oder Teilen von Wörtern:

Akkumulator – Akku, Oberleitungsomnibus – Obus, Automobil – Auto, Transformator – Trafo

Kunstwörter sind Kurzwörter, die aus einzelnen Buchstaben oder Silben eines mehrsilbigen Wortes oder einer Wortgruppe gebildet worden sind, um Erzeugnissen bzw. Verfahren in der Industrie einen Namen zu geben:

Fewa – *Fe*in*wa*schmittel,
Agfa – *A*ktien*g*esellschaft *f*ür *A*nilinfabrikation,
Nirosta – *ni*cht *ro*stender *Sta*hl,
Osram – *Os*mium (ein Metall) + Wolf*ram* (ein Metall)

Übersicht über Abkürzungen und Kurzwörter

Abkürzungen (Man spricht den vollen Wortlaut)		Kurzwörter (Man spricht nur die Buchstaben)	Kurzwörter (Man spricht das Kurzwort)
mit Punkt	ohne Punkt	ohne Punkt	ohne Punkt
Abk.	m	DRK	Kat
Anm.	l	KSZE	Akku
betr.	kg	USA	Fax
usw.	ha	CDU	Trafo
d. h.	hl	ARD	Bus
u. Ä.	Fe	Lkw	TÜV
Dr.	Cl	EDV	Uni
Nr.	Na	EU	Tacho

Die Groß- und Kleinschreibung der Abkürzungen richtet sich nach der Schreibung der ausgeschriebenen Wörter: ◄ Z 122

Anmerkung – Anm., beziehungsweise – bzw., zum Teil – z. T., und Ähnliches – u. Ä.

Am Satzende gilt der Abkürzungspunkt zugleich als Schlusspunkt des Satzes: ◄ Z 123

Chemische Elemente sind Natrium, Kalium, Chlor usw.

Z 124 ▶ Mit Punkt schreibt man eine Reihe von Abkürzungen:

desgl., dgl., m. E.

Z 125 ▶ Ohne Punkt schreibt man die Einheitenzeichen, die Zeichen der chemischen Elemente, der Himmelsrichtungen, eine ganze Reihe technischer Abkürzungen sowie Buchstabenwörter:

m, l, kg, V; Cu, Fe; NO, SSW;
TU, Pkw (od. PKW), NOK, TÜV

Die Schreibung der Zeichen für naturwissenschaftlich-technische Einheiten, für technische und wissenschaftliche Begriffe ist genormt. Sie werden teils mit großen, teils mit kleinen Buchstaben geschrieben:

- chemische Zeichen: Cl, H_2O, Na, Ba
- Einheitenzeichen: cm, g, km, m, V, W

Z 126 ▶ Abkürzungen, die für mehrere Wörter stehen, werden am Satzanfang ausgeschrieben:

Zum Beispiel erhielt ... (nicht: Z. B. erhielt ...)
Meines Erachtens gibt es ... (nicht: M. E. gibt es ...)

Z 127 ▶ Die Schreibung der einzelnen Buchstaben in Buchstabenwörtern richtet sich nach der Schreibung der ausgeschriebenen Wörter. Meist sind es Eigennamen, sie werden demzufolge großgeschrieben:

NOK – Nationales Olympisches Komitee
StVO – Straßenverkehrsordnung
GmbH – Gesellschaft mit beschränkter Haftung
PLZ – Postleitzahl

Regeln zur Zeichensetzung

Punkt, Fragezeichen und Ausrufezeichen als satzschließende Zeichen

Jeder vollständige Satz wird durch ein Satzschlusszeichen abgeschlossen. Dieses Satzschlusszeichen kann ein Punkt, ein Fragezeichen oder ein Ausrufezeichen sein, je nachdem, ob es sich um einen Aussagesatz (Punkt), um einen Fragesatz (Fragezeichen) oder um einen Aufforderungssatz bzw. um einen Ausruf (Ausrufezeichen) handelt.

Punkt

Der Punkt steht am Schluss eines Aussagesatzes: ◀ Z 128

Die Mannschaft hat das Spiel gewonnen.
Der Unterricht beginnt am Mittwoch um 8 Uhr.

Kein Punkt steht nach Überschriften und Titeln (z. B. von Büchern, Zeitungen, Theaterstücken, Werken der bildenden Kunst und Musik, Rundfunk- und Fernsehsendungen, Gesetzen u. Ä.): ◀ Z 129

30 000 Zuschauer sahen das Spiel
Ein Besuch im Berliner Tierpark
Emil und die Detektive
Frankfurter Allgemeine Zeitung
Nathan der Weise
Die Zauberflöte
Bundesgesetz über den Straßenverkehr

Kein Punkt steht nach selbstständigen Datumsangaben im Briefkopf: ◀ Z 130

Erfurt, 20. Juni 2006

Kein Punkt steht nach Anschriften in Briefen und auf Umschlägen: ◀ Z 131

Herrn
Franz Schumacher
Paracelsusstraße 7
13187 Berlin

Kein Punkt steht nach Schlussformeln und Unterschriften in Briefen: ◀ Z 132

Mit herzlichem Gruß
Angelika
Der Bürgermeister

Fragezeichen

Das Fragezeichen steht nach selbstständigen Fragesätzen und nach Fragewörtern: ◀ Z 133

Hat die Stunde schon begonnen? Kaufen wir heute das neue Fahrrad?
Warum?

Z 134 ▶ Das Fragezeichen steht nach Überschriften in Frageform:

Was versteht man unter „Trekking“?
Wie wird das Wetter?

Z 135 ▶ Das Fragezeichen steht nach Fragen in der wörtlichen Rede:

Die Schaffnerin fragte: „Haben Sie einen gültigen Fahrausweis?“

Ausrufezeichen

Z 136 ▶ Das Ausrufezeichen steht nach Befehlen, Ausrufen, Aufforderungen, Wünschen, Warnungen und nachdrücklichen Behauptungen:

Komm nach vorn! Ist das herrlich! Sehen Sie sich doch das Buch an! Wären wir doch bald am Ziel! Kurve! Ich habe mich nicht getäuscht!

Z 137 ▶ Das Ausrufezeichen steht nach bestimmten Grußformeln:

Guten Tag! Mahlzeit! Auf Wiedersehen! Glück auf! Herzlichen Glückwunsch!

Z 138 ▶ Das Ausrufezeichen kann nach Anreden in Briefen stehen:

Liebe Tina! Sehr geehrter Herr Professor! Lieber Onkel Gerhard!

Merke:

Anstelle des Ausrufezeichens wird heute immer häufiger das Komma gesetzt. Dann wird das folgende Wort kleingeschrieben:

Liebe Tina,
ich danke dir recht herzlich für deinen Brief.

Komma, Semikolon und Gedankenstrich als Trennungszeichen innerhalb eines Satzes

Neben den satzschließenden Zeichen gibt es satzgliedernde Zeichen. Das sind Satzzeichen innerhalb eines Satzes, die den Satz logisch gliedern. Deshalb darf keines der Satzzeichen nach dem Gefühl gesetzt werden.
Zu den satzgliedernden Zeichen gehören das Komma, das Semikolon und der Gedankenstrich.

Komma

Komma bei hervorgehobenen und bei nachgestellten Wörtern und Wortgruppen

Z 139 ▶ Das Komma steht nach betontem *bitte, oh, nun, nein, ja* und anderen Wörtern:

Bitte, nehmen Sie doch Platz!

Oh, ist das ein herrlicher Ausblick!
Nun, das wäre gar nicht schlecht.
Nein, das geht leider nicht.
Ja, da hast du sicher Recht.

Das Komma trennt die betonte Anrede ab: ◀ Z 140

Hans, komm doch endlich!
Wann wirst du zurück sein, **Vater?**
Warum, **Jörg,** hast du das nicht gleich gesagt?

Das Komma trennt Zusätze oder Nachträge vom übrigen Satz ab: ◀ Z 141

Eines Abends, **wir hatten es uns gerade gemütlich gemacht,** klingelte es.
Lessing, **der bedeutendste Dichter der Aufklärung, ...**
Sie isst gern Obst, **besonders Pfirsiche und Apfelsinen.**

Das Komma steht bei nachgestellten Datums- und Wohnungsangaben, wobei das Komma hinter dem letzten Bestandteil auch weggelassen werden kann: ◀ Z 142

Halle, **17. August 2003**
Unser geselliger Abend findet am Freitag, **dem 22. September 2006**(,) statt.
Die Feierstunde ist für Sonntag, **den 3. Mai**(,) vorgesehen.
Die Sendungen gehen an Familie Volkner, **Leipzig, Berliner Str. 5**(,) und an Herrn Hofmann, **Bitterfeld, Ratswall 17.**
Frau Anke Hellmich, **Heidelberg, Hauptstraße 15**(,) hat eine Reise gewonnen.

Komma bei Infinitiv- und Partizipgruppen

Ein Komma wird gesetzt, ◀ Z 143

– wenn die Infinitivgruppe mit *um, ohne, statt, anstatt, außer, als* eingeleitet wird:

Du brauchst ein Kurzstreckenticket**, um** in die Stadt zu fahren.
Mit der Linie 5 kommst du**, ohne** umzusteigen, zum Bahnhof.
Anstatt die Straßenbahn zu nehmen, kannst du auch mit dem Bus fahren.

– wenn die Infinitivgruppe durch ein Substantiv (Nomen) angekündigt wird:

Ich weiß, dass sie die **Absicht** hat**,** ab September zu studieren.
Dieters **Vorschlag,** Schloss Sanssouci zu besichtigen, fand allgemeine Zustimmung.

– wenn die Partizip- oder Infinitivgruppe durch ein hinweisendes Wort angekündigt wird:

So, aus vollem Halse lachend**,** kam sie auf mich zu.
Sie dachte nicht **daran,** so schnell aufzugeben.
Ihr Wunsch ist **es,** Tierärztin zu werden.

- wenn die Partizip- oder Infinitivgruppe einen Einschub oder Nachtrag bildet:

  Frau G., **ganz in ihre warme Decke eingehüllt,** saß auf der Terrasse.
  Conni, **anstatt ihrer Freundin zu Hilfe zu kommen,** schaute einfach weg.

- wenn die Aussage des Satzes zu Missverständnissen führen könnte:

  Barbara versprach(,) **dem Vater einen Brief zu schreiben.**
  Barbara versprach dem Vater(,) **einen Brief zu schreiben.**
  Ich hoffe(,) **jeden Tag schwimmen gehen zu können.**
  Ich hoffe jeden Tag(,) **schwimmen gehen zu können.**

Z 144 ▶ In allen Fällen, die von Z 143 nicht betroffen sind, ist das Komma bei Infinitiv- und Partizipgruppen freigestellt.

Infinitivgruppen:

Wir haben vor(,) **in Mecklenburg paddeln zu gehen.**
Langsam müssen wir anfangen(,) **den Urlaub zu planen.**

Partizipgruppen:

Kaum angekommen(,) bauten wir die Zelte auf.
Frida schaute uns(,) **einen Witz nach dem anderen erzählend**(,) dabei zu.

Das Komma kann auch entfallen, wenn auf das hinweisende Wort ein bloßer (nicht erweiterter) Infinitiv folgt:

Hast du daran gedacht(,) **abzuschließen**?
Ich habe jetzt wirklich keine Lust(,) **zu spülen.**

Komma zwischen Teilsätzen zusammengesetzter Sätze

Z 145 ▶ Die Teilsätze zusammengesetzter Sätze werden in der Regel durch Komma voneinander abgegrenzt:

Jochen schneidet die Buchstaben für das Transparent aus, Renate zieht Linien auf dem Papier.
Wir hoffen, dass du bald wieder gesund bist.
Als wir den Weg entlangwanderten, bereuten wir, dass wir nicht die Landstraße benutzt hatten, denn der Weg war vom Regen völlig aufgeweicht.

Z 146 ▶ Hauptsätze werden in der Regel durch Komma voneinander abgegrenzt:

Jana kann nicht kommen, sie ist krank.
Jana kann nicht kommen, denn sie ist krank.
Die beiden Mädchen geben sich große Mühe, aber sie schaffen es nicht.

Z 147 ▶ Gleichrangige Teilsätze können durch *und, oder, beziehungsweise (bzw.), sowie (= und), wie (= und), entweder ... oder, nicht ... noch, sowohl ... als auch, sowohl ... wie auch* oder *weder ... noch* miteinander verbunden werden. Bei der Kommasetzung wird unterschieden, ob es sich dabei um Hauptsätze oder um Nebensätze handelt.

- Hauptsätze: Das Komma ist freigestellt. Man kann es zum Beispiel setzen, um längere Satzreihen übersichtlich zu machen oder um die Gliederung des Satzes zu verdeutlichen:

Es ist heiß(,) und wir brauchen dringend eine Abkühlung.
Zu den Saiteninstrumenten gehören Geige, Bratsche, Cello, Kontrabass, Gitarre und Harfe(,) und auch das Klavier zählt dazu.
Entweder hole ich dich ab(,) oder Leonie kommt bei dir vorbei.

- Nebensätze: Zwischen gleichrangigen Nebensätzen darf kein Komma stehen:
  Wir gehen ins Schwimmbad, weil es heiß ist und weil wir dringend eine Abkühlung brauchen.
  Weißt du, wie das Lied heißt oder welche Band das ist?

Das Komma steht zwischen Hauptsatz und Nebensatz. ◄ Z 148
Der Nebensatz kann dem Hauptsatz folgen, er kann dem Hauptsatz vorangehen, er kann auch in den Hauptsatz eingeschoben sein. Meist wird der Nebensatz durch ein Einleitewort eingeleitet (eine Konjunktion, ein Relativpronomen, ein Fragewort):

Wir setzten unsere Fahrt fort, **als es zu regnen aufhörte.** (Nebensatz folgt dem Hauptsatz)
Wenn es Herbst wird, ziehen die Vögel nach dem Süden. (Nebensatz geht dem Hauptsatz voran)
Auf unsere Klassenfahrt nach Weimar, **die wir im Sommer machen wollen,** freuen wir uns schon alle. (Nebensatz ist in den Hauptsatz eingeschoben)

Mitunter beginnen die Nebensätze ohne Konjunktion. Auch dann werden sie durch Komma vom Hauptsatz getrennt: ◄ Z 149

Käme der Zug pünktlich, wären wir rechtzeitig im Stadion.
(Wenn der Zug pünktlich käme, wären wir rechtzeitig im Stadion.)
Klaus müsste sich sehr anstrengen, **wollte er noch Sieger werden.**
(Klaus müsste sich sehr anstrengen, wenn er noch Sieger werden wollte.)

Bei formelhaften Nebensätzen kann das Komma wegfallen: ◄ Z 150

Wir kommen(,) wenn nötig(,) heute vorbei.
Wie bereits angedeutet(,) hat alles ein gutes Ende genommen.

Das Komma steht zwischen Nebensätzen verschiedenen Grades: ◄ Z 151

Als sie merkte, dass ich sie beobachtete, schaute sie schnell weg.
Er tat so, **als merkte er nicht, dass ich ihn beobachtete.**
Wenn uns gelingt, was wir uns vorgenommen haben, können wir stolz sein.

Komma bei Aufzählungen

Das Komma steht bei Aufzählungen, wenn sie nicht durch *und, oder* oder *sowie* verbunden sind. Aufzählungen können auftreten in Form von ◄ Z 152

- einzelnen Wörtern: ein **schönes, ruhiges** Plätzchen; **ein helles, sonniges Zimmer;** Holz kann **gesägt, geschnitzt, gebohrt und gedrechselt** werden.
- Wortgruppen: Zum Bau eines Drachens benötigen wir **dünne Leisten, festes Papier und eine lange Schnur.**

– Hauptsätzen: Die Musik wird leiser, der Vorhang hebt sich und das Spiel beginnt.
Gehen wir nach Hause oder wollen wir noch einen Spaziergang zum See machen?
↑ aber: Z 147

– Nebensätzen: Ich freue mich, **dass es dir im Zeltlager gefällt und dass du viel Schönes erlebt hast.**
Schreib uns bitte, **wie du über unseren Vorschlag denkst und ob du ihn annimmst!**

Z 153 ▶ Kein Komma steht zwischen Adjektiven (und Partizipien), wenn das zweite Adjektiv (oder Partizip) mit dem dazugehörigen Substantiv eine Bedeutungseinheit bildet. Das erste Adjektiv (oder Partizip) wird dann als Attribut der nachfolgenden Wortgruppe aufgefasst:

die **letzten** großen Ferien, ein **interessanter** physikalischer Versuch, unser **freundlicher** dänischer Gast

Z 154 ▶ Das Komma entfällt bei mehrteiligen Hinweisen auf Gesetze, Verordnungen usw.:

§ 6 Abs. 2 Satz 3 der Verordnung

Z 155 ▶ Das Komma steht vor den entgegenstellenden Konjunktionen *aber, sondern, doch, dennoch, vielmehr, jedoch*:

Jürgen ist groß, **aber** nicht sehr kräftig.
Ich sah mir den Film nicht allein an, **sondern** mit meinem Bruder.

Z 156 ▶ Der Schreibende kann entscheiden, ob er mit Komma etwas als Nachtrag oder Zusatz kennzeichnen will:

Die Fahrt kostet(,) **einschließlich Zuschlag**(,) 25,00 €.
Sie hatte(,) **bedauerlicherweise**(,) wieder den gleichen Fehler gemacht.

Semikolon

Das Semikolon trennt sprachlich selbstständige Sätze, die inhaltlich zusammengehören und deshalb nicht durch einen Punkt abgetrennt werden sollen. Das Semikolon trennt also stärker als das Komma, aber nicht so stark wie der Punkt. Für die Anwendung des Semikolons gibt es keine festen Regeln.

Z 157 ▶ Das Semikolon steht zwischen zusammengehörenden Hauptsätzen; anstelle des Semikolons wäre in den folgenden Sätzen auch ein Komma oder ein Punkt möglich:

Unsere Fahrer unterstützten einander vorbildlich; das ist auch ein wesentlicher Grund, warum sie so erfolgreich waren.
Nur wenigen Fahrern gelang der Versuch, zur Spitzengruppe aufzuschließen; am Ende betrug der Rückstand des Hauptfeldes auf den Etappensieger über drei Minuten.

Das Semikolon kann anstatt des Kommas in Aufzählungen gesetzt werden, um bestimmte Gruppen voneinander zu trennen: ◀ Z 158

Gerd hat alles eingekauft: Möhren, Kohlrabi, Blumenkohl; Butter, Käse und Margarine; Äpfel und Bananen.

Gedankenstrich

Der Gedankenstrich bezeichnet eine Pause, die einen Wechsel in der Gedankenführung ankündigt. Ein solcher Wechsel in der Gedankenführung kann z. B. ein Einschub, der Abbruch der Rede, der Übergang zu einem neuen Thema oder die Ankündigung von etwas Spannendem sein.

Den Gedankenstrich kann man bei Gegenüberstellungen setzen: ◀ Z 159

singen – sang – gesungen;
kniffen – kniffte – geknifft

Der Gedankenstrich steht bei abgebrochenen Sätzen: ◀ Z 160

Er schrie: „Sofort stoppen! Wirf –“ Mehr konnte ich nicht verstehen.
„Das werde ich dir nie vergessen, du –“, drohte er.

Der Gedankenstrich steht als Vorbereitung auf etwas Unerwartetes: ◀ Z 161

Stundenlang waren wir in den Wolken gewandert – plötzlich brach die Sonne durch und tief unter uns lag die Landschaft in strahlendem Licht.
Wir sahen ihn schon als Sieger – da drehte er sich um und wurde überholt.

Der Gedankenstrich steht vor und nach Einschüben im Satz: ◀ Z 162

Die Mannschaft sollte – so hatte der Trainer festgelegt – an der Spitze des Feldes fahren.
Nimm das Werkzeug – es liegt auf der Hobelbank – und mach dich fertig!
Nur wir beide – du und ich – wissen von der Sache.

Merke:

Ein Komma steht hinter dem zweiten Gedankenstrich, wenn es auch ohne Einschub gesetzt werden müsste:

Hier fehlt nur eine Kleinigkeit – aber eine sehr wichtige –, nämlich das Öl.
(Ohne Einschub: Hier fehlt nur eine Kleinigkeit, nämlich das Öl.)

Doppelpunkt und Anführungszeichen in der wörtlichen Rede

Die wörtliche Rede, d.h. alles, was wörtlich wiedergegeben werden soll, wird in Anführungszeichen gesetzt. Man unterscheidet zwischen dem Einführungssatz (Begleitsatz) und der wörtlichen Rede.

Z 163 ▶ Die wörtliche Rede wird in Anführungszeichen[1] eingeschlossen. Steht der Einführungssatz vor der wörtlichen Rede, so wird er mit einem Doppelpunkt abgeschlossen. Daran schließt sich die wörtliche Rede an. Nach dem Doppelpunkt wird großgeschrieben:

Karin fragte: „Hat dir der Film gefallen?"

Z 164 ▶ Der Einführungssatz kann vor oder nach der wörtlichen Rede stehen, er kann das wörtlich Gesagte auch unterbrechen. Je nach Art des Satzes (Aussage-, Frage-, Aufforderungssatz) wird die wörtliche Rede mit einem Komma, einem Fragezeichen oder einem Ausrufezeichen abgeschlossen:

Der Einführungssatz steht vor der wörtlichen Rede:

Der Sportlehrer sagte: „Wir üben heute den Kopfsprung."

Rolf fragte: „Soll ich schon springen?"

Klaus rief: „Spring doch endlich!"

Der Einführungssatz steht nach der wörtlichen Rede:

„Ich werde zuerst springen", sagte Rolf.

„Sollte ich nicht anfangen?", fragte Klaus.

„Du machst den ersten Sprung!", entschied der Sportlehrer.

Der Einführungssatz unterbricht die wörtliche Rede:

„Nun gut", rief er, „du machst den ersten Sprung!"

Merke:

Das Komma steht außerhalb der Anführungszeichen. Ausrufezeichen, Fragezeichen und Punkt stehen innerhalb der Anführungszeichen.

Steht die wörtliche Rede am Anfang des Satzes, so wird sie – auch wenn sie mit einem Ausrufe- oder einem Fragezeichen abgeschlossen wird – durch Komma vom Einführungssatz abgegrenzt:

„Das wirst du noch bereuen!", rief Jonas.

„Kannst du noch bei uns vorbeikommen?", wollte Claudia wissen.

[1] Die Anführungszeichen werden in Büchern und Zeitschriften manchmal auch in der Form » . . . « bzw. « . . . » verwendet.

ANHANG

TABELLEN UND ÜBERSICHTEN

Konjugation des Hilfsverbs *haben*

Infinitiv: haben Stammformen/Leitformen: haben – hatte – gehabt

Präsens

Einzahl (Singular)	Mehrzahl (Plural)
1. Pers. ich habe	wir haben
2. Pers. du hast	ihr habt
3. Pers. er (sie, es) hat	sie haben

Präteritum

Einzahl	Mehrzahl
1. Pers. ich hatte	wir hatten
2. Pers. du hattest	ihr hattet
3. Pers. er (sie, es) hatte	sie hatten

Futur I

Einzahl	Mehrzahl
1. Pers. ich werde haben	wir werden haben
2. Pers. du wirst haben	ihr werdet haben
3. Pers. er (sie, es) wird haben	sie werden haben

Perfekt

Einzahl	Mehrzahl
ich habe gehabt	wir haben gehabt
du hast gehabt	ihr habt gehabt
er (sie, es) hat gehabt	sie haben gehabt

Plusquamperfekt

Einzahl	Mehrzahl
ich hatte gehabt	wir hatten gehabt
du hattest gehabt	ihr hattet gehabt
er (sie, es) hatte gehabt	sie hatten gehabt

Futur II

Einzahl	Mehrzahl
ich werde gehabt haben	wir werden gehabt haben
du wirst gehabt haben	ihr werdet gehabt haben
er (sie, es) wird gehabt haben	sie werden gehabt haben

Konjugation des Hilfsverbs *werden*

Infinitiv: werden   Stammformen/Leitformen: werden – wurde – geworden

Präsens

Einzahl (Singular)	Mehrzahl (Plural)
1. Pers. ich werde	wir werden
2. Pers. du wirst	ihr werdet
3. Pers. er (sie, es) wird	sie werden

Perfekt

Einzahl	Mehrzahl
ich bin geworden	wir sind geworden
du bist geworden	ihr seid geworden
er (sie, es) ist geworden	sie sind geworden

Präteritum

Einzahl	Mehrzahl
1. Pers. ich wurde	wir wurden
2. Pers. du wurdest	ihr wurdet
3. Pers. er (sie, es) wurde	sie wurden

Plusquamperfekt

Einzahl	Mehrzahl
ich war geworden	wir waren geworden
du warst geworden	ihr wart geworden
er (sie, es) war geworden	sie waren geworden

Futur I

Einzahl	Mehrzahl
1. Pers. ich werde werden	wir werden werden
2. Pers. du wirst werden	ihr werdet werden
3. Pers. er (sie, es) wird werden	sie werden werden

Futur II

Einzahl	Mehrzahl
ich werde geworden sein	wir werden geworden sein
du wirst geworden sein	ihr werdet geworden sein
er (sie, es) wird geworden sein	sie werden geworden sein

Konjugation des Hilfsverbs *sein*

Infinitiv: sein Stammformen/Leitformen: sein – war – gewesen

Präsens

Einzahl (Singular)	Mehrzahl (Plural)
1. Pers. ich bin	wir sind
2. Pers. du bist	ihr seid
3. Pers. er (sie, es) ist	sie sind

Perfekt

Einzahl	Mehrzahl
ich bin gewesen	wir sind gewesen
du bist gewesen	ihr seid gewesen
er (sie, es) ist gewesen	sie sind gewesen

Präteritum

Einzahl	Mehrzahl
1. Pers. ich war	wir waren
2. Pers. du warst	ihr wart
3. Pers. er (sie, es) war	sie waren

Plusquamperfekt

Einzahl	Mehrzahl
ich war gewesen	wir waren gewesen
du warst gewesen	ihr wart gewesen
er (sie, es) war gewesen	sie waren gewesen

Futur I

Einzahl	Mehrzahl
1. Pers. ich werde sein	wir werden sein
2. Pers. du wirst sein	ihr werdet sein
3. Pers. er (sie, es) wird sein	sie werden sein

Futur II

Einzahl	Mehrzahl
ich werde gewesen sein	wir werden gewesen sein
du wirst gewesen sein	ihr werdet gewesen sein
er (sie, es) wird gewesen sein	sie werden gewesen sein

Konjugation der schwachen Verben (Aktiv)

Infinitiv: *fragen*   Stammformen/Leitformen: *fragen – fragte – gefragt*

Präsens

Einzahl (Singular)	Mehrzahl (Plural)
1. Pers. ich frage	wir fragen
2. Pers. du fragst	ihr fragt
3. Pers. er (sie, es) fragt	sie fragen

Präteritum

Einzahl	Mehrzahl
1. Pers. ich fragte	wir fragten
2. Pers. du fragtest	ihr fragtet
3. Pers. er (sie, es) fragte	sie fragten

Futur I

Einzahl	Mehrzahl
1. Pers. ich werde fragen	wir werden fragen
2. Pers. du wirst fragen	ihr werdet fragen
3. Pers. er (sie, es) wird fragen	sie werden fragen

Perfekt

Einzahl	Mehrzahl
ich habe gefragt	wir haben gefragt
du hast gefragt	ihr habt gefragt
er (sie, es) hat gefragt	sie haben gefragt

Plusquamperfekt

Einzahl	Mehrzahl
ich hatte gefragt	wir hatten gefragt
du hattest gefragt	ihr hattet gefragt
er (sie, es) hatte gefragt	sie hatten gefragt

Futur II

Einzahl	Mehrzahl
ich werde gefragt haben	wir werden gefragt haben
du wirst gefragt haben	ihr werdet gefragt haben
er (sie, es) wird gefragt haben	sie werden gefragt haben

Leitformen einiger schwacher Verben: blühen, blühte, geblüht – hängen, hängte, gehängt – pflanzen, pflanzte, gepflanzt – spenden, spendete, gespendet – rechnen, rechnete, gerechnet – verwenden, verwendete, verwendet – winken, winkte, gewinkt

Konjugation der starken Verben (Aktiv)

Infinitiv: *gehen*　　Stammformen/Leitformen: *gehen – ging – gegangen*

Präsens

Einzahl (Singular)	Mehrzahl (Plural)
1. Pers. ich gehe	wir gehen
2. Pers. du gehst	ihr geht
3. Pers. er (sie, es) geht	sie gehen

Perfekt

Einzahl	Mehrzahl
ich bin gegangen	wir sind gegangen
du bist gegangen	ihr seid gegangen
er (sie, es) ist gegangen	sie sind gegangen

Präteritum

Einzahl	Mehrzahl
1. Pers. ich ging	wir gingen
2. Pers. du gingst	ihr gingt
3. Pers. er (sie, es) ging	sie gingen

Plusquamperfekt

Einzahl	Mehrzahl
ich war gegangen	wir waren gegangen
du warst gegangen	ihr wart gegangen
er (sie, es) war gegangen	sie waren gegangen

Futur I

Einzahl	Mehrzahl
1. Pers. ich werde gehen	wir werden gehen
2. Pers. du wirst gehen	ihr werdet gehen
3. Pers. er (sie, es) wird gehen	sie werden gehen

Futur II

Einzahl	Mehrzahl
ich werde gegangen sein	wir werden gegangen sein
du wirst gegangen sein	ihr werdet gegangen sein
er (sie, es) wird gegangen sein	sie werden gegangen sein

Leitformen einiger starker Verben: backen, buk, gebacken – behalten, behielt, behalten – bitten, bat, gebeten – hängen, hing, gehangen – kommen, kam, gekommen – lassen, ließ, gelassen – schließen, schloss, geschlossen – schwimmen, schwamm, geschwommen – treiben, trieb, getrieben – verzeihen, verzieh, verziehen

Passivformen der Verben

Präsens

Einzahl (Singular)	Mehrzahl (Plural)
1. Pers. ich werde gefragt	wir werden gefragt
2. Pers. du wirst gefragt	ihr werdet gefragt
3. Pers. er (sie, es) wird gefragt	sie werden gefragt

Perfekt

Einzahl	Mehrzahl
ich bin gefragt worden	wir sind gefragt worden
du bist gefragt worden	ihr seid gefragt worden
er (sie, es) ist gefragt worden	sie sind gefragt worden

Präteritum

Einzahl	Mehrzahl
1. Pers. ich wurde gefragt	wir wurden gefragt
2. Pers. du wurdest gefragt	ihr wurdet gefragt
3. Pers. er (sie, es) wurde gefragt	sie wurden gefragt

Plusquamperfekt

Einzahl	Mehrzahl
ich war gefragt worden	wir waren gefragt worden
du warst gefragt worden	ihr wart gefragt worden
er (sie, es) war gefragt worden	sie waren gefragt worden

Futur I

Einzahl	Mehrzahl
1. Pers. ich werde gefragt werden	wir werden gefragt werden
2. Pers. du wirst gefragt werden	ihr werdet gefragt werden
3. Pers. er (sie, es) wird gefragt werden	sie werden gefragt werden

Futur II

Einzahl	Mehrzahl
ich werde gefragt worden sein	wir werden gefragt worden sein
du wirst gefragt worden sein	ihr werdet gefragt worden sein
er (sie, es) wird gefragt worden sein	sie werden gefragt worden sein

Konjugation des Hilfsverbs *haben* im Konjunktiv

Präsens

Einzahl (Singular)	Mehrzahl (Plural)
1. Pers. ich habe	wir haben
2. Pers. du habest	ihr habet
3. Pers. er (sie, es) habe	sie haben

Perfekt

Einzahl	Mehrzahl
ich habe gehabt	wir haben gehabt
du habest gehabt	ihr habet gehabt
er (sie, es) habe gehabt	sie haben gehabt

Präteritum

Einzahl	Mehrzahl
1. Pers. ich hätte	wir hätten
2. Pers. du hättest	ihr hättet
3. Pers. er (sie, es) hätte	sie hätten

Plusquamperfekt

Einzahl	Mehrzahl
ich hätte gehabt	wir hätten gehabt
du hättest gehabt	ihr hättet gehabt
er (sie, es) hätte gehabt	sie hätten gehabt

Futur I

Einzahl	Mehrzahl
1. Pers. ich werde haben	wir werden haben
2. Pers. du werdest haben	ihr werdet haben
3. Pers. er (sie, es) werde haben	sie werden haben

Futur II

Einzahl	Mehrzahl
ich werde gehabt haben	wir werden gehabt haben
du werdest gehabt haben	ihr werdet gehabt haben
er (sie, es) werde gehabt haben	sie werden gehabt haben

Konjugation des Hilfsverbs *sein* im Konjunktiv

Präsens

Einzahl (Singular)	Mehrzahl (Plural)
1. Pers. ich sei	wir seien
2. Pers. du sei[e]st	ihr seiet
3. Pers. er (sie, es) sei	sie seien

Perfekt

Einzahl	Mehrzahl
ich sei gewesen	wir seien gewesen
du sei[e]st gewesen	ihr seiet gewesen
er (sie, es) sei gewesen	sie seien gewesen

Präteritum

Einzahl	Mehrzahl
1. Pers. ich wäre	wir wären
2. Pers. du wär[e]st	ihr wär[e]t
3. Pers. er (sie, es) wäre	sie wären

Plusquamperfekt

Einzahl	Mehrzahl
ich wäre gewesen	wir wären gewesen
du wär[e]st gewesen	ihr wär[e]t gewesen
er (sie, es) wäre gewesen	sie wären gewesen

Futur I

Einzahl	Mehrzahl
1. Pers. ich werde sein	wir werden sein
2. Pers. du werdest sein	ihr werdet sein
3. Pers. er (sie, es) werde sein	sie werden sein

Futur II

Einzahl	Mehrzahl
ich werde gewesen sein	wir werden gewesen sein
du werdest gewesen sein	ihr werdet gewesen sein
er (sie, es) werde gewesen sein	sie werden gewesen sein

Konjugation des Hilfsverbs *werden* im Konjunktiv

Präsens

Einzahl (Singular)	Mehrzahl (Plural)
1. Pers. ich werde	wir werden
2. Pers. du werdest	ihr werdet
3. Pers. er (sie, es) werde	sie werden

Präteritum

Einzahl	Mehrzahl
1. Pers. ich würde	wir würden
2. Pers. du würdest	ihr würdet
3. Pers. er (sie, es) würde	sie würden

Futur I

Einzahl	Mehrzahl
1. Pers. ich werde werden	wir werden werden
2. Pers. du werdest werden	ihr werdet werden
3. Pers. er (sie, es) werde werden	sie werden werden

Perfekt

Einzahl	Mehrzahl
ich sei geworden	wir seien geworden
du sei[e]st geworden	ihr seiet geworden
er (sie, es) sei geworden	sie seien geworden

Plusquamperfekt

Einzahl	Mehrzahl
ich wäre geworden	wir wären geworden
du wär[e]st geworden	ihr wär[e]t geworden
er (sie, es) wäre geworden	sie wären geworden

Futur II

Einzahl	Mehrzahl
ich werde geworden sein	wir werden geworden sein
du werdest geworden sein	ihr werdet geworden sein
er (sie, es) werde geworden sein	sie werden geworden sein

Deklination der Substantive mit bestimmtem und mit unbestimmtem Artikel in der Einzahl (im Singular)

	1. Männliche Substantive (Maskulina)	
Nominativ	der (ein) Berg	der (ein) Junge
Genitiv	des (eines) Berges	des (eines) Jungen
Dativ	(auf) dem (einem) Berg(e)	(mit) dem (einem) Jungen
Akkusativ	den (einen) Berg	(für) den (einen) Jungen
	2. Sächliche Substantive (Neutra)	
Nominativ	das (ein) Boot	das (ein) Segel
Genitiv	des (eines) Bootes	des (eines) Segels
Dativ	(mit) dem (einem) Boot	(mit) dem (einem) Segel
Akkusativ	(für) das (ein) Boot	(für) das (ein) Segel
	3. Weibliche Substantive (Feminina)	
Nominativ	die (eine) Tür	
Genitiv	der (einer) Tür	
Dativ	(mit) der (einer) Tür	
Akkusativ	die (eine) Tür	

Mehrzahlbildung (Pluralbildung) der Substantive

Einzahl	Möglichkeiten der Mehrzahlbildung				
Beispiel	-e	-n	-en	-nen	-er
der Berg	die Berge	–	–	–	–
der Junge	–	die Jungen	–	–	–
die Tür	–	–	die Türen	–	–
die Lehre-rin	–	–	–	die Lehre-rinnen	–
der Schrank	die Schränke	–	–	–	–
das Kind	–	–	–	–	die Kinder
das Band	–	–	–	–	die Bänder

Einzahl	Möglichkeiten der Mehrzahlbildung		
Beispiele	-s	nur Umlaut	ohne Veränderung
das Auto	die Autos	–	–
der Ofen	–	die Öfen	–
das Segel	–	–	die Segel

Merke: In der Mehrzahl werden die Substantive nicht nach männlichen, sächlichen und weiblichen unterschieden.

Deklination der Adjektive in der Einzahl (im Singular)

	mit best. Artikel	mit unbest. Artikel	ohne Artikel
Nom.	(der) harte (Stahl) (die) gute (Arbeit) (das) fruchtbare (Land)	(ein) harter (Stahl) (eine) gute (Arbeit) (ein) fruchtbares (Land)	harter (Stahl) gute (Arbeit) fruchtbares (Land)
Gen.	(des) harten (Stahl[e]s) (der) guten (Arbeit) (des) fruchtbaren (Landes)	(eines) harten (Stahl[e]s) (einer) guten (Arbeit) (eines) fruchtbaren (Landes)	(infolge, wegen) harten (Stahl[e]s) guter (Arbeit) fruchtbaren (Landes)
Dat.	(dem) harten (Stahl) (der) guten (Arbeit) (dem) fruchtbaren (Land)	(einem) harten (Stahl) (einer) guten (Arbeit) (einem) fruchtbaren (Land)	(aus, mit) hartem (Stahl) guter (Arbeit) fruchtbarem (Land)
Akk.	(den) harten (Stahl) (die) gute (Arbeit) (das) fruchtbare (Land)	(einen) harten (Stahl) (eine) gute (Arbeit) (ein) fruchtbares (Land)	harten (Stahl) gute (Arbeit) fruchtbares (Land)

Deklination der Adjektive in der Mehrzahl (im Plural)

	mit bestimmtem Artikel	ohne Artikel
Nom.	(die) harten (Stähle)	harte (Stähle)
Gen.	(der) harten (Stähle)	harter (Stähle)
Dat.	(den) harten (Stählen)	(mit) harten (Stählen)
Akk.	(die) harten (Stähle)	(durch) harte (Stähle)